ノーベル平和賞の裏側で何が行われているのか？

ノルウェー・ノーベル委員会 元事務局長
ゲイル・ルンデスタッド
李 敬史 訳

彩図社

FREDENS SEKRETAR
by Geir Lundestad

はじめに

私は一九九〇年一月一日から二〇一四年一二月三一日までノルウェー・ノーベル研究所所長とノルウェー・ノーベル委員会の事務局長を務めていた。この二五年間は実に良いものであったため、私はこれほどまでに長くこの仕事に就いていたのである。その中で一番印象的であった仕事は、受賞者たちと連絡を取ることであった。

この本には主に、平和賞受賞者のことについて記されている。彼らはまさに千差万別であった。政治的にかなり左寄りに位置する者もいれば、明らかに保守的な者もいた。受賞者たちに何らかの共通点があるとすれば、それは次の二つであろう。一つは、より良い世界に関する未来像やビジョンを持っていることであり、もう一つはそのビジョンを実現しようとする精神である。彼らのビジョンの内容はやや異なっているが、そのうちの何人かは少なくとも一度は直接的な生命の危機に遭遇した経験がある。受賞者の中には賞を受け取るためにオスロに来ることができなかった者もいれば、目的を達成するために大きな自己犠牲を払ってきた者も多かった。

またこの本には、受賞者のことに加え、私がノーベル研究所所長とノルウェー・ノーベル委員会の事務局長を務めていた時に起きた様々な出来事についても記されている。ノーベル賞に関するノルウェー側の制度とスウェーデン側の制度との間の関係という、重要ではあるがほとんど語られて来なかったテーマについても記されている。ノーベル賞の制度はアルフレッド・ノーベルの財産に依存しているが、ノルウェーとスウェーデンとの連携は時に難しいものとなる場合もあった。ノルウェー人とスウェーデン人の外見は非常に似ているが、その内面は全く異なるのである。

私は二五年の在任中にエギール・オーヴィック、ギスケ・アンデルソン、フランシス・セーイェルステッド、グンナル・ベルゲ、オーレ・ダンボルト・ミョース、そしてトールビョーン・ヤーグランという六人の委員長と協力してきた。彼らは皆非常にユニークで強烈な個性の持ち主であった。

委員会の主な仕事は平和賞受賞者を決定することであったが、それ以外のことはほぼ全て私に一任された。これは、様々な活動に関して私が委員会に十分な情報を提供し続けていたことに対する見返りである。彼らがそうしてくれたことに対して私は心から感謝した。毎年一二月に開催されるノーベル賞関連行事は現代化され、ノーベル平和賞コンサートも開催されることになった。コンサートはオスロとストックホルムのノーベル賞関連の番組の中で最も広く放送される番組となり、委員会はノルウェーよりも広い世界とつながりを持つこととなった。私の在任中、ノーベル研究所は大規模な国際研究プログラムを立ち上げ、世界中から一三〇名の研究者を連れてくることになったが、とても実りある有意義なものとなった。さらに、ノーベル平和センターも設立された。その設立には長い時間が費やされたが、最終的にセンターがオープンした二〇〇五年六月一一日という日はまさに最高の一日であった。ノーベル研究所には素晴らしい図書館があり、一般公開してより良いものにするためにも多くの費用が費やされた。

ノルウェー側のノーベル賞の制度には、ノルウェーにある花屋から平和賞受賞者たちが宿泊するオスロ市内にあるグランドホテル、さらには警察から外務省に至るまでの数多くの組織との具体的な協力が含まれている。ノーベル賞は他の組織や団体から独立している私的な財団によって運営されているが、委員の決定に影響を与えようと試みる者が後を絶たない。ノルウェー・ノーベル委員会は「ノルウェー議会であるストーティングによって選出される五人による委員会」によって構成される、ということがアルフレッド・ノーベルの遺書の中に記されている。このため、委員会はストーティングと密接な関係を持っており、外部の者はそれに関与することはできない。政府やノルウェー外務省との関係はさらにこじれたものであり、そのようなノルウェーの政治に携わる者たちは多くの受賞者たちを評価してきた。その際、彼らは委員会や受賞者たちに対して賛同や共感を示すのである。他方で、受賞者の中には、カール・フォン・オシエツキーや劉暁波など、ノルウェー政府の公式的な立場から見ても大きな困難を与えた者もいた。そういう時、ノルウェーの政治に携わる者たちはとっさにノーベル委員会との関係を完全に否定するのである。

ノーベル賞の制度は様々な秘密のヴェールに包まれてきた。その中には絶対に秘密にしておく必要があるものもあれば、必ずしも秘密にしておく必要がないものもある。今日、私たちは昔よりも多くの情報に触れることが可能である。私はこの本を書くことによって、平和賞と共に過ごした人生をなるべくありのままに記す最初の者でありたいと願っている。

それでも、いくつかの制約があると言わざるを得ない。ノーベル財団の規約第一〇条には、「ノーベル委員会での議論では『機密性』が認められるべきである」と記されている。委員会内で決定に関する問題が起きた場合、それらは議事録に残されないし公表もされないことになっている。ノーベル委員会から送られてくる報告書には、誰がノーベル平和賞を受賞すべきか、という最も重要なことについてはほとんど何も記されていない。その議論は自由闊達であるべきであり、後になって発言の内容が当事者たちに対して用いられることなく、誰に対しても発言できる機会を誰もが持っていなければならない。漏洩は委員会内での信頼を損ねることになるであろう。

無論、顧問報告書や送られてくる推薦状などの資料は存在し、請求に応じて五〇年後に閲覧することが可能である。五〇年以上前の資料は誰でもノルウェーのオスロで利用することが可能であるが、スウェーデンのストックホルムでは一部制限されている。

多くの委員は機密に関する規約に抵触したことがある。一九一九年から一九三七年までノーベル委員会の委員であったハルヴダン・コートと、一九四二年から一九六四年まで委員であったグンナル・ヤーンは二人とも会合についての日誌を付けていた。その日誌は五〇年後に公開された。また、ノーベル委員会での出来事を綴った著書を執筆した者もいる。彼らは、多かれ少なかれ、機密性に関する規約に抵触してきた。非常に忠誠心の高かったグンナル・ベルゲでさえも二〇〇二年のジミー・カーターの受賞にまつわる事情を赤裸々に綴っており、これも明らかに機密性に関する規約に抵触している。しかし、これらが原因で何らかの大きな問題が起きたと考える者はほとんどいないと私は思っている。一方スウェーデンでは、特に、スウェーデン・アカデミーにおいて、友情や憎悪などの様々な感情が渦巻く委員たち間の関係について明らかにされている。

一九九〇年から二〇一四年までの委員会の席で委員たちが考えたことについてこの本から見つけられることはごくわずかであろう。つまり、委員会内の議論の内容を公表しない、ということが機密性に関する規約の根幹であり、私はこのことを重視している。

機密の対象は受賞者を選ぶ仕事に関することであり、それ以外のことについてはまた別の話である。受賞者、委員長、そしてスウェーデンの理事に関する内容はこれらの規約に抵触しないと私は考えている。一般の人々はより多くの情報を必要としており、それは私が経験してきた様々な滑稽なエピソードの全てにも間違いなく関わってくることである。

私は、短期の研究休暇を取得した二〇〇二年の春の二回を除き、一九九〇年から二〇一四年までの全ての委員会の会合に出席し、そこで多くの委員会の委員たちと同様にメモを取ってきた。そのいくつかの内容を、やや間接的にではあるものの、この本の中で用いた。委員会の委員たちは一般の人々が考えている以上に互いの意見に賛成している。委員会での議論の初期の段階では様々な考え方が存在するが、最終的には一つの結論に向かって集約されていくことがほとんどである。

注意深く読まれた顧問報告書は、各年の平和賞の受賞理由に関する私の分析の根拠として用いられたが、直接的には引用されていない。それでも、講演や発表での一つ一つの言い回しの根底にあるメッセージを知ることによって、非常に多くのことを得ることは可能である。

本書のごく一部の内容は過去に出版された記事に基づいている。しかし、これらは全て改訂・更新されている。

本書の出版のためにイニシアティブをとってくれたKagge Forlagのエーリング・カッゲと、読みやすい形に原稿を校正することに対して絶え間ない意志で取り組んでくれたトゥーバ・エルベック・セールヘイム、クリスティン・ブラントセッグ・ヨハンセンに心から感謝したい。

また、事務所の提供および具体的な手助けによって多大な支援をしてくれたノーベル研究所に感謝する。

実りある読書を願って

二〇一五年八月　ゲイル・ルンデスタッド

日本語訳出版にあたって

この度、本書の日本語訳が出版されることを嬉しく思います。ノルウェー・ノーベル研究所所長を務めた二五年の間に私は二度日本を訪れる幸運に恵まれ、多くの日本の方々がノーベル平和賞に対して強い関心を示したことに感銘を受けました。私は二五年の在任期間中に東京、京都、広島を訪れたことがあり、日本の多くのジャーナリストたちと話をする機会がありました。日本の主要な新聞社がノーベル平和賞に対して関心を示していたことは刺激的でした。

平和賞に対する日本の関心は第二次世界大戦下の日本の立場に関係しており、特に、世界が目の当たりにした、最も残虐な戦争の結末を意味した広島と長崎への二発の原爆投下と関係がありました。そうしたことが、世界は二度と同じような経験をしてはいけないという強い思いを呼び起こしました。しかし、日本からの平和賞受賞者は一九七四年の佐藤栄作元首相ただ一人です。佐藤栄作に対する賞は論争の的となり、それは、日本国内でさえもそうでした。ノルウェー・ノーベル委員会にとってその賞が、平和賞の歴史において長らく優勢であったヨーロッパや北米から焦点をずらすための試みであったことはほぼ間違いありませんでした。その後、アジアから多くの平和賞受賞者が出てきており、そのことは本書の中でも明確に記されています。ノルウェー・ノーベル委員会は地球上の人類の半分がアジアに住んでいることを非常に意識しています。

世界が平和賞により一層の関心を持つようになったことは、候補者のノミネート数が増加していったことにも表れています。候補者のノミネート数は当初一〇から一五であったものが、一九七〇年代には少なくとも七〇に増え、その後、二〇一六年には三七六にまで増えていきました。多くは平和賞受賞者として自身を着飾りたがっていた国家指導者や高名な者たちでしたが、あまりそうではなかった者たちも同様に平和賞に関心があったことは言うまでもありませんでした。新たに平和賞受賞者を得た国々は、その賞に対する関心や喜びが高まっていく様子を知ることになったのではないでしょうか。

平和賞は一九〇一年の創設当初から注目を集めており、斬新で、胸を躍らせるようなことでした。現在までに与えられてきた平和賞は、平和の重要性や意義をエッセイのような形で書き記すに値するようなものとなっていきました。それらの中で先駆けとなったのは、一七六七年にアカデミー・フランセーズによって確立されたものです。平和を促進するための活動を行ってきたのはまさに彼らであり、称賛されるべきものです。非常に高額な賞金を伴う平和賞を受賞するという可能性は、平和運動の中において、大きくもあり即時的でもある関心を引き起こしました。激しい議論の対象となった一九〇六年のセオドア・ルーズヴェルトに対する平和賞は、メディアやニュースにおける革新的な出来事の代表例となり、幅広く報じられました。当初ストックホルムで授与された賞に関することのみを報じていたニューヨーク・タイムズ紙が、ノルウェーでのノーベル平和賞についても定期的に報じ始めるようになっていきました。

ノーベル平和賞以外の他の多くの平和に関する賞との長きにわたる競争は、第二次世界大戦後に本格的になっていきました。ノーベル平和賞はこれまで最も長く存在し、幅広く関心を呼び、そして明らかに物議を醸すような受賞者の指名を支持してきた賞ですが、この競争によって、より一層焦点が当てられることとなりました。論争を巻き起こすような賞は、平和賞に対する注目度を一層押し上げる傾向を持っていました。結果として、一九三五年のカール・フォン・オシエツキーに対する賞によって、ノーベル平和賞に関する注目は一層高まっていきました。従って、平和賞が論争の的となることが悪いことであると考える必要はありませんでした。平和賞のことについて書き記したことのある多くの者たちのほとんどが、ヒトラーを憤慨させたオシエツキーへの賞はおそらく平和賞の歴史において最も物議を醸したものであり、かつ最も重要であるという考え方に賛成しています。しかし、当然ながら、論争を巻き起こすような賞の全てが同じように成功するというわけではありません。

第二次世界大戦後、平和賞に対する関心は着実に高まっています。全てのノーベル賞に関する内部統計によっても示されている通り、平和賞は、当然ながらその年ごとに多少の変動はあるものの、ノーベル賞の中でも最も人々の関心を集める賞です。最も人気のある受賞者といえば、たいていはマーティン・ルーサー・キング、ネルソン・マンデラとマザー・テレサでした。これらの最も有名な平和賞受賞者に匹敵し得るのはアルベルト・アインシュタインだけです。

実りある読書を願って

二〇一七年二月　ゲイル・ルンデスタッド

訳者より

この本は、二〇一五年九月にノルウェーの出版社であるKagge Forlagから出版された本である『Fredens sekretær（副題：25 år med Nobelprisen）』の日本語訳である。ノルウェー語で執筆されているこの本の著者はゲイル・ルンデスタッドである。ルンデスタッド氏は、ノルウェー北部に位置するノールランドの出身であり、ノーベル平和賞を授与するノルウェー・ノーベル委員会の事務局長として一九九〇年から二〇一四年までの二五年間、委員長や委員たちとともにノーベル平和賞の選考の場に直接居合わせていた人物である。またルンデスタッド氏は、ノルウェー・ノーベル委員会の事務局長としての顔だけではなく、ノルウェーの首都オスロにあるノルウェー・ノーベル研究所の所長に加え、北極研究や先住民族研究が盛んであるトロムソ大学（ノルウェー北極大学）で歴史学の教授を務めた経験も持つ人物である。ルンデスタッド氏の専門は主に、冷戦期のアメリカと西ヨーロッパの関係についてであり、日本では『ヨーロッパの統合とアメリカの戦略─統合による「帝国」への道』という訳書が出版されている。

この本では主に、一九九〇年から二〇一四年までのノーベル平和賞にまつわる様々な出来事が、ノーベル平和賞の制度の内側にいたルンデスタッド氏の視点から記されている。例えば、各年の平和賞の授賞に関する具体的な背景や、毎年一〇月に行われる受賞者の発表、一二月の授賞式を含む関連行事の様子などが彼の視点から記されている。また、平和賞受賞者のみならず、その関係者、さらにはノルウェー・ノーベル委員会の委員長や他の委員をはじめ、スウェーデンにあるノーベル財団との関係など、様々な形で平和賞と関わりがあったノルウェー国内外の人たちの一面やその人間関係のことについても記されている。日本社会においてノーベル平和賞は、受賞者に関する情報をはじめ、毎年一〇月上旬の受賞者発表や一二月上旬の授賞式の様子などが様々な形で伝えられていることもあり、多くの方々にとって興味深く新たな発見をこの本から得られることであろう。二〇一四年以降も、世界の状況は変化し続けており、これまでにチュニジア国民対話カルテット、ファン・マヌエル・サントス、核兵器廃絶国際キャンペーン（ＩＣＡＮ）、デニス・ムクウェゲ、ナーディーヤ・ムラード、アビィ・アハメド、そして二〇二〇年の平和賞は、受賞者の発表の冒頭で「国際的な連帯と多国間協力の必要性」が強調される形で、世界食糧計画が受賞している。ノルウェー・ノーベル委員会の委員長や他の委員、さらには事務局長の顔ぶれも変わっているが、ノーベル平和賞の歴史は現在も途切れることなく続いている。

訳者である私は、オスロ大学とトロムソ大学で国際関係や国際政治、比較政治、政治哲学、公共政策などを含む政治学を専攻し、最近では、トロムソ大学で主に政治学を専攻している学部生が履修する、国際関係や国際政治に関する二つの科目のセミナーをそれぞれノルウェー語と英語で担当していることもあり、この本の内容や記述には興味深い点が多いと感じている。例えば、「平和とは政治である」という記述がある。この本の中では、国際政治理論あるいは国際関係論の中で用いられる様々な理論的視点（例えば、リアリズム、リベラリズムなど）が、ノーベル平和賞の文脈の中で用いられている。私がこの本を読んで翻訳していく中で、国際関係論におけるこれらの「伝統的理論」に加えて、「批判理論」の考え方や視点のこともふと思い出した。批判理論とは、例えば、政府などの意思決定機関といった国家アクターだけではなく、企業や国際機関、NGOやNPO、さらには大学や研究機関、シンクタンクあるいは市民社会なども国際関係のアクターとして捉える考え方である。また、批判理論は「理論は常に誰かのためにあり、何らかの目的のためにある」という主張をその一部に含む考え方である。

そのような視点に立って考えると、この本に登場する人々もまた様々な組織や集団などに属し、ノーベル平和賞を介した形で世界平和という国際関係における最大のテーマの一つに取り組んでいる、と見ることができる。当然ながら、彼らは皆、様々な感情や意志、期待や願望を持っており、様々な選択や決定を行う人間である。そのように考えると、彼ら一人一人が皆平和の当事者である、といえるのではないであろうか。平和とは時に、あまりに抽象的な概念として捉えられることがあるのかもしれない。しかし重要なことは、平和のために私たち一人一人が具体的な形で実践や貢献をしていくことである、と思う。平和とは人である。

この日本語訳の出版にあたって、世界各地に住む本当に多くの人たちが今回の協働に加わってくださった。そのことに対してこの場で心からの感謝を申し上げたいと思う。アレキサンダー・ソンゲマラー・ソレイムさん、佐藤博厚さん、Anna Karoline Johnsen さん、奥田早季さん、シンドレ・バーグさん（順不同）をはじめとする様々な分野に精通している多くの方々から、日本語訳に関する有益で建設的かつ貴重なコメントを数多くいただいた。また、彩図社の本井さんには、今回の翻訳出版の企画に関していち早く興味を持っていただいてその実現に尽力していただき、かつ継続的にフィードバックや激励をいただいた。編集者の黒島さんにも原稿に対する貴重なフィードバックを数多くいただいた。原著の著者であるルンデスタッド氏にはご多忙の中、この訳書のために独自に書かれた原稿を直接私に送っていただくなど、この日本語訳の出版の件などに関してやり取りをしていただけた。加えて、ノルウェーで原著を出版したKagge ForlagのCharlotte Sabella氏にも今回の出版の件に関して肯定的なフィードバックをいただけた。何事にも何らかの制約はつきものであり、例えば昨今の「新型コロナウィルス」に関連する状況もまたその一つである。それでも、多くの方々のおかげもあり、じっくり時間をかけて今回の日本語訳の出版に向けてベストを尽くすことができた。最後になるが、私の家族には本当に感謝したい。

この本が、多くの方々にとって、平和について考えて行動するための一つのきっかけになれることを願って。

二〇二〇年一〇月　秋の紅葉が映えるトロムソより　李敬史《リキョンサ》

ノーベル平和賞の裏側で何が行われているのか？　目次

受賞者

第三章　二〇〇〇年〜二〇〇八年

受賞者

第四章　二〇〇九年～二〇一四年

受賞者

第五章　ノルウェー・ノーベル委員会に関する私見

おわりに

第一章　ノーベル平和賞の過去と現在

「世界で最も名誉ある賞」

一〇月の第一週もしくは第二週にノルウェー・ノーベル委員会は、委員長の後ろに事務局長を待機させる形でマイクの前に登場し、その年の受賞者を発表する。ノーベル研究所の大講堂は世界各地の報道関係者で埋め尽くされる。受賞者の名前が読み上げられるとすぐに、指導的な立場にある政治家たちや報道関係者たちが、ノーベル委員会の決定に関してコメントや質問などをし始める。その選択が素晴らしいという者もいれば、委員会は一体何をしているのかと疑問に思う者もいる。しかし、注目すべきことは、委員会の決定に対して世界が大いに関心を示しているということである。

なぜ、世界は五人の見知らぬノルウェー人委員たちの結論に注意を払うのであろうか。世界各地の報道機関がノルウェーに注意を向けることはそうあることではない。ノルウェーの人口は世界の人口の〇・一パーセントにも満たず、ノルウェーは世界の中央部から遠く離れた北の端にある。世界にはおよそ三〇〇以上の平和に関する賞が存在し、それらの賞の定義は様々である。これらの賞を主催する多くの代表者たちは皆、次のような二つの疑問を持って私の部屋にやって来る。一つは、なぜノーベル平和賞は現在のような地位を得ることができたのか、というものであり、もう一つは、どうすれば私たちの賞もそれに匹敵する評判を得ることができるのか、というものであった。

ノーベル平和賞が今日ほど存在感を示したことはおそらくない。『Oxford Dictionary of Contemporary World History』には、平和賞は「世界で最も名誉ある賞」と記されている。保守的なアメリカ人作家であるジェイ・ノードリンガーは二〇一二年に平和賞に関する著書『Peace, They Say: A History of the Nobel Peace Prize, the Most Famous and Controversial Prize in the World』を出版した。彼の基本となる考え方は批判的な見方に基づいていた。ノードリンガーにとっての英雄であるロナルド・レーガンやジョージ・W・ブッシュは平和賞を受賞していなかった。その上、ネルソン・マンデラを含め、多くの受賞者がアメリカを批判してきた。それでも、ノードリンガーは平和賞を称賛しており、たとえアカデミー賞であってもノーベル平和賞以上の名誉を得る賞はない、と結論付けていた。「ノーベル平和賞はほぼ間違いなくナンバーワンである」と。

近年ほど平和賞に多くのノミネートがあった時期はない。ノミネートが完全な形で行われた最初の年である一九〇四年には二二の人物・団体がノミネートされ、一九六一年は四二に増え、一九九一年には七九に達した。二〇一四年には二七八の人物・団体が推薦され、その数はほぼ毎年増加している。また、様々な候補者のための大規模な署名活動もよく行われている。これまでの最高記録は南メキシコのルイズ司教に対するもので、その数は七〇万筆以上に上った。メディアにおける関連記事の数も急激に増えていった。私はノルウェー・ノーベル研究所の所長としての二五年の在任期間を通して、世界各地から数多く集められるノミネートに関する資料の調査により長い時間を費やすようになっていった。

長らく平和賞に関心があったのは北米と西欧の主要国であったが、近年、平和賞はほぼ世界中で注目を浴びるようになった。このことが平和賞の地位にとって決定的な要因となっている。一九六〇年までは、いや、実際はもう少し先までになるが、この賞は主に北米や西欧出身の個人や組織に与えられていたものの、ここ数十年でオーストラリア大陸を除く全ての大陸出身者が受賞者になっている、という事実がその証拠である。一九九〇年から現在までの受賞者のうち一〇人がアジアの人物であり、七人がアフリカ、五人がヨーロッパ、四人が北米、三人が中東、そして一人がラテンアメリカからの受賞者である。世界の人口の六〇パーセントがアジアに住んでいるため、ノルウェー・ノーベル委員会はこの事実を受賞者の選定に反映させなければならないと常に考えている。これまでアメリカ合衆国の出身者が多数受賞してきたことに関して、委員会が批判を受けたことがある。受賞したアメリカ人は間違いなく多かったとはいえ、多くの者が考えるほど多数というわけでもなかった。

この二五年で多くの著名な受賞者が誕生したことにより、人々の意識の中に平和賞の存在が十分に刻み込まれることになった。また同時に、いまだ無名の受賞者も多く存在する。このことに関して私は一九九五年の賞のことを思い出す。その時はその場に居合わせていた報道関係者のほとんどが、ジョセフ・ロートブラットとパグウォッシュ会議のことを知らなかった。また、二〇〇六年のグラミン銀行とムハマド・ユヌスの受賞時にも同じことが起きていた。ほとんどの報道関係者が「グラミン・バンク」をユヌスと共に受賞した人物の名前であると思っていた。比較的ありふれた人物に対する賞はノルウェーではいつも人気がある。私たちが価値を置いているのは「徳の高い一般人」、あるいはある報道関係者が書くところの「運のある一般人」なのである。そのような受賞者が存在し、委員会は必ずしも偉大で著名な名前に惑わされるとは限らないということが重要なのである。私はほとんど無名の人物が受賞し得る可能性があるということもまた、平和賞の地位を保つことに貢献してきたと思っている。私たちはその年に誰が受賞するかを決して知ることはできない。従って、ほとんど無名であったカイラシュ・サティアーティが、有名であったマララ・ユサフザイと共に二〇一四年に平和賞の栄誉を受けることができたことは素晴らしいことであった。報道関係者たちが受賞者に関する情報を引き出そうとする時、受賞者たちはいつも話すに値する重要な話を持っているものである。それはサティアーティに特に当てはまることであった。

ここ二五年の間で、委員会はアルフレッド・ノーベルの平和の概念を大きく「拡張」していったと主張されることがあるが、これは部分的には正しい。人道主義の概念は初めて平和賞が授与された一九〇一年の時点ですでに含まれており、その時は赤十字の創設者であるアンリ・デュナンが受賞した。その次の「拡張」は人権の概念を含むことであり、このカテゴリーに入る最初の受賞者として考えられる候補者は多く存在する。人権が明確な受賞理由となった賞は一九六〇年のアルバート・ルトゥーリであることから、このことも特に新しいことではない。新しいことといえば、環境というテーマが平和の概念に含まれたことである。環境という概念がアルフレッド・ノーベ

アルフレッド・ノーベル

ルの遺書の内容と一体どのような関係があるのかということを、これまでに多くの者が問うてきた。しかし、この二つを結びつけるのは難しいことではない。アルフレッド・ノーベルの賞に対する第一の基準は「世界中の人々の友好的なつながり」であった。地球温暖化から私たちの惑星を守るという試み以上に世界中の人々の友好的なつながりを表現できる明確な例を見つけられるのであれば、それは素晴らしいことである。このテーマに取り組むために、私たちは力を合わせて立ち上がらなければならない。平和賞の三番目の基準である「平和会議の開催」という項目も、私たちの地球を守るために様々なレベルで行われている大規模な環境外交を通して実現され得る。このことは委員会の現代における課題への取り組み方や、ノーベルの遺書の内容に従う方法に関する注目すべき例となる。その他のテーマはすぐに平和賞にとってますます無関係なものとなっていったことであろう。

時には、誰がノルウェー・ノーベル委員会の委員になるかということも議論される。その議論の盛り上がりのために、つい委員会が危機に瀕していると考えたくなる者もいるかもしれないが、むしろその逆で、その主導権を握りたいと思っている者はますます多くなっている。委員は皆、他からの影響を受けずにいられなくなってしまった。議論の場にいることが名誉なことなのである。ほぼ全てのノルウェーの主要な政治家が将来的に委員会に加わろうとしていたということが、私には見て取れた。幸いにも、彼らの中で委員会の席に座った者はそれほど多くなかった。

これまで授与されたほぼ全ての平和賞には過去と未来の両方の要因が含まれている。それまでの活動や業績が受賞理由となっている必要があるが、同時に、委員会は平和賞が新たな結果に貢献することを願っている。これも特に新しいことではない。創設当初の平和賞の多くは、政治への影響が極めて限定的であったその当時の様々な平和闘争に対して与えられた。このことはまさに、受賞者の理想がより高い影響力を持つことを委員会が願っていたという現れであった。例えば、中東のように歴史的プロセスが最終的に完結するまでは委員会は賞を授与すべきではない、と主張する者もいた。しかし、その歴史は終結しておらず、今もなお続いているのである。

なぜ世界は平和賞を意識しているのか

ノーベル平和賞が今日のような地位にあるのには、四つの主な理由があると私は思っている。一つ目の理由は、平和賞が一一三年にもわたって授与されてきたことにある。すでに第一回目の賞からその時代の人々の大きな注目を集めていた。そのため、ソウル平和賞やテンプルトン賞のように第二次世界大戦以降のここ数十年で登場してきた平和に関するほぼ全ての賞と比較した時、明らかに歴史的に優位であると認められる。

二つ目の理由は、ノーベル平和賞が数あるノーベル賞の中の一つであるため、ということである。それぞれの賞同士のつながりは相乗効果を与える。ノーベル賞は様々な分野の者たちが成し遂げることができるものの中でも、一般的に認められているほぼ最高の表現であり続けている。加えて、平和賞は他のノーベル賞よりも大きな注目を浴びており、他の全てのノーベル賞に対する注目を合わせたものよりも平和賞のみに対する注目の方が大きかった、というようなこともあった。それでも、オスロにいる私たちは、ストックホルムで授与される科学関連のノーベル賞と関わりがあることを非常に誇りに思っている。その他の分野のノーベル賞が存在していなければ、平和賞が今の地位を得ることは決して無かったであろう。

平和賞は一八九五年のアルフレッド・ノーベルの遺書の内容に従ってノルウェー・ノーベル委員会から授与される。ノーベルは受賞者の選択については根拠を示してはいなかったものの、それにはいくつかの説があるようである。ノーベルはノルウェーにダイナマイト工場を所有していたものの、かつて彼がノルウェーに滞在したことがあったのかどうかについて、私たちは証明することができていない。ノーベルは非常に国際的な人間で、最も長く暮らしていたのはロシアであった。また、パリにも長い間住んでおり、現地のスウェーデン・ノルウェークラブで遺書を書いた。彼はノルウェーとスウェーデンが共に密接な関係を持っていたと考えており、現に一九〇五年まではそうであった。おそらくこうしたことが、比較的立場の低かったノルウェーもまた賞を授与すべきであるという考えに至らせたのであろう。非常に複雑な人物であったノーベルは、スウェーデンのヒエラルキー的構造やその歴史が示す戦士的伝統に対して懐疑心を抱いていたと思われる。このようなスウェーデン的伝統は、人間を好み平和を希求するというノルウェー的伝統とは対照的なものであった。彼は一八九〇年代の紛争における調停や仲裁、そしてノルウェー議会であるストーティングが平和的解決に関心を寄せたことを特に考慮していた。彼の女性の友人であったベルタ・フォン・ズットナーは、ノルウェーとスウェーデンとの関係に関する最新の動向を彼にいつも知らせており、そのことが、一八九〇年代に平和活動家として活動していたビョルンスティエルネ・ビョルンソンをノーベルが称賛していたことに実際に影響を与えていた可能性がある。

三つ目の理由は、ノルウェー・ノーベル委員会が一一三年を通して確固たる「記録」というものを残したためである。過ちを犯したことがあるのは明白で、しかもそれはひどいものであった。これまでの多くの失敗の中で、マハトマ・ガンディーの件は致命的なものであった。二〇世紀における非暴力の指導者が平和賞を受賞しなかったことは、言うまでもなく非常に残念なことである。委員会は一九四八年にガンディーを受賞者とすることに決めていたが、その後彼は射殺された。当時は死後に受賞することが可能ではあったとはいえ、それは明らかに問題をはらんでいた。ダグ・ハマーショルドは一九六一年にまさにそのような形で受賞した。その後、死後の受賞が不可能となるように規定が変更されたが、それは間違いなく正しい決定であった。規定では、死亡者を評価すべきではなく、生存者の中からその資格の有無を評価することができる、となっている。私たちは、平和賞を受賞した一二七の人物と組織のうち、私たちが気に入っている受賞者の名前が記されたリストを確かに持っており、それと同様に、平和賞を受け取るべきではなかったかもしれない受賞者の名前が記されたリストもある。これらについては、本書の中で慎重に取り上げられているテーマの一つである。ノルウェー北部のノールノルゲ出身者は率直な物言いをするというが、その一人である委員会の事務局長にとっても、これはデリケートなテーマである。しかし、ここでの問題は過ちを犯したことではない。誰でも過ちは犯すものである。問題は、非常に数少ないながらも重大な過ちを犯したというところにある。

四つ目の理由は、平和賞が比較的柔軟性を示してきたためである。長い年月がかかってはいるものの、平和の概念は拡張され、平和賞はますます世界的なものとなっていき、一九七〇年代には実際に世界へと広まっていった。次第に女性の受賞者が出てくるようになり、今日までに一六名の女性がノーベル平和賞を受賞している。このことは特段素晴らしいことではないが、八六名の男性の受賞者と二五の組織の受賞者に対して一六名の女性受賞者がいるというのは、他のノーベル賞よりも明らかに良い数字である。その一六名のうち九名はこの二五年で受賞した者たちである。

莫大な賞金がノーベル賞の地位の向上に貢献したと主張する者は確かにいるであろう。しかし、一〇〇〇万スウェーデンクローナという賞金は必ずしも高額ではなかった。その上、二〇〇八年から〇九年の経済危機による財政状況の悪化を理由に、二〇一二年からは八〇〇万スウェーデンクローナに減額された。また、ノーベル平和賞よりも高額の賞金を用意している他の平和に関する賞も存在する。事実、イギリスのテンプルトン賞にはその賞金を常にノーベル賞よりも高額にすることを可能とするような取り決めがある。また、ヒルトン賞の賞金は一〇〇万ドルに減額されるまではノーベル賞よりも明らかに高額なものであった。非常に非アメリカ的な見地から、それらの賞金は個人ではなく団体や組織に対する賞に与えられる。そのことがメディアからの注目を明らかに失わせている。

なぜそれほど上手く行ったのか

ノルウェー・ノーベル委員会はなぜ実際に犯した以外の深刻なタブーを犯してこなかったか、という質問に対しては、組織的な人間同士の結びつきにその答えがあるに違いない。私はそのことに関する決定的な要因として委員長や委員、さらには委員会の事務局長の個人的な貢献を指摘することは難しいと思っている。これらの全ての役職には無論、優秀な人物もいたが、限られた洞察力しか持たない人物も少なくはなかった。委員の人選が全く適当であることもしばしばであった。

従って、主な理由は組織的な人間同士の結びつきにあり、それは国際政治に対するノルウェー的もしくはスカンディナビア的なアプローチの上にあるものである。世界的にみると、ノルウェーの政治やスカンディナビア地域の政治は「やや左寄り」に位置し、そこが平和賞の位置すべき場所である。平和賞は理想主義と現実主義の組み合わせを示すべきであり、実際に存在する世界とのつながりを失わずにより良い世界を目指さなければならない。政治学には「あなたの立ち位置はあなたの座っている場所による」と主張する学派が存在する。アメリカやインド、ロシアやサウジアラビアで授与される平和に関係する賞はノルウェーで授与される賞とは全く異なるものになったことであろう。

理想主義という思想は確かに私たちのノルウェーの近代史の上にあり、民主主義や人権、人道支援や軍縮、そして少なくとも国際協力に焦点を当ててきた。私たちの国であるノルウェーの価値観からの拡大解釈であることは明らかである。例えば、人権はノルウェーにしっかりと根付いている。ノルウェーが自身の独立を獲得してきたため、スカンディナビアの文脈においてはサーミ民族を除いては他民族集団も独立を獲得すべきである。彼らは現存する国民国家において最も良いものを有している。私たちノルウェー人は植民地を手に入れたことがなかったことから、態度としての反植民地主義は大きな支持を得た。ノルウェーの北極海に対する帝国主義的な態度や領海の大幅な拡張は、資源と密接に関連していたものの、人間との関連は薄いものであった。社会民主主義を基盤とする勢力とキリスト教を基盤とする勢力は、少なくとも自分たちには国内外におけるそれらの問題に対して責任があることを強調してきた。軍縮に傾くというのは近隣に超大国を抱える小国にとっては自然なことである。特に、私たちが所有していない核兵器のような兵器の削減が重要となっていった。法や権利、国際協力というものは、国際政治における超大国の重要性を低下させようとして、小国が長らく試み続けてきたことであった。

従って、ノルウェーは国際協力を特に重視し、第一次世界大戦以前の列国議会同盟や第一次世界大戦後の国際連盟、第二次世界大戦後の国際連合に焦点を当てていった。より良く組織された世界のための闘いは、それ自体が平和賞の歴史において中心となる考え方なのである。その他の古くから存在するテーマとしては、民主主義や人権に重きが置かれており、その傾向は次第に強くなっていった。人道支援や援助は平和賞の歴史におけるもう一つのテーマであり、これに関してはすでに、一九〇一年にアンリ・デュナンへ最初の平和賞が授与されている。ノルウェー・ノーベル委員会は軍縮と軍備管理、特に核兵器に対する闘いに何度も立ち返ってきた。

同時に、この理想主義という思想は、国家としてのノルウェーが得てきた経験によって温められていったが、その思想がスウェーデンやデンマークとの連合や第二次世界大戦中のドイツによる占領、さらには冷戦期のソビエトとの衝突からノルウェーを守ることはなかった。ノルウェーの政治家が愛する言葉が一つあるとすれば、それは「橋梁架設」であろう。ノルウェーは西側陣営に属するようになったが、同時に東側との架け橋を築くことにも関心があった。ノルウェーは北半球において次第に裕福な国となっていったが、南半球の貧困国との架け橋を築きたがっていた。ノルウェーは極めて親イスラエル国家であったが、次第にアラブ人やパレスチナ人との接触に取り組むようになっていった。私たちノルウェーが陣営内外にいることは少し優柔不断に映るかもしれないが、平和賞を授与するには良い出発点であろう。

少なくとも近年では、紛争が比較的少なくその規模も小さいスカンディナビアにおいて、私たちは組織化と民主主義が国内外の平和への道のりを定めるという確固たる信念を持っている。世界はスカンディナビアのようになるべきである、ということである。すなわち、良く組織化され（列国議会同盟や、国際連盟、国際連合を支持する活動家に対する賞）、民主主義（徐々に増えつつある人権に関する賞）、社会的正義（貧困との闘いに対する賞）を持ち、そして兵器の廃絶（核兵器に反対する活動家に対する賞）という夢を持つということである。

私たちのいるこのスカンディナビアという場所ではあらゆることが単純である。従って、この大きな世界であっても全てのことは非常に単純なものであると私たちは思っている。無論、これは少しナイーブな出発点ではあるが、平和賞は非常にナイーブな特徴を持っているべきである。問題が頻繁に起こるのは、平和賞が現実主義的な政治にその身を委ねた時である。そのような時には、セオドア・ルーズヴェルト（一九〇六年）、ヘンリー・キッシンジャーとレ・ドゥク・ト（一九七三年）、メナヘム・ベギンとアンワル・サダト（一九七八年）、ヤーセル・アラファトとシモン・ペレスとイツハク・ラビン（一九九四年）のことを思い出す。彼らに対する賞には明らかな違いがあった。マザー・テレサとヤーセル・アラファトに同じ賞を与えることはそのような側面を持っている。そのような現実主義的な特徴を帯びた賞は完全に避けられるべきである、というわけでは必ずしもないのである。

無論、自由主義的・理想主義的な考え方というのは、単にノルウェー的なものあるいはスカンディナビア的なものではない。もしそうであるとすれば、平和賞は地域的なものに過ぎなかったことであろう。英語ではしばしば「リベラル国際主義」として説明されるこの概念は、特にアメリカやイギリスなどの西洋諸国においても強い存在感を示していた。それが、この二つの国が平和賞受賞者の数において群を抜いていることの大きな理由である。アメリカは二二、イギリスは一四の平和賞受賞者を輩出している一方で、ドイツとフランスは五、旧ソ連・ロシアに至ってはわずか二（アンドレイ・サハロフとミハイル・ゴルバチョフ）であった。民主主義と人権という考え方は、平和賞がそうであったように、次第に世界の新たな場所へと広がっていった。

他方で、平和賞は全体主義や独裁主義体制に挑んだこともあった。例えば、ドイツ（オシエツキー）、旧ソ連（サハロフ、レフ・ヴァウェンサ）や中国（ダライ・ラマ、劉暁波）に関する事例がそれである。アメリカに関しては、長らく右翼側に支持されていたセオドア・ルーズヴェルトやヘンリー・キッシンジャーのような保守側の英雄にも平和賞が授与された。それでも、平和賞はウッドロー・ウィルソンやジミー・カーター、バラク・オバマ大統領のようなリベラル国際主義を象徴する者たちに対して最も頻繁に与えられた。また平和賞はアメリカの権力者たちに挑むこともあった（マーティン・ルーサー・キングの例はこのことと一部関係している。ジョディ・ウィリアムズの例はそうであり、長らくアメリカでブラックリスト入りしていたライナス・ポーリングはその最たる例である）。

従って、ノーベル平和賞の強みはノルウェー的な考え方やスカンディナビア的な考え方に基づいてきたが、同時に国際的な考え方の土台にも基づいてきたということになる。ガンディーが平和賞を受賞しなかった理由が複数あったことは間違いないが、一つの理由は特に一九三〇年代のノルウェーとイギリスとの密接な関係にあった。また一つの理由は、ガンディーの完全なる非暴力の原則に基づく政策のようにエキゾチックで明らかに反近代的なものとは隔たりがあった、ということであろう（おそらく、ノルウェーもヒトラー率いるドイツと闘った後は特にそうであったと思われる）。ガンディーは五度ショートリストと呼ばれるものに載っており、実現こそしなかったが

ガンディー

一九四八年には受賞することができたであろう。その他にも多くの理由があった。例えば、彼が銃撃されたことや、一九四六年から四七年にはインドとパキスタンの建国に関連して数十万人が殺害されたこと、そのような重要な時期にガンディーが非暴力の哲学を修正していたのではないかという（根拠のない）疑問や不安が広く知れ渡っていたことなどである。基本的に、ガンディーの未受賞は、ノルウェーにいる私たちが極めてヨーロッパ的な世界観を持っていたことでもって十分に説明できる、ということである。一九六〇年までは、「第三世界」として知られ始めていた地域からの受賞者はわずかに一人だけであった。それは、パラグアイとボリビアとの間のチャコ戦争という紛争の終結を仲介したアルゼンチン外務大臣のカルロス・サアベドラ・ラマスであった。ガンディーの偉大さは当時よりもその後の時代により明らかとなっていった。

一方、ある分野では、ノルウェー的な考え方が非常に偏狭なものであることが示されてしまった。ヨーロッパ統合に関する分野である。戦時中、ノーベル委員会はドイツとフランスとの間の和解に関わった者たちに多くの賞を与えた。このことが政治的意味を得、東西ヨーロッパ間の和解の意味も含むようになった。一九四五年以降、主に「東方政策」を理由に平和賞を受賞したヴィリー・ブラント（一九七一年）のような少ない例外はあったものの、基本的にはそれに関連する賞は与えられなかった。誰もがその理由を知っていた。ヨーロッパ統合に対する賞はノルウェー・ノーベル委員会を真っ二つに分断してしまうおそれがあった。EUの平和推進に対する効果に関して特に疑いがあったわけではなかったが、誰もそのような決定を望んではいなかった。しかし、二〇一二年にノルウェー・ノーベル委員会はついに、自身の歴史の中でガンディーの未受賞に次ぐおそらく最も重要な声明を発表することとなる。

平和賞はどのような影響力を持ってきたか

平和賞が規範を作るようなものとして重要な意味を持ってきたと考える国際的な専門家は数多く存在し、重要な意味を得ることが可能となる国際規範をどのようにして常に拡大していくかに焦点を当てる、政治学でいうところの社会構成主義を支持する学派の中に特に多い。民主主義と人権は強化され、様々な兵器が国際的な正当性を失い、超国家的な制度が拡張され、外交と交渉が一層重要な意味を持つようになる、といったような考えである。この文脈においてノルウェー・ノーベル委員会は重要な役割を果たしてきたようである。しかし、特に現実主義を支持する学派の研究者たちにみられるように、この点を否定している研究者もいる。平和賞は世界各地で変化をもたらすことはできず、安全保障上の利益が中心となる混沌に満ちた世界において、各国はできる限り最高のものを確保しなければならない、という具合にである。彼らが実際に委員会からの批判にさらされる時には、体制は弱められるというよりはむしろ強められ得る。

私の考えでは、ノーベル平和賞の役割をやや過大評価した考え方を持つ者が多い。ノーベル平和賞は基本的には大きな栄誉である。それ自身はそれほど小さいものではない。

驚くべきことは、平和賞の影響力が限られたものであるということではない。平和賞が影響力を持っているということ自体が大きな驚きなのである。平和賞がいかにして全く無名の人物を押し上げることを可能にし、国際舞台における居場所を与えることを可能にするかということがわかるのは驚くべきことである。多くの受賞者たちがこのことについて触れていた。ユヌスは、「平和賞を受賞する前から私は叫んでいたが、誰も私の話を聞いてくれなかった。今では、私がつぶやくだけで誰もが私の話を聞いてくれる」と語ったことがある。多くの受賞者たちは、ほぼ全てのドアがどのようにして受賞後に開かれていったかについて語ってくれた。デズモンド・ツツはロナルド・レーガンに会いたがっていたが、レーガンはツツと会うことを望んでいなかった。その後、ツツが一九八四年に平和賞を受賞するとすぐにホワイトハウスへ招待されることとなり、そこで彼はレーガンだけでなく外交政策上級顧問にも会った。アンドレイ・サハロフとレフ・ヴァウェンサは「保護装置」としての平和賞という考え方について、多くのことを私たちに教えてくれた。ビルマのアウンサンスーチーは祖国の解放者であるアウンサンの娘としてすでに重要な立場にいたものの、おそらく彼女もまた平和賞を通して多くの保護を得ていたことであろう。イラン出身のシーリーン・エバーディーや中国の刑務所に収容されていた劉暁波もまた、平和賞が彼らに与えた視界を通して多くの保護を得ていることを、今日私たちは願うばかりである。

条件が整っている時であっても、平和賞が実際に国際政治の状況を変えることができるのはまれである。最も良い例は、おそらく一九九六年のカルロス・ベロ司教とジョゼ・ラモス・ホルタに対する平和賞であろう。両者は平和賞が東ティモールの独立をもたらすであろうと完全に確信していた。彼らの期待を抑えようとした者は多く、私も間違いなくその中の一人であった。平和賞はインドネシアの軍隊やその他の権力を一掃することはできなかった。それでも、二〇〇二年に東ティモールは独立を果たし、ノルウェー・ノーベル委員会はその文脈においてかなりの評価を得ていた。一九九七年から九八年にかけてのインドネシアの政治的・経済的な没落が東ティモール独立の主な理由ではあったものの、平和賞はその劇的な進展において重要な補足的説明を与えている。インドネシアはそうしたことがこの地域に独立をもたらしたに違いないということを認識していた。

平和賞は幅広い歴史的なプロセスにおいて影響を及ぼす数多くの要因の中の一つである。それは成功裏に終わった南アフリカのアパルトヘイトに対する闘争や、世界各地における民主主義や人権の広がり、地雷禁止、そしてあまり成功しなかったものの核兵器に対する闘争や中東和平交渉に対する闘争に言えることである。

レフ・ヴァウェンサは、ノーベル平和賞が無ければ彼が一九八九年春にポーランドで行ったことを成し遂げることはできなかったであろう、ということを何度も話している。同じ年の六月にポーランドで行われた自由選挙が中・東欧の発展にとって、すなわちポーランドの選挙から一二月のルーマニアのニコラエ・チャウシェスクの失脚までの奇跡の半年にとって決定的なものとなった。

もし平和賞が全く影響力を持っていないとしたら、なぜ中国は二〇一〇年の劉暁波の受賞に対してあのような憤慨した態度を示したのであろうか。ノルウェーにある小さな委員会の結論に注意を払わないことは容易であったはずである。むしろ、中国の指導部は平和賞の意義を低下させようとした。劉暁波の授賞式への欠席を意味する「空席」という言葉が中国ではタブーとなった。

従って、驚くべきことは平和賞に関して多くの限界があることではなく、二つの大きな奇跡と私が呼ぶものである。一つは世界がノーベル平和賞を意識しているということであり、もう一つは平和賞が時に受賞者の大きな名誉と栄光以上のものであり得るということである。

第二章　一九九〇年〜一九九九年

私は長らくノルウェー・ノーベル研究所の所長になることを夢見てきた。私は、その前任者でもありオスロ大学で歴史学を教えていた、私の師でもあるヤコブ・スヴェルドルプのことを良く知っていた。私は以前にノーベル研究所内にある素晴らしい図書館に頻繁に通い詰めていた。国際志向の歴史家にとって、ノーベル研究所の所長の役職と比べられる仕事はほとんどなく、その職に就いたことがあった歴史家はほとんどいなかった。その所長の仕事とは、結局のところ、ノーベル委員会の事務局長の仕事のことであった。その仕事は、ノルウェー政治において著名である受賞者や委員会の委員たちとコンタクトを取るという良い機会を与えてくれた。

しかし、私も私の家族も、私が准教授や教授を一六年間務めた大学のあるトロムソという土地に非常に愛着を持っていた。この所長の仕事を除けば、私たちがトロムソを離れる理由などなかった。しかし、私以外の家族は当分の間はトロムソに留まると言い張り、私は一年半の間、トロムソとオスロを毎週のように往復するというハードな生活を送っていた。その後、私の妻のオーセと息子のヘルゲ（一九七六年生まれ）がオスロに引っ越したが、もう一人の息子のエリック（一九六九年生まれ）は引き続きトロムソに留まることになった。

事務局長の仕事にはおよそ二五名の応募があった。私がこの職を得る決め手となった理由の多くは、ノーベル研究所のような研究機関が成し遂げられることに関して私が応募書類の中で示した信念であったらしい。

「いつでも始めればいい」

一九九〇年一月からノーベル研究所の所長に就任する通知を受諾する前に、私には当然なんとしても調査すべきことが一つあった。それは、私がどの程度財政に関する影響力を得ることになるか、ということであった。予算のほとんどはスウェーデンにあるノーベル財団から来ていた。ノルウェー・ノーベル研究所の委員たちの間では「あのスウェーデン人たち」は扱いづらい、ということがささやかれていた。彼らは特にノルウェーに対するスウェーデン的なナショナリズムや帝国主義的な態度を持っており、私たちノルウェー人を見下していた。また、彼らは明らかにけちな人間で、特にノルウェーでの新たな活動に関する提案に対しては本当にけちであった。彼らの話によると、オスロのノーベル研究所でノーベル平和賞を与えること以外にあまりやることがなかったのは、おそらくそのことが理由であった。言うまでもなく、平和賞を与えることは、ドランメン通り一九番地にある研究所（後にヘンリック・イプセン通り五一番地に移ったが）での最も重要な仕事であり、これからもそうであり続けるであ

ノルウェー・ノーベル研究所

ろう。賞の授与や図書館での仕事以外で私が知っていた唯一の活動は、ノルウェーの学校の社会や歴史の教師たちに対して毎年行う「研修」であった。この「研修」は一九四九年に始まったが、一九八四年から八五年までのノーベル研究所の建て替えの期間に中断され、その後再開されることはなかった。

どのような条件であっても私はこの仕事を引き受けたであろう。それほど関心があったということである。業務内容の説明は完璧に思われた。「やらなければならないことは少ないが、上手くいけばやれることはより多くなるかもしれない」。今まで私は学界の中で、ささいなことを長く調査する必要がある根本的な問題とみなしていた気難しい者たちを手なずけてきたが、これからは平和賞を運営することとなった。そして私は、当時、いまだにノルウェーの大学の中で最も新しく、最も小さく、そして最も非官僚的なトロムソ大学と関わりがあった。加えて、その新たな仕事は私に学術記事や本を書く機会を与えてくれた。契約書にはなんと労働時間が九時から一五時までと記載されていたのである。

一九八九年秋、私がノーベル研究所での仕事を引き受ける旨の返事をしてその職に就く前に、私は研究所の事務長から一本の悩みの電話を受けた。ある問題が横たわっていたというのであるが、それは研究所にあまりにも多くの金が残っていたということであった。およそ一五〇万クローネを使うことが可能ではあったものの、その予算の使い道については誰も知らなかった。彼らはこの件について何かアイデアを出してくれないかと私に尋ねてきた。一つの方法は新たな機材を購入することであった。FAXはすでに備え付けられていたため、新たに買うとすればパソコンであった。必ずしも必要ではないというような雰囲気ではあったが、そのための予算は十分にあったので買うこととなった。

それらを購入してもなお、金銭的にはかなりの余裕があった。

事務局長の職に就いた後、私は財政状況の調査のためにできるだけ早い段階でストックホルムを訪れることにし、ノーベル財団の理事のスティグ・ラメルに「面会時間の予約」の電話をした。私は以前にもストックホルムを訪れたことはあったが、一九八〇年代の夏に電車の旅で家族と一緒に訪れたその一度だけであった。私が研究目的で主に渡航するのはアメリカであった。

面会の約束を取り付けること自体は問題がなかった。しかし、その後に問題が起きた。まず、私がアーランダ空港に到着した際に、空港からノーベル財団まで四〇分ほどかかるということがわかった（アーランダ空港は当時オスロにあったフォーネブー空港とそれほど大差がないと私は思っていた）。そのため、私たちが会うための約束に少なくとも二〇分は遅れるということを伝えるためにアーランダ空港から電話をした時が、私のスティグ・ラメルとの最初の直接のコンタクトであった。さらに、私はその時すでに、彼が男爵であり、スウェーデン外務省で働いていた経歴があることを伝え聞いていた。また彼は流暢なフランス語を話すということであった。正直に言うと、平等という考え方を非常に尊重し、ややアメリカの影響を受けていたノールランド出身の私とは、まず上手く行かないであろうと思っていた。

私のラメルとの最初の面会は短時間ではあったが、忘れられないものであった。面会が短かった理由の一つは、私が時間に大幅に遅れ、ラメルが他に合う約束の予定を入れていたことである。忘れられないものになった理由は、男爵が話した二つのことを私が覚えているためである。一つは私がまさに「巨大な岩」のような容姿で彼が驚いていたことであったが、もう一つのことの方がより重要であった。今後の財政的な見通しに関するやや直接的な質問に対して、彼は次のように答えた。「もしあなたがオスロで新たな活動を行っていきたいのであれば、いつでも始めればいい。私はそのための予算を準備しておくつもりだ」。この出来事は、非常に心地よく気さくな彼の性格も相まって、私がすぐにその理事、すなわちラメル男爵のことを、スティグと呼ぶに至らせた。その後、私は副執行理事のオーケ・アルテウスを紹介され、彼がノーベル賞の制度におけるノルウェー側のバトンを受けることとなった。オーケは私に対して、スティグの奔放なまでの楽観主義に基づいて計上されたであろう大きな金額を伝えてきた。また彼は私に昼食をごちそうしてくれた。こうして、ミッションは達成され、後はオスロに戻る最初の便に座るだけとなった。

ノーベル委員会との初めての出会い

スウェーデンで手に入れた新たな素晴らしい情報を頼りにして、あとはノルウェー・ノーベル研究所での新たな活動計画を提出するだけとなった。一九九〇年二月の終わり頃に、私にとって初めてとなるノーベル委員会の会合でこの計画が提出された。私はあるメモの中で、自分の考えに基づいて研究所が着手すべき多くの活動の概要を練っていた。例えば、教師のための研修の再開や専用の研究部門の創設、研究者のための仕事場を構える屋根裏部屋の建設、定期的に行われる講義やセミナー、シンポジウムの開催、新たなタイプの国際的な研究資料などを重視することによる研究所内の素晴らしい図書館の一層の充実、平和賞の歴史に関する編纂作業などである。これら全ての計画を実行に移すために私は、研究所に研究長、追加の司書、そして新たな秘書の三名を雇うことを提案した。

委員会は積極的に活動する所長を確かに望んではいたものの、私はメモの内容に対する反応について確信が持てていなかったように思う。私は新たな計画がスムーズに承認されることには慣れていなかった。従って、当時ノーベル委員会の議長であったエギール・オーヴィックが次のように話した時、私は非常に驚いた。「面白いアイデアであった。すぐにこのプログラムを採択して、三人のための新たなポジションを作るよう提案する」というのがその全てであった。それ以外に彼が話していたことを何も思い出すことができない。こうして、私のアイデアがノーベル賞の制度の中に容易に取り入れられることとなった。もしあなた方にも何かアイデアがあって、それを委員会に提出したならば、すぐに採用されたことであろう。必要な予算はストックホルムにあるノーベル財団から得ることができるので、その後はただ実行に移せばいいだけのことである。何を提案してもほとんど何も実現されない大学の世界に慣れていた私にとっては、この新しい仕組みは理解しがたいものがあった。

ノーベル財団はおそらく匿名の寄付者とされるデンマーク人からかなりの贈与を受けたことがあったということも、スティグ・ラメルが教えてくれた。ヘーラップ基金からということしかわからなかったが、この財源がノーベル賞の分野ごとに分配されることとなった。ノルウェー・ノーベル委員会に分配された額は四〇〇万クローナであった。私たちは図書館に置かれる研究資料の購入に全ての予算を使うことを決めた。

一九九一年四月、全てのノーベル賞の制度に携わる関係者がストックホルムで行われる臨時会議に招集された。会議の中でスティグ・ラメルは、ノーベル賞の制度の中にいる私たちは上手く予算を使わなければならない、と話していた。賞金の額は一九八九年には三〇〇万スウェーデンクローナであったのが、一九九一年には倍の六〇〇万クローナとなり、各ノーベル賞に対する分配金額はそれに応じて増額されることとなった。ノルウェー側では、私たちはすでに予算の増額に着手していた。私は自分がスティグにとっての模範生であると感じていた。私たちにこれらの予算を全て使い切る「義務」はないという隠された要望を、スウェーデン・アカデミーの代表者が露わにしていたことを私はよく覚えている（これらの予算の出所はどこであったのであろうか。ノーベル財団が所有するいくつかの不動産の売却に関してスティグが信じられないほどの幸運に恵まれていたことが噂されていた。しかし、これまでに書いたことがその理由であったのである。私たちは予算を使う側であり、その費用を稼ぐ側ではなかった）。これが、スティグが年金生活に入る前に行った最後の仕事となり、すぐに全く別の時代を迎えることとなった。

委員長としてのエギール・オーヴィック

ノーベル研究所所長とノーベル委員会事務局長に在任中、私は六人の委員長を抱えており、その一人目はエギール・オーヴィックであった。彼はキリスト教民主党の議員であり、ボルテン政権の労働社会大臣でもあった。オーヴィックは優秀な演説者で、ベテランのキリスト教の宣教者として大言壮語を用いることを恐れなかった。彼は危うく陳腐な言葉を用いそうになることがあったが、事態が暗礁に乗り上げることはほとんどなかった。一九八六年のエリ・ヴィーゼルへの授賞時、オーヴィックは講演に特に力を入れていた。小さな失策といえば、一九八九年に彼がダライ・ラマの授賞式で、ストックホルムで同じ日に経済学賞を受賞したトリグヴェ・ホーヴェルモに敬意を表す形で紹介スピーチを行ったことであった。このことは全世界的なメッセージ性を持っていた行事を極めて内向きなものにしてしまった。

エギール・オーヴィック

オーヴィックはまた、ノーベル賞に関する出来事の中でも最も愉快な逸話の一つを残した。それは伝統的に一二月九日の夜に催される「小夕食会」の最中に起きた。夕食会は受賞者、委員会の委員、そして事務局長のみが参加し、互いが少し親密になるための最高の機会となっている。グンナル・ストールセットはこの時の話について喜んで教えてくれる。夕食会に出席していたのは彼であり、私は出席していなかった。その席でオーヴィックは彼らが「寝床に就く」ことを「猊下」に提案したという（食事のために「テーブルにつこう」と彼は言いたかったのであるが）。夕食会のその席でオーヴィックはダライ・ラマに対して、神への信仰は彼にとってどのような意味があるのかと質問を続けてしまった。ダライ・ラマは全ての神を信仰しているというわけではないということを告白しなければならなかった。オーヴィックは仏教に対する理解不足を露呈することとなったが、その時にできることはそれほど多くはなかった。しかし、誰かには祈らなければならないだろう、とオーヴィックは強い口調で言っていた。「私はたいてい自分自身を信仰している」というのが「猊下」からの答えであった。

オーヴィックは話しやすい男であった。前述のとおり、彼は私に対してノーベル研究所の活性化への完全なる支援を与えてくれ、活動の推進に関して極めて自由な裁量権を与えてくれた。私が責任を担った最初の業務は、研究所の顧問たちのために催される年に一度の夕食会に関することであった。少額であれば特別な出費は許容されることになっていたが、レストラン「アーン・エターシェ」での食事代が一〇〇〇クローネ以上にもなってしまったのを見て私は、そうした仕事を始めるにあたってずいぶんなやり方であると思った。請求書を承認したオーヴィックはその金額に関しては何も言わなかった。

オーヴィックはエリ・ヴィーゼルが開催を望んでいた大規模なカンファレンスにおいてノーベル委員会が共同主催者になることを、早い段階で彼に約束していた。しかし、オーヴィックはその後、委員会での反対意見を支持した。私がこの問題を取り上げた際、彼はとても感謝していた。こうして、委員会は一九九〇年八月にオスロで開催された「憎しみの解剖学」という名の大規模なカンファレンスの共同主催者となり、ネルソン・マンデラやフランソワ・ミッテラン、ヴァーツラフ・ハヴェル、ジミー・カーターが参加者として出席していた。

残念なことに、オーヴィックはその後オスロ大学病院での心臓手術中に亡くなった。彼は健康であると思っていたので、非常にショックであった。委員会の委員に加え、ニューヨークからはるばるやって来たエリ・ヴィーゼルと共に、私たちはオーヴィックが住んでいたヌッテロイでの葬儀に参加した。葬儀は素晴らしいものであったが、私にとって最も印象的であったのはその後の追悼式であった。ヴィーゼルはその時すでにニューヨークに戻っており、委員会の委員のほとんどもオスロに戻っていた。追悼式はオーヴィックにまつわる数多くの話題やエピソードに彩られた素晴らしいもので、人々は笑い、そして涙していた。この機会を通して私は、葬儀というものは果たして暗い雰囲気の中で行う必要があるのか、と思うようになった。

ギスケ・アンデルソン

オーヴィックの悲しい死の後、ギスケ・アンデルソンがノーベル委員会の「委員長」となった。以前はこの職は「議長」と呼ばれていた。ギスケはノルウェーの放送局であるNRKの出身で「パリからの声」として有名であった。長年、彼女はその独特な声でフランスからレポートをする仕事を行っていた。彼女は海外情勢に関心があり、私がこれまで見てきた中で最も国際的な人物であることは間違いなかった。彼女はEUが平和賞に値すると考えており、またノルウェーの地方気質を快く思っておらず、主に海外のメディアからニュースを手に入れていた。ギスケは私に印象的な出来事を話してくれた。彼女はヨーロッパ統合の父と呼ばれるジャン・モネにインタビューを行った経験があった。モネはノルウェーのEU加盟に難色を示すような主張を述べていた。それはヨーロッパ的なビジョンを持たず、国内の漁業問題などのある一つの問題にしか興味を持たないような国は加盟すべきではないというものであった。彼女がその話を決して公表しようとしなかったのは、ノルウェーのEUに対する取り組みに水を差す可能性があると彼女自身が考えていたからであった。

しかし、ギスケは委員長に必要とされる冷静さを持ち合わせてはいなかった。彼女は気性が荒く、短気な性格のようであった。彼女はすぐに落ち着きを取り戻してはいたものの、問題を引き起こすことがあった。さらに、彼女は癌に侵されており、委員長としての役職をわずか半年務めた後に辞任することを選んだ。

彼女は私をいろいろなことで叱りもしたが、助言をくれることもあり、私とギスケは良き友人となった。代わりに、私はまだ不慣れな彼女のために、ほとんどの業務についての書き置きをした。彼女は独立心の塊のような人物であり、きっちりと型にはまった業務にはあまり慣れていなかった。彼女はノールランド地方のはっきりした直接的な話し方を気に入っており、私のことをよく理解してくれていた。ギスケは一九九〇年一二月一〇日のゴルバチョフの受賞時に一度だけ授賞講演を行い、そこで彼女はノールランド地方のなまりで彼の名前を言った。彼女はあまり飾った表現を好んではおらず、よりシンプルで客観的な言葉遣いを好んでいた。しかし、講演の英訳版では文学用語や美辞麗句に一段と磨きがかけられた形で内容が翻訳されていた。これによって、ギスケが確かな言語的センスの持ち主であることが広まったことは言うまでもなかった。授賞式での講演はそういう風に良く聞こえたためである、というのが翻訳者の言い分であった。私はより単調な文体に翻訳し直すことに時間を費やさなければならなかった（講演はノルウェー語で行われたが、英語とロシア語に同時翻訳された）。

ギスケ・アンデルソン

エリ・ヴィーゼルと共にカンファレンス「憎しみの解剖学」を主導するのがギスケの仕事となったが、その仕事の多くはヴィーゼルが担っていたため、ギスケの仕事は少なく、期待することは他にはなかった。私は特にフランソワ・ミッテランの傲慢な態度にショックを受けた。彼はなんとしてもカンファレンスを独壇場にしたがっており、同時に特定の人物のみが参加できるプログラムも催したがっていた。彼があまり参加しなかったのは、初期の癌が理由であったのかもしれない、と私は後から知った。加えて、ミッテランは、最終的には短時間の会談が行われたものの、当時ノルウェーの首相であったヤン・P・シセに対してさほど興味を持っていなかった。私たちが主催したコンサートではノルウェー国王の後にミッテランが到着したが、それは予想通りであった。カンファレンスの最中、私は講演者が制限時間内で講演を行うために調整を行う役割を任されていた。彼らが制限時間を超えて講演を行った時、私が演壇で赤ランプを点灯させた。とりわけ、私はカーターに対してそれを行った。ミッテランには同様のことを行うことはできないということを、フランス側の人間が私にはっきりと説明していた。彼は望む限りの講演を行うことができたに違いないし、実際に彼はそうしていた。

好ましい報道関係者は多くいたものの、委員会側はもはやこのようなイベントに参加すべきではないということを確信した。委員会は全ての受賞者にコミットすべきであり、委員会がある特定の受賞者のみと協力すれば、そのイメージがある特定の方向に向かうことは避けられない。これは直前にアラブ側が残念な形で参加を見合わせたこともわずかな理由であったが、カンファレンスでの中東問題のセッションは親イスラエル側に偏りすぎていた。ヴィーゼルは多くの明確な議題を指摘したがっていた。

ギスケが一九九三年に癌で亡くなった際、私はとても驚いた。ギスケがレズビアンであり、ノルウェー初の女性大使であるクリステン・オームとは長年非常に親密な関係にあったということは良く知られていた。そのため、私はメディアに流した声明の中で、ギスケは一度も結婚したことがないと発言したが、彼女は結婚していたのである。一九四〇年代から一九五〇年代にアメリカ人作家のジェームズ・

ボールドウィンらと同じグループでパリでのボヘミアンに加わっていた際に、彼女はイギリス人と結婚していたのである。彼らは短期間で結ばれたが、その結婚は長年形式的な効力を発していた。彼女の夫は発言の撤回を求めていた。私は家族からこの件についての話を聞いていた。撤回に関する声明が送られ、その声明もまた公表されることとなった。

フランシス・セーイェルステッド

一年で二人の委員長が就いた後、フランシス・セーイェルステッドが委員長を引き継ぐこととなった。彼は一九八二年から委員会に在籍しており、一九九一年から一九九九年まで委員長を務めることとなった。私は歴史学の教授としてのフランシスを知っており、私たちは彼の在任中に緊密な連携を行ってきた。喧嘩と言えるものは二つしか思い出せない。一つは、毎年一二月にオスロで行われる授賞式関連行事の最中に、平和賞受賞者が他のノーベル賞受賞者と共にCNNでの番組内の議論に参加するためにストックホルムに行くこと対して、フランシスがノーベル財団の理事会の席で弱気交じりに同意した時のことである。当時、そのことはノーベル委員会内での反発を招いた。フランシスは自身の発言を撤回しなければならず、平和賞受賞者たちはオスロに留まることとなった。もう一つは、フランシスが新たなノーベル平和センターだけでなくノーベル研究所も現代美術館に移転することを主張した時であった。これは文化大臣のオーセ・クレーヴェランドのアイデアであった。ノーベル研究所の歴史はドランメン通りの建物とともにあったといっても過言ではない。そのため、移転は神に対する冒涜に等しく、全く良いアイデアでもなく、もちろん実現することもなかった。

私とフランシスとの協力が上手くいったのは、多くの部分でフランシスのおかげであった。彼は自分自身に対して自信を持っており、外部に対しての彼はまさに完璧な委員長であった。彼の講演は多くの者たちにとってノーベル賞の講演の完璧な見本となっている。彼の講演内容が収められている二〇〇〇年に出版された著書『平和のための講演』に書かれているように、それには四つの主な理由があったと私は考えている。

フランシスは受賞者の受賞理由をきちんと説明することに常に気を使っていた。過去の多くの講演の中で、彼は時に受賞者たちのコメントに関してやや個人的な見方を選んでいた。

フランシスは受賞者が何に最も関心があるのかを見つけ出すことに時間を費やしていた。国境なき医師団（ＭＳＦ）が一九九九年に平和賞を受賞した際、彼は「人道的区域（紛争当事者の利益の外側にある区域）」と「人道的策略（外部からの支援が犠牲者だけでなく彼らの死刑執行人の役にも立つ方法）」の問題をよく理解していた。国境なき医師団はこれまでに多くの賞を受賞していたが、賞の授与者が医師団の活動の本質を確実に理解しているのを初めて見た、と彼らの代表者たちが述べていたことを私はよく覚えている。

フランシスの講演にはよく総合的な見方が含まれていた。彼が教授としてどんなに小さな歴史的資料でも大きな文脈の中に置くことができたのと同じように、一人一人の受賞者に対してもそれができた。その文脈というのが平和賞の歴史であったこともあれば、彼が自身の研究から持ち出してきた視点であったこともあった。エマニュエル・カント、マックス・ヴェーバー、エリック・ホブズボーム、シセラ・ボク、そしてウルリッヒ・ベックらの考え方が彼の講演の中で何度も引用された。このことから、全ての講演がまとめて出版された際に、反復を避けるために所々細かな箇所を削除する必要があった。

フランシスは言葉の用い方に関して非常に高い信頼性を持っており、競争の激しいノルウェーの歴史家たちの中でもトップレベルの文章家に位置していた。同じような文章家として挙げられるのは例えばイェンス・アールップ・セイプとスヴェッレ・ステーンである。フランシスはその文体を少し柔らかくするするために、挿入句をいくつか付け足しながら短く明確な文章を組み立てるという手法を用いていた。ノーベル賞に関する様々な文書に関してフランシスと連携することが私の責務であった。私が原稿作成に長い時間を費やしても、フランシスが原稿を完成させた時にはほとんど常に言葉がそぎ落とされ、文書の要点がはっきりとわかるようになっていた。

フランシス・セーイェルステッド

四つ目の理由がその講演の仕方にあったことは言うまでもない。フランシスは全く躊躇することなく威厳を持って講演を行い、誤読することはほとんどなかった。さらに、彼は授賞講演のあるべき姿というものを見せ、それは少し格調高くもあり、抜け目なさも感じさせるようなものであった。何よりも、内容と表現との関連が重要であった。アメリカのウォレン・ハーディングが一九二〇年に大統領に選出されたのは、彼の大統領らしい雰囲気のおかげであったといわれている。残念ながら、それが彼の持つ唯一の素質であったかのように考えられていた。それに対してフランシスは、外見、型、そして講演内容に至るまでの必要なものは全て持ち合わせていた。だからこそ彼は理想的な授賞講演者となったのである。

フランシスは原理原則に基づいて考えることや、より大きな関係性を見出すことを好んでいたが、委員会の仕事というのは受賞者を指名するという非常に具体的なものであった。その原理原則が具体的なものになるまでには時間を要したようであった。フランシスは陽気な男であったが、全員が彼のこのような一面を見ることができたわけではなかった。公式写真を撮る時に非常に緊張した面持ちになる傾向があり、そのことに対して彼はよく不満を口にしていた。私は彼にただ笑っているだけでいいと伝えたが、写真の中で彼は固くなっていた。委員会の委員たちはフランシスに対して大きな敬意を払っており、彼は安全かつ適切な方法で委員長を務め上げた。彼は政党政治には関心がなかった。例えば、彼は保守党からの指名を受けていたが、社会主義左翼党（ＳＶ）出のハンナ・クヴァンモと折り合いが良かった。

フランシスは候補者の評価を行う際に十分な時間を取ることを好んでいた。そのこと自体は素晴らしい優先順位の付け方ではあったが、彼が受賞者に関する最終的な結論を出した時には他の委員たちによって受賞者がすでに決められていた、というのが短所であった。そのことは委員会の委員であったハンナ・クヴァンモとオドゥヴァール・ノーリにとっては驚くことではなかった。フランシスはそのような政治的な駆け引きについてあまり良く理解していなかった。このプロセスを通して私は、歴史家としてのフランシスについても多くのことを学んだ。彼はノルウェーを代表する歴史家であることは疑いようもないが、彼は歴史を思想闘争としてみなしすぎている一方で、政治闘争であるとはほとんどみなしていない。ノーベル委員会で必然的に起きていた権力闘争にも、彼は単に気づいていないだけであった。

私が事務局長を務めていた間、ノーベル委員会の委員の中には著名で有能な人物が数多くいた。ハンナ・クヴァンモはその豊富な知識と心の広さで私の印象に強く残っていた人物である。彼女は多くの者たちが考えている以上にその役職を上手くこなしており、英語とドイツ語が堪能であった。社会主義左翼党に所属していた長年の経験から、彼女は自分の意見を信じ切っており、自分の政党の主張をあまり気にしていなかった。彼女には党の他のメンバーたちに相談する必要がなかった。私は彼女がノルウェー北部の出身者を好んでいることに気づき、私たちは親交を深めていった。またハンナは、オドゥヴァール・ノーリと容易に連携を取っていた。私と彼ら二人との協力は、もしかするとノルウェーの首相は含まれるべきでないかもしれないが、委員会に政治家がいるべきであるという考え方は正しい、という私の信念を強めることとなった。委員会での一期目（一九九一年から九六年）ではハンナは元気そうであったが、二期目（一九九七年から二〇〇二年）には残念ながら病気で弱っており、近くで見ていて切なかった。

ロビー活動

ある特定の候補者の受賞を望む者たちがノーベル研究所を訪れるというようなことが、毎年五～一〇回程度起きていた。その際、小規模の代表団が遠い国から遥々訪れて来るようなことがあった。彼らは委員会ではなく私と面会することができ、三〇分から四五分の間、自分たちの関心事を披露していた。彼らは面会のためだけに訪問してきたのである。その後、彼らは自分たちの国に真っすぐ帰るというのが普通であった。話題は賞を受賞すべきであると考えられていた大臣や顧問や相談役、あるいは対象者の友人のことで、その話題が候補者自身であることはほとんどなかった。私は事前に彼らに対して、面会が特別な影響力を持つことはないということを伝えてはいたが、彼らはそれでも面会に姿を現していた。そのような一団が、委員会の中で特に関心を持っていたある特定の委員にも会うということはあったが、それはごくまれなことであった。委員長はそのような代表団とはあまり多くは会わなかった。ほとんどの委員は、そのような訪問をどのような形であっても受け入れることを望んではいなかった。そのことについて委員会の委員から質問があった場合には、私はそのようなロビー活動に関する報告書を提出するだけであったが、質問はほとんどなかった。ノルウェーの記者が、通常であればコンタクトを取れなかったであろう国際的な著名人に対してインタビューを行うということもあった。そのインタビューはノーベル平和賞への応募として認識されたのかもしれない。

平和賞へのノミネートにできる限り多くの署名を集めることが重要であるという印象が次第に出来上がってしまっていた。しかし、誰が何人推薦したかは委員会にとってはあまり重要ではなかった。誰かがこのことについて委員会の委員に質問したとしても、誰が受賞者を推薦したかについて彼らはほぼ全く知らないということを私は確信している。最も厄介であったのは、該当する賞を得るために頻繁に姿を現して実際に栄誉を求めるノルウェー人の推薦者たちであった。ストーティングは推薦を行うことには長けていたが、推薦は他の多くの国々から届いており、次第にほぼ世界中から届くようになった。

一人の平和賞候補者が集めた有効な数の推薦の最多記録は約二五〇〇で、その候補者は中国の反体制活動派の魏京生であった。ご存知の通り、彼は平和賞を受賞したことがない。この時、推薦できる権利を持つ者とそうでない者との違いについてあまり考慮しない者たちがおり、とにかくできる限り多くの署名を得ることしか考えていなかった。

私が賄賂の試みとしてみなしたようなケースが、少なくともいくつかあったことを覚えている。今思い出すと、訪問者たちがペナントやペン、あるいはワインでも持ってくるのであれば、それはまだよかった。しかし、贈り物を受け取るために待機中の車までついてきてほしいと彼らが私に提案した時には、私の頭の中に警告灯が光った。彼らが私に車を提供したがっていたとは私は思っていない。

頭の中ではいつも、車の中にある絨毯のような何かしらのものであろうと思っていた。私が厳しく追及することは決してなかった。もし、妻が選んでいない絨毯を家に持ち帰るようなことがあれば、妻がさぞかし怒ったことであろう。いや違う、その答えは明らかであった。完全に断り切れなかった贈り物のいくつかはノーベル研究所に保管されている。ノーベル平和センターは、影響を与える試みに失敗したという証拠として、それらの贈り物が並べられる小さな博覧会を一度開催するかもしれない。

ロビー活動が結果につながった例はおそらく存在するであろう。一九三六年の推薦の半数以上がカール・フォン・オシエツキーに対するものであった時には、そのこと自体が彼に賞を与えるための根拠としては十分なものとなった（賞は一九三六年に授与されたが、一九三五年の賞であった）。またロビー活動は一九八六年のエリ・ヴィーゼルの受賞時にも非常に大きな意味があった。受賞者の中に、自身がノルウェーを訪問していたり、自分の関心事について話す極めて有能なスポークスマンをノルウェーでつけていたりする者がいたことは、偶然とは言い難いものである。委員たちはそうした訪問やコンタクトに対して、おそらくこうした場合でなければ与えられない入場許可のようなものを与えていた。地雷に関する重要な会議が一九九七年にオスロで行われ、ジョディ・ウィリアムズがその関係でノーベル研究所にいる私を訪問したという事実は、彼女と地雷禁止キャンペーンがその年に平和賞を受賞したことに影響を与えたと容易に推測させ得るものであろう。あの年の秋は地雷に関する多くのことがあった。しかし、候補者たちはいとも容易に策を誤っていた。その多くはロビー活動を非常に積極的に行っていた者たちであったため、委員会の委員たちは彼らに対してはっきりと嫌悪感を覚えていた。

受賞者

一九九〇年
ミハイル・ゴルバチョフ

私は冷戦の始まりあるいはその終結に関する研究に、歴史家としての人生における多くの時間を費やした。一九九〇年、冷戦は間違いなく歴史に残ろうとしていた。この明らかな進展に対する栄誉は誰が得るべきであったのであろうか。このように、私の事務局長および歴史家としての仕事はその初日からすでに一つに組み合わさっており、極めて刺激的な時間であった。

ミハイル・ゴルバチョフ

一九九〇年一〇月一五日にギスケ・アンデルソンは、ソビエト連邦大統領でありソビエト共産党書記長であったミハイル・セルゲーエヴィチ・ゴルバチョフに平和賞を授与することを発表した。劇的な決定であった。冷戦下、ソ連はアメリカやＮＡＴＯの主敵であっただけではなく、ノルウェーの安全保障に対する最大の脅威として認識されていた。それが今では、その国家の最高指導者が、ノルウェーの団体が授与する最高の名誉を得ることとなったのである。

とはいえ、ゴルバチョフの受賞理由は極めて強固なものであった。「今日、国際社会の重要な部分を特徴づける平和プロセスにおける指導的な役割」を理由に彼は受賞した。このプロセスは「様々な要因によって生じた」が、それでもゴルバチョフに最高の名誉を与える結果になったということを、委員会は完全に認識していた。委員会は起こったことを大げさな形で表現するようなことはしなかった。東欧の国々は自由を取り戻し、ドイツは統一され、現実的な軍縮に関する大規模な条約が締結された。アフガニスタンで起きているような地域衝突は未解決であったものの、少なくとも東西間の対立は解消していた。国連は冷戦時とは全く別の役割を果たすことができたであろう。これらは全て、すでに起きたことであったが、委員会はこれらのことに関しては一般的な表現に留めた。その転機は何の前触れもなく突然訪れた。一九八九年一一月のベルリンの壁崩壊のわずか数週間前もしくは数日前まで、多くの国際的な外交専門家たちは東欧で発生したような変化は根本的な状況には影響しないであろうと予測していた。

委員会はソ連国内でゴルバチョフが生み出した情報公開（グラスノスチ）に対して称賛を送った。しかし、ゴルバチョフは外交政策を理由に受賞したのであり、国内政策を理由に受賞したのではないということが重ねて強調された。一二月一〇日の授賞講演の中でアンデルソンは次のように説明した。「ここはソ連の『内部的な』事情に関して議論する時間でも機会でもない。ノルウェー・ノーベル委員会はゴルバチョフ大統領の国際政治における指導的役割に対して賞を与えたのである」。ゴルバチョフは自身がいまだ「共産主義者」であることを、事あるごとに明らかにしていた。彼の民主主義者としての経歴は特に長いものではなかった。委員会は経済成長に関しては特に触れなかったが、ゴルバチョフの経済改革がソ連国内であまり功を奏していないことが明らかとなり始めていた。それどころか、ブレジネフ時代の経済問題は、ゴルバチョフ時代に明らかになった混乱と比較して非常に些細なものであったという考え方が主流であった。

ゴルバチョフは一九八五年に権力の座についた。改革の意志は明らかであり、その要点は次のようなものであった。「このようなやり方をいつまでも続けることはできない」。最初の数年は彼の改革政策がどのくらい続くのかが不透明であった。内政的には道徳的・政治的改革に力が注がれ、対外的には、彼はアフガニスタンで新たに積極的に戦争を開始した。東側陣営での連帯は「崩壊することなく」続いていた。一九八五年一一月にジュネーヴで開催されたアメリカのレーガン大統領との首脳会談は、具体的な結果をもたらすことはなかった。

ゴルバチョフの改革の意志は道徳的・政治的なものを超えていることが次第に明らかとなった。内政の方針を変更するためにさらに大規模なグラスノスチ、ペレストロイカが必要となった。一九八七年からゴルバチョフは、中距離ミサイルに関するアメリカとの交渉や、ソ連の国防予算、そして軍隊の数に関して一方的な譲歩を行う準備を整えていった。

一九八〇年代終盤にかけて、ノーベル委員会はゴルバチョフが平和賞にノミネートされていることに関して十分に議論をしたが、ソ連の指導者に平和賞を与えるのは容易なことではなかった。彼一人に賞を与えることは非常に困難な歩みとして認識されていた。レーガンを含むことは可能であったのであろうか。レーガン大統領はゴルバチョフが権力に就く以前からソ連との関係改善に関心を示していたが、何も起きなかった。それはレーガン自身が述べたように、ソ連の指導者たちが「死に体」であったためでもある。さらに、レーガンはノルウェーでは人気がなかった。彼は共産主義を厳しく非難する立場からソ連との協力の意志を表明する立場へと転換したため、ほとんど信用が得られていなかった。世論調査によると、ノルウェー人の間ではゴルバチョフの方がずっと人気があり、レーガンに平和賞を与えることに対する不満は大きかったに違いない。

この時代、他にふさわしい候補者が不足していたというわけではなかった。中米における平和プロセスを理由に与えられた一九八七年のオスカル・アリアスへの賞、そして中国にとって困難な年となった一九八九年に大衆的な平和のメッセージを理由に与えられたダライ・ラマへの賞は、共にノルウェーを越えて有意義なものとなり、人々に受け入れられた。それに対して、一九八八年のＰＫＯ（国連平和維持活動）に対する賞は、ノルウェー、スカンディナビア、そして自由主義・国際主義陣営において一般的に非常に重要とされている、国連中心主義的で協調を重んじるイデオロギーと完全に一致していたものの、その時代に合ったメッセージ性を持ちあわせてはいなかった。

一九九〇年、レーガンはもはや人々の関心からは外れていた。ジョージ・Ｈ・Ｗ・ブッシュは大統領に就任してからまだ日も浅く、ソ連に対するレーガンの行きすぎた融和政策に関する評価に一九八九年の多くを費やしていた。それでも、一九八九年の東欧での激動のプロセスは、六月のポーランドの選挙から一二月のチャウシェスクの没落に至るまで、ブッシュ政権時代に起きたものである。その当時、ドイツ統一における彼の役割は、統一のプロセスの中で加速度的に増大したヘルムート・コールに対する支援を通じて部分的に明らかであったに過ぎなかった。

ゴルバチョフは一九九〇年の平和賞の好ましい候補者であったが、彼が賞を獲得することは選考過程の最初から確実であったというわけではなかった。最大の不確実要素は、ゴルバチョフ自身が次に何を行うかであった。そのプロセスは東欧において取り返しのつかないものであったのであろうか。北欧諸国と近い場所に位置するバルト三国で、独立の要求が様々な形で次第に高まるにつれて、ソ連では何が起こり得たのであろうか。後に過去の亡霊を生む可能性は十分にあった。改革が必要であるということに次第に気づくようになる一九八〇年代以前から、ゴルバチョフは制度的な考え方を忠実に信じており、それはスターリン時代からすでにそうであった。彼はモスクワ大学の学生であった頃に法学部のコムソモール（共産党の青年組織）の書記を務めていた。彼は教化や正統教義が何であるかということを熟知していた。

ヴァーツラフ・ハヴェルが選択肢として挙がっていたが、彼の功績は、多くの点でゴルバチョフの政策において重要なレベルで資格を有していたプロセスの地域的な結果に過ぎなかった。さらに、最も重要な地域的アクターは間違いなく一九八三年に受賞したレフ・ヴァウェンサであった。また、ノーベル委員会に所属する元政治家たちはハヴェルのことを、そもそも政治家としては不確実な能力しか持たないような詩人や哲学者として見ていた。この態度は一九九〇年代を通して続き、また一九九二年のチェコスロバキアの解体でその態度は強まっていき、そのことがおそらく政治家としての彼の限界を示すこととなった。

一九九〇年も時間が経つにつれ、ゴルバチョフの素質が次第に高まっていると考えられるようになり、委員会は受賞者として彼に注目するようになった。その選択に対する反応はおおむね肯定的なものであった。ゴルバチョフは Time 誌の「Man of the year」になっていた。受賞者の発表の際、ニューヨーク・タイムズ紙は次のように書いた。「その男とその瞬間が同時にやってきた。なんという瞬間であろうか。自由という名の熱情がポーランドからチェコスロバキア、東ドイツに広がっていくにつれて、ゴルバチョフはそれらの沈静化を望む者たちを抑え込んだ。それによって彼はヨーロッパに平和的転換をもたらした。そのことだけが彼に昨日授与された平和賞を正当化するのである」。ゴルバチョフは西側のあらゆる指導者を含む世界中の指導者から祝福を受けた。しかし、中国は共産主義に対する裏切り者としてゴルバチョフを非難した。彼らにとってゴルバチョフは改革における反面教師となった。ゴルバチョフは政治改革と経済改革を並行して推進した。中国側が政治的支配を緩めることなく大規模な経済改革をかろうじて達成した際、それは確かに目的と手段の両方に関してゴルバチョフが示したものとは異なる考え方の表現であった。

ソ連軍が一九九一年一月にリトアニアのヴィリニュスに侵攻した際、流血の惨事となり一四名のデモ参加者が殺害された。また、ラトビアのリガでも暴動が起きた。この軍事力の行使とゴルバチョフとの関係は完全には解明されなかった。彼はバルト三国がソ連から離脱していくのを見ることになるとは全く思っていなかった。この事件が起きた時、私は夜中の二時にノルウェーの新聞社の一つであるダーグブラーデ紙から電話を受けた。ダーグブラーデ紙は私がどのようなコメントをするのだろうかと思っていたようであった。その記者がゴルバチョフへの平和賞を時期尚早であると考えていることは明らかであった。私はとても眠く、またヴィリニュスでの事件が起こったことと記者たちが真夜中に電話をしてきたことに対してあまりに驚いていたため、特に意味のある回答をすることができなかった。深夜にかかってきた記者からの電話はそれが最後ではなかった。

大変な騒ぎとなった。ゴルバチョフの賞に対する抗議はそのほとんどが、次第に独立していくロシアとバルト三国から来たものであった。ソ連経済を崩壊させ、彼らの独立の努力に対して非常に冷めた態度を示していた人物が何故受賞することになるのかがわからない、というものであった。サハロフの未亡人であるエレーナ・ボンネルは夫の賞を返上することも辞さない態度であったが、賞と共に与えられた賞金にも言及していたかどうかは不明であった。しかし、このことに対して家族の他の者たちは抗議した。彼女の本を出版していたノルウェーの出版社が彼女のために設定した夕食の席で、ノーベル委員会の代表として出席していた私は徹底的に叱られていた。彼女の夫が以前に手にしたのと同じ賞をゴルバチョフが受賞するようなことになったら、ノーベル委員会は平和賞を台無しにしたことであろうと言われた。私は以前にもボンネルに会っていたので、私は彼女の気質に対して予期していない訳ではなかった。

ヴィリニュスでの事件は、ノーベル賞の授与に対する反動として与えられる人民平和賞の決定に貢献した。この賞はリトアニアのヴィータウタス・ランズベルギス大統領に与えられることになっていた。この賞を支持した者たちの中にはゴルバチョフの受賞の決定を批判した者もいれば、ランズベルギスへの賞を特別賞とみなしている者もいた。とはいえ、そのような人民平和賞の決定は、ノーベル委員会に対する批判以外の何物でもなかったであろう。そしてこれは、一九七〇年代半ばの北アイルランド出身のマイレッド・コリガン・マグワイアとベティ・ウィリアムズに対して人民平和賞を授与したのと同様のものである。一九七七年に彼女たちは共にノーベル平和賞も手にしたが、ランズベルギスが受賞することはなかった。私は一九九〇年八月の大規模なカンファレンス「憎しみの解剖学」で彼に会った。元音楽教授であった彼はバルト三国で幅広く支持される考え方を擁護していたが、政治的あるいは道徳的に重要な指導者であるという印象はなく、カンファレンスで特に大きな役割を果たしていたわけでもなかった。

ゴルバチョフが一九九〇年一二月に平和賞を受け取るためにオスロに来ることはなかった。彼はモスクワで重要な会談があると言い、セレモニーを延期するよう求めてきた。このことは細心の注意を払うべき問題であった。セレモニーを数日延期することはそれほど難しくなかったのではないであろうか。紆余曲折の後、委員会は授賞式を通常通り一二月一〇日に実施することにしたが、とても賢明な判断であった。最初に最善の日時について受賞者と交渉を開始すれば、委員会はそのコントロールを失うことになる。受賞者が参加できるのならそれは良いことであるが、受賞者が参加しない場合でも授賞式は行われる。特にここ数十年においては、ほぼ全ての受賞者が出席するほどに平和賞は威信を得ていた。最も重要な例外は、渡航許可証が取得できない、あるいは一旦国外に出ると再入国ができなくなることを恐れていた反体制派の者たちであった。このカテゴリーにはアンドレイ・サハロフ、レフ・ヴァウェンサ、そしてアウンサンスーチーが含まれる。彼らは皆、配偶者や子どもがその代理を務めた。

二〇〇二年に、かつてノルウェーで首相を務めた経験のあったグロ・ハーレム・ブルントラントが、一九九〇年一一月にパリで開催されたヨーロッパの軍縮に関する大きな会議でゴルバチョフに会ったと私に教えてくれた。その時、平和賞を受賞するためのオスロへの渡航を「彼ら」が許可したがっていなかった、ということをゴルバチョフはグロに話していたそうである。「彼ら」とは誰なのかということをゴルバチョフは具体的に明らかにしなかったそうであったが、おそらくそれは彼によって任命され、一九九〇年の秋に指導部に入った保守勢力のことであったのであろう。また、「彼ら」とは一九九一年八月のクーデター未遂の背後にいた者たちでもあった。

自身の回想録の中でゴルバチョフは「複雑な心情」で平和賞の発表を受けた、ということを書いている。無論、彼は光栄に感じてはいたが、ソ連での反応は、ノーベル賞が西欧帝国主義的利益を代表しているという考え方を示していた。ボリス・パステルナークとアレクサンドル・ソルジェニーツィンへの文学賞やサハロフへの平和賞は全て厳しく非難されたが、今度はゴルバチョフが同じ賞を得ることとなるのである。ミハイル・ショーロホフが文学賞を受賞したことや、ゴルバチョフがサハロフに何らかの補償を与えたことはわずかな助けにしかならなかった。委員会が授賞式の延期を望んでいないことが明らかとなった際、外務大臣のトールヴァル・ストルテンベルグが私にコンタクトを取ってきた。彼は委員会ができる限り肯定的な立場を表明しなければならないということを懸念しており、それはノルウェーとソ連との関係に不必要な衝突を起こさないためであった。可能であれば、Ｎｏもむしろ Ｙｅｓと聞こえるようにすべきであると。

ゴルバチョフの代理として、第一外務次官のアナトリー・コワリョフが一二月一〇日の授賞式に出席した。コワリョフは長年、ソ連の外交畑を歩んできた人物である。彼は有能ではあったが、保守派の人間という印象を与えていた。彼はオスロ訪問中、ソビエト大使館に滞在しており、私は時間通りに彼を指定の場所へ連れていく責任を担っていた。ある時、彼を呼びに行ったところ、彼は眠っており、周囲の者たちは誰も彼を起こす勇気はなかった。そこにいたのは間違いなく周囲の者たちが尊敬してやまなかった男であったが、私が来た時に彼らは勇気を出してコワリョフをすぐに部屋から連れ出していた。私はソ連の外交に関してコワリョフと話をしようと何度か試みた。もし彼の発言の中に興味深い微妙なニュアンスがあったに違いないとすれば、私はそれに気づくことができていなかった。

ゴルバチョフが一二月に来ないことが明らかになる前、一九九〇年の終わり頃のある日曜日に、私はソ連大使のアナトリー・ティシチェンコから電話を受けた。そこで彼はその日の午後に私を邸宅に招待し、クロスカントリースキーを履いて散歩をしに行くことになった。オスロ市内にあるマッドセルード大通りにある邸宅で私は大使に会ったが、彼はゴルバチョフのオスロ訪問が全て計画通りに行っているのかどうかを心配してかなり慌てていた。私は、全てうまくいっている、と自信を持って彼に断言した。私はそのような出まかせを言うに足るだけの根拠があまりなかった。私は大きな行事には全く興味がなく、そのような経験も持ち合わせていなかった。それでも、すでにトロムソでの教授職を離れておりノーベル研究所の所長に就任して間もなかった私は、この発言を単に落ち着いて受け取るようにと彼に伝えた。すなわち、私たちは万事順調であったということである。私だけではなく非常に控えめなノーベル研究所のスタッフのほとんどにとって、全てが経験したことのない出来事であったにもかかわらずである。それはさておき、ティシチェンコは大統領と党指導者の訪問前に大使館を改修するために、モスクワにある外務省からかなりの金銭を受けていた。そのことを伝えることは可能ではあったが、その後大使にとってこれ以上ない最高の出来事が起きた。改修をしてもらえた上、ゴルバチョフは現れなかったのである。

ティシチェンコ大使はゴルバチョフの熱心な支持者ではなかった。一九九一年八月のクーデター未遂の最中、彼の大統領に対する印象が悪くなっていった。それは新しい統治者に対する彼の忠誠の証であった。それでも彼は、さらに数年間ノルウェーで大使を続けることができていた。さらに私が大使館内での生活について聞いたところ、ソ連が非常に大きな問題を抱えていた理由が明らかになった。資料をコピーするには大使の自筆のサインが必要で、それは想定され得るイデオロギー感染を防ぐためであった。このような体制が、社会においてますます重要になっていた情報技術と密接に関わっていかなければならないことは明らかであった。フロッピーディスクの中にあるソルジェニーツィンの作品集を思い浮かべてみると良いであろう。何と危険なことであったか。

一九九一年六月、ついにゴルバチョフがノルウェーへとやって来た。訪問に際して、私たちがソ連の指導者を歓迎する時に誰がどこに立つのかという議論が、ノーベル委員会とノルウェーの首相府の間で噴出した。首相府は首相であるグロが列の先頭に立ち、その後ろに当時のノーベル委員会の委員長であるフランシス・セーイェルステッドが立つべきであるという主張を譲らなかった。私は当然、ノーベル委員会の委員長が先頭に立つべきであることを同じように主張した。ゴルバチョフを招待したのはノーベル委員会であり、彼はノーベル委員会のゲストとして来たのである。ノーベル委員会は国家当局の下に位置する組織では決してなかった。私は自分の主張が基本的に正しいということを貫いた。私は彼の到着時にフォーネブーの空港にいる予定ではなかったにもかかわらずである。驚いたことに、グロが折れてフランシスが先頭に立つことになったのである。

ゴルバチョフは当然のように自家用機に乗ってやって来た。私はノーベル委員会の事務局長として、平和賞受賞者の渡航の手配を含むオスロでのノーベル賞関連行事について、ゴルバチョフに手紙を送っていた。私は過去の書簡の中から、スカンディナビア航空の便に数席を用意しておく、という内容だけをコピーしていた。幸いにもその往復書簡はモスクワのノルウェー大使館を通して送られていた。当時の大使で経験豊富なダーグフィン・ステンセスは、言うまでもなくその大きな間違いに気がついていた。彼は電話をかけてきて、これはソ連の指導者にとって非常に特別な行事である、とだけ話していた。彼の話していたことは確かに正しかった。ゴルバチョフは自家用機という形で自身の交通手段を手配していたのである。

ゴルバチョフが六月に訪れた時の雰囲気は、一月の状況と比べてかなり落ち着いたものであった。特に危なげで大きな暴力的な出来事もなく、結果的にゴルバチョフの人気はノルウェーで増していった。ノーベル委員会の新たな委員であったコーレ・クリスチャンセンは、ゴルバチョフを受賞者とすることを決定する場にはおらず、ゴルバチョフが受賞講演をすべきではないと公に主張していたが、彼もノーベル賞関連行事に参加していた。しかし、オスロ市議会で少数派であった右翼勢力は、ノーベル委員会が受賞講演のために市庁舎を使用することに対して反対票を投じていた。これは恥ずべきことであった。私は、オスロ市議会が毎年ノーベル委員会の会場の選択に関する意見を示すようなことを防ぐために、私たちが一度に五年分の意見を求める必要があると確信した。

ゴルバチョフが来ることになった時の私たちの興奮と言ったらなかった。警察の警備は大規模なものであった。ヘリコプターが上空を飛び回り、至るところに警備員が配置されていた。しかし、市庁舎でのゴルバチョフの講演中に、ある二人の人間が立ち上がって彼に対する抗議を叫んだ。主催者としてこれは恥ずべきことであると私たちは考えた。最も落ち着いて対処したのは、以前にも似たような出来事を経験していたゴルバチョフであった。抗議を叫んだ者たちはすぐにホールから退去させられた。しかし最悪であったのは、民族衣装に身を包んだアフガニスタン出身と思しき国籍不明の女性が花束を手にして立ち上がっただけではなく、彼女がノルウェー側とソ連側のセキュリティエージェントたちによって静止させられる前に、壇上まで歩いて登ってくることができたということであった。

それが単なる花束であったことがその時に判明したが、その出来事は警察にとって失態であった。私の良き友人で警察署長のヴィリー・ハウグリは恥ずかしい思いをしていた。彼は私がこの出来事を古今東西で話題にすることを望んではいなかった。

委員会がゴルバチョフに会った際、私たちは彼を批判するためではなく、国際政治において極めて中心的な人物が間近に来ることに関心があったため、彼に答えてほしい多くの質問を用意していた。少なくとも私は、ソ連の指導者について調べるのにかなりの時間を費やしており、委員会を代表して彼に質問したいことがたくさんあった。私が驚いたのは、ゴルバチョフがそこでほとんどの質問に対して非常に長い回答をくれたことであった。彼は答えるのを決して止めようとはしなかった。彼が実際に言ったことを具体化することはあまり容易なことではなかった。彼の発言は正確なコメントを与えるために質問の核心部分をついたものではなかった。さらに驚いたことに、彼の妻のライサに対しては誰も何も質問していないにもかかわらず、彼が答えた時には彼女も同じ質問に対して自信満々の態度で答えたことであった。このことは、家庭内だけでなくソ連の政治においても、彼女がゴルバチョフという男性にとっての大切な話し相手であり相談役であるということをよく物語っていた。

ライサとミハイルの関係は特別なものであった。私たちが様々な行事を回っている際に二人が一緒に座って手を握り合っている様子は感動的であった。彼らは互いに寄り添いながら立っていた。そうでなければライサに話しかけるのはたやすいことではなかった。フルシチョフとその妻ニーナのようないくつかの例外はあるものの、彼女は通常はあまり公に姿を現さなかった党指導者の女性と比較して、傑出した経歴の持ち主であった。オスロ訪問中にライサのための特別なプログラムを用意することとなった。彼女は自身の積極的な役割を理由にソ連で多くの批判を受けていたことから、私たちは彼女を目立たせるべきではないと考えていた。しかし、計画を準備していた際に私たちは、彼女があまり目立たない形になることは望んでいないという知らせを受けた。彼女は世間の明らかな注目を浴びながらフログネル公園を散策する羽目となった。

ゴルバチョフとの会話の中で最も明らかとなったことは、バルト三国に関する彼の不安であった。彼は共にソビエト連邦を維持することを望み、連邦から離脱しようとするあらゆる試みに対して本能的に反応した。彼は論理的にナショナリズムの爆発力を過小評価しており、これは共産主義が解決した問題であるということを明確に表明していた。一方で彼は、連邦内にある反抗的な共和国を従わせるための権力の行使には反対していた。力の行使によって彼が国内外で取り組んでいたあらゆる政策の土台を壊す可能性があったからである。この難題を解決する術を彼は持ち合わせていなかった。ゴルバチョフが選択するのを待たずとも、一連の出来事によってすでに運命は決まっていた。結局、ゴルバチョフはバルト三国の独立を妨げることはできなかった。

ライサ夫人とゴルバチョフ

ゴルバチョフの受賞講演は私にとって非常に印象的なものであった。私は雰囲気に少し圧倒されながらも、それが歴史的な文書であると思った。その内容をさらに熟読してみると、それがほぼいつも通りのゴルバチョフの考え方であったと私は見ている。彼は一九八五年三月から四月にかけてその基本的な考え方を話しており、それがいかに長い道のりであったかを強調していた。彼は特に外交政策に関する改革を行い、また内政の改革も行った。地球規模での核戦争の危機は事実上消え去り、鉄のカーテンも崩れ去った。ドイツは統一され、そのプロセスは不可逆的なものとなった。ゴルバチョフが過去に取り組んでいたように、世界が二〇〇〇年までに核兵器を廃絶することはないのかもしれないが、その途上にはあった。ソ連内の自己決定権に関する困難な問題が横たわっていたが、自由な形での国民投票を通して国民が独立を支持した場合、「その時は合意によって設定された移行期間が必要である」とされていた。彼はソ連と世界が直面している問題の解決に海外からの共感と支持を求めた。その後まもなく、彼はロンドンでのＧ７会合にも招待された。ゴルバチョフは平和賞について、彼が策定した内政を含む政策への信任投票であったということを宣言することで講演を締めくくった。

ミハイル・ゴルバチョフははっきりとした限界を持つ男であった。私は三、四回彼に会い、様々なことについて彼に質問する機会を得た。歴史家たちの意見は分かれており、ゴルバチョフが一九八五年春に党書記長に就任した時に、彼が明確な計画を実施する予定があったかどうかについて、間違いなく議論されるであろう。私はどちらかといえば、彼にはそのような計画がなかったのではないかと考えている。彼は改革に関して明確な願望を持っていたが、より具体的な改革の見通しがほとんど見えていなかった。著書『ペレストロイカ』の中で彼は、支配者（彼自身）と被支配者間の関係に関してやや感情的な考えを記していた。彼と人民との間にある巨大な官僚機構をなくすことができる場合にのみ、人民の内なる巨大な創造力を活用することが可能である、と彼は考えている。

民主主義に関するゴルバチョフのナイーブな考え方は、彼の経済に対する考え方も特徴づけていた。彼はマルクス・レーニン主義としての共産主義を頑なに信仰しており、党内においてはより民主主義的な考え方を支持することは認められてもよい、と長らく考えていた。結社や共産党外における政党を認めることについては、彼は渋々同意していた。一九九〇年以降、彼は明らかに、改革政策が行きすぎていたと考えていた。彼はより保守的な閣僚を数多く指名した。私は彼に一度、なぜ一九八八年から八九年にかけて大統領選挙を行わなかったのかを尋ねたことがある。当時、彼は最も人気があり、選挙が行われていたらおそらく勝利していたことであろう。自身の政策を通して彼は共産党の権力の独占を脅かしており、それによって新たな権力基盤が築き上げられるはずであった。そのことを彼の代表的なライバルであったボリス・エリツィンが、次第にはっきりと知ることとなった。エリツィンはより独立したロシアという選択肢を掲げて選挙に立っていた。一連の出来事の後も、長らくゴルバチョフはその質問を理解しがたく思っていた。グランドホテルでのある日の夕食中、彼は次のように答えた。「その時私は確かに党の書記長であったのに、なぜそこで私が選挙を行う必要があるのか」。

ゴルバチョフの経済に関する理解は相変わらずであった。彼は市場のメカニズムが大きな役割を果たすに違いないとは認識していたが、そのプロセスがどこに向かうのか、あるいは少なくともどのように行われるのかについては認識していなかった。国家統制と市場のメカニズムを組み合わせることは困難なことであったであろう。ゴルバチョフの報道担当官であったヴァレリー・ゲラシモフはあらゆる批判からゴルバチョフを守るため、彼が受賞したのはノーベル平和賞であって経済に関する賞ではないことを世界は心に留めておかなければならないと言っていたが、それは間違いなく正しかった。

ゴルバチョフが一九八五年の就任当初に明確な計画を持っていたことを期待するのは、言うまでもなく非現実的である。他の党指導者たちが彼の計画について知っていたら、彼が書記長として選ばれることは決してなかったであろう。どのくらい劇的な改革をゴルバチョフが目指していたかということが当時のソ連共産党政治局に明らかとなった時には、反応するにはすでに遅すぎた。古い制度を復元させることはできなかったのである。そのことは一九九一年八月に失敗に終わったクーデターを通して最終的に証明された。

外交政策の分野においても、ゴルバチョフは明確な計画を持ち合わせてはいなかった。彼は軍拡競争には費用がかかりすぎるということをすぐに知ることとなった。ゴルバチョフが実際にその実情を最終的に理解した際、彼がその軍事費の額にどれほど驚いたかを詳しく話していた。彼はアメリカや西側とバランスの取れた合意を得たがっていたが、時間を要した際には大規模で一方的な措置を行う準備をしていた。東欧に関しては、彼が次第に必要と認識していった大改革を、従来の制度によって存続させることができると思っていたようである。彼自身がソ連における統制をなんとか維持させていたのと同じやり方で、彼は東欧で支持していた改革に賛同する新たな政治家たちがその状況を安定させることができたと考えていたのであろう。ここで彼は失敗を犯したのである。ソ連の介入に関する脅威が無くなると、その権力基盤が急速に崩れ去った。数ヵ月の間で全てが一気に崩れ去ったのである。流血の惨事が起きたのは、唯一体制側がソ連から離れ、独立した基盤を発展させてきたルーマニアのみにとどまった。

ゴルバチョフはノーベル平和賞に値したのであろうか。ゴルバチョフよりもその賞に値する者はほとんどいないと私は考えている。ノーベル委員会は東西の冷戦構造の変化を試みた多くの人物や組織に平和賞を与えてきた。それは軍縮と非核化地帯（一九八二年のアルバ・ミュルダールとガルシア・ロブレス）といった控えめな活動から、ヴィリー・ブラントと彼の東方政策（一九七一年）までのあらゆる活動に対してであった。ゴルバチョフは東西の冷戦構造を完全に消し去り、冷戦を終結させるために誰よりも行動した。そのことは平和賞に十分に値するはずである。もしゴルバチョフが平和賞に値しないのであれば、平和賞を与える意味がほとんど無くなってしまうことになる。

誰が冷戦終結のための栄誉を得るかについては、歴史家たちの間で大きな議論となっていた。多くのアメリカ人歴史家たちは、レーガンにその栄誉の大部分を与えていた。彼はあたかも自分が実行したかのような長期的な視点を持っていたと言われていた。ソ連側がもはや拡張政策を選択することはないということを、レーガンは軍事力の構築を通して証明した。モスクワの指導部の者たちがそのことを知った時、彼は寛大ながらもいささか嘲笑的な方法で協力する準備をしていた。何人かのアメリカの歴史家たちやヨーロッパのほとんどの歴史家たちは、ゴルバチョフの行動が十分に計画されたものであろうと無かろうと彼に最大の栄誉を与えた。また、ヨハネ・パウロ二世、マーガレット・サッチャー、レフ・ヴァウェンサ、東欧諸国の人々などといった他の関係者の名前も挙がっていた。

ソ連による東欧における監視の放棄であれ、ドイツの統一であれ、あるいは軍縮および軍備管理に関してであれ、大きな譲歩を行ったのは間違いなくゴルバチョフであった。多くの者が彼にこの政策を促した。レーガンはゴルバチョフの扱いに関して寛大であった。彼は皮切りとなる過酷な政策を通して、他の者たちよりもソ連との協調政策に関するより幅広い支持を得ることを可能にしていった。

従来の考え方の枠組みから全く外れて途方もない選択をした政治家たちというのは歴史上に数多く存在する。ヒトラーやスターリン、毛沢東は言うまでもなくその中でも最も高いレベルに位置する人物であり、金日成、フィデル・カストロ、ムアンマル・アル＝カッザーフィーがそれに続く形で少し低いレベルに位置する。ゴルバチョフには選択肢があった。彼は最初に目指していた軽微な変更を行うことで、旧体制の政策を続けることはできたであろう。私たちが東欧や東ドイツ、あるいはソ連のことについて言及するかどうかにかかわらず、統制の下での発展をもたらすために暴力を使用することも彼には可能ではあったであろう。

ゴルバチョフはそのような形で権力を誇示することができたのかもしれなかったが、そうはしなかった。ロシアやソ連におけるその他の主な改革者であったアレクサンドル二世とフルシチョフもまた、改革、それも大きな改革が必要であることを認識していたが、彼らはそれらの改革が何を生み出したかが分かると、その改革を止めたり考え方を変えていったりした。ゴルバチョフは冷戦を終結させることになった開発に着手した。その開発が彼の考えていたものと大きく乖離し出した時には、彼は幾度となくその方向性を変えたいという誘惑に駆られていた。しかし、彼はそうはしなかった。彼が行わなかったこと、すなわち彼が暴力を使用しなかったことと、開発をなすがままに任せたことに最大の貢献があったのかもしれない。

一九九一年
アウンサンスーチー

前年一九九〇年は委員会ではおおよその見通しがついていたが、この年は確信を持てずにいた。明確にふさわしい候補者がいなかったのである。ミハイル・ゴルバチョフの受賞後、もう一度国際的な著名人を受賞者にしようという動きはあまりなかった。加えて、おそらくヘルムート・コールとヴァーツラフ・ハヴェルを除いてはふさわしい人物がほとんどいなかった。ハヴェルに対する私の考えは、前述したとおりである。コールはドイツ統一のために尽力し、ヨーロッパ統合を支持する強力な擁護者であった。しかし、彼の所属政党であったキリスト教民主同盟（ＣＤＵ）への違法献金疑惑が原因で、彼は候補者とはならなかった。ネルソン・マンデラが議論に上っていたことは言うまでもなかったが、彼はまず自分が何を支持しているかを具体的な行動で示す必要があった。

ほぼ毎年、時代に関係なく候補に挙がる対象がいくつか存在する。一九九一年は特に救世軍がその対象として特に目立っていた。救世軍が一度もノーベル平和賞を受賞していない理由を不思議に思う者は多い。救世軍の名前は頻繁に提案され、議論されてきた。委員会の議論の中で私は救世軍に関する消極的な意見を一度も聞いたことがなかった。救世軍が一度も受賞していないのは、よりふさわしい候補者が現れたこと以上の理由があったに違いない。私は二つの問題があったと思っている。一つは、救世軍の活動がノーベルの主張する平和と関係があったかどうかが不透明であるという問題である。もう一つは、その活動が主として富裕国で行われていたことである。

ある年、数名の救世軍の代表者たちが受賞者の発表の場に姿を現していた。それは偶然ではなかった。委員会の委員のコーレ・クリスチャンセンの息子でもあるジャーナリストのスタイン・コーレ・クリスチャンセンは、救世軍が受賞するであろうと主張していた。救世軍を含む多くの者たちが、息子のスタインが父のコーレから情報を聞いたと思っていた。私は救世軍の代表者たちの所に行って、ただ帰路についていただくだけであるということを伝えたかったが、彼らはそのように侮辱されるべき者たちではないので、当然私はそのようなことは言わなかった。

委員会の中では、アウンサンスーチーが受賞者となることが次第に確実となっていった。一九九一年一〇月一四日の委員会からの発表で述べられたように、彼女はビルマにおける「民主主義と人権のための非暴力闘争」を理由に受賞した。この闘争は「ここ数十年のアジアにおける社会状況に対して行動する勇敢さを示す、最も並外れた例の一つ」であった。彼女はビルマ国内で重要な闘争を主導し、多くの者たちにとっての抑圧に対する抗争のシンボルでもあった。彼女に賞を与えることが「民主主義、人権、そして平和的な手段を用いて民族和解のために闘う」世界中の多くの者たちや組織を激励する助けとなることが望まれていた。

スーチーは一九四五年に、ビルマの独立闘争を率いた偉大なるアウンサンの娘として生まれた。アウンサンは独立を実現する前の一九四七年に保守的な政敵によって殺害された。スーチーの母親でもある彼の妻はその後、インドのニューデリーでビルマ大使を務めた。アウンサンの娘であるスーチーは母国やインド、オックスフォードで優れた教育を受け、その後一時期、ニューヨークの国連本部で働いていた。一九七二年にスーチーは、後に教授となりチベット仏教研究の権威となったマイケル・アリスと結婚した。彼らはアレクサンダーとキムという二人の子どもを授かった。スーチーは日本の京都で客員研究員をしていたことがあり、ロンドンで自身の博士論文を執筆した。

アウンサンスーチー

スーチーはビルマの政治に対してはっきりとした関心を示してはいなかったが、自身の研究や活動の中で彼女は、ビルマの歴史や、父の独立闘争、仏教、そしてガンディーの非暴力運動について一層関心を持つようになっていった。夫のマイケルに宛てた多くの手紙の中で、彼女は次のように記している。「一つだけお願いがあります。もし人民が私を必要とするなら、彼らに対する務めを果たすために私を手伝ってほしいのです」。一九八八年三月にスーチーが母親の危篤の知らせを受け、その後看病のためにビルマに戻った際、マイケルには「私たちの生活が変化するかもしれない」という予感があった。

私は一九九一年以降に何度もマイケルに会い、興味深い会話を多く交わした。私が思うに、彼は妻のスーチーがビルマに対して尽力していたことについてはよく知っていても、彼女が強大な力を持っていたことには驚いていたであろう。彼女は研究者および大学教員の妻として、夫や子どもたちとの生活を送りながら研究にも没頭する平穏な生活を送っていた。

スーチーがビルマに戻った際、マイケルの不安が的中した。一九六二年以降ビルマを統治していた軍事政権は、一九八八年には危機に瀕していた。年老いた独裁者であったネ・ウィンは影響力を持ち続けていたものの、正式に退くこととなった。デモが発生し、軍隊が群衆に向けて発砲したことで多くの人命が失われた。すぐにスーチーは、ビルマにおける「第二の解放闘争」と呼ばれるようになった状況の真っ只中に身を置くこととなった。彼女はアウンサンの娘として、そして野党の指導者として、高い演説力を用いて急速に頭角を現していった。母は亡くなったが、スーチーはビルマに留まった。政権側は急速に高まる彼女への人気を懸念するようになり、彼女を自宅軟禁にした。

軍事政権側は議会での自由選挙の実施を約束し、一九九〇年に実施された。軍事政権側がそのような約束をした理由は明らかではない。おそらく、彼らは自分たちの人気を過大評価し、選挙に勝利することを十分に期待していたのかもしれない。万が一に備え、彼らは政治的な会合を拒否し、スーチーを候補者にすることを禁止した。政権側によるスーチーに対する大規模なネガティブ・キャンペーンが始まった。彼女が人生の大部分を海外で過ごしていたことや、共産主義者たちを好ましく思っていたこと、あるいは外国人と結婚していたことなどがその内容であった。膨大な数の政党の存在もまた、野党が選挙で勝つことを難しくしていたことであろう。

軍事政権側は失敗を犯した。スーチーの所属政党である国民民主連盟（ＮＬＤ）が四八五議席中三九二議席を獲得し、さらにビルマ全土で勝利を収め、軍人たちが多く住む選挙区でも勝利した。この結果は、一九四八年の建国以来ビルマを悩ませていた民族間の激しい緊張状態を克服することができるのではないかという希望を与えた。しかし、軍事政権側は選挙結果を無視し、統治し続けた。比較的自由であった短い時期を除いて、アウンサンスーチーは自宅軟禁もしくは少なくとも厳しい監視下に置かれることとなった。

スーチーへ平和賞を授与するという選択は、ノルウェーをはじめ世界各地で好意的に受け止められた。彼女が勇敢に行っていた闘争に多くの者が注目していた。一九九〇年に彼女はすでにラフト賞を受賞しており、さらに欧州議会からサハロフ賞を受賞していた。多くの国々が軍事政権を非難した。最初の国際的な制裁はすでに始まっていたのである。

スーチーは一二月一〇日の授賞式には来なかった。彼女は出国することも十分に可能ではあったが、軍事政権が再入国を拒否する可能性を懸念していた。もっとも、彼女はそのような危険を冒したくはなかったであろう。無論、委員会はこの事情を十分理解しており、彼女に対して重圧をかけるようなことはしなかった。機が熟したら訪問する最初の国がノルウェーでありたい、と彼女が付け足した表現を私たちは嬉しく思った。

授賞式中、フランシス・セーイェルステッドがいつものように受賞者に関する講演を行った。彼はスーチーの経歴や彼女が関わった闘争について入念に調べていた。マイケル・アリスはスーチーの著書『自由』を出版していた。フランシスはこの本を通して彼女自身の声を聞かせていたのであろう。彼はスーチーの闘争が勝利でもって成功裏に終わってほしいという希望を述べ、「アウンサンスーチーのように謙虚さと勇敢さ」を示すよう促し、「そうすれば我々の生きる世界がより良いものになるだろう」と訴えて講演を終えた。

ロサンゼルスから二人のビルマ人音楽家が飛行機でオスロにやって来て、授賞式でスーチーの好きな曲を演奏した。しかし、授賞式の最大の見どころは、息子のアレクサンダーが父親のマイケルの助けを借りながら作った原稿を使って、母親の代わりに短いスピーチを行った時であった。アレクサンダーは、賞は母だけに対するものではなく、最も困難な状況にあるビルマの民主主義のために闘っている多くの人々に対する賞であることを強調した。彼は民主主義が打ち勝つような力が軍事政権内部に存在し得ることへの期待を表明した。「現在行っている恐怖と抑圧を用いた政治について、ビルマの仏教遺産における最も神聖な原則に違反するとして忌まわしく思っている人々が軍事政権に『いる』ことを私は知っている」。これは、「権力を持つ人間と接触してきた経験に基づいて母がたどり着いた確信」であった。彼は一九九一年のノーベル平和賞が「ビルマにおける真の平和の達成に向かう一つの歴史的な一歩となってほしい」という希望を示して講演を終えた。

私たちは受賞者の祖国の国名がいかに配慮を要するものであったかを全く意識できていなかった。ミャンマーかビルマか。受賞者の発表の場では、私たちはミャンマーと表記し、括弧書きでビルマと記した。しかし、逆にミャンマーを括弧書きにすべきであった。一九八九年に名称をビルマからミャンマーに変更したのは軍事政権側であった。マイケルたちはこれが政治的な問題であるということを説明し、それは確かに一理あった。ビルマとミャンマーという二つの言葉は同じ意味であったが、ビルマは国内で最も勢力が強い民族集団であるビルマ族を指すものであった。

一九九一年に私たちは平和賞の九〇周年も祝った。過去の受賞者のうち一六名が私たちの主催する記念シンポジウムに参加した。彼らのほとんどは受賞した組織の代表者たちであったが、ダライ・ラマ、デズモンド・ツツ、エリ・ヴィーゼル、そしてオスカル・アリアスのような著名な人物たちも参加していた。残念ながら、ヴィリー・ブラントとライナス・ポーリングは直前で欠席の連絡をすることを余儀なくされた。数多くの著名な学者たちも、国際政治における新しい次元をテーマに取り上げたこのシンポジウムに参加していた。

彼らが皆、この年の授賞式で一堂に会していたが、受賞者であるスーチーは大きな写真として演壇に掲げられていた。私はノーベル委員会の委員と一緒に座っていた演壇から、ソニア王妃とグロ・ハーレム・ブルントラント首相という二人の母親を見下ろすことができた。息子のアレクサンダーが母親のスーチーに代わってスピーチをした際、彼女らは目に涙を浮かべていたが、それは私たちも同じであった。

面白いエピソードにも事欠かなかった。マイケル・アリスには双子の兄弟がおり、彼もまたオスロに来ていた。彼ら二人は非常によく似ていた。フランシス・セーイェルステッドは、授賞式での入場の際にどのようにして講堂にいるマイケルのことを見分けられたのかを私に教えてくれた。入場の最中に彼を演壇の座席まで案内するのは難しいことであった。マイケルが演壇にいることがわかるまで、フランシスは落胆している様子であった。講堂で見たのは双子の兄弟の方であったのである。それ以外のエピソードとして、一九九一年はバンケットでダンスを導入した年としても知られることとなったが、それは私のかねてからのアイデアであった。そのバンケットはパーティー形式を取ることになっていた。そこではダンスが喜ばれるに違いないと思っていたが、私が出したこのアイデアを委員会が快く受け入れたとは言えなかった。私はこの件についてのマイケルの意見を知るために電話をしようと提案した。マイケルの意見は言うまでもなく明らかで、嬉しい機会であったという。かくしてダンスが採用されることとなった。この年の賞を祝うために、世界各地から多くのビルマ族の人々がオスロにやって来た。彼らの多くは授賞式に参加することができたが、バンケットに彼らが同席できる見込みはないと考えられていた。私はバンケット終了後のカフェタイムとダンスの場に、八〇から一〇〇名のビルマ族の人々を招待しようととっさに思いついた。ビルマ族の人々はこの招待にとても感謝していた。彼らの多くが夜遅くまでダンスフロアにいることができた。このようなダンスは、その後も人気の恒例行事になっていった。

アレクサンダーは、スーチーがサッカーに興味を持っていることを私に教えてくれた。それに、彼女にはお気に入りのチームまであった。私自身もサッカーには非常に興味があり、長年のお気に入りのイングランドのサッカーチームはウルヴァーハンプトン・ワンダラーズであった。その理由は単に、私がサッカーに夢中であった一九五〇年代にはおそらく最強のチームであったからである。私はシーズンの結果に左右されない忠誠心の高いサポーターであり続けてきたが、次第に不調なシーズンが大部分を占めるようになっていった。私は興奮しながらアレクサンダーに、母親であるスーチーのお気に入りのチームを聞いた。彼がウルヴァーハンプトンと答えた時の嬉しさといったらなかった。スーチーは私と同じく一九四五年生まれである。私はウルヴァーハンプトンを応援しているノルウェー人を他に二人だけしか知らない。彼らも一九四五年生まれである。しかし、二〇一五年にスーチーはウルヴァーハンプトンのサポーターとしての自分の立場を変えていった。応援はしていたものの、ロンドンのチェルシーに住んでいたことがあったため、そこのチームも応援するようになったのである。

スーチーとマイケルが一九九一年の受賞に関して、ヴァーツラフ・ハヴェルを立てることがよくあったため、私たちは驚いた。ハヴェルは確かにスーチーをその年の平和賞に推薦していたが、他の多くの者たちも同じであった。多くの推薦の背後には著名な人物たちの影があったが、誰が推薦の背後にいたかというのは全く意味がない。選考において最も重要な点は、提案された候補者に対する委員たちの評価であり、誰が候補者を推薦したかではなかった。

スーチーは賞金の六〇〇万スウェーデンクローナを、学生をはじめとするビルマ族の人々を医療や教育の面で支援する財団の設立に使うことを決めた。彼女は賞金をビルマに持ち帰ることはできなかったため、イギリスに財団を設立することとなった。その財団における資金の用途については複雑な規則が存在した。時折、これらの規則に関する交渉を行うため、私はノーベル財団の事務次長であったオーケ・アルテウスと協力していかなければならなかった。賞金は確かにスーチーのものであり、そうではない形で解釈された取り決めに私たちが承諾することはできなかった。

一九九一年の授賞式に参加していたこれまでの受賞者たちが、スーチーの解放に関するビルマ当局への訴えに署名した。彼らはまた、世界に対する彼女の勇気と希望から学び、「私たちの持つ最も強い力を使おう。それは心臓の鼓動に限りなく近いもの、すなわち思いやりの力だ」というメッセージを送った。今後、このような多くの訴えは、たとえ役には立たないとしてもビルマ当局に向けられていくことになった。

平和賞の具体的な影響力を指摘することには常に困難が伴う。それでも、一九九一年の平和賞はスーチーと彼女の活動が一層世界に周知されることに貢献した、ということに疑いの余地はないであろう。今日においても、彼女に関する内容がメディアで報道される時には、平和賞受賞者という肩書きが頻繁に用いられる。もしかするとビルマで彼女の命がしっかりと守られていたのは平和賞のおかげと思われるかもしれないが、彼女の置かれていた困難な状況を考えると、果たして本当にそうであったのかと人々が疑問を持つ可能性は十分にあり得ることであろう。たとえ平和賞がなくても、軍事政権側の者たちは偉大なる解放指導者の娘の命を奪うことはできなかったはずである。

ビルマへの制裁に関する政策はスーチーが平和賞を受賞する以前から始まっていた。多くの国々が一九九〇年の選挙における政府の怠慢を強い表現で非難し、選挙を経た議会が確実に召集されるよう支援した。その目的は、選挙を経て作られた政府に権力が渡されることであった。アムネスティはビルマの状況に関する報告書を提出し、多くの二国間支援プログラムが凍結され、西側諸国からの武器の供給が停止した。イギリス政府は多くの計画に関与し、また純粋な人道的支援にも関与した。マイケル・アリス、アレクサンダー、そしてキムはスーチーを訪問する機会を得ることもあったが、次第に難しくなっていった。特に悲しかったのは、マイケルが癌に侵されて一九九九年に五三歳で亡くなった際に、彼らがスーチーを訪問する機会を得られなかったことであった。彼女はイギリスで亡くなった夫のもとに行くこともできたが、ビルマに再び帰国することができなくなることを恐れ、その申し出を再度拒否した。

それでも印象的であったのは、国連がビルマの軍事政権に対する決議を最終的に採択したことに対して、一九九一年の平和賞がどれほど貢献したのかがわかったことであった。あの年の平和賞はおそらく軍事政権の孤立も強めさせたことであろう。アメリカは明確な政策を実施しており、アメリカの多くの州では軍事政権に対する闘争が政治的議題として驚くべき程多く取り上げられた。比較的小規模ではあったが、ビルマに対するボイコット運動に大きな欠陥があったEUでも同様のことが起きていた。日本はさらに慎重であった。

東南アジア諸国連合（ＡＳＥＡＮ）に加盟しているビルマの近隣諸国は、ビルマの孤立に意義を感じていなかった。一九九七年にビルマはＡＳＥＡＮのメンバーとして実際に承認された。ビルマの経済状況は芳しくはなかったが、特に薬物の輸出が軍事政権の寿命を維持することに貢献していた。ビルマはまた石油と天然ガス資源も有しており、主にフランスの石油会社が注目していた。ＡＳＥＡＮに加盟するいくつかの国の政府がスーチーの状況について軍事政権側と対話を行うことを試みたが、持続的な成果とはならなかった。中国は軍事的にも経済的にもビルマの主要な支援者としての役割を果たした。より驚いたことは、インドが次第に軍事政権側と密にコンタクトを取るようになっていったということであった。制裁に関する政策が正しかったかどうかを多くの者が疑問視するようになっていった。結局、西洋諸国においてさえも、軍事政権側に対して一枚岩となって制裁を実行することはできなかった。しかし、アウンサンスーチーに迷いはなかった。彼女は軍事政権を孤立させることによって、民主主義への移行の開始を試みることを望んでいた。将校たちにはいまだこの小さく可憐な女性に対処する術が全くなかった。彼らは彼女の命を奪うことはできなかったが、それでも彼女を自由にすることはなかった。

アウンサンスーチーは一九八九年からの二一年のうち一五年間を獄中あるいは自宅軟禁下で過ごした後、二〇一〇年一一月についに解放された。軍事政権側は大きな問題に直面していた。経済は危機に瀕しており、衰退の一途を辿っていた。ビルマは孤立を深めており、中国に依存するようになっていた。平和賞受賞者であるスーチーを解放しなければ、国の再編や、世界、特に西側との接触ができないということを軍事政権はとうとう判断した。その後、経済が特に自由化されたが、政治システムは部分的に自由化されたに過ぎなかった。多くの囚人たちが解放され、メディアはより自由な活動が可能となった。停戦協定が多くの少数民族との間で結ばれた。中国との協力による大規模なダム開発のプロジェクトは中断されたが、それは世界とビルマの国交が変わったことを示す明確なサインであった。二〇一二年四月の選挙では、議席数自体は少なかったものの、スーチーの所属政党が圧倒的勝利を収めた。軍事政権側は彼女との関係を構築して行かなければならなくなり、それ以外に方法はなかった。

アウンサンスーチーは機が熟したらノルウェーを最初に訪問する国にするということを約束していた。彼女はラフト賞とノーベル平和賞に感謝の意を示したかったのであろう。二〇一二年六月に彼女はスイスでの途中降機の後、ノルウェーにやって来た。彼女は非常に人気のあるゲストで、彼女のためのイベントには約一万人が参加した。

平和賞自体は一九九一年にすでに授与されていたため、再び用意されたのはノーベル賞の受賞講演の機会であった。トールビョーン・ヤーグランは次のように講演を始めた。「私たちは長い間あなたを待ちわびていました。あなたが待っていた時間は筆舌に尽くし難いほど過酷なものであり、私たちが待っていた時間とは全く異なるものでした。しかし、あなたはこのことを是非知っておいてください。たとえ孤独の中にあっても、あなたは世界にとっての道徳的指導者となったということを」。アウンサンスーチーは平和賞に感謝していた。平和賞のおかげで彼女は、たとえ長い苦難の時期にあっても自分が忘れ去られたと感じることはなかった。彼女は次のように述べた。「平和賞は私を再び現実たるものとし、私をより大きく人間的なコミュニティの中へと再び引きこんでいきました。そして、より重要なことは、ノーベル平和賞によって世界がビルマにおける民主主義と人権のための闘争に注目するようになったことでした。私たちは忘れ去られることはないでしょう」。西側の多くの者たちはビルマにおけるさらなる進展に関して極めて楽観的であったが、アウンサンスーチーはより慎重であった。「好ましい方向に変化が起き、民主化へと歩み始めています。私が慎重な楽観主義者でいようと呼びかけるのは、私が未来を信じていないからではなく、私が盲目的な信念を助長したくないからです」。

アウンサンスーチーの短期間のノルウェー訪問中には、興味深いエピソードが多くあった。いつも通り、誰が彼女を実際にもてなすかに関してノルウェー外務省との議論が行われた。ノルウェー外務省もまた彼女を招待していた。到着時に関して、ノルウェー外務省はノーベル委員会に優先権を与えることとなったが、それは外務大臣のストゥーレが到着時にその場にいることができなかったためであった。他方、彼女のために設定された政府関係者の夕食会に招待されたのは、ノーベル委員会ではヤーグランと私だけであった。彼女に会いたがっていた者は多く、特に元首相ヒェル・マグネ・ボンデヴィークは彼女とできる限り長い時間を過ごしたがっていたが、彼女を休ませる必要性の方が高かった。スーチーはスイスで体調を崩したものの、その後持ち直してオスロへやって来ていた。スーチーは受賞講演を前に非常に緊張していた。彼女はわずか四八キロしかなく、ほとんど何も食べていなかったので、明らかに休息を必要としていた。問題は、スーチーが指導的政治家として扱われ、世界中から質問や問い合わせを受けていたにもかかわらず、スタッフが非常に少ないということであった。彼女とコンタクトを取ることは困難を極めたことであろう。

アウンサンスーチーは自らの人生を政治に捧げることを望んだが、今日においても依然として、彼女が大統領選挙に立候補できるように憲法は改正されていない。外国人と結婚しているか、もしくは外国人の子どもがいる者は、大統領になることが禁止されていた。さらに、大統領を選出するのは国民ではなく議会であり、議会をコントロールしているのは依然として軍事政権である。

スーチーは自身の生活についてはほとんど話をしなかった。彼女の長きにわたる闘争にはプライベートにおいても大きな犠牲を伴ったことは疑いの余地がなかった。委員会にとって最も重要なことは、アウンサンスーチーがノーベル平和賞を受賞してから二一年後にオスロを訪問した、ということであった。中国当局はこのことに関する対応を考えなければならないであろう。どの平和賞受賞者も忘れ去られることはない。劉暁波もまたいつの日か自身の賞を受け取り、受賞講演を行うためにオスロを訪問できるようになることを願おう。

一九九二年
リゴベルタ・メンチュウ・トゥム

通常、受賞者が発表されるおよそ四五分前に受賞者に電話をすることが私の仕事となっていた。世界各地の報道関係者が数分後に殺到すると思われるので準備しておいた方が良い、という知らせを受け取れるようになっていなければならないものである。一九九〇年、私はソ連の大統領に電話で連絡を取る方法を必ずしも把握していたというわけではなく、ゴルバチョフはオスロにあるソビエト大使館を通じて連絡を受け取ることとなった。一九九一年、アウンサンスーチーはオスロを訪れる道が閉ざされた。そして一九九二年、私はリゴベルタ・メンチュウにたどり着くために精力的に動いたものの失敗に終わった。彼女はグアテマラにある田舎の町に出かけていたのである。私はそのような状況を必ずしも好ましく思っていなかった。この年私たちは、世界的にあまり有名でないのに、今まさに突然、国際舞台へと投げだされることになる人物を受賞者として選び出したのである。

しかし、そのような心配は全く不要であったようである。第一に、担当のノルウェー大使が、その年の平和賞受賞者が数分後に発表されるという知らせを持って彼女の元にたどり着いていたからである。彼は実際に「あなたにこの知らせを伝えることが私の仕事だ」と説明した。全く正しいやり方とは言えなかったが、彼女が知らせを受けられたことは良かった。第二に、リゴベルタは国際舞台でも概ね上手にやっていけることを示してくれたためである。第三に、彼女は私が思っていたよりも準備を整えていたからである。

リゴベルタにノーベル平和賞を授与するよう後押しするための大規模なキャンペーンが、数年にわたって行われていた。そのうちの一つは、主に西欧出身の議員や大学教授から送られた彼女に関する多くの提案であり、私たちは容易にそれに気づくことができた。ノルウェーでは特に、ストーティングの労働党議員であったインゲル・リセ・イェルヴがリゴベルタにコミットしていた。

リゴベルタと彼女の支援者たちがグアテマラとメキシコ中を回り、彼女の受賞に対する期待を高めていたということを私は知らなかった。リゴベルタはこのことを一九九八年に出版された著書『Crossing Borders』の中で記していた。その本を読むまでそのことは私にとって初耳であった。無論、彼女は実際に受賞を願っていたが、受賞の有無にかかわらず、彼女が催していたイベントがグアテマラ政府に反抗する人々を集めるために行われていたことは明らかである。一九九一年、「先住民・黒人・民衆の抵抗の五〇〇年」という組織がリゴベルタの受賞に向けて活動することを決めた。このキャンペーンが過去のノーベル賞受賞者からリゴベルタについての提案を得ることを確かなものにしたようである。一九八〇年に平和賞を受賞したアルゼンチン出身の人権活動家であるアドルフォ・ペレス・エスキベルがリゴベルタの件で尽力していたというのは正しい。他に名前が挙げられるような、例えばデズモンド・ツツは、彼女に関する提案を送っては来ず、それどころか推し進めるべきその他の提案を持っていた。リゴベルタが受賞の知らせを受けた際、そのようなイベントが実際に数日間にわたって続いた。

リゴベルタ・メンチュウ・トゥム

　グアテマラが緊迫した状況におかれる中、グアテマラ政府はリゴベルタが平和賞の候補者であることを好ましくは思っていなかった。グアテマラでは、左翼側と右翼側との間や貧困層と富裕層との間、そしてグアテマラ国内を民族的に二分するラディーノとインディヘナとの間の対立が先鋭化していた。特に、一九七〇年代から八〇年代にかけてグアテマラは内戦状態にあり、一〇万人以上が命を失っていたが、その攻撃の多くは政府軍によるものであった。軍は強大な力を保持していたものの、最終的には一九八六年にグアテマラに文民政府が樹立された。

やはり、国際的に活動している当事者たちが平和賞にどのような力を与えているかを目の当たりにするのは驚きの大きいことである。リゴベルタと彼女の支援者たちは、彼女に対する平和賞によって左翼側が有利なグアテマラの現状に影響を与えることができると考えていた。政府はそのような状況になることを恐れており、リゴベルタの平和賞受賞を妨げることを試み、代わりにエリサ・モリーナ・デ・スタルという独自の候補者を立てた。デ・スタルはグアテマラで視覚・聴覚障がい者に対する重要な活動を行っていたため、資格がないというわけではなかった。しかし、彼女はラディーノで基本的には白人系であり、政府によって利用されていた。リゴベルタを支持するキャンペーン側はこのことを、インディヘナたちがふさわしい地位を得ることを妨げるようなやり方として認識していた。

リゴベルタが実際に平和賞を受賞した際、グアテマラの至るところで大規模な祭典が行われた。それは政府にとっても厄介なものとなった。ホルヘ・セラノ・エリアス大統領はこれらの祭典には参加しなかった。それでも最終的に彼は祝辞を送り、リゴベルタは大統領の邸宅で彼と渋々会談を行った。紆余曲折の後、グアテマラ政府はオスロでの授賞式に閣僚を一人出席させることを決めた。

リゴベルタの平和賞に関する様々な文章や講演内容を見てみると「シンボル」という言葉がたびた

び登場する。一〇月一四日に委員長のフランシス・セーイェルステッドが読み上げた比較的短い文章の中で、次のようなことが最後の段落で述べられていた。「今日、リゴベルタ・メンチュウは彼女の祖国をはじめアメリカ大陸、そして世界における平和や民族的、文化的、社会的分断を越えた和解の指導的なシンボルとして登場することになる」。非常に長い受賞講演の中でリゴベルタは次のように強調していた。「私はこの賞を私個人の賞として見ていない。むしろ、私は平和や人権、そして五〇〇年間ジェノサイドや抑圧、差別の犠牲者であり続けた先住民の権利のための闘争における大きな勝利として見ている」。

一〇月一四日に出された受賞者の発表に関する文章が非常に短かったのには理由があった。リゴベルタの受賞理由についての具体的な内容がそれほど多くなかったということである。受賞理由は次のような形のもので十分であった。すなわち、彼女は「先住民の権利の尊重に基づく社会的正義と民族的・文化的和解のための活動」を理由に平和賞を受賞したのである。しかし、受賞理由の中の短い四つの段落の中で、彼女が成し遂げたことを具体的に示している箇所は次の一段落だけであった。「リゴベルタ・メンチュウは貧困の中、最も残忍な弾圧と迫害を経験した一家の中で育った。社会的・政治的活動において彼女は、常に平和というものが彼女の闘争における長期的な目標であるということを重視してきた」。

私は彼女の具体的な活動がほとんど示されていない状態での受賞に対して不安が大きく、彼女の経歴に関して一ページに及ぶ文書を用意した程であった。そのようなことがなされるのはめったなことではなかった。発表の中ではＣＵＣ（農民統一委員会）とＲＵＯＧ（グアテマラ抵抗代表連合）におけるリゴベルタの活動が取り上げられたが、それほど状況を一変させるものはなく、彼女の苦悩やシンボル的な意義についての内容が多かった。著書『私の名はリゴベルタ・メンチュウ＝マヤ＝キチェ族インディオ女性の記録』では、「国際的に大きな注目を集めるほどの記録」として描かれ、それ自体は正しかったものの、その焦点はやはり具体的なものというよりはシンボル的なものに当てられていた。

一九九二年はノーベル委員会にとって悩ましい年となった。この年、二つのキャンペーンが行われていた。一つはリゴベルタを支持するものであり、もう一つはラウル・ワレンバーグを支持するものであった。ワレンバーグを支持するキャンペーンは全く無目的なものであったが、それでも時々議論に上ることがあった。すでに死亡した人物に賞が与えられることは明らかにあり得なかった。ワレンバーグの身に何が起きたかは不明であったが、彼が死亡したと想定される様々な理由が存在していた。リゴベルタを支持するキャンペーンは結果的には成功したが、そのキャンペーンは規模を優先しておらず、少なくともオスロにあるノーベル委員会に対して送られてきた文書の上ではそうであった。

リゴベルタに関する提案の多くはある程度影響力を持っていたのかもしれないが、リゴベルタの受賞に対する非常に的確な反論が一つだけあったというオドゥヴァールからの意見を、私はよく覚えている。それはインゲル・リセ・イェルヴが平和賞の栄誉を横取りしに現れるのではないかということであった。私が彼女に電話をして少し慎むべきであると説明しなければならなかったほど、彼女はその時そのようなことを行っていた。リゴベルタの賞を確かなものにしたのは決して彼女ではなかった。しかし、ノルウェー北部のノールランド出身者特有の率直な物言いをする私でさえも、オドゥヴァールが言っていたことを彼女に伝えることは差し控えた。また、私はグンナル・ストールセットにもコンタクトを取った。彼は委員会の委員であり、すぐにその職に復帰することになっていたが、一九九一年から九四年の期間は委員の職からは外れていた。しかし、彼はグアテマラに平和をもたらすためのノルウェーの取り組みに関わっていた。彼はリゴベルタに対する賞には肯定的で、一九九二年がそのタイミングであると考えていた。

リゴベルタが平和賞を受賞した主な理由は三つあった。一つ目の理由は、一般的に知られているクリストファー・コロンブスの一四九二年のアメリカ大陸発見五〇〇年を祝うことにあった（しかし、彼は自分が実際に発見したのがアメリカであるということを全くわかっておらず、インドに到達したと思っていた）。この機会にノルウェー・ノーベル委員会は、先住民族の置かれた状況をはっきりと示すことを望んでいた。白人がやって来た際、何人のインディアンがアメリカ大陸に住んでいたかというのは誰も知らなかったが、インディアンがジェノサイドにさらされていたということに関してはほぼ全員の意見が一致している。一二月一〇日の講演の中でフランシス・セーイェルステッドは次のように述べた。「ノルウェー・ノーベル委員会にとって、彼女がノーベル平和賞における極めて有力な候補者となって出てきたのが、まさにコロンブスを記念する節目の年であったことは嬉しい偶然の一致であった」。言い換えると、リゴベルタが他の年に受賞したかどうかは定かではない、ということである。

グアテマラの状況もまた重要であった。一九九〇年代に和平交渉が始まったものの、状況はいまだ緊迫していた。西洋社会の大部分でもそうであったように、ノーベル委員会が左翼寄りに位置していたことは疑いようのないことであった。グアテマラにあるアメリカ大使館もまたリゴベルタに対して祝辞を伝えた。フランシス・セーイェルステッドは次のように述べた。「残酷な世界にあっても柔和な人間性を保つことで、リゴベルタ・メンチュウ・トゥムは私たち全員にとって最高のものを訴えかけてくる。それは私たちがどこに住んでいようとも、そして私たちがどのような背景を持っていようとも同じである。彼女は正義の闘争においてこの上なく力強いシンボルとして存在しているのである」。

さらに、リゴベルタに対する賞には、より一般的に知られている先住民族に対する見方もあった。ブラジルに住むカヤポ族をはじめ、様々なインディアンの部族がノーベル平和賞の受賞者として提案されただけでなくショートリストにも載り、委員会の顧問によって調査された。委員会の多くの委員たちはこのことを知っていた。ノルウェーに住む先住民族であるサーミもまた、過去に不当に扱われてきたという認識がノルウェー国内に広く存在しており、ノーベル委員会の中にも間違いなく存在していた。先住民族に対するそのような扱われ方は特に、ノルウェー北部で起きたアルタ川の開発問題の後に次第に改善されていったものの、それでも多くの者が罪の意識を感じていた。メディアに対してリゴベルタの平和賞のことを説明する際に、私はそのことを繰り返し直接的に伝えた。

非常に多くの賞がそれ自体でシンボル的な要素を持っている。人権闘争に対して与えられる賞においては、その賞自体が権利のために闘っている世界中の多くの者たちに対する支援としてみなされている、ということがよく言われる。彼らは幅広い国際的な闘争のシンボルである。オシエツキーはヒトラー率いるドイツに対する闘争の重要なシンボルであった。リゴベルタはグアテマラにおける自由や解放に向けた闘争のシンボルであり、またノルウェーのサーミに対して起きたことに対する一つのシンボルでもあり、さらには一つの弁明でもあった。

シンボルであることが悪いということでは決してない。ただ、リゴベルタが個人で行ったことに関して、実際にはっきりと説明できるような追加の文書が必要であった、ということである。彼女が極めて悲劇的な家族的背景を持っていたことは疑いようのないことである。父親、母親、そして兄弟が軍事政権に対する闘争によって命を失っており、その当時リゴベルタは一五歳であった。革命とキリスト教が彼女のメッセージにおける礎であった。「革命的キリスト教徒の課題は、何よりもその民族に対して働いてきた不正義を非難し、それに反対することである」。彼女は左翼的な立場を取る様々な組織に加わっていた。彼女の姉妹のうちの二人が政府に対する武装闘争に直接に参加する一方、リゴベルタは政治的な形で活動を行っていた。彼女自身は「もし私がこの武装闘争という方法を選んでいたら、私は今頃山にこもっていた」と述べている。

一九八一年に彼女は自身の命の危険を感じ始め、海外に渡った。その後、短期間の母国訪問の時以外はほとんどメキシコに滞在していた。次第に彼女はグアテマラの軍事政権に対する闘争の国際的なシンボルとなっていった。一九八四年には彼女に関する書籍『私の名はリゴベルタ・メンチュウ』が出版された。著者はエリザベス・ブルゴス＝ドブレで、リゴベルタとの長い会話を基に執筆されたものである。この本は北米と西欧の左翼急進的な立場に立つ者たちの間で、瞬く間にカルト的な人気を得ていった。それがリゴベルタを支持する国際的なキャンペーンにおいて重要な要素となったことは言うまでもなかった。委員会の委員たちはその著書のことを良く知っており、少なくとも彼らの多くがその著書の一部を読んでいた。

平和賞の主な候補者たちのことに関しては、事務局長である私か、常任のノルウェー人の顧問、あるいは大部分が外国人である特別顧問によって説明されることが一般的である。その当時、私たちが用いていた者たちの中には中米出身のインディへナに関する専門家がいなかった。私はグアテマラで大規模な研究を行っていたアメリカ人教授を推薦した。彼はリゴベルタのことに関する見解を記しており、それは彼女が実際に行ってきたことや、彼女が置かれていた状況に関してのものであった。グアテマラを取り巻く研究環境が、特にインディへナの状況に関しては、二極化していたと認識することは容易であった。

顧問による声明文は通常、それ自体は決定的なものとはならないものの、それらの声明文が客観的に見て委員たち自身の考えを支持したり反対したりしている場合には、間違いなく影響を与え得る。委員たちが自分の考えに確証が持てないようなケースにおいては、彼らの見解は特に決定的なものとなり得る。委員会が理解を示したのは、暴力を用いることに対するリゴベルタの考え方であった。彼女の一般に知られている側面ははっきりしていた。すなわち、彼女は政治的な活動をしていたのであって、軍事的な活動を行っていたわけではないということであった。彼女が明らかに非暴力的な側面を持っていたわけではなかったことを委員会は理解しており、またそのことがグアテマラで知れ渡っていたという状況下では、不自然な前提であったことであろう。質問に対する回答としてフランシスは次のように述べた。「彼女の行動の全てが平和を表現しているというわけではない。彼女は非常に困難な状況の中にいた。しかし、平和というのは彼女の長期的な目標である、というのが私たちの結論である」。フランシスが述べたほとんどのことは、委員会の考えを非常に正確にまとめたものであった。授賞式の講演の中で彼は、一九九一年にオスロで行われたリゴベルタとロドリゲス大佐との会談のことについても触れていた。どうやらその将校が彼女の母親を殺したらしいということであった。ロドリゲスはリゴベルタがノーベル平和賞に推薦されたことに対して祝福の言葉を送った。「私はその時、元を辿れば私たちは皆同じ人間であると感じ、それはまるで遠い親戚に会うようなものであった。彼と話をした際、私の心はとても穏やかであった」。

リゴベルタへの賞に対する反応はポジティブなものであった。この年の一二月一〇日が「世界の先住民の国際年」(国際先住民年)の始まりでもあったというのは、特別なプレゼントのようなものであった。届いた声明の多くはほぼ全面的にポジティブなものであった。先に述べたように、グアテマラ政府は問題を抱えていたが、最善を尽くすことを試みていた。グアテマラに住むインディヘナたちや先住民族の代表者たちの間では、リゴベルタが候補者になったことについていくつかの対立があったようではあったものの、この時にはそれらの対立はほぼ沈静化していた。彼女はすぐに国際先住民年の親善大使として指名された。彼女が以前に国連ビルを訪問した際は門前払いされるのではないかと心配していたが、今は「ノーベル賞の魔法」を味方につけて振る舞うことができると教えてくれた。

ノルウェーではリゴベルタの平和賞受賞のニュースは非常に人気があった。ノルウェー人は海外の政治家に与えられる賞に対してしばしば懐疑的である。彼らは繰り返し次のように話す。「彼らは自分の仕事を行ったに過ぎないのに、なぜそのことを理由に賞を得ることになるのか」。しかし、私たちはリゴベルタのようなごく普通の人間に対する賞を好む。彼らが抑圧されてきたのであれば、まるで殉職者であるかのように映る。少なくともリゴベルタは突出して人気となっていた。私たちがオスロ市内を回っていた際、親しみのある反応に気がついた。おそらくそれはノルウェーに存在する強い平等の理念の現れであろう。メディアもまた彼女に対して好意的であったが、彼女が非常につたない英語しか話せなかったため問題を抱えていた。全ての者がスペイン語に堪能であるというわけではなく、時折、彼女は男性名であるリゴベル「ト」として紹介されることもあった。

オスロにいたリゴベルタに近い協力者たちの中にロサリーナ・トユックという人物がいた。ロサリーナは未亡人たちで構成される組織「コナビグア」のリーダーの一人であった。彼女もリゴベルタの受賞のために動き、この年の一二月の授賞式期間中に強い印象を与えていた。私はこの二人がとてもよく似ているといつも思っていた。もしかしたらロサリーナが平和賞を受け取っていたのかもしれない、と思うほどであった。彼女はリゴベルタに対して強い忠誠心を持って行動していた。

リゴベルタのオスロ訪問に関しては大小様々の奇異なエピソードがあった。彼女は多くの人間を引き連れ、彼女の支援者のほとんどがオスロに自力でやって来たのである。彼らのほとんどは一二月のオスロの気候に対する備えが十分ではなかった。私たちは冬服や靴をかき集める作業を行わなければならなかった。

リゴベルタは時間に対してルーズで、正確に守らないこともあった。彼女は今その瞬間を生きていた。ある夜、私はとあるレストランから電話を受けた。店員たちは最後の客を店から追い出すのに苦労しており、その客の中にリゴベルタがいたのである。レストラン側は彼らを普通に追い出すことができたのであろうか。私はなぜそのことと私が関係あるのかが全く理解できなかったが、店を閉めても問題ないと言った。しかし、リゴベルタは疲労困憊していたようであったため、私たちはその後のスケジュールをキャンセルしなければならなかった。どれほど疲労困憊していたかといえば、私が当時外務大臣であったトールヴァル・ストルテンベルグに、彼への訪問を取り止めることを伝えるために電話をしなければならなかったほどである。訪問が実現しなかった理由が外務大臣とは関係がないことを私が記者団に対してはっきりと伝えるという条件で、彼は紳士的に対応していた。

様々なことが起きたが、一二月一〇日の正午に私がグランドホテルのリゴベルタの部屋に呼び出されたことは、その中でも最たるものであった。授賞式のわずか一時間前のことである。彼女は風邪をひいていて声が出ず、授賞式を乗り切れるかどうかがわからなかった。ホテル側はすでに医師を呼んでおり、その医師によると彼女にはどこも悪いところがないということであった。私たちは少し話し合いをして、害のない薬を与え、もう安心であると伝えることにした。そのことが功を奏した。彼女は民族衣装のウィピルをしっかりと身にまとって登壇した。

リゴベルタが緊張していたことは言うまでもなかった。以前にも彼女は、張り詰めた状況の中で声が出なくなる経験をしたことがあった。彼女はマイレッド・コリガンと同じく当時わずか三三歳でノーベル平和賞を受賞した史上最年少の人物であった。最大の見どころとなる授賞式を含むオスロでの公式行事は、彼女が生活してきた日常とはやや異なるものであった。彼女は受賞講演で十分な手助けを受けていた。講演は五〇分以上にも及び、少なくとも私の在任中に行われた講演の中でおそらく最長であった。その講演はリゴベルタには不慣れとも言える独特な言葉を用いてフォーマルな形で行われた。彼女がこのような骨の折れる仕事を終えた時、彼女は涙を流していた。この仕事は大変疲れるものであり、それは支援者にとってもそうであった。私は多くの著名なノルウェー人から、講演が一体いつまで続くのかと思っていたという声を聞いた。通常は二五分ほどで終わるものであるため、これは非常に予想外のことであった。セレモニーの放映時間を三〇分未満と決めていた海外のテレビ局にとっては特に不運なことであった。私にできることはほとんどなかった。私はその講演を放送させたが、限られた時間の中で大きなカットを行うことは難しかった。

ノーベル賞関連の公式行事がオスロで終了した後、私はリゴベルタと通訳のハンネ・モルクと一緒にフィンマルクへ旅行したが、これは非常に面白いものとなった。私たちはアルタへ飛び、カウトケイノへと車を走らせた。そこで私はリゴベルタと話をするちょうど良い時間を得た。彼女が少しリラックスすることができた時にのみ彼女の英語は聞き取れるようになり、私たちは通訳なしで会話をすることができた。

私がトロムソ大学に勤めていた頃から多少面識のあったサーミ議会議長のオーレ・ヘンリック・マッ

ガが私たちを歓迎してくれた。彼ら二人がいかに上手くコンタクトを取り、私たちがアルタからカウトケイノへ向かう道中で見てきた自然に関する考えや感想などをいかに良い形でやり取りしていたかを見る良い経験となった。まるで山々や湖が彼らに語りかけているようであった。ダライ・ラマも一九八九年にフィンマルクを訪問したことがあり、そのことを関係者全員が非常に感謝していた。しかし、サーミの人々はリゴベルタの訪問にはより深く感謝していたようであった。

カウトケイノでは大きな祝賀行事が行われた。サーミの人々はリゴベルタの賞を、先住民族としての彼女に対する賞ともみなしていた。最大の見どころは、リゴベルタのために開かれた大規模なバンケットであった。ノルウェー、スウェーデン、そしてフィンランドから一四ないし一六のサーミの組織が集まり、それぞれ受賞者に対して敬意を表したりその業績を称えたりするための演説を行った。ただし、彼らは共通の言語を持っていなかった。よって、全ての演説はノルウェー語、サーミ語、そしてスペイン語に翻訳される必要があった。ここでは講演の短縮を望むものは誰もおらず、長い夜になると思われたが、短い話し合いの結果、演説時間が大幅に削られることとなったので助かった。

幸いにも、十分な量のアルコールが消費された。私がトロムソ大学に在籍していた時には、サーミ政策に関する多くの講演が行われた。そこで私は、サーミの人々が少なくとも長期的には独立国家を望んでいたという情報を見つけるための非常に良い機会を得た。私たちノルウェー人はこの問題に関して相反する感情を持っている。私たちノルウェー人は基本的に、各民族が自分たちの国家を持つべきであるという考え方に対して明らかな共感を示すが、サーミの人々にとっての独立国家に関する話には消極的な反応を示す。私がある特別な条件の下で行った調査では、いくつかの小規模な団体や組織を除くサーミの人々のほとんどが、独立国家の建設に関して長期的にも非現実的であると考えていることが示されており、私自身安心している。それが現実のものとなるには資源基盤があまりに脆弱であり、彼らはノルウェー、スウェーデン、フィンランドのそれぞれの社会に組み込まれすぎている。

長年、リゴベルタに関する記述には全く信頼性がないということが噂されていた。中でもノルウェー人ジャーナリストのヘンリック・ホヴランドがこの問題に携わっていた。一九九九年にアメリカの人類学者であるデヴィッド・ストールが著書『リゴベルタ・メンチュウと全ての貧しいグアテマラ人の物語』を出版した。私がストールに会った時、彼はリゴベルタに関して批判的なその著書を執筆している最中であったことを覚えている。その著書が出版された際には大きな波紋を呼んでいた。著書『私の名はリゴベルタ・メンチュウ』や他の場面で登場するリゴベルタは彼女の本当の姿とは異なっている、とストールは主張していた。ストールいわく、彼女の両親と弟は彼女が主張している方法で殺されてはおらず、また彼女はカトリック系の寄宿学校に数年間通っていた経歴があるというのである。彼女とゲリラとの関係もまた、彼女自身の主張とはかけ離れていた。一九九二年の平和賞がどの程度リゴベルタ自身の説明に基づいていたかということが問題として浮上したのは言うまでもなかった。

報道関係者はその問題に大きな関心を寄せ、ノルウェー国内よりも海外で大きな関心事となった。ニューヨーク・タイムズ紙は私に質問し、私は最善を尽くしてジャーナリストからの多くの質問に答えた。その長い記事を読んだ時のショックは大きいものであった。私に対するインタビューが何度も繰り返し用いられ、私の発言の中からある点が拾い上げられたが、「デヴィッド・ストールでさえもリゴベルタが賞に値する人物であることに賛成していた」という私の最も効果的な主張が全く取り上げられていなかった。実際、彼は著書の中で次のように記していた。「私と同様に多くの人々もノーベル賞というのは良いアイデアであると考えていた」。私はニューヨーク・タイムズ紙の熱烈なファンであり、世界にはニューヨーク・タイムズ紙よりも良い新聞はめったに存在しないと思っているが、このことに関しては彼らが大きな過ちを犯したと感じていた。私はニューヨーク・タイムズ紙に手紙を書くべきであったのかもしれないが、そうはしなかった。

ストールの非難に対する反論も存在するものの、彼が書いたことの多くは疑いようもなく正しかった。軍事政権が彼女の両親や兄弟の死に大きく関わっていたことが紛れもない真実であったとして、リゴベルタが説明したようには殺されていなかったかどうかという質問に一体何の意味があるというのか。彼女が表現した以上にゲリラと密接な関係を持っていた可能性があったということも、特に大きな驚きではなかった。委員会の委員たちは問題となり得ることに関して備えていた。しかし、さらに悪かったのは、リゴベルタが学校へ通ったことがなく独学でスペイン語を学んだというわけでは決してなかったという点であり、ストールは彼女が学校で数年間を過ごしていたということを証明していた。

ストールの著書に対して否定的な反応を示していたリゴベルタ自身を含む多くの者から、その自叙伝は全ての詳細が正確であるとは期待できないという意見があった。一般的な歴史が一個人を通して伝えられるというのは、単にラテンアメリカ文学の分野においてだけではなく、頻繁に用いられる手法である。時にはその個人的な真実が一般的な歴史に勝ることがあるに違いない。そして、ストール自身はリゴベルタに関する著書や人生において、以下の点が何よりも重要であるに違いないということを強調していた。つまり、独裁者が先住民族出身の農民数千人を虐殺した点や、その犠牲者たちの中にはリゴベルタの近しい家族の半数が含まれていた点、彼女が自身の生命の危険を感じたためにメキシコに逃れた点、そして彼女が祖国を解放するための革命運動に参加していたという点である。言うまでもなく、委員会の決定が主としてその自叙伝の内容に基づいていたようなことも全くなかった。その自叙伝が多くの点において大きな影響を与えたことは認めなければならないが、私たちはそれ以外にも非常に多くの資料を有していた。

他の全ての平和賞受賞者のようにリゴベルタもまた、平和賞によって人生が大きく変わるという経験をした。彼女は新たな賞を数多く受賞した。彼女は特に国連の制度の中で多くの仕事を得、また招待状が多く届くようになった。私はアメリカとノルウェーでの行事で彼女に会った。彼女は次第に大舞台にも全く物怖じしなくなっていった。また彼女は、ラテンアメリカやヨーロッパ、そして左翼側に位置するアメリカの出身者たちを含む多くの熱心な支援者も持つようになった。彼女は賞金の六五〇〇万スウェーデンクローナを手に入れ、支援者たちのために、教育と先住民族の人権のための財団をグアテマラシティに設立した。援助に関する問い合わせが彼女に殺到した。しかし、恐喝を受けることもあり、彼女の家族の何人かからも行われた。

受賞してしばらくの間、リゴベルタはグアテマラに住む多くの人々が誇りに思う国民的シンボルとしてみなされていたが、そのような穏やかな日々はすぐに失われていくこととなった。一九九〇年代に急速に拡大していった和平プロセスにおいて、リゴベルタがどのような役割を果たして行くのかということが長らく不透明であった。彼女は政府と左翼側との間である種の仲介者になると期待していたようであったが、そうはならなかった。彼女の活躍の場はそこには無かったのである。彼女が二〇〇七年と二〇一一年の大統領選挙で散々な結果に終わったことも関係していた。その和平プロセスにおいて政府側と左翼側の両者はインディヘナに対して偏見を持っていた。平和賞受賞者となった今、リゴベルタが単なる左翼側の当事者代表でいることは難しくなった。ノルウェーはグアテマラの和平プロセスに対して積極的に貢献していた多くの国々の中の一つであった。ノルウェー外務省とルーテル教会が重要な役割を果たし、後者については地域的に活動をしていたペッテル・スカウエンや熱心になって取り組んでいたグンナル・ストールセットが重要な役割を果たしていた。

リゴベルタは以前からの支援者とはさらに距離を取っていった。しかし彼女は、次第にインディヘナのための伝道者としての立場を見つけていくこととなった。こうして、彼女は一九九六年の平和条約に向けた準備などで重要な役割を果たしていった。彼女は平和賞受賞者としてシンボル的な存在になっていっただけでなく、グアテマラに住む多くの人々が感謝するような、具体的で身近な人物にもなっていった。アメリカに住むあるインディヘナの女性は次のように話していた。「リゴベルタ・メンチュウは全ての先住民族の女性たちが胸を張って生きられるための力を与えてくれた」。

一九九三年
ネルソン・マンデラ
フレデリック・ウィレム・デクラーク

一九九三年のネルソン・マンデラとフレデリック・ウィレム・デクラークに対する平和賞は、より当然の結果であると考えられる。ノルウェー・ノーベル委員会は南アフリカでのアパルトヘイトに対する闘争についての問題に熱心に取り組んでいた。一九六〇年の平和賞はANC（アフリカ民族会議）議長のアルバート・ルトゥーリに与えられた。これは当時の南アフリカの政策に反対する意志を明確にかつ早い段階に示したものであり、国際的な注目を呼び、さらにはノルウェーでの反アパルトヘイト活動も強化させてきた。一九八四年にはデズモンド・ツツ大主教が平和賞を受賞した。

しかし、受賞者の選定については当然の結果であるとは全く言えないものであった。マンデラは何度も平和賞に値すると評価されており、一九八四年にデズモンド・ツツが受賞した際は特にそうであった。ツツがマンデラより好まれた理由は明らかであった。ツツは完全な非暴力の上に立っていたが、マンデラは一九六一年から翌年に逮捕されるまでの間、ANC傘下の武装勢力のリーダーであった。彼は決して非暴力の伝道者ではなかったのである。このことが、アムネスティ・インターナショナルがマンデラを良心の囚人として認めなかった理由であった。デクラークは数十年の間、政権側を支持する重要な人物であった。彼が一九八九年に国民党の党首として選ばれた際、大規模な変革を期待す

フレデリック・ウィレム・デクラーク

ネルソン・マンデラ

るものはほとんどいなかった。
　委員会は誰に賞を与えるかについて非常に悩んでいた。実に一〇八の候補がいた。一九九三年九月にはイスラエルとPLOとの間でオスロ合意がなされ、非常に将来に希望の持てる出来事であったものの、一月三一日の締め切り時点でその問題に関わっていた者は誰も推薦されていなかった。
　一九九〇年にデクラークは、ANCやその他の反アパルトヘイト組織の合法化、マンデラや他の政治犯たちの釈放、そして「国民一人一人が制度・社会・経済におけるあらゆる分野において平等な市民権、平等な処遇そして平等な機会を享受することになる」新たな南アフリカに関する交渉を行うことを発表し、皆を驚かせた。それ以降、委員会は南アフリカの状況について議論してきた。これは革命的なことであった。私を含め数人の委員会の委員たちは、一九九〇年八月に行われたカンファレンス「憎しみの解剖学」の期間中にマンデラと会ったことがあった。マンデラは素晴らしい感銘を与え、和解を表明したのである。

新憲法を作成して新たな選挙を開催するのにはとにかく時間がかかった。ANCと国民党との間や両者の内部での緊張は大きかった。マンデラは自身の所属する政党内部の急進派や共産主義者、そしてパン・アフリカニスト会議内の黒人民族主義者たちに悩まされていた。デクラークは、ある程度独自に長期にわたって活動を行っていた警察や治安部隊内部の強硬派から圧力を受けていた。ズールー族によるインカタ自由党をはじめとする、見向きもされていなかった組織内での緊張はさらに大きいものであった。一九九二年秋、マンデラとデクラークは複雑な交渉を取りやめ、頭越しで暫定政府に関する協定に署名した。しかし、委員会が一〇月一五日に平和賞受賞者を発表した時には、選挙や憲法に関する取り組みはまだ行われていなかった。一九八九年以降の様々な衝突でおよそ一万人から一万二〇〇〇人もの命が失われた。この出来事はあまり平和を思い起こさせるようなものではなかった。

委員会が南アフリカに新たな平和賞を授与することを心から望んでいたことは明らかであった。これまでの二つの賞の後に与えられる新たな賞が、アパルトヘイトに対する闘争に関する最後の賞になることが期待されていた。それには、闘争が実際に終結したということがある程度明らかである必要があった。一九九三年の状況は不透明ではあったが、マンデラとデクラークを最終的に受賞へと導いた三つの状況があった。一つ目は、ノーベル平和賞が国際的な地位を得ており、賞を授与しないわけにはいかなかったという点である。政治に関心がない団体に対して賞を与えることは、様々な点において急速に好ましい方向に向かっていた南アフリカや中東の政治世界から目を背けることを意味した。

二つ目の状況としては、一九九三年九月にマンデラが国連で行った演説が非常に印象的なものであったことがある。演説の中でマンデラが南アフリカの状況は不可逆的であると主張したことは重要なシグナルであった。彼は経済制裁の解除を支持したのである。それでも、軍事制裁については新政権が樹立されるまでは継続されるべきであるとしていた。

三つ目の状況としては、その状況についてツツ大主教がどう考えているのかを知るために私が彼とコンタクトを取るべきであると、オドゥヴァール・ノーリが提案したことにあった。私はそのように計らった。ツツの考えは非常に明確であった。それは、マンデラとデクラークへ同時に賞を与えるべき時が来た、ということであった。ツツは前の年にリゴベルタ・メンチュウではなく両者を平和賞に推薦した時でさえもそのように考えていた。しかし、私たちはそのことを忘れていたようであった。だからこそツツの言葉には大きな重みがあった。委員会が長らくその後の見通しに確信を持てていなかったため、私はそれをさらに補うための新たな声明文をすぐに書いた。

それでも、一九九三年の賞が完遂された業績に対する賞ではないというはっきりとした感情があった。すでに多くのことが成し遂げられていたが、この年の賞は順調に始まったプロセスを終結させるための激励の役目も果たすことが期待されていた。このことは委員会が一〇月に行った発表の中で明確に示されていた。委員会は南アフリカにおける人種差別を終わらせるために、ルトゥーリとツツの活動に対して平和賞という形で激励を送り、そしてマンデラとデクラークはこのプロセスをさらに進展させたのである。一九九三年のノーベル平和賞は「彼らの努力を認め、そのような良き力に対する支援の印として、また平等と民主主義に向けた前進という目標が、近い将来達成されることを期待するものとして与えられる」。

一二月一〇日の授賞講演の中でフランシス・セーイェルステッドは次のような形で直接的に問いかけた。「ノーベル委員会は『和解に関する政策における絶対的なブレイクスルーに到達するまで』賞を待つべきであったのであろうか」。彼はその状況が逆戻りする危険性が依然として存在することをはっきりと認めていた。南アフリカはいまだ暴力と苦悩の中にあったが、マンデラとデクラークは大きな貢献を与えていた。「彼らは平和へ向けた一つの機会を与えた」。それでも、セーイェルステッドはやや冷静に「平和が実現されるかどうかは時だけが示してくれることであろう」と述べていた。一二月のオスロでの授賞式期間中、平和賞の授与を通して南アフリカにおけるアパルトヘイトの廃止と民主主義の導入の達成を実現するために、委員会が特別なプレッシャーをかけていた、ということをマンデラとデクラークの双方がいつも口にしていた。

マンデラとデクラークへの平和賞に対するノルウェー国内外の反応は肯定的なものであった。ニューヨーク・タイムズ紙は、両者への賞は「価値があり」、また「それにふさわしいもの」であり、南アフリカにおけるポジティブな変化に注目を向けさせる助けとなるであろう、と書いていた。そのような見方が一般的な風潮であった。しかし、多くの左翼側の者たちやアパルトヘイトに対する闘争に最も積極的に関わっていた者たちは、デクラークの受賞については異論を唱えていた。偉大な英雄であるマンデラはデクラークのように暗い過去を持つ者と共に平和賞を分かち合うべきであったのであろうか。彼らはマンデラが単独で受賞すべきであり、さらにはすでに受賞しているべきであった、と考えていた。しかし、ほとんどの者は二人に賞が与えられた理由を理解していた。すなわち、もし黒人と白人の和解と協力を歓迎するのであれば、マンデラだけに賞を与えることにはならないであろう、というものであった。

マンデラとデクラークは南アフリカをある時代から別の時代へと移していくことに関しては同じ考えを持っていた。そのために彼らは協力しなければならなかった。しかし、二人の背景が異なるのは明らかであった。それは、ノーベル委員会が次の理由を強調したことを見てもわかることである。すなわち、両者の考え方は全く異なっている、ということである。オスロ滞在時の両者の関係は張り詰めていた。彼らは共同で記者会見を行うことに反対し、それぞれで記者会見を行った。彼らはグランドホテルでの写真撮影中に一緒に写真を撮ることには同意したものの、セレモニー以外で一緒であったのはその時だけであった。

彼ら二人をそれぞれどのようにして扱うかということが一部で議論となった。デクラークは大統領であった一方、マンデラは確かにANCの指導者ではあったものの、外交上の儀礼の文脈においては私人としてみなすべきであった。私たちは授賞式期間中に、ノルウェー外務省内の外交儀礼に関する部署と緊密に協力した。座席の位置にうるさい多くの者たちを割り振るための手助けを受けるにはちょうど良い。それでも、ノルウェー側のやり方と私たちノーベル委員会側のやり方との間には、時に隔たりがあったと言わざるを得なかった。座席に関する件はその一つの例であった。委員会による授賞理由の中でマンデラの名前が先にきていたが、これは偶然ではなかった。これはマンデラが最初に受賞し、最初に講演を行うという意味であった。このことはノルウェー側からある一定数の反対を招いたが、これは私たち委員会の行事であり、決定したのは私たち委員会である。しかし、私たちはバンケットではデクラークを先にした。二人がオスロ訪問の後にストックホルムを訪れた際、スウェーデン人関係者たちはデクラークを迎賓館に迎え、マンデラにはホテルを手配した。私たちはマンデラがこのことをまったく快く思っていなかったという報告を受けた。翌年、マンデラは大統領となった。

このことに関してデクラークは、ストックホルムはオスロよりも「非常に洗練された都市」であったと記していた。

私たちはマンデラに対して称賛しきりであった。一人の人間が二七年もの間投獄され、釈放後にはただ前を向くことだけを決断できるというのは、まさに信じられないことである。新たな南アフリカが建設されることになり、抑圧者と被抑圧者、全ての人種が共通の最高善に向けて協力しなければならず、そうなるに違いなかった。私は個人的なやりとりの中で何度もマンデラに挑もうとした。人がそのように行動できるというのは超人的といっても過言ではなかった。彼はとても一貫した人物であり、そのことがとても印象的であった。そのような生活の後であっても極めて建設的に行動する人物は世界的に見てもそう多くはなかった。マンデラが現在のような他に類を見ない地位を得たのにはそのような理由もある。

長年の獄中生活は、当然のことながらマンデラの心身をひどく疲弊させた。彼は一九九三年には七五歳になっていた。彼は歩行障害を抱えており、耳も聞こえづらくなっていた。彼は背中を痛めており、オスロ滞在中に理学療法を受けていた。スタッフは公式行事の短縮を試み、マンデラは機会があればすぐに席を外していた。また、彼がノルウェーの冬の気候を好んではいなかったことも明らかであった。彼は暖を取る必要があり、スカンディナビアでの訪問が終了した後のカリブ海地域への旅行を心待ちにしていた。彼の協力者の中には雪にとても苦労していた者もいた。彼らは今まで雪というものを見たことがなかったのである。雪に見舞われることがそれほど危険なことであったのであろうか。中には、マンデラが雪に見舞われないよう最善を尽くす者もいたが、上手く行くことはなかった。

マンデラもまた、賞というものに対して特に関心を持ってはいなかった。彼は自身の回顧録の中で次のように記していた。「何らかの賞を得ようという望みなどを持っていたら、自由の唱道者になどなれないであろう」。しかし、彼はノーベル平和賞の受賞を嬉しく思い、また興奮していた。彼はデクラークが賞を得る資格があるのかについて疑念を抱いていたが、二人が共に賞を受け取ることが重要であると認識していた。彼は独特の表現で次のように書いている。「敵と共に平和を築くためには、その敵がパートナーとなるように協力をしなければならない」。彼は平和賞に敬意を表しており、それはルトゥーリとツツへの賞が、アパルトヘイトに対する闘争についてのノルウェー・ノーベル委員会の立ち位置を明確に示していたからであった。さらに彼は、南アフリカでの解放闘争の際にノルウェーとスウェーデンが政治的・経済的に行った貢献に感謝をしていた。それでも彼は、ツツが築いてきたようにノルウェーとの密接なつながりを持つことは決してなかった。

これまでに述べたように、私の仕事は、ノーベル委員会が平和賞候補者たちに関する情報の入手に最善を尽くせるよう取り計らうことであった。その中には候補者の性格に関する情報も含まれる。政治に関する分析においてではなく、性格に関するコメントにおいて、私が実際に誤った判断をしてしまった受賞者が一人いる。それはデクラークであった。私はアフリカーンス語で行き詰まりや融通が利かないというような意味を表現する「verkramfet」という言葉があるということを学んでいた。私は彼の性格にはそういう特徴が少しあるに違いないと確信していた。しかし、少なくともオスロでの授賞式期間中にはそれが間違いであったようである。デクラークは極めてオープンな性格で、特にプライベートの場面ではそうであった。彼は笑うこともあれば、泣くこともあった。彼と接することはそれほど難しいことではなかった。

しかし、デクラークは彼のそのオープンな性格を通して、南アフリカに関する自身の分析をもとに過去と現在をつなげることが全くできていなかった、ということも明らかにしていた。デクラークは行動を通してアパルトヘイトを廃止したが、彼には自身の過去と道徳的な距離を取ることが難しかった。彼は、彼個人あるいは彼の家族がアパルトヘイトに対して長期的に支援を行っていた事実から目を背けていた。

一二月九日に行われた小規模な夕食会に、マンデラは娘のジンジを連れて来ており、デクラークは妻のマリケを連れて来ていた。マンデラはやや控えめであった一方で、デクラークは雑談に終始していた。マンデラが静かであったのは、デクラークがあまりにも多弁であったからかもしれない。私たちは南アフリカ社会の様々な状況に関して多くの質問をしていたが、それに答えていたのはデクラークの方であった。マンデラは彼にそうさせ続けていた。夕食会は「心地良いもので、主催者たちは礼儀正しく配慮があった」とデクラークは記していた。それは受け取るに値する証明書のようなものであったが、「その雰囲気は硬いものであり、特にマンデラ側からそのような雰囲気が漂っていた」ということも彼は付け足していた。

マンデラとデクラークの実際の受賞講演は比較的短いものであった。マンデラはこの年の平和賞を「私たちの歴史における大きな前進」と表現し、「私たちの子どもたちの幸福や福祉、（中略）私たちの最大の宝物によって評価されるべき」ものと呼んだ。彼はデクラークに対して寛大であり、「アパルトヘイトの制度の導入を通して私たちの国や人々に対して非常に間違ったことが行われた、ということを彼が認める勇気を持っていた」と述べた。マンデラはルトゥーリとツツに対する賞を褒め称えていた。彼がマーティン・ルーサー・キングの賞も称えていたことや、アウンサンスーチーの解放に関してのビルマ当局に対する強力なアピールを行っていたことは驚くべきことであった。

デクラークは何度もマンデラのことについて言及していたが、特に「マンデラと私」が数々のことを行い、あるいは行うべきである、という話をする時に顕著であった。彼はマンデラの名前が先に来ていたことをあまり好ましくは思っていなかった。デクラークの見解では二人は同一線上に立っていた。フランシス・セーイェルステッドは自身の講演の中で、アパルトヘイトの廃止が内部的な解体を伴う状況に対してどの程度戦略的な調整を行った結果であるのか、あるいは道徳的な見方が反映された結果であるのか、という議論の余地のある質問を投げかけた。これは各々だけが答えることができるような質問であった。デクラークは自身の講演の中で次のことを述べた際に、自らその答えに近づいていた。「これは『心の根本的な変化』の結果であり、突然訪れたものではなく、『内省、再評価、後悔、継続中の紛争の無益性に関する理解や失敗した政策およびそれを支持する不正義に関する認識』を伴うプロセスの生産物の結果であった」。彼はまた有権者に対して、南アフリカがどのようにして「真の持続的な平和」を持つ未来に押し上げられるべきか、を表現していた詩をアフリカーンス語で読んでいた。

デクラークはオスロ訪問で感情を大きく揺さぶられずにはいられなかった。彼は授賞式後に公然と涙を流していた。このことは彼にとって大きなことであった。彼の表情からほとんどのことを即座に読み取ることができた。そして、疑う者もいるかもしれないが、彼は何度もいろいろなことに対して即座に反応を示していたのである。平和賞によって彼は国際的に受け入れられることとなった。彼はもう世界中どこにでも行くことができるようになり、「世界で最も名誉ある賞」が全てのドアを開けた瞬間であった。オスロへ向かう途中、彼はエリザベス女王に迎えられた。彼は回顧録の中で、「このことは、私の政党と私の民族であるアフリカーナーが、長年にわたる隔離の後に私たちの国が抱える複雑な問題を解決する一因となっていることを、最高の形で受け入れるものであった」と述べている。

デクラークは、自身の受けるべき熱狂的支持が、自身の過去によってどれほど妨げられていたか、ということを認識していなかった。彼と彼の協力者たちはフランシス・セーイェルステッドの講演に動揺していた。彼の講演はマンデラの方にあまりにも偏りすぎていた。セーイェルステッドは両者で異なっている基本的な考え方について述べていた。一方は抑圧者を代表し、もう一方は被抑圧者を代表していた。回顧録の中でデクラークは、セーイェルステッドの講演は「ネルソン・マンデラに対する称賛で満ち溢れていたが、私について触れる際には慎重であった」と記していた。デクラークはノルウェーにいるほとんどの者が、アパルトヘイト体制をこの地球上で最も忌まわしい事件として見ていたということを認識していなかった。デクラークは一〇年間、この体制を代表してきた。彼の主張の転換は今考えてもかなり新鮮なものであった。多くの者が彼の加担していたことに対する明確な謝罪を期待していたが、謝罪が行われることは決してなかった。

一二月一〇日夕方のバンケット前、受賞者の名誉を称えるために伝統的に行われているたいまつ行進中に、事態はさらに悪い方向へと向かっていった。デクラークはその時上機嫌であったが、たいまつ行進の参加者のほとんどはマンデラを称えており、デクラークに対してはそうではなかった。しかし、デクラークは非常に高揚していたため、私がその話を知る前に、聴衆の称賛を受けるためにすでに一人でバルコニーに立ってしまっていた。彼は罵声と抗議によって迎えられた。マンデラがその後登場した際、聴衆は惜しみない拍手を送った。ANCのスローガンが叫ばれ、手にはANCの主張が掲げられていた。中には、「デクラークは帰れ！」「農民を殺せ！　ボーア人を殺せ！」と叫ぶ者もいた。デクラークは途方に暮れ、彼がこのことから立ち直るまでには長い時間がかかった。

デクラークは自身の回顧録の中で「私たちのノルウェー側のホストは好意的ではあったが、明らかにANCの熱烈な支持者であった」と記している。セーイェルステッドと私は、デクラークが受けるであろう反応について備えるよう試みたことがあった。数ヵ月前であれば、デクラークがノルウェーを訪問することは極めて不可能に近かったであろう。それが今回、彼は平和賞を受け取ることになったのである。しかし、それによって過去が帳消しになるということではなかった。デクラークはアパルトヘイトを清算しようとさえしていれば自分の過去は忘れ去られると思っていたのであろう。

それでも、この年の平和賞は絶妙なタイミングであったということがわかった。委員会はこの年の賞が大当たりであったことがすぐにわかり、とても喜んでいた。両者は目標に近かったが、たどり着いていたわけではなかった。従って、この年の賞はその後の出来事に少し先んじたものとなったことであろう。その後の歴史については知っての通りである。一九九四年に南アフリカで行われた制憲議会選挙において、ANCは六二パーセント、国民党は二〇パーセント、そしてズールー族のインカタ自由党は一〇パーセントの得票率を得た。マンデラは大統領に選出され、すぐにほぼ全ての者たちを束ねることのできる偉大な建国の父となっていった。委員会は年明けの会合で、この年のことが全て非常に上手くいったことを祝った。しかし、一九九四年は同じように簡単には行かないものとなる。

一九九四年
ヤーセル・アラファト
シモン・ペレス
イツハク・ラビン

ノルウェー・ノーベル委員会が中東に再注目することは明らかに不本意なことであった。一九七八年に平和賞がアンワル・サダトとメナヘム・ベギンに渡ったが、サダトだけは授賞式に姿を現さなかった。悲しいことであった。一九七七年一一月にエルサレムに渡って和平プロセスを加速させたのは彼であった。ベギンは姿を現したものの、彼があたかも救世主のように一人で立っていたことは少し奇妙なことであった。キャンプ・デヴィッド合意を理由にその栄誉の多くを得ていたジミー・カーターは受賞者の中には含まれていなかった。厳重なセキュリティ対策を理由に、この年の授賞式はアーケシュフース城で行われた。

キャンプ・デヴィッド合意は実際にイスラエルとエジプトとの間に和平をもたらした。決して小さな業績ではなかったが、それがパレスチナ問題を解決させたわけではなかった。このことがイスラエルと近隣諸国との間で起こった衝突の根本的な原因であったことが次第に明らかとなっていった。戦争や紛争は依然として中東では日常茶飯事であったが、一九九三年八月二〇日にイスラエルとＰＬＯとの間で暫定自治政府編成に関する原則合意がオスロで署名され、九月一三日にワシントンＤ．Ｃ．

にあるホワイトハウス前の芝生で正式に調印された。オスロ合意と呼ばれるこの合意には両者の相互承認が含まれている。合意はパレスチナ人に制限された形での自治を与え、ガザ地区とヨルダン川西岸地区のイェリコを基点として自治の範囲に西岸地区が含まれるように拡張され、イスラエル人入植者は引き続きイスラエルの統制下に入ることとなった。また、エルサレムの地位や他の多くの事柄が将来の和平協定において決定されることとなった。オスロ合意は相互承認だけでなく、主にさらなる交渉のための枠組みとしての役割を果たした。

合意におけるそれらの制約が次第にはっきりとしていくこととなったが、ノーベル委員会が一〇月の発表の中で述べたように、「オスロ合意を締結し、その後合意に従うことによって、アラファト、ペレス、そしてラビンは、平和と協力が戦争と憎悪に代わるものとなり得る歴史的なプロセスに、多大なる貢献をした」。

しかし、オスロ合意に関わった多くの者たちの中で誰が平和賞を得ることになるのかは全く明らかではなかった。そこには二つの選択肢があった。一つは実際に合意交渉を行っていた専門家たちであり、もう一つは合意につながる重要な決定を行った政治家たちであった。前者についてはイスラエル側のウリ・サヴィル次官、パレスチナ側の交渉のリーダーであったアブ・アラ、そしてノルウェー側のテリエ・ロード＝ラーセン所長（のちの大使）であった。この選択肢に対する主な反対意見は、合意交渉においておそらく最も中心にいたヨシ・ベイリンが推薦されていなかったというものであり、結果としてこの選択肢は外されていった。

（左から）ヤーセル・アラファト、シモン・ペレス、イツハク・ラビン

また、ノルウェー人をこの年の受賞者に含むことに関して賛否両論があった。ロード＝ラーセンは和平プロセスにおいて具体的に提案を行おうとしていたわけでは決してなかったが、彼は当事者たちが諦めないよう熱心に激励していた。ノルウェー側、イスラエル側、そしてパレスチナ側からの影響力によって、プロセス全体が明らかに政治的にコントロールされていた。ロード＝ラーセン自身も当時外務大臣であったトールヴァル・ストルテンベルグから権限を与えられていた。

長い議論の末、委員会は中心的な役割を果たした政治家たちを受賞者に選ぶ決定をした。中東における和平合意において存在していた個人的・政治的なリスクを受け負っていたのは彼らであった。専門家たちは素晴らしい仕事を行ったが、その仕事に関する個人的・政治的リスクは小さかった。政治家たちがいなければ、プロセスや合意はなかったことであろう。その他の者がそのような技術的な作業を行っていたとも考えられたが、彼ら政治家たちにとって代わることができる者はいなかった。

他方、専門家たちに対する賞で委員会の考えを統一させることは可能ではあったかもしれない。それでも、結果として政治家たちに平和賞を与えるという結論に達した。それは私が個人的に心から支持した結果であった。

ノーベルの遺書には、賞は「その前の年に」平和のために最も活動した対象に与えられる、という文言が確かに存在するが、それぞれのノーベル賞委員会はこの項目を文字通りに捉えることが次第に難しくなっていった。遺書にあるその観点がもはやその前の年だけにとどまらないことは明らかであるが、一九九四年のケースはこの項目に上手く当てはまっていた。この年の賞は主に、一九九三年以降に終結した業績に対して与えられた。長期的な視点で見れば、三人の受賞者それぞれの経歴には、明らかに疑わしい側面があった。アラファトについては、彼の具体的な役割が何なのかがはっきりしていなかったものの、長らくテロリズムと結びつきがあった。ラビンはイギリス人たちを追い出すために闘ったことから、テロと深く関わった過去を持っていると言われる可能性があった。一九六七年の彼は、六日間戦争（第三次中東戦争）中のイスラエル国防軍の参謀総長であり、少なくともその時のイスラエルは確かに攻撃側であった。三人の中では一見したところ最も「平和的」な人物であると思われるペレスは「イスラエルの核爆弾の父」として知られていた。しかし、彼らは過去を理由にこの年の平和賞を受けることになったのではなく、その過去を乗り越えることができたが故に受賞することになったのである。そのような評価をするというのは常に困難なことである。

委員会がもともとラビンとアラファトを受賞者に決めていたことや、ペレスがぎりぎりまで当落線上にいたであろうということが記された記事が、ノルウェーのアフテンポステン紙に掲載されていた。しかし、ラビンとペレスの双方がイスラエル側の受賞者として含まれることについては、委員会内には常に賛成意見があった。ペレスは先見の明のある人物として、またパレスチナ側との平和を最も強く望んでいた人物としてみなされており、彼はそこに入っていなければならなかった。しかし、彼がラビンからの支援を得ていなかったら合意はなされなかったであろう。必要となる政治的な力を持っていたのはラビンの方であった。ペレスは自身の回顧録の中で、ここオスロで「私たちはイスラエル側代表団の目的を共に成し遂げた」と記している。

パレスチナ側の受賞者にアラファトが含まれなければならないことは言うまでもなかった。もし彼がいなければ、PLO側では何も起こらなかった。委員会は当初、パレスチナ側の人間がもう一人含まれなければならないと考えていたようである。それが当時PLOのナンバーツーであったマフムード・アッバースということははっきりしていたが、二つの状況がアラファトだけを選ぶことにつながった。第一に、ノーベル賞の規則には、受賞者は最大三名までとすることができる、ということが明確に示されている。ストックホルムにあるノーベル財団は、この決定は文字通りに捉えられなければならないということを強調していた。第二に、パレスチナ側の政治的状況がアラファトのみを受賞者とすることを擁護できるような状況であった、と委員会が考えていたことがあった。アルファベット順で最初に名前を連ねていたという幸運もあったものの、受賞理由の中ではアラファトの名前が最初に読まれた。彼はその時に一人で賞の半分を得て、残りの二人がもう半分を得るべきであったのであろうか。そのような雰囲気はなく、賞は三人に等しく分け与えられることとなった。

中東における平和がいかに脆いかを考えると、中東問題に対して賞を与えることには慎重になるべきであったのであろうか。その後起きたことと照らし合わせると、この主張に説得力があることは言うまでもない。それでも、オスロ合意自体は重要な合意であった。候補者たちは平和賞を受けることになった時点で、すでに何らかのことを達成していなければならなかったことは言うまでもなかった。アラファト、ペレス、そしてラビンはオスロ合意を達成させた者たちである。この地域では平和というものを長い間維持させることが難しく、幾度にもわたって築かれなければならないものであった。問題が「最終的に」解決されるまで待たなければならないのであれば、中東における何らかの合意を理由にした平和賞というのは決してあり得なかったことであろう。

この合意がノルウェー人による補佐によってオスロで行われたという事実もまた、確実に委員会に対してポジティブな影響を与えた要因であった。このように非常に注目を浴びる受賞に関して、政党の党首たちは確かに助言を求められていた。私がすでに述べたように、委員会の委員を指名するのはストーティングである。委員たちのほとんどは元政治家であり、委員会の委員になっても当然彼らは政治的なつながりを絶っておらず、中には信頼を置いている政治仲間たちと時々話をしている者もいたようであった。一九九四年にもそのようなことが起きていた。さらに、委員会は海外の顧問から助言に関する好ましい支援を得ていた。最も著名な専門家は、イスラエル側とパレスチナ側との関係における継続的な解決の可能性はわずか六〇パーセントである、と結論付けていた。

この年の平和賞の発表において特徴的であったのは、コーレ・クリスチャンセンが三人に賞を与えるという決定に反対したことであった。クリスチャンセンはイスラエルの政党であるリクードについてノルウェーにおける指導的なスポークスマンのような存在であったことから、彼の立場は意外なものではなく、アラファトに賞を与えることに対しては完全に反対していた。実際には彼はラビンとペレスに対しても反対の立場であったが、この主張はトーンダウンしていった。クリスチャンセンは自分が拒否権を持つという意見に関して、委員全員がその決定を支持していなければならないと考えていた。他の四人の委員はコンセンサスの原理を望ましい決定方法として賛成していたが、これがその決定における拒否権を各委員が持つことが可能であることを意味していたという考え方については否定した。もしそうであったならば、その賞はあまり当たり障りのないものとなっていたことであろう。過去においては、一九三五年と一九七三年の賞に

1993 年のオスロ合意調印式にて、イスラエル首相のイツハク・ラビンと PLO 議長のヤーセル・アラファトが、ビル・クリントン大統領の前で握手を交わした。

関連して、委員が委員会を抜けたこともあった。

一九九四年、コーレ・クリスチャンセンは健康状態が悪く、委員会の会合のことを忘れたり、会合の最中に少し上の空になったり、突然新聞を読み始めたりするようなことが起きていた。コーレは「彼の」候補者への支持を表明する文書が委員会の場で議論されていないことに対して、一貫して抗議していた。そのような文書が委員会内で議論されることになるのであれば、彼が支持する候補者だけではなく、全ての候補者について取り上げられていなければならないはずであった。このような主張を彼は決して受け入れなかったが、彼が世間の目にさらされながら自身の辞任を取り巻くあらゆる注目に対処していたということは言っておかなければならない。

メディアの報道は私が元から想定していた以上に過熱していった。三人が受賞者として選ばれたら彼が委員会を離れるであろうということを委員全員がわかっていたが、クリスチャンセンが非常に大きな注目を浴びることに対して全員が備えてあったというわけではなかった。メディアは委員会内における反対意見のことを熱心に取り上げていた。クリスチャンセンは数十年もの間、イスラエルのことに関しては熱心に話していたが、アラファトのことに関しては同じようには話して来ず、そこではただ過去のあらゆる発言についてまくしたてるだけであった。彼はイスラエルの右翼側から様々な形で注目されることを好ましく思っていた。私は彼に対して、何か非常に相容れない勢力に詰め寄られているのではないかと何度も問い詰めた。それは彼にとって議論するような問題ではなかった。クリスチャンセンの辞任後、彼を毎年行われるノーベル賞関連行事に招待することは、説明が容易なことではなかった。しかし、数年間の資格停止の後に彼が再び他の元委員たちと同じ形で招待されるべきであるという意見を私は支持した。その決定を実現させることは難しく、特にハンナ・クヴァンモにとってはそうであったが、彼は招待された。

アラファトとラビンが平和賞を受賞する可能性があるという情報がアフテンポステン紙のハラルド・スタングヘッレに漏れたのは、おそらくコーレ・クリスチャンセンが原因であった。ペレスが受賞者に含まれないという認識を持っていたのは彼だけであった。どのようにして彼がこの情報にたどり着いたかについて、私は全く知らなかった。というのも、その情報は委員会の会合に基づくものではなかった。三人は議論のプロセス全体において一緒に説明され、ペレスの名前が全く含まれなくなったのはクリスチャンセンが重要な委員会の会合から抜けた後であった。それでも、三人のうち二人を受賞者として正確に予測できたということは、報道業界において大きな業績としてみなされた。何年も経った後に、テリエ・ロード＝ラーセンがペレスの所有する財団から賞を受けたことに関連して、このことはロード＝ラーセンが一九九四年の賞にペレスを含めさせたことに対する見返りであるということを、当時進歩党の党首であったカール・I・ハーゲンが公に主張していた。その時私は、二〇〇〇年に委員会に所属することになる同じく進歩党出身のインゲル＝マリエ・イッテルホルンを呼び出し、一九九四年からの文書を彼女に見せた。それらの文書には、ペレスが常に他の二人と一緒に受賞者に含まれていたことが示されていた。

アラファト、ペレス、そしてラビンの受賞に対する反応は全体的にはポジティブなものであり、それは委員会の多くの委員にとって非常に重要であったノルウェーの一般の人々にとってだけではなく、世界各地においてもポジティブなものであった。オスロ合意がイスラエルとパレスチナ間の紛争の終結を意味するものになることを願っていたのは、ノルウェー・ノーベル委員会だけでなく世界の大部分もまたそうであった。

しかし、問題は受賞者の発表時からすでに起きていた。発表直前に、イスラエル人兵士のナション・ワクスマンがハマスによって拉致された。彼らはおよそ二〇〇人のアラブ人捕虜の解放を要求していた。イスラエル軍はワクスマンが捕らえられていた場所を発見し、アジトを襲撃した。人質を取った犯人は殺されたが、ワクスマンともう一人のイスラエル人兵士も殺害された。受賞者の発表の最中に起きた事件に対して、委員会は懸念を表明する必要があるという内容の要求を、イスラエル側から受けていた。そうしなければ発表の場は悲しい事件によって暗いものとなるだろう、というようなものであった。委員長のセーイェルステッドは受賞者の発表後にいくつかのコメントを発表した。事件が起きただけでなく、委員会にこうした圧力がかけられたのは不快な出来事であった。

一九九四年のノーベル賞関連行事には多くの印象深い思い出がある。通常、一三時から行われる授賞式は、安息日を理由に一七時からに延期された。セキュリティ対策は厳重なものとなり、高台や屋根の上に数百名もの警官が配置され、上空にはヘリコプターが飛ばされるほどであった。私がラビンとペレスと共に王宮前の広場にいる観衆のもとへ向かってカール・ヨハン通りを歩いていた際、私は沿道にいた多くの観衆のうちの何人かに挨拶するために少し寄り道をするよう二人に促した。彼らは二人とも安息日のため車を使うのを控える必要があり、私はそのようなことをすべきではなかったのかもしれない。警官たちは観客たちの背後に怪しい動きを見たらすぐに二人を厳重に取り囲んでいた。

多くの不快なエピソードもあった。ある頑固なユダヤ教の指導者が、黒い風船型の爆弾のついた棺を私に手渡すと言い張って来た。私はそれを受け取り、建設予定のノーベル平和センター内に設けられる、授賞式での非妥協をテーマとした展示物のブースに置くと言った。しかし結局、展示することにはならなかった。

イツハク・ラビンが三人の受賞者の中で最も強い印象を残した人物であったことは疑いようもなかった。小夕食会は彼の独壇場であった。彼は非常に明るい性格の持ち主であり、多くのことを話し、ユーモアに溢れていて鋭い人物であったことから、誰がイスラエル側のリーダーであったかは明らかであった。ペレスとラビンとの関係は良好ではあったが、ペレスは脇役を務めることとなった。イスラエルのジャーナリストたちは、彼らが久しぶりに仲良くやっていたということを私に教えてくれた。回顧録の中でラビンはペレスについて「手に負えないほどの策士」と記していた。ラビンを少し抑えることができた唯一の人物は妻のレアであった。彼が大声で話しすぎていた時には、彼女は少しだけ抑えるよう彼に話していた。アラファトはあまり話をしていなかった。もしかしたら彼の英語能力が原因であったのかもしれないが、私は気が気ではなかった。しかし、アラファトを知っていた者たちやグランドホテルにいた者たちのおかげで、私は安心することができた。アラファトは自分が注目されていない時にあまり多くのことを話したがらなかったのである。

ラビンはまた、最も印象的な受賞講演を行った人物でもあった。彼は二つの深い沈黙についての話をした。一つ目の沈黙は、戦争に関する決定がなされた後に訪れた。すなわち、「政府高官や閣僚たちがそれぞれの席からゆっくりと離れてドアが閉まり、私が一人取り残された時の沈黙」である。もう一つは攻撃が行われる直前の沈黙である。すなわち、「時計の針が進むごとに時間が過ぎていく時の沈黙であり、その一時間後、一分後には地獄の扉が開かれる」。

私はラビンのように雰囲気をはっきりと変える人間を見たことがない。小夕食会中の彼は、非常に面白いユーモアを振りまいていた。その翌日の夕方のバンケットでは、彼の様子は見違えるようであった。そこでは和平に関する話題があまりにも多く話されすぎていた。彼はテーブルでやや挑発的な発言を行っており、私たちはアラファトが同じように挑発的な受け答えをするのを防ぐことに専念しなければならなかったが、幸いにもそれが功を奏した。ラビンは興奮することもあれば、全く話に耳を貸さないこともあったということである。

とにかくいろいろな場面でラビンが印象的であった。授賞式の最中に賞状とメダルが手渡される際、彼はケースからメダルを落としてしまい、転がっていくメダルを追うラビンの姿が多くのメディアによって撮影された。このことが授賞式の最中にメダルが落ちないように両面テープが使われるきっかけとなった。授賞式期間中のコンサートで、彼はステージに登る準備ができておらず、コンサートが全て終わった際に舞台の幕が彼の頭に当たってしまった。それでも全体的な印象としてはポジティブなものであったことを願いたい。ラビンの妻のレアは自身の回顧録の中で「その行事は終始ノルウェー人たちの手によって、素晴らしい形でコントロールされていた」と記している。また、ラビンは新たに賞状を送らなければならなかった唯一の受賞者である。彼は賞状を自身の首相官邸に置いていたのであるが、そこには非常に手入れの行き届いた清掃員の女性がおり、彼女が賞状の表面にも濡れた布を使ったために色が落ちてしまい、芸術家のアンネ・リセ・ノッフがもう一度作り直さなければならなくなった。

この年は授賞式期間中の食事も非常に特別なものであった。私たちは三人が食べることができる食事について、護衛の者たちに相談した。三人全員に合う食べ物がなかなか無かった。私たちは全ての食事に魚料理を出すことにし、事前に内臓などを取り除いたものを確保していた。ノルウェー政府側がアーケシュフース城で受賞者たちのための昼食会を開いた際に彼らは、私たちからのアドバイスがあったにもかかわらず、サーモンの身をほぐす作業を参加者たちに任せていた。メインディッシュの後にはほとんど手つかずの料理が数多くあった。

私が授賞式期間中に気がついたことは、三人の受賞者が明るい雰囲気でいた時に、三人での会話がいかに気楽であったか、ということであった。私は雰囲気が悪い場合の対処について様々な考えを巡らせていたが、それほど心配する必要はなかった。三人は様々な話題を持っており、また和平プロセスをさらに進展させるために、オスロでの授賞式期間中に内輪で交渉を行っていた。

最も話がしやすかったのは間違いなくシモン・ペレスであった。彼は平和賞の受賞をとても喜んでいた。私はペレスに対して、なぜオスロ合意のプロセスの中でスウェーデン側の仲介者からノルウェー側の仲介者に変えたのかということを尋ねた。彼は、ノルウェーが後で得ることになる役割を果たすには、スウェーデンがあまりにもパレスチナ側寄りであったからである、とはっきりと答えていた。イスラエルはスウェーデンよりもノルウェーに信頼を置いていた。ペレスはいつも好意的で、その後の機会に私が彼に会った時や、最近では二〇一四年のノーベル研究所での行事で会った時もそうであった。

アラファトは理解するのに苦しんだ人物であった。彼は多くを語らず、何かを話した際には自分で話したことを繰り返していた。私は彼が「勇気ある平和」という言葉を何度引用したかを覚えていない。それでも、彼は直接的な質問に対しては予め答えを用意していた。アラファトは、もし自分が息子を授かっていたら自身の政治活動にどのような影響を与えたのかと問われた際、それが多大な影響を及ぼすことでなければとっくに父親になっていたと思われる数多くの政治家たちのことを知っている、と答えていた。アラファトは全てに細心の注意を払っていた。本番である授賞式の前日に行われたリハーサルで、私は受賞者たちが常時座る場所や立つ場所について慎重に指示をしたが、アラファトは詳細を全て理解していた。オドゥヴァール・ノーリは「アラファトは私の最高の生徒だ」という言葉を言うことがよくあった。

受賞講演の中でアラファトは、三人は「業績に対して有終の美を飾るため」に受賞したのではないということを明確に述べていた。いくつかのことは達成されたものの、この賞は主に「私たちが平和に関する選択、すなわち勇気ある平和を、言葉から行動や現実に移せるよう、より大きな一歩とより深い自覚を持ち、より誠実な意図を持って歩むための激励」である、と述べていた。

私が彼をバンケットに連れていくために、オスロ市内にあるグランドホテル内の彼の使っているスイート・ルームを訪れた際、アラファトだけでなくPLOの指導者の大部分が『トムとジェリー』のビデオを楽しんでいた。彼らは明らかに最後まで見たがっていたため、なかなか面白い状況であった。その映画は長編映画であった。その時、アラファトの妻のスーハが私に対して、彼らを説得するには私たちがこれからバンケットに出席するために出発しなければならないとはっきり伝えるしかない、ということを教えてくれたので助かった。

スーハは興味深い人物であった。彼女はアラファトよりかなり年下で、ほとんどをパリで過ごしており、洒落た習慣を持っていたのがはっきりとわかった。彼女は無口で静かであったが、機会があればはっきりと自分の意見を伝えていた。受賞者たちがノーベル研究所の委員会室を訪問する時に、壁に掛けられている彼らの写真に彼ら自身が満足しているかどうかを、私はいつも質問している。基本的にはその写真を選ぶのは受賞者自身か、あるいはおそらく秘書であるため、彼らは満足しているべきである。アラファトは何も言わなかったが、スーハはそこに掛けられている写真のことで抗議していた。彼女は夫のアラファトが微笑んでいる写真を望んでおり、私たちに新しい写真を送りたがっていた。そして、彼女は実際に写真を送ってきたのである。壁に掛かっているアラファトの写真が微笑んでいるのはそのためである。

授賞式の翌日、アラファトがヘルシンキに発つことが急遽判明し、すぐにそれを可能にするための飛行機を手配しなければならなくなった。アラファトは他の者たちにその後の行事を任せていった。そのため、平和賞コンサートには参加せず、代わりに妻のスーハがラビンとペレスの傍に座ることとなり、コンサート後は、私たちの何人かがスーハと夕食を共にした。彼女はその場を彩り、話をしたり、プレゼントを手渡したりしていた。

オスロ合意に対する反対意見は当初からイスラエル側とパレスチナ側の双方に明らかに存在しており、次第に新たな暴力的な事件が起き、政治的な進展が次第に見られなくなっていった。特に、一九九五年のラビンの殺害はこのプロセスにおいて致命的なことであった。ラビン自身はまさにイスラエルの安全が和平プロセスにおいて考慮されるための保証人であったが、彼はユダヤ人過激主義者によって殺された。妥協に対する反発は高まり、残る二人の平和賞受賞者であるアラファトとペレスは互いに離れていき、状況はますます悪い方向へと向かって行った。

一九九四年の平和賞の授与に関して批判をする多くの者たちの間では、この年の平和賞は失敗としてみなされていた。一人もしくは二人から賞を剥奪すべきだ、という問い合わせが委員会に対して多く寄せられた。時折、アラファトへの賞を取り消させるための圧力を受けることがあり、それがひどかった。正式な回答はいたって単純で、賞は取り消すことはできない、というものであった。幸いにもそうであり、またそうあるべきである。委員会の委員たちは受賞者たちが行ったことを支持しなければならない。受賞者全員が受賞後も引き続き評価されることになるのであれば、それは難しいことになったであろう。

そのような批判を理解すること自体は難しいことではない。後に大きな進展のある和平プロセスに発展していったのであればオスロ合意は間違いなく最良であったかもしれないが、そのようにはならなかった。それでも、私は一九九四年の賞の授与を擁護するために、事あるごとに説明を行っている。

三人の受賞者は、同じ土地に対して強い要求を持つイスラエル人とパレスチナ人という、国際問題の中で最も困難な関係における妥協を達成するために、公私双方において危険にさらされていた。ラビンは命を犠牲にしなければならず、さらなる譲歩に対する反対が非常に大きかったため、和平プロセスは停止を余儀なくされた。しかし、これらの問題において軍事的な解決策というのはあり得ず、遅かれ早かれ政治的な妥協がなされなければならない。それは容易なことではなく、多くの者が妥協によって失うものがあるのかもしれないが、それ以外の解決策は存在せず、現にアラファト、ペレス、そしてラビンはそれを試みたのである。そのこと自体が勇敢な行動であった。もしそれが成功したのであればそれは最高のことであろう。しかし、反対意見を持つ者たちは、平和をもたらそうとする彼らの試みの一体どこが勇敢であったのか、ということも強調していた。

一九九五年
ジョセフ・ロートブラット
パグウォッシュ会議

一九九四年の様々な騒動の後、委員会は方向をより穏やかな海域へはっきりと定めた。一九九五年には劇的な選択がなされず、警察の動員は最小限に抑えられたはずであった。委員会が沿うべきテーマは、平和賞の歴史の中心にあって、アルフレッド・ノーベルの遺書にもとりわけ直接的に記され、これまで頻繁に取り上げられているようなものであった。委員たちは下した決定に対して完全に一致団結しているべきであった。また、一九九四年に起きたような事前の漏洩も許されなかった。

軍備管理や軍縮というのはノーベルの遺書の文言に直接立ち返る概念であり、平和賞のために彼が記した三つの基準の中に「常備軍の削減や廃絶」という文言がある。「世界中の人々の友好的なつながり」というのはやや曖昧な表現であり、また「平和会議の開催」は一八九〇年代の趨勢によって特徴づけられていた。その一方で、常備軍に関する観点は関連付けが容易であった。時代が流れるにつれて、委員会は軍隊に関するテーマをあまり頻繁に取り上げず、むしろ核兵器に関するテーマを取り上げるようになっていった。多くの受賞者たちがこの形に沿っており、ライナス・ポーリング（一九六二）、アンドレイ・サハロフ（一九七五）の業績の一部、アルバ・ミュルダールとアルフォンソ・ガルシア・ロブレス（一九八二）、核戦争防止国際医師会議（一九八五）がそれに該当する。委員会は一九七五年からちょうど一〇年ごとに核兵器に関するテーマに立ち返っていると言われていたが、私たちは一九六二年と一九八二年にも核兵器に関するテーマを扱っていたことになる。アルベルト・シュバイツァー（一九五二）やフィリップ・ノエル＝ベーカー（一九五九）のような他の多くの受賞者たちは、より多分野に及ぶ経歴を有していたが、彼らもまた核兵器に反対する活動と関わりがあった。委員会はこれ以上の確かな根拠を見つけることはできなかったが、それでもなお、結論を出す前には何度も議論を繰り返していたのである。

委員会はそれらの歴史的な文脈に関心があった。前述のとおり、一九九二年に先住民族の代表者へ平和賞を与えることによって、アメリカ大陸の発見五〇〇周年をはっきりと示すことを選んだ。一九九五年は広島と長崎に初めて原爆が落とされてから五〇年目に当たった。また、アルバート・アインシュタインとバートランド・ラッセルが「人類は核兵器の時代において新たな方法で考えることを学ぶことになる」とアピールしてから四〇年目の年にあたった。人々を驚愕させた一九九三年と一九九四年の賞のようにはならないであろうというある種の感情はあったのかもしれないが、ここではジャック・シラクが委員会のために、ある意味で一肌脱いでくれたと言える。委員会で結論を出すための会合の前日に、フランスは核実験を行った。従って、この年の受賞者の発表もまた現実を反映した形となった。委員長のセーイェルステッドはフランスの核実験を批判するために、発表後の質疑応答の機会も用いた。その結果、委員会はフランスからの批判を受けたが、その他の国々からこの年の決定は現実の問題に直結しているという称賛を受けた。

ジョセフ・ロートブラット

一九九五年の賞に関する問題はただ一つだけであった。それはほとんどの者が受賞者のことを知らなかった、ということであった。私はこの発表の時以上の大きな驚きをこれまでに見たことがなかった。他のジャーナリストよりも常に多くの情報を持っていたNRK（ノルウェー放送協会）のゲイル・ヘリエセンでさえも誰が受賞するのか全く分からず、発表された後になっても受賞者たちが何者なのかさえ知らなかった。NRKの生放送を担当していたエイナル・ルンデはすぐに、スヴェッレ・ロドガードに連絡を取った。ロドガードはロートブラットのことを知っていただけではなく、パグウォッシュ会議に何度も出席していたことがあった。そのため、この年の受賞者に関する情報を入手することが可能であったのである。

報道関係者が驚くのも無理はなかった。ロートブラット自身もとても驚いていた。私が発表の四〇分前に電話をした際、彼は「何かの間違いではないか」と話していた。彼はちょうどその時、ジョン・メージャーが北アイルランドにおける和平のための活動を理由に受賞する可能性が高い、というイギリスの報道を読んでいた。私は彼とパグウォッシュ会議がこの年の平和賞を受賞するということを何とか納得させた。それでもその衝撃は大きなものであった。彼は頭の中を整理するために散歩に行かなければならなかった。そのため、世界各国の報道関係者が彼の事務所に姿を現した時には彼は不在であった。しかし、彼はすぐに報道陣の前に姿を現し、十分に練られたコメントを出すことができた。

当然ながら、核兵器に関するこれまでの全ての賞が一体何を成し遂げたのかという疑問が出る可能性はあった。冷戦中、再軍備に向けての歩みが着実に進んでいた。核兵器の数は増加の一途をたどり、その開発は一九六〇年代に考えられていたよりは緩やかではあったものの、次々に新たな国が核兵器を開発していった。それでも、一九九〇年代には何か新たなことが起きるのではないかという感触があった。冷戦が終結し、全く新たな視点を与えていた。政治的な緊張が消え去ると、アメリカとソ連という二つの超大国が貯蔵している核兵器の数もまた急速に減っていった。もしかすると、ノーベル委員会はこのタイミングですでに順調に進展していたものをさらに前進させるのに一役買うことができたのかもしれない。

ロートブラットはとても楽観的な考え方の持ち主であった。彼を動機づけていたのは核兵器のない世界というビジョンと夢であった。彼は受賞者の発表後に記者に対して次のように話していた。「私は今もなお、自分が死ぬまでに核兵器のない世界を見ることができると思っている」。核抑止力がヨーロッパでの戦争を防ぐことに貢献していたという主張は正しかったのかもしれないが、戦争による恐ろしい破壊や同盟の抑止力としての重要性といった他の要因が非常に重要であったことであろう。ヨーロッパの外では多くの戦争が起きていた。受賞講演でロートブラットは次のように述べていた。「一九四五年以降に起きた多くの戦争で数千万人が命を落とした。その多くには核兵器を持つ国々が直接的に関わっていた。核保有国はそのうち二つで敗者の側に回っていた。核兵器が彼らの助けとなることは全くなかったのである」。

従って、最終的に無くさなければならなかったのは戦争であった。ロートブラットによると、破滅的な状況を防ぐ唯一の方法は「戦争を完全に無くすことであり、戦争はもはや容認され得る社会的な行動パターンではあり得ない。私たちは軍事的な手段以外の他の手段で、私たちの抱える紛争を解決することを学ばなければならない」。

言い換えると、核兵器や抑止力、そして同盟が平和にとって重要であると考える者たちもいたということである。言うまでもなく、そのような考え方にも一理あったかもしれないが、ノーベルがノーベル賞について道徳的な側面も持つべきであると考えていたことは、彼の遺書からはっきりしていた。平和賞は平和を願う対象に与えられるべきであり、平和を脅かす対象に与えられるべきではないということであった。理想主義的な考え方がほぼ反映されている枠組の中において、そのような政治的現実主義に即した要素を取り入れることには問題があった。それが平和賞の基準に関する不確定要素を生んだ。委員会は、賞が理想主義的なものであった時にはほとんど批判されなかったが、現実主義的な方向に向かった時にははっきりと批判されるようになった。それは、そのような現実主義的な道を進むことを完全に避けるべきであるという意味ではなかったが、その問題は明らかなものであった。

ジョセフ・ロートブラットは間違いなく伝えるに値する経歴を持っていた。彼は一九〇八年にポーランドで生まれ、平和賞を受賞した時はすでに八七歳になっていた。そんな彼でさえも、活動に参加することが彼の長い人生における最大の証明であると考えていた。引退後に落ち着いた生活を送るのを楽しみにしていたという多くの友人のことを、彼は教えてくれた。彼の友人たちは長生きしなかったが、彼は様々な軍縮会議に出席するために世界中を奔走し、二〇〇五年に九六歳という年齢で亡くなる直前まで活動を続けていた。

ロートブラットは一九三〇年代の終わりにイギリスに渡り、一九四六年にイギリスの市民権を得た。彼はアメリカのマンハッタン計画にイギリス出身の原子核研究者と共に参加していたが、ドイツは原爆の開発が間に合わず使用できないという可能性が明らかとなった際、彼は研究者として唯一完全に離脱した。ロートブラットはその後、核兵器との闘いに自身の人生を捧げた。彼はラッセル・アインシュタイン宣言に貢献し、一九五七年に始まったパグウォッシュ会議のキーパーソンとなった。

パグウォッシュ会議は国際政治における核兵器の重要性を低くするための活動を行う世界各国の研究者たちによる、あまりよく知られていない運動であった。その運動は、物理学をはじめとした科学など他の分野の専門家を集めた大小様々な会議を数多く主催していた。アメリカ政府は当初、パグウォッシュ会議に対して明らかに懐疑的な見方をしていた。参加者たちは政治的にあまりに左翼寄りであり、政府と関わりのある旧ソ連からの参加者の影響を多かれ少なかれ受けていたといわれていたが、一九六〇年代頃からその態度が変わっていった。参加がより広がりを見せ、当局との接触がより良い形でなされていった結果、政治家に対する影響が一層大きくなっていった。ロートブラットは科学者たちに大量破壊兵器に関するテーマに取り組まないという誓いを立てさせようとしたが、このアイデアへの賛同は限られたものであった。

他の勢力の弱い国々と同様にアメリカと旧ソ連の主要な専門家たちの多くが、パグウォッシュ会議における様々な会議に参加した。彼らの中には、部分的核実験禁止条約（一九六三年）や核不拡散条約（一九六八年）、第一次戦略兵器制限交渉（一九七二年）、そして生物兵器禁止条約（一九七二年）の準備や作成において重要な役割を果たしていた者もいた。専門家たちがこのような形で顔を合わせることができたことは、関連知識の情報交換にとても大きな意味を持っていた。それはまた、当事者間の信頼構築にも貢献した。マシュー・エヴァンゲリスタは著書『非武装部隊：冷戦終結のための多国籍運動』の中で、パグウォッシュ会議がまさしくそのような文脈において持っていた意義に大きな関心を寄せていた。ゴルバチョフもまた、パグウォッシュ会議が米国とソ連の間の軍縮のために役割を果たしてきたことを強調していた。彼の主張はロートブラットをとても喜ばせていた。

無論、核に関する分野にはロートブラットやパグウォッシュ会議以外にも数多くのノーベル賞候補が存在していた。長年にわたり、非常に多くの人物や組織が推薦されてきた。これらの組織の中には、広島や長崎のある日本に拠点を置いて市民や市長、あるいは被爆者たちの利益の保護に取り組んでいる日本原水爆被害者団体協議会（被団協）などがあった。

彼らのような日本人の候補者に平和賞が与えられれば、世界に原爆の持つ恐ろしい力を思い出させる可能性はあったことであろう。しかし、反対意見が多かった。すでに挙げられた彼らも含め、日本人は自分の国を世界大戦の惨禍の犠牲者としてみなす傾向が強く、アジアで第二次世界大戦を始めたのが日本であるということを考慮すると、それは少し奇妙な見方であった。さらに、原爆の犠牲となったのが日本人だけであったというのは最初のうちだけであった。被害を受けた多くの在日朝鮮人の存在が長らく忘れ去られていたのである。

イスラエル人のモルデハイ・ヴァヌヌの名前も、そうした文脈において現れる傾向があった。彼はイスラエルの核プログラムを明らかにしたようであった。なかには、戦間期にドイツの再軍備に対して強く反対を表明していたカール・フォン・オシエツキーと彼を比較する者もいた。しかし、ヴァヌヌに反対する理にかなった主張もあった。第一に、イスラエルの核プログラムは、ヴァヌヌがプログラムに関するさらなる技術情報を出す以前から良く知られていた。ニューヨーク・タイムズ紙はこの件を大々的に報じた。第二に、ヴァヌヌの賞がどのような形で長期的なメッセージを与えるのか、あるいはそのような賞がイスラエルとパレスチナとの関係に対してどのようにしてポジティブな形で貢献し得るかが不透明であった。

パグウォッシュ会議の多くの代表者が、ノーベル賞関連行事に合わせてオスロにやって来た。彼らはロートブラットとパグウォッシュ会議が賞を分け合って受賞したことを特に嬉しがっていた。ロートブラットとパグウォッシュ会議には密接な関係があったが、両者をそれぞれ別の受賞者として扱ったことは言うまでもない。このような形での受賞の際、誰が組織を代表するかというのは常に問題となる。一人の個人を受賞者として代表させる組織の場合、その代表者はまるでその個人が受賞者であるかのように姿を現す。あるいは複数の人物に代表させる組織もある。パグウォッシュ会議は後者を選択した。厳粛な形で行われる授賞式において、フランチェスコ・カロジェロが組織を代表してメダルと賞状を受け取った。彼は非常に気さくな人物で、イタリアで有名なマルファ家出身の妻と一緒であった。私は彼らから、イタリア政治について新たに多くのことを学んだ。ジョン・ホルドレンがパグウォッシュ会議の受賞講演を行った。ジョンは科学分野において様々な形でアメリカの政策に影響を与えた知力の持ち主であった。彼はその後、オバマ政権の科学顧問となった。他の人物もまた、組織を代表して様々な感謝の言葉を述べていた。

ロートブラットにはパトリシア・リンドップというパートナーがいた。彼女は車いす生活を送っていたが、授賞式期間中に行事が行われる全ての場所がバリアフリーというわけではなかった。オスロ市内のグランドホテルにあるクリスチャン・ラディッシュという名のスイート・ルームに彼女を連れていくのには少し苦労した。狭い廊下ではセキュリティ担当の警備員が手助けしたものの、セキュリティのレベルは極めて低かったため、その時はその警備員が他の仕事に回される可能性もあった。パトリシアは全ての行事に参加できたことをとても喜んでおり、ジョセフ「卿」（トニー・ブレアが一九九七年に政権に就いた際にこの肩書を得た）よりもその名誉あることを嬉しく思っていたようであった。

一九九五年に私たちは、今では恒例となったCNNによるノーベル賞関連の特別番組を開始した。そこでは一二月一〇日の午後にオスロ市庁舎で行われる授賞式の一連の流れに関して、一時間にわたる長いインタビュー映像を作成した。その番組はオスロ市庁舎にとって美しい映像を流す機会であり、多くの良い宣伝となっただけでなく、受賞者やノーベル委員会の宣伝にもなったことは言うまでもなかった。番組のチーフは毎年ジョナサン・マンが務め、第一回目の番組で彼はこの年の賞を支持する者に加えて、明らかに批判的な考え方を持つゲストも迎えており、元CIA長官のスタンスフィールド・ターナーなどがそこに含まれていた。ターナーはノーベル研究所における非常に素晴らしい客員研究員で、国際政治において核兵器の削減を可能にする方法について記した著書に関する仕事を実に適切な形で行っていた。私は毎年ジョナサン・マンをバンケットに招待することを試みていたが、彼が来ることは決してなかった。彼は自身の誠実さに疑問を唱えられかねない行動を望んではいなかった。ロートブラットは一緒にいて本当に居心地の良い男性で、私が最も多くコンタクトを取った受賞者の中の一人であった。私たちは何度も彼に会って、いつも興味深い話をしていたが、彼が核兵器の廃絶を経験することは決してなかった。

一九九六年
カルロス・ベロ
ジョゼ・ラモス＝ホルタ

東ティモールはインドネシアの諸島の中にある一つの島の半分を占めている。ポルトガル人は自国での革命の後の一九七四年から七五年にかけて植民地を失った際、東ティモールからすぐに撤退した。その後、インドネシアがその地域に入り、統制下に置いた。その侵略はアメリカによる何らかの了解の下で起き、世界各地でただ反発を広げるのみとなった。その当時続いていた人道的な悲劇や、先住民族に対するインドネシアの侵略が激しさを増していたにもかかわらず、東ティモールで起きていたことを気にかける者はほとんどいなかった。飢餓と戦争でおよそ一五万から二〇万人もの命が失われたと推定される。

カルロス・ベロ司教はインドネシアの侵略に対抗する勢力において、まさにシンボルとなっていった。彼は一貫して非暴力の意志を貫き、暴力行為を回避したりやめさせたりしようと何度も試みてきた。兵器廃絶、権利侵害の終結、そして最終的には独立に関する住民投票を行う、というのが彼のプログラムの基本的な内容であった。ベロ司教が過度に慎重であり対話と非暴力に偏りすぎていると考える者もいたが、彼は大きな対抗勢力のシンボルとなっていった。

ジョゼ・ラモス＝ホルタは独立運動において、大使のような形で存在していた。彼は国連や超大国に東ティモール問題を取り上げてもらうことに尽力し、東ティモールの人々による様々なグループが協力し合うために動いていた。彼はこれらの運動の最大勢力であった東ティモール独立革命戦線（フレティリン）にも所属していた。ベロが東ティモールに留まっていた一方で、ホルタは世界を駆け巡っていたが、その活動にはあまり進展がなかった。国連は躊躇していたが、東ティモール情勢の調査に全く賛同していないというわけではなかった。インドネシアが重要な影響力を持っていた。ポルトガルは東ティモールから早い段階で撤退しており、今では他の国の植民地になっていることに良心の呵責を感じているため、唯一この問題に対してはっきりとした賛同を示していた。ほとんどの門戸がホルタに対して閉じられていた。彼は、停戦とインドネシアのプレゼンスの削減に始まり、五～一〇年間の自治の段階、そして東ティモールの地位に関する住民投票という流れに基づく和平案を準備し、不屈の精神で推し進めていった。東ティモールには三つの選択肢があった。それは独立か、インドネシアへの統合か、あるいはポルトガルとつながりを持つかという選択肢であった。反対闘争に対する

ジョゼ・ラモス＝ホルタ

カルロス・ベロ

財政的支援はほとんどなかった。ホルタの重要な仕事の一つに、ベロが確実に平和賞を得られるようにするというものがあり、彼は何度もノルウェーを訪れてノーベル委員会の委員と接触もしたことがあった。

ベロは長らく平和賞候補者であった。ホルタもまた候補者になっていくにつれて、彼が国外追放される要因となった偉業に対する尊敬を生んだだけではなく、侵略に対抗する勢力がベロの持つ宗教的側面に加えてより明確な政治的側面を必要としていたということも浮き彫りにした。ホルタは一九九三年にラフト賞を受賞し、これが彼の注目度を高めることとなった。ノーベル委員会は類似の賞を与える他の団体の活動にほとんど注意を払っていない。他の団体からの賞は、ノーベル平和賞への後押しにも妨げにもならない。しかし、ホルタのケースでは彼への授賞の可能性を高めることとなったであろう。

私たちノルウェー人の専門家は様々な分野に精通し

ており、実際に東ティモール問題に取り組んでいたノルウェー人もいたものの、ノルウェーのような小さな国には能力に限界のある分野が多くあるのも当然である。外国人の専門家も多くはなかった。そのうえ、東ティモール問題に取り組んでいる者たちの多くはその問題に対してはっきりとした同情の気持ちを示す。このケースにおいて彼ら専門家たちは、明らかにインドネシア側ではなく東ティモール側に立っていた。

そのプロセスを今になって見てみると、フレティリンと東ティモールの明確な政治的指導者であるシャナナ・グスマンが、実際にその評価の中に一度も入っていなかったというのが最も印象的なことである。グスマンはインドネシア刑務所に収監されていたため、接触ができない状態であった（しかし、監視員が十分な賄賂を受け取ってからは、ホルタが携帯電話を使って独房の中にいる彼と話すことができていた）。グスマンがインドネシア側に対するさらに過激な対抗勢力の側についていたことや、当然ながら彼が暴力からあまり距離を置いていなかったこともまた印象的であったが、それはホルタも同様であった。ホルタがグスマンよりも好まれていたことを、彼自身でさえも驚いていたと私は確かに思っている。しかし、彼はすぐに新たな栄誉を受けるにふさわしい人物になっていった。ベロの役割は疑う余地のないものであった。

一九九六年にも他の候補者がいたことは言うまでもなく、彼ら二人を選ぶことに関していくつかの想定される反対意見もあった。平和賞はあまりにも長い期間、白人の老年男性、特に西欧や北米出身者に対して渡されていった。一九六〇年代と特に一九七〇年にかけて平和賞は一層世界的なものになっていき、オーストラリア大陸を除く全ての大陸に受賞者が存在するようになった。この時まさに、再び二人の白人へと賞が行き渡ろうとしていた。彼らは明らかにアジアの東ティモールの出身であったが、ベロはポルトガルと、そしてホルタはポルトガルおよびオーストラリアと密接なつながりがあった。加えて、彼らのうちの一人はローマ・カトリック教会と密接な関係を持っていた。民主主義と東ティモールの地位に関してポジティブな考え方を持つインドネシアのムスリムを特定するのに、いくらか時間を費やした。最も近かったのはアブドゥルラフマン・ワヒドであったが、彼の主張は非常に曖昧で一貫していなかったため、その選択肢はすぐに外されていった。

ノーベル委員会は過去に複数の教会指導者に賞を与えたことがあった(一九三〇年のナータン・セーデルブロムと一九六四年のマーティン・ルーサー・キング)。それは必ずしもキリスト教信者だけではなかった(一九八九年のダライ・ラマ)。しかし、ノルウェーが明らかにプロテスタントの国であるということには間違いなく意味があった。多くの人々が、ローマ教皇ヨハネ・パウロ二世が二〇世紀の歴史における偉大な人物の一人であったと考えていたに違いない。彼の存在はカトリック教会の発展と東欧の解放の両方においても大きな意味を持っていた。ポーランドにおける彼の

シャナナ・グスマン

役割は明らかであり、ポーランドは一九八九年に他の東欧諸国で起きたことの基調となった。しかし神学的には、ヨハネ・パウロ二世は非常に保守的であり、貧困国における人口増加の抑制を可能にする対策に関しては特にそうであった。カトリック教会における厳格な組織構造もまた、プロテスタントであるノルウェー人たちに受け入れられることは全くなかった。

しかし、ベロがカトリックの司教であることや、彼がカトリックの服装を身にまとって行動しようとしていたことは問題ではなかった。授賞式の期間中に私は、自分が期待していた以上にカトリック教会について詳しくなった。私はベロが難しい立場に置かれていることについていろいろなことを聞いた。ローマ側はインドネシアにいるカトリック教徒たちのことを気にしており、それが教会の慎重な対応をもたらした。ベロはカトリック内部の反抗において自身を支援していたロジェ・エチェガライ枢機卿に信頼を置いていた。エチェガライは非常に博識で素晴らしい人物であり、授賞式にも同席していた。また、ベロはローマ教皇を支援者の一人としてみなしていたが、彼が時に非常に孤独を感じていたことは明らかであった。また時折、東ティモールの教会において、彼の影響力を低下させる試みもなされていた。

あるエピソードが私の印象に強く残っている。一二月九日のノーベル賞関連行事が始まってすぐに行われた受賞者との記者会見の直前に、オスロにある聖オラヴ教会の牧師であるクラーエス・タンデがベロと話すために私のオフィスにやって来た。タンデは非常にふくよかな男であり、彼は威厳に満ちた様子でベロが記者会見中に読み上げる予定であった宣誓文をベロに渡した。ベロはその宣誓文を受け取り、早々と読み通した。その後、彼は記者会見で一語一語しっかりと読み上げた。宣誓文が特に物議を醸すようなものではないということは明らかであるが、このことは「教皇制度」に対する私の偏見を確かなものとさせた。ベロには近しい協力者がいた。非常に積極的に行動しており、東ティモール問題を自身の取り組む重要課題と認めていたアメリカ系ユダヤ人のアーノルド・コーエンである。彼はアメリカでの状況に影響を与えるための活動を一日中行っており、またベロのために様々な声明文を書いていた。彼はその後、ベロに関する興味深い伝記を記した。

インドネシアに強い関心のあるノルウェー企業は、「ノルウェー製」の平和賞が東ティモールに与えられた際にどのようなことが起きるのかを不安視していた。そのことを私たちは感じ取っていた。平和賞コンサートや建設予定の平和センターのスポンサーたちとのやり取りの中で、私はそのことに気がついた。平和賞と結び付けられることは素晴らしいことであったが、スポンサーたちは平和賞が物議を醸す可能性を見出していた。インドネシア政府は平和賞に対して批判的であった。オスロにあるインドネシア大使館は関連行事の監視をできる限り試みたが、招待状なしでの入場は制限されていた。また、ノルウェー外務省内の一部のグループも平和賞の授与に対して冷めた態度であったという印象があった。東ティモールがごく小さな地域に過ぎなかった一方で、インドネシアはさらに重要な影響力を持つ存在であった。かたや、ポルトガルでは賞の喜びが非常に大きかった。ジョルジェ・サンパイオ大統領率いるポルトガルの政治家の面々がオスロ滞在を楽しんでいた。モザンビークやアンゴラ、カーボベルデ、ギニアビサウ、サントメ・プリンシペなどのかつてポルトガルの植民地であった国々の大統領やブラジルの元大統領がそれらの行事を彩っていた。

それでも、一九九六年の授賞式の中で私が最も印象に残ったことは、受賞者たちが計り知れないほどの楽観主義的な考え方を持っていたということであった。ベロは東ティモールをはじめ、世界各地で東ティモールの人々が抱える問題を訴え続け、ホルタは国連やその他の国際的なアクターに対して外交的活動を組織することを試みた。進展の兆しはあったものの、それほど強いものではなかった。国連総会は政治的解決を実現するために当事者間の対話を始めさせるよう、事務総長に対して求める決議を採択したことがあった。東ティモール問題に関するインドネシアの考え方を受け入れていたオーストラリア政府は、次第にさらなる批判にさらされていった。クリントン政権は、アメリカ議会の活動家に急き立てられることによって、この問題に関してより大きな関心を示していった。ポルトガルはインドネシアに対する批判によって、ＥＵ内でより大きな支持を得ていった。しかし、東ティモールでは相変わらずインドネシアの軍隊や民兵の侵略が多発していた。

その進展は緩やかであったが、それでもベロとホルタは彼らの闘争が勝利で飾られるという確固たる信念をオスロではっきりと示していた。ノーベル平和賞によってそれが成し遂げられることが保障されたということを、彼らは実際に確信していた。私は平和賞にインドネシア側の権力組織を消し去る力は無いということを、彼らに対して説明しようとした。インドネシアには二人が受賞したことの重要性を積極的に認めようとしていたという様子はなかった。しかし、私からの武力外交に関する説明や解釈が二人の受賞者の楽観主義的な考え方に影響を与えることは、ほとんどあるいは全くなかった。

正しかったのは彼らの方であった。一九九九年に東ティモールで住民投票が行われ、過半数を大幅に超える者たちが独立を支持した。二〇〇二年に東ティモールは独立した。東ティモールの多くの者たちはこの年の平和賞をこの素晴らしい進展への栄誉の賜物として捉えているが、私から見れば、それは少々讃えすぎである。その主な理由はむしろ、一九九七〜九八年にかけてのインドネシアの政治的・経済的破綻にある。軍事独裁は最終的に倒れ、新たな政治的指導者たちは東ティモールの独立に対して肯定的な考え方を持っていた。インドネシアはまた対処すべき重大な経済問題や、東ティモールを占領する費用が以前よりもさらに増加するといった問題も抱えていた。悪化する経済はインドネシアを外からの圧力にもさらすこととなった。

東ティモールの独立によってインドネシアによる弾圧は終わりを見せたが、他の新たな問題も生んだ。東ティモールは小さな国であったが、国内では独立闘争から派生する様々な派閥間の緊張関係が明らかに存在しており、暴力的な事件が数多く発生していた。オーストラリアの主導の下で国連軍がその状況を統制する必要があった。彼らが追い出されると、オーストラリアが再び介入するまで暴力的な事件が再び増加していった。東ティモールは石油と天然ガスによる大きな潜在的収入源を有していたが、インフラが整っていなかった。

その後、ベロは司教を退き、ポルトガルで多くの時間を過ごすようになった。グスマンはホルタの支援を受けて国の指導的な政治家となった。ホルタは二〇〇八年に暗殺未遂に遭った。彼には国際的キャリアの道を歩み始めたいという気持ちがあったものの、留まることを選んだ。東ティモールにおける問題は多岐にわたっており、世界各地から多くの支援者たちが貢献した。その中には、ノーベル委員会の元委員でもあり、その後再び委員となるグンナル・ストールセットがいた。

このようにして、ノルウェー・ノーベル委員会は東ティモール問題における進展のための重要な役割を果たした。インドネシアはもはや過去二〇年以上続けてきたような振る舞いができなくなり、世界がこの小さな島の片側で起きた出来事に大きな関心を示した。それは信じられないようなことであったが、確かにそうであった。

一九九七年
地雷禁止国際キャンペーン（ＩＣＢＬ）
ジョディ・ウィリアムズ

地雷はクリミア戦争とアメリカ南北戦争で初めて使用され、以来、大小様々な戦争で設置されている。何千という多くの人々が地雷によって殺され、さらに多くの者たちが手足を切断するほどの重傷を負ってきた。経済的な費用も膨大となり、広大な土地が地雷による危険性を理由に使用できなくなっている。地雷は至るところで用いられ、外国の軍隊から領土を守るという明確な軍事的機能を有している。しかし、地雷がますます用いられるようになっているのは多くの戦争や紛争が起きている国においてであり、そこはちょうど世界の貧困国と重なり合う。裕福な大国は多様な武器を数多く所有している。地雷は安価で、地面に隠したり、高所あるいは空から落下させて設置したりすることが容易である。問題は任務終了後の地雷の除去にある。それには費用がかかり、膨大な労力を要する。

多くの者が地雷によって引き起こされていた問題を認識していたが、禁止に対する抗議は多かった。その理由は地雷の機能を考慮したものであり、そのうえ問題の引き金ともなっていた他の武器も数多く存在していた。これらのことから、地雷は長らく通常兵器の制限に関する一般的な交渉の範囲内で扱われていた。しかし、その交渉の成果は小さなものであった。

ジョディ・ウィリアムズ

私がこれまでに触れてきた通り、ノルウェー・ノーベル委員会が主に関心を持っていたのは、核兵器に対する闘争についてであった。通常兵器に関する問題は一九三五年にオシエツキーが平和賞を受賞した要因の一つではあったが、これはあまり有効ではなかった。それでも、「常備軍の廃止や縮小」に関するノーベルの遺書の内容に照らし合わせると、少なくとも通常兵器には核兵器と同じくらいの関連性があることは言うまでもない。さらに、ノーベルの最も有名な発明であるダイナマイトが地雷の生産において決定的な影響を与えたという事実は確かに存在する。

しかし、一九九〇年代に地雷は、ある武器がどれぐらいの早さで禁止に至るかを示す典型的な例となった。そのプロセスの当事者たちでさえもその早さに驚いていた。一九九一年から九二年にかけて米国ベトナム退役軍人財団（ＶＶＡＦ）が地雷禁止国際キャンペーン（ＩＣＢＬ）を設立するイニシアティブをとっていた。ベトナム退役軍人にはアメリカの様々な組織やドイツのメディコ・インターナショナルが協力していた。キャンペーンの調整役として動いていたジョディ・ウィリアムズは次のように述べた。「私たちは自分たちを『インターナショナル』と呼ぶために、アメリカ国外から組織を引き入れなければならない」。ＩＣＢＬは少なくとも「対人地雷の使用や生産、取引、備蓄」の禁止を支持していた。すぐに赤十字やユニセフ、セーブ・ザ・チルドレンのような重要な組織が加わっていった。戦争の苦しみを癒すことから、そのような苦しみを生み出した兵器の廃絶へと向かっていくことは、赤十字にとって新たな取り組みであった。一九九七年には一〇〇〇以上もの組織がＩＣＢＬと関係を築いていった。

彼らのメッセージは明らかであった。一億個以上の対人地雷が大陸の至るところに存在しており、毎日のように爆発しては命を奪い、ほぼ全ての紛争で依然として使用されていた。一九八〇年代のイラン・イラク戦争では最大の供給を得るためのメーカー間の過酷な競争が起こり、そこでの敗者は膨大な数に上っていた。

言うまでもなく、問題は政府を引き入れることであった。ＩＣＢＬは一九九〇年代に、各国の政府も参加可能なカンファレンスを主導した。七～九ヵ国の政府関係者が最初の会議に出席し（その数が正確であると考える者は誰もいないが）、第二回目の会議には一四ヵ国が、そして第三回目の会議には一七ヵ国の政府関係者が出席した。しかし、その結果は十分ではなかった。カナダ政府は一九九六年にオタワでの会議を招集し、参加者として五〇ヵ国の政府と、オブザーバーとして二四ヵ国の政府関係者が参加した。その長期的な目的は、地雷廃絶につながる様々な対策を整えることにあった。カナダの外務大臣であったロイド・アックスワージーは、最終的にそのプロセスを劇的に加速させることにした。彼は、地雷に対する相互的な国際条約に署名するために、一年後に再び世界各国の政府関係者たちをカナダに集めようとした。これが「オタワプロセス」の一部としての「アックスワージーの挑戦」であり、ついにそれが加速していったのである。オーストリアは、一九九七年九月にオスロで開かれた重要な国際会議で議論された条約の草案作成に尽力した。国際的かつ頻繁に使用されていた兵器を禁止する条約の作成に尽力する目的で、大小様々な国の政府が初めて一堂に会した。条約はオスロで平和賞授賞式が開催される直前の一九九七年一二月に、一二二ヵ国によって署名された。

地雷の禁止は記録的なスピードで構想から具体的な現実となっていった。この年の平和賞の発表の際、ノーベル委員会は地雷禁止に言及する形で次のような期待を表明した。「地雷問題におけるそのプロセスは、将来における同様のプロセスのためのモデルとして機能することによって、軍縮と平和のための国際的な取り組みに決定的な意味を示すことが可能となる」。条約は四〇ヵ国が最初に署名・批准した後、一九九九年三月に発効し、二〇〇四年には一四三ヵ国が批准した。ノーベルの遺書には「その前の年に」最も平和に貢献した対象に賞が与えられると示されている。前に述べたように、この規定は文字通りにはめったに適用されないものではあったが、この一九九七年は主に同じ年に打ち立てられた業績に対して賞が授与された。この業績は自分たちによるものであると名乗り出たがる者たちが後を絶たなかった。この点に関して最も著名かつ最もアクティブであった人物は、イギリスのダイアナ元皇太子妃であった。彼女はこのテーマに関して一層幅広い人々の関与に影響を与えていた。

しかし、この劇的なプロセスに関してはいろいろな意見があったであろう。そのプロセスは国連の制度の外で進展し、ノルウェー・ノーベル委員会やノルウェー、そしてそのプロセスを主導していた他の国々は、いつも非常に肯定的な態度であった。このことは多くの分野で国連が機能していなかったことをはっきりと示す結果でもあった。さらに、国連が機能していない理由には、地雷条約に反対する国々が多かったということもあった。超大国であるアメリカ、ロシア、中国、そしてインドがこのグループに含まれており、イスラエルやエジプト、朝鮮半島の両国も反対していた。地雷が対ロシア防衛において不可欠なものであると考えていたフィンランドも反対していた。アメリカは一九九二年に初めて、地雷輸出の一時停止を採択した。大統領のビル・クリントンはアメリカが条約に署名できるよう、プロセスに影響を及ぼすことを試みたが、最終的にアメリカはプロセスから外れていった。大韓民国（韓国）を防衛するために地雷が必要であったというのがその最も重要な理由のようであった。

ノルウェーは地雷に関するこのプロセスにおいて重要な役割を果たしており、特に九月のオスロでの会議が重要であった。ノルウェー国内外のメディアはこれらのイベントに関心を示していた。プロセスにおける当事者たちがノルウェーで一堂に会した。私自身もノルウェーの人道支援団体による主導のもと、ＩＣＢＬの調整役を務めていたジョディ・ウィリアムズと、彼女の同僚であり後に夫となるスティーブ・グースと共に、ノーベル研究所での会議に出席した。グースは二〇〇七年から二〇〇八年にかけて、クラスター爆弾に反対するキャンペーンの調整役を務めることとなった。

地雷キャンペーンは一九九七年の間ずっと平和賞候補として注目を浴びていたが、具体的に誰がノーベル平和賞を受賞するかについては全く定かではなかった。キャンペーン自体を、すなわちＩＣＢＬを一受賞者に決定することは容易なことであった。これは受賞者の決定に関する斬新かつ劇的な方法であり、ＩＣＢＬはまさにその中枢を担っていた。ＩＣＢＬやキャンペーンに加盟し、世界各国の政府に対して強い圧力を及ぼしていた一〇〇〇を超える団体の関与なくしては、いかなる条約も存在しなかったであろう。

しかし、他に選ばれるべき者はいなかったのであろうか。ジョディ・ウィリアムズはＩＣＢＬの重要な実務者でありスポークスマンでもあった。彼女は次第にＩＣＢＬの顔となっていった。しかし、ＩＣＢＬがその内部に明らかな緊張状態を抱えた極めて複雑な組織であると認識することは、それほど想像に難くなかった。ジョディは一九九一年から一九九二年のＩＣＢＬ設立当初からのメンバーであり、ＶＶＡＦでも働いていた。しかし彼女は、ＶＶＡＦのリーダーであるボビー・ミューラーと難しい関係にあり、その関係はジョディが個人として平和賞受賞者に選ばれた後に一層深刻なものとなっていった。ミューラーはＩＣＢＬが平和賞を受賞したことには驚いておらず、その時にはジョディがＩＣＢＬを代表して賞を受け取ることになるだろうと考えていた。しかし、彼はジョディが個人の受賞者になることには完全に反対していた。一二月のオスロでの二人の関係は犬猿の仲であり、彼らが同じ部屋や車の中にいることはできず、それはまるで戦争状態であった。後にミューラーは、あたかも自分自身が個人の受賞者であるかのように振る舞おうとした。また、バージニア州のシャーロッツビルで行われた、平和賞受賞者が出席するあるカンファレンスの名簿の中でも、個人の受賞者のように振る舞っている。私が主催者側にそれが正しくないと注意したにもかかわらず、である。

ジョディを選んだことがいかに物議を醸すかを委員会が分かっていたと私は思わない。ICBLの加盟組織の多くも、彼女を選んだことに対して否定的な意見を持っていた。とはいえ、私が一二月のオスロでの話し合いの場に彼らを集めた際には、一丸となって動くことができたことに対する栄誉はジョディの担うところが大きい、と皆同意していた。授賞式の準備の段階から授賞式期間中までの間、ICBLは彼女なしではほぼ機能し得ないことが、少なくとも私にははっきりと見て取れた。一二月の授賞式期間中には些細なものから大きなものまで、明確にしなければならない質問が何百とあるものである。それは、様々なレベルの協力者とのコンタクトを必要とするものである。しかしこの年は、私がどのような質問をしても、その問題の大小にかかわらず最終的にジョディと話をすることになったのである。これは委員会が正しい選択をしていたということの証明であった。ジョディがICBLの特別大使としての仕事に対する将来的な報酬として、自身が得た賞金を使えたのは良いことであった。

授賞式期間中、ICBLは骨の折れる役回りを分担した。ジョディ自身が個人で賞を得たために、それを余儀なくされたのである。地雷除去作業員であったレイ・マグラスはICBLを代表して受賞講演を行った。また、カンボジア出身のトゥン・チャナレットは賞状とメダルを受け取った。トゥンは地雷により両足を失っていた。車いすに座りながらも終始笑顔であった彼は強い印象を与えた。レイはトゥン個人にまつわる話をした。トゥンが賞を受け取るために車いすを動かした時、彼はスタンディングオベーションを受けた。講演の中でレイは、条約に署名することを望まない者たちのことについて指摘していた。彼らは「人間性を貶め」、「非妥協と鈍感さ」を示してきた者たちであった。ジョディは原稿なしで講演を行った。彼女は形としては講演のための準備をしていたものの、政府に反抗的な態度をとっていたこともあり、原稿というものを好んではいなかった。

その他、有名なカントリーシンガーのエミルー・ハリスがコンサートと授賞式に姿を現した。彼女はICBLと密接なつながりがあり、キャンペーンのアーティストとしても非常に密接な関係があった。私たちは純粋に伝統的な形式から逸脱したために、少々厳しい批判を受けた。しかし、アーティストの特徴とこの年の平和賞のメッセージ性が同じであることが分かった時、私はこれが間違いなく正しい選択であり、素晴らしい選択であったと思った。

それにしても、カナダの外務大臣であったロイド・アックスワージーはどうであったのか。ICBL無しでは条約はあり得なかったかもしれないが、アックスワージーは一九九六年一〇月にとったイニシアティブによって、具体的で明確な目標に関するプロセスを集約するために、他の者よりも尽力していた。カナダはそのプロセスにおいて明らかに中心的役割を担っていた。この年の平和賞に関してアックスワージーに反対する意見としては、そのプロセスの背後にいたのはカナダ政府であり、アックスワージー個人ではない、ということであった。これは少々おかしなことである。なぜなら、一国の外務大臣というのは常に政府の政策を主導するものだからである。そして、彼は間違いなく大きな個人的貢献を示していたのである。アックスワージーが米国を引き入れるために目標を下方修正する用意をしていた、という情報が常に入ってきていたのは印象的であった。オスロに滞在していたカナダの代表団がアックスワージーの努力に対して何らかの騒ぎを起こしかけていたという報告を、私は十分に受けていた。また、特に活動的な他の国々からは、次のような報告も入っていた。それは、自分たちは少なくともカナダに勝るとも劣らないほど積極的に活動を行っているため、ある特定の国を選び出すのは残念なことである、というものであった。そのプロセスは、政府と連携することによって結果を生み出した幅広い大衆運動によって特徴づけられたものであった。双方の当事者は成功裏の結果を必要としていた。活動家や外交官たちはまるで大きな集団の一員、あるいは家族のようであったが、アックスワージーはこの集団に加わるにはあまりにも高い地位にいた。ジョディはカナダ外務省と密接なコンタクトを取っていた。彼女は「電話やメールが少なくとも週に三回はあった」と私に教えてくれたが、これは官僚とのコンタクトのことであり、アックスワージーとのコンタクトはほとんどなかった。

ジョディは典型的なアメリカ仕込みのリベラル活動家であった。彼女は人が正当な理由において尽力する時のみにこそあらゆることが可能となると考えていた。まるで何物も彼女を止めることはできないかのように思えた。彼女はクリントンが条約に署名しなかったため憤慨し、徹底的な批判を行った。しかし、最後には必ず正しい者が勝利する、という訳にはいかなかった。彼女自身がその証明であった。

彼女は一一年もの間、ロナルド・レーガンとジョージ・H・W・ブッシュの下での中米政策に反対していたが、結果はほとんど出なかった。地雷問題に関して以前のような結果を出すためには、人、組織、政治、そして国際世論が一つにならなければならないが、そのような成功例はそれほど多くはない。

しかし、二〇〇七年から二〇〇八年には、クラスター爆弾に関する問題でその成功が繰り返されることとなった。地雷に関するテーマは実際に何度も取り上げられた。ジョディはそれほど積極的に参加しなかったものの、彼女の夫のスティーブ・グースが積極的に参加した。カナダなどではいくらかの変化はあったものの、参加していた組織や活動的な国の顔ぶれは以前と同じようなものであった。中には、クラスター爆弾に反対するキャンペーンが平和賞に値すると考える者もいたが、地雷に関する賞のような形で再現することはやりすぎであると委員会は感じていた。

一九九八年
ジョン・ヒューム
デヴィッド・トリンブル

アプローチの面では、平和賞はますます世界的なものになっていったが、ヨーロッパ出身者や北米出身者の受賞が完全になくなるということではなかった。ヨーロッパにおいて、イギリスが領有する島のほんの一部であり、わずか一五〇万人の人口にすぎない北アイルランドの状況に、ノルウェー・ノーベル委員会は多くの時間と労力を費やしてきた。しかし、そこに住む人々はそれ以上の衝突を抱えていた。共和主義的でカトリック的な考え方を重んじる者たちはアイルランド側につくことを望んでおり、民族主義的でプロテスタント的な考え方を重んじる者たちはイギリス側との密接な関係を維持することを望んでいた。このことが一九二〇年のアイルランド分割を招く結果となった。プロテスタントは北部の人口のおよそ六〇パーセントを占め、カトリックは四〇パーセントほどであったが、プロテスタント側よりもカトリック側の人口が急速に増えていった。一九六〇年代終わりから状況が一変し、三〇〇〇人以上が様々な暴動によって命を失った。全員というわけでは全くないが、彼らの多くはカトリック側のアイルランド共和国軍（ＩＲＡ）によって殺害された。

この年は委員会にとって幾分易しい年であった。聖金曜日協定（ベルファスト合意）締結後、委員会は北アイルランドに焦点を当てていった。合意はイギリス政府による北アイルランドの直接統治の終わりを意味していた。選挙によって選出された議員で構成される議会が政府を任命することとなり、政党は比例代表の形で選ばれることとなった。北アイルランドはアイルランドとの協力協定を締結することになったが、人口の過半数が希望する場合はイギリスとの関係も継続することとなった。

カトリック系の社会民主労働党の党首であったジョン・ヒュームは、長らく平和賞の勢いのある候補者であった。一九六〇年代の終わりからヒュームは、差別されてきたカトリック信者たちのために、北アイルランドにおける再編に携わっていた。彼はアメリカの公民権運動の影響を強く受けており、「勝

デヴィッド・トリンブル

ジョン・ヒューム

利を我等に」はヒュームのスローガンにもなっていた。彼はアイルランド政府が和平プロセスにおける役割を果たすために活動しており、その原理原則は一九八五年にイギリス政府によって承認された。ヒュームは和平プロセスにIRAを参加させることにも関心を示していった。IRAが参加していなかったら、和平は合意されなかったことであろう。この問題は大変議論を呼び、IRAはテロ組織であるとして締め出されるに違いないとヒューム自身も考えていた。一九九〇年代を通して、ヒュームはIRAの指導者であったジェリー・アダムズと接触する機会を増やし、IRAを和平プロセスに可能な限り参加させていった。ヒュームはアダムズのためにアメリカのホワイトハウスへの扉を開き、これがイギリスのジョン・メージャー首相の大きな苛立ちを招くこととなった。一九九四年にIRA停戦に至り、一度その停戦は破られたものの、一九九七年には更なる見通しが持てるような新たな停戦に達した。このことがベルファスト合意の前提となった。

平和賞が北アイルランド問題に対して与えられる場合、ヒュームが受賞することは自明であった。賞の与え方としては、長きにわたる和平のための懸命な努力を理由として彼だけに与える方法があった。しかし、和平プロセスの中で少なくともあと二人の当事者が存在することが次第に明らかとなっていった。プロテスタント側からは、和平を可能にした指導者としてデヴィッド・トリンブルの名前が次第に挙がってくるようになった。トリンブルはもともとアルスター統一党（ＵＵＰ）内の強硬な右派に位置していたが、次第に平和友好的な方針に転換していき、一九九五年には党首に就任した。彼は多くの和平プロセスで必然的に含まれる妥協について準備をしていた。一九九八年六月、トリンブルは北アイルランド最大の政党の党首として自治政府首相に選出された。同じ年に行われた国民投票で、北アイルランドの人口の七一パーセントが聖金曜日協定への賛成票を投じ、アイルランド国内で行われた国民投票では九四パーセントがアイルランドの北アイルランド領有権主張の放棄に賛成票を投じた。

アメリカの平和調停者であるジョージ・ミッチェルはこの和平プロセスについて次のように説明していた。「ヒューム氏がいなければ和平プロセスはなかっただろうし、トリンブル氏がいなければ合意はなされなかっただろう」。この文章は一二月の授賞式期間中に頻繁に引用された。ヒュームに対する共鳴の方が明らかに大きいものであったが、大部分の者たちがトリンブルの存在も確かに必要であったことを理解した。そのプロセスは実際に受けたであろう印象よりも脆弱なものであった。カトリック側の者たちは和平合意に明らかに賛成であった一方で、プロテスタント側の者たちの間ではその考え方が大きく分かれていた。UUPは、イアン・ペイズリー率いる民主統一党内の非妥協的なプロテスタント側の者たちと激しい競争をしており、トリンブル率いるUUPは五八議席のうち三〇議席を獲得したに過ぎなかった。さらに、彼の所属政党内にいるほとんどの者が、彼が歩んできたプロセスや彼が行った一つ一つの譲歩をひどく気にしていた。こうしたことから、彼はIRAによる武装解除を合意のための前提条件とはせず、その後のプロセスにおいて交渉されることとなった。トリンブルがオスロでの授賞式にゲストを招待した際、所属政党内の多くのメンバーも参加させようと努力していたが、実際に参加させられたのはわずかであった。あらゆることがトリンブルにとってしかるべき方向へと進んでいったものの、ほぼ毎回綱渡りの状況であった。

長いキャリアを通して民主主義の重要な原則に立ち、これらの原則を実際の政策に反映させることになる彼らに平和賞を与えることに対して、賛成意見を主張するのは容易なことである。それがジョン・ヒュームの状況であった。私個人としては、より公平なプロセスと政治に貢献するために自ら進んで権力を放棄する者たちのことを好ましく思っている。これについてはデクラークのケースでも同じようなことがあった。ある状況で起こる結果について支持者たちが強い不安を抱いているような状況の中で、権力を放棄するという行動を取ることはすごいことではないか。トリンブルは権力を放棄しなかったものの、プロテスタント側の者たちはカトリック側の穏健派と急進派の双方に機会を与えた。このようなやり方でトリンブルは、カトリックの利益にもなるよう北アイルランドを再編したが、より広い見方をすると、多くの者たちの利益となるよう再編したということは言うまでもなかった。

分割されて暴力的な出来事に満ちていた北アイルランドのような社会から恩恵を受けた者は誰もいなかったことであろう。

一方で、IRAリーダーのジェリー・アダムズはどうであったであろうか。委員会はアダムズが受賞者に含まれていなかったことを理由に国内外の新聞で批判された。含まれなかった理由の一つには、アダムズがノミネートされていなかったということがある。委員会の事務局長としての私の仕事の一つであったのが、毎年二月に開かれる委員会の初会合の中で、大きな出来事が世界各地で起きた場合に役立つ良い案を考えるという姿勢で将来を見通すことであった。一九九八年には、北アイルランドがそのような地域になり得ることを予言するために未来を見通す必要は誰にもなかった。ヒュームの名前はほぼ毎回挙げられていたが、トリンブルも一緒に提案されなければならなかった。私はアダムズの名前も出したが、その提案に反応する者は誰もいなかった。

私は一二月に二人の受賞者と議論する機会を得た。アダムズも受賞者に含まれていたらオスロには来たくはなかった、とトリンブルははっきりと教えてくれた。ヒュームは慎重に発言したが、委員会が正しい決定を行ったと考えていたことは明らかであった。「アダムズとIRAは確かに私を殺そうとした」。

北アイルランドにおける和平プロセスに貢献した者は他にも多くいた。このことから、一〇月の受賞者の発表の中で委員会は「北アイルランドの他の指導者たちやイギリスやアイルランド、そしてアメリカの各国政府によってなされた、和平プロセスに対する積極的な貢献の意義を強調したい」ということを述べた。このことはそれだけの価値があった。一二月一〇日の授賞講演の中で委員長のセーイェルステッドは、特にアメリカの平和調停者のジョージ・ミッチェルのことに関して、これらのことをより具体的に述べた。さらには、「聖金曜日協定に至るまでのプロセスの最終段階において最も貢献した数人の名前として、ジェリー・アダムズ、バーティ・アハーン、トニー・ブレア、そしてビル・クリントン」の名前も挙げていた。

つまり、少なくともアダムズの名前もそこで言及されていたということである。トニー・ブレアは一九九七年の選挙で大幅に議席を増やしていた。ブレアには保守党の人間にあったような統一党との間のしがらみはなかったが、同時にトリンブルの置かれているデリケートな状況を良く知っていた。ブレアはアイルランド首相のバーティ・アハーンと良い形で緊密に協力していた。アメリカは長らく北アイルランド政治に関与しており、その時はアイルランド・カトリック側に立っていた。クリントンはアダムズに会ったことがあったが、同時にクリントン政権は以前から続けていたＩＲＡに対する補助金の減額を試みた。交渉のリーダーであったジョージ・ミッチェルの仕事を通して、クリントンは交渉側で起きていた全てのことに直接関わった。彼には交渉の重要な局面において必要な電話会談を行う用意もあった。

それでも、多くの者が心配していたことがあった。それは、北アイルランドが悪い方向に向かうという恐れであった。一九七六年に、平和賞は誰にも与えられなかった。委員会はこの年にベティ・ウィリアムズとマイレッド・コリガンという二人の北アイルランド出身の平和活動家たちに賞を与えなかったことについて、批判を多く受けた。これまでに述べたように、二人にはノルウェーの賞の一つである人民平和賞が授与され、それは委員会に対する不満の確かな表れであった。翌一九七七年に委員会はこの二人の女性に、一九七六年には与えなかった賞を与えた。その時は北アイルランドにおいて楽観主義的な考え方が広がっていた。もしかしたら、政治家たちが達成する成果が非常に小さいと考えられていたことに市民からの押し上げをもたらす可能性があったのかもしれないが、そのようなことは全く起こらなかった。一九七六年の出来事を理由にした平和賞がもたらした具体的な結果は小さなものであった。受賞者の二人は賞金の使い道についてさえも納得していなかった。

ＩＲＡの停戦は保たれていたものの、その状況の不安定さを思い起こさせるような暴力的な出来事が、北アイルランドには依然としてあった。一二月の講演の中で全ての者がその点に触れていた。セーイェルステッドは次のように述べた。「重要な問題が私たちの前に立ちはだかっており、新たな憲法的秩序が（中略）脆いものであることを私たちは皆知っている」。彼は一九七七年当時の状況を私たちに思い起こさせ、北アイルランドにおける和平がいまだ道半ばであることを述べた。「その主張は理解しやすいものであり、今日において平和が確かなものであると言えること以上に私たちを喜ばせるものはなかっただろう」。ヒュームはより楽観主義的な形を選んだが、トリンブルは、「聖金曜日協定後もその平和はいまだ武装平和の形をとっている。まるでレースが完全に終わる前に表彰されるかのようであり、奇妙なことかもしれない」と述べた。残されている問題の多さをトリンブルほど良く知っている者はいなかった。問題はＩＲＡの武装解除がいまだなされていないことであった。それでも多くのことが実行され、もしかしたらほとんどのことをし尽くしたのかもしれない。聖金曜日協定は全く新たな基礎を築いた。委員会の委員の間には将来に対する懸念がいまだ存在し、その懸念がはっきりと存在している限り、委員会はその問題をできるだけ楽観的に見ていくことを選択した。この年の平和賞はその進展を良い方向に向かわせる要因となったことであろう。この点に関しては、それまでの経験を見ると明らかに疑わしいものではあった。中東における進展は間違った方向へと向かっていった。そのため、「この一九九八年に新たな基礎が築かれ、その進展はおそらく正しい方向に向かうであろうと私も考えていた」という私からの明示的な形での保障を、委員会の委員は何度も欲しがっていた。

ヒュームとトリンブルは互いをとても尊敬し合っており、和平合意における互いの意義を完全に認識していた。しかし、彼らの人物像はとても異なっていた。ヒュームはいろいろなことにオープンな人間であった。彼は和平合意のことから自身の健康問題に至るまでのあらゆることをオープンに教えてくれた。彼は自身の健康のことを非常に心配していたため、私たちは動揺した。しかし、ヒュームの妻のパットが予めそのことを全て聞いており、彼女が私たちを落ち着かせてくれた。

ヒュームは具体的な結果を求めている実践的な政治家で、イデオロギー的な問題にはあまり関心がなかった。他方、トリンブルはよりイデオロギー志向的な人物であったが、自身の党員仲間のジョン・メージャーよりも、社会民主主義側のトニー・ブレアを尊敬していた。彼が有権者に気を使っていたことは言うまでもなかったが、その手法はしばしば理知的なものであり、手の内を見せないようにしていた。トリンブルと親しくなるまでには時間がかかったが、彼と彼の妻のダフネにその時間を使うことはとても価値のあることであった。ヒュームはポピュラー音楽を最も好んでいた一方で、トリンブルはクラシック音楽とオペラを好んでいた。トリンブルは特に、九月一一日にオスロ市庁舎で行われた、オスロ市内のマングレルード地区にある学校の発表会に非常に感動していた。トリンブルは、彼らはきっとプロに違いないと話していたが、希望者は誰でも発表会に参加可能であると私が説明した後もそのように話していた。トリンブルにとっての最大のハイライトは、ベルファストにある最大の企業の一つであり、かつてタイタニック号を建造した造船所のハーランド・アンド・ウルフを所有するフレッド・オルセンを受賞者たちが訪問した時であった。

二人の受賞者の違いは、受賞講演にもはっきりと表れていた。ヒュームは北アイルランドの平和に対する願望に加え、私たちは皆多様性に価値を置くことを学ばなければならない、ということを述べていた。「全ての紛争は人種や宗教、あるいは国籍（中略）といった違いに関係している。違いに対する答えとは、違いを尊重することである」。また彼は講演の中で、EUの一般的な意義と、アイルランド問題の解決におけるEUの役割についても多く述べていた。ヒュームは長らく欧州議会議員であり、熱烈なEU支持者であった。彼は国連の世界人権宣言について述べ、「勝利を我等に」と述べて講演を締めくくった。

当然のことながら、トリンブルもまた北アイルランドについて多くのことを述べていたが、その講演はあまりにも完璧すぎる程に理想主義的な考え方に満ちていた。「私にはある目的において、とても理想主義的な考え方に満ちた講演を懐疑的に捉える習慣が、個人的かつ文化的に身についているのかもしれない。しかし、それを実現させることは不可能であり、ビジョンの代わりに空虚な空想を用いるようなレトリックの類には私は反対である」。確かに彼も「ビジョン」というものには反対していた。「私は、ある政治家の政治的なビジョンについての講演を聞いた者に、眼鏡屋に行くのを勧めるような人間である」。またトリンブルは、エドマンド・バークの政治に対する実践的アプローチや、アモス・オズのイスラエルとパレスチナの関係についての考え方、そしてジョージ・ケナンのソビエトに対する「冷たい」態度についての説明を繰り返すことに多くの時間を使った。

授賞式終了後にグランドホテルへと車で戻っていた時、ヒュームがトリンブルの講演に対して言っていたコメントを、私は今でも忘れていない。「彼は一体、何について講演していたのか」。その内容はヒュームにとってあまりにも抽象的すぎるものであった。もしかしたら、ヒュームはトリンブルの講演も彼自身のアプローチの方法に対する批判としてみなしたのかもしれなかったが、全くそうではなかった。ヒュームは狂信的な理想主義者ではなかった。彼は極めて実践的な政治家であった。彼らは非常に異なる振る舞いを見せていたが、トリンブルもまたそのタイプの政治家であった。

トリンブルの発言はおそらく双方の内部にいた急進主義者、特にＩＲＡに対する批判であったのであろう。その一つは、「アルスター地方に住むイギリス人をユートピア的なアイルランド人国家に無理やり入り込ませることを夢見ており、住民たちが実際に望んでいる以上にイデオロギー的にアイルランド人であり、数は少ないものの確実に存在する狂信主義者たち」のことであった。またもう一つはプロテスタント側に対して向けられたものであり、それは「イギリス人的な国の北部に住んでいる民族主義者を、住民たちが実際に望んでいる以上に常に抑圧することを夢見ている狂信主義者たち」のことであった。哲学と言えば次のようなエピソードがあった。一九九八年のフランシス・セーイェルステッドにとって、二人の受賞者を一括りにして「デヴィッド・ヒューム」として報告しそうになっていたことが一つの悩みの種であった。

すでに述べたように、ヒュームとトリンブルの性格は非常に異なり、直接の個人的な接触は多くはなかった。しかし、彼らの同僚とオスロに来ていたイギリスやアイルランドのメディア関係者の多くが、どのようにして上手く交流していくかがわかったのは注目に値した。夕方になるといつも彼らの多くが一緒になってオスロ市内のバーを夜通しで訪れていた。それは北アイルランドの未来のための確かな希望を形作っていた。宗教や政治的な壁を越えて交流をすることは可能なのである。

ヒュームとトリンブルは共に、単に北アイルランドの和平を勝ち得ただけであったならば狂信主義者の多くが政治の世界から姿を消していただろう、と考えていた。その場合、彼らの中道政党は人々の日常的な問題に対する実践的な解決策を用いて権力を得ることになったかもしれないが、そのようなことは全く起きなかった。次第に勢いを増していったのは両者の側にいた急進主義者たちの方であった。カトリック側ではシン・フェイン党が最大政党になった一方で、他方ではペイズリー率いるユニオニスト諸党がトリンブル率いるＵＵＰをしのぐ勢力になっていった。ヒュームはすでに政治の道から退いており、トリンブルは次第にさらなる問題を抱えていった。北アイルランドは再びイギリス政府によって直接統治されることを余儀なくされた。

二〇〇五年五月の選挙で左右双方の急進政党が立場をさらに強化していった。トリンブルはイギリス議会で議席を失い、党首を退いた。彼は幾分理にかなった形でＩＲＡの強固な姿勢を非難した。二〇〇五年七月二八日、ＩＲＡは武装解除に同意することを最終的に宣言した。そのことは、二大政党であったペイズリー率いるユニオニスト諸党とアダムズ率いるシン・フェイン党が、共同で北アイルランドを統治することを可能にする基礎となった。それはヒュームとトリンブルにとっての大きな敗北であると捉えることもできるが、北アイルランド和平のことを考えれば大きな勝利であった。それ以来、基本的には正しい方向へと進展しているが、絶えず起きている小規模な衝突によって中断している。

一九九九年
国境なき医師団

ノルウェー・ノーベル委員会はこれまで多くの人道的な団体や人物たちに平和賞を与えてきた。一九〇一年の第一回目の平和賞は、当時指導的な平和主義者であったフレデリック・パシーと、赤十字創始者のアンリ・デュナンに与えられた。デュナンの受賞は物議を醸した。赤十字は価値ある活動を行っていたが、戦争回避のための役割について、平和を支持する多くの者たちが疑問を投げかけていた。このことは平和賞受賞者というカテゴリーの創設を妨げるものではなく、赤十字は実際に三度平和賞を受賞した。第一次世界大戦中の一九一七年、第二次世界大戦後に活動が再開されることが可能となった一九四四年から四五年にかけて、そして、赤十字が一〇〇周年を迎えた一九六三年である。赤十字国際委員会はその三度全てで平和賞を受賞しており、一九六三年は国際赤十字・赤新月社連盟と共に受賞した。国連難民高等弁務官事務所は平和賞を二度受賞し、ユニセフも一度受賞した。マザー・テレサの受賞を覚えている者は多いことであろう。

従って、人道的な団体や人物というカテゴリーは全く新しいものではない。全ての人は戦争や紛争の最中であってもある一定の権利を有するという理念は、平和賞が「世界中の人々の友好的なつながりを促進」すべきであるというノーベルの考え方において注目に値する表現である。次第にそうした考えを持つ同様の組織が結成され、その組織の多くがノーベル委員会で議論の俎上に載せられた。これには、オックスファムやケア、救世軍などの組織が含まれていた。

しかし、一九九九年に平和賞を手にしたのは結果として国境なき医師団で、組織名の英語表記はDoctors Without Bordersであり、フランス語表記はMédecins Sans Frontièresであった。この時点で早速問題があった。国境なき医師団が受賞を非常に喜んでいたことは言うまでもなかったが、発表時に私たちが英語表記を用いたことを好ましく思っていなかったのである。国境なき医師団はフランスで創設され、非常に国際的な組織になっていたが、彼らはいまだ英語名ではなくフランス語名のMédecins Sans Frontièresで知られることを望んでいた。Doctors Without Bordersという英語表記は、特にアメリカで頻繁に用いられていたが、その名称は彼らが国際的に広まることを望まない名称であった。要するに、組織の代表者は、記者声明の中で使われている名称表記を私たちが修正することを望んでいたということであるが、無論、そうすることはできなかった。それは歴史的な文書を偽造したことになるのかもしれないが、私たちはそれが彼らの望む形での紹介方法であるということに気がついた。よって、賞状にはフランス語の名称であるMédecins Sans Frontièresが採用された。

国境なき医師団は一九七〇年代初期にフランスで創設された。創設者はビアフラ共和国に関してナイジェリアで起きていた紛争や、その後少しして起きたパキスタンからの解放に関するバングラデシュ独立戦争において、外部からの影響力が欠如していることを特に気にかけていた。国境なき医師団は必要であればあらゆる場所で支援を行う準備をしており、各国の情勢に応じて自由に発言を行う継続的かつ大胆不敵な組織であることを望んでいた。国境なき医師団はその活動を理由に、以前にも他の平和に関する賞を受賞していた。代表者がオスロを訪問した際、彼らはすでにソウル平和賞も受賞していた。

国境なき医師団は創設当初から内部に問題を抱えていた。創設者の一人で後にフランスの外務大臣を務めたベルナール・クシュネルは早い段階で組織を脱退し、世界の医療団という新組織を創設した。それでも、国境なき医師団は非官僚的で活動的であるという評価を得ていった。一九九九年に国境なき医師団は八〇ヵ国で活動し、うち二〇ヵ国は紛争下にあった。彼らは旧ユーゴスラビアやボスニア、クロアチア、そしてコソボで積極的に活動を行い、また、いくつかの支援団体の一つとして紛争下のチェチェンでもプレゼンスを維持し、ブルンジやルワンダでは大規模な活動を展開した。人道的責任は国境とは関係ないものであり、その責任は人々にとって必要であればどこでも重要であったに違いない。国境なき医師団は支援することを第一に望むものの、全ての者に対して同じ形で支援することができない場合は撤退する姿勢を取っていた。こうして、国境なき医師団に対して用いられる「First in, First out」という言葉ができたのである。彼らは一九九五年に朝鮮民主主義人民共和国（朝鮮／北朝鮮）で活動を行ったが、一九九八年に撤退した。その時に支援の内部的な広まりに関して、当局が干渉していたことは明らかであった。

国境なき医師団は人道分野の他に、人権に関しても強い関心を持っていた。これは他の多くの人道組織と異なる点でもあった。国境なき医師団は、地元の有力者たちがその場の状況に責任を持っていることが明らかな場合は、彼らに対して反論することを望んでいた。彼らは一九九九年、特にチェチェン情勢に関心を示しており、ロシア側の行動を躊躇なく非難していた。一二月一〇日の授賞式に同席していた関係者の多くはロシア側を非難するメッセージが書かれたTシャツを着ていた。

国境なき医師団は、かねてから政治的中立というものに関心を持っていた人道団体の中でも、斬新な印象を与えていた。彼らは当然ながら国際協力に対して積極的であったが、基本的な価値観が西洋的な自由主義であることは疑いようもなかった。それでも、国境なき医師団は、国連が限られた影響力しか発揮しなかった場合に国連を非難することを躊躇しなかった。国連の安全保障理事会で拒否権を行使することは制限されるべきである、と彼らは考えていた。国境なき医師団は一九八八年に平和賞を受賞した国連平和維持活動に関しても、多くの観点を批判していた。一九九九年当時、彼らはコソボ情勢とコソボ・セルビア間の紛争に特に焦点を当てていた。国境なき医師団は、NATOの戦闘行為に対して懐疑的であり、戦争を行う軍と緊急支援や援助を行う人道団体を明確に区別する意志を持っていた。コソボでは、彼らは戦闘行為を行っていたNATO加盟国からの経済支援を拒否することで、そのことを示していた。

国境なき医師団は、このような曖昧さというのは人道団体が戦闘行動へ参加しているとみなされることに直結し、戦争や紛争における人道的な問題に取り組む機会に対して悪影響があることを強調した。被害者には人権がある。彼ら人道団体にも人権がある。これらの権利が侵害された時は、最悪の場合、地元当局が戦争犯罪を行ったことになる可能性がある。国境なき医師団はそのような事例を扱うことができる国際裁判所を設立することで、活動を積極的に支援した。

戦争や紛争地域における人道組織というのは、一連のジレンマの真っ只中にあるものである。多くのケースにおいて、支援団体が食糧や薬、医療支援の提供を行うキャンプを管理することができるのは、戦争犯罪者の側である。現地の指導者たちは、その支援の提供を巧みにコントロールし、税金を徴収し、それらを略奪することまでできるのである。このように、外部からの支援というのは、戦争犯罪者の権力強化および紛争の長期化へと繋がる可能性もあるのである。国境なき医師団はそのようなジレンマを特に懸念し、そのことを公に主張していた。容認し難い状況に陥った時、最悪の場合、彼らは完全に撤退していた。

国境なき医師団は人道支援の役割に関する一貫したイデオロギーを広めていった。それは、具体的な支援を超えたものであり、まさにそれは個々の人間の尊厳のことを問題にしているのである。人道支援の目的というのは、受けるに値する尊厳を人々に与え、失われた日常を回復することであるに違いない。広い視点に立っていたとしても、小さな貢献の意味が重要なのである。それは、国境なき医師団のリーダーであったジェームズ・オービンスキーが授賞式の講演の中で次のように述べたようにである。「ある時は包帯の一巻きとなり、ある時は縫合の一針となり、ある時はワクチンの一接種となる」。

国境なき医師団は、実際に何らかの対策を要する紛争および苦痛をもたらす行為だけでなく、個々の人々の苦しみに焦点を当てるメディアのやり方にも懐疑的である。そうした姿勢なくしては、彼らの人道的支援は結果的に息抜き以外の何物にもならないであろう。最悪の場合、問題がさらに大きくなる可能性もある。

それでも、国境なき医師団はメディアと良好な関係を保つことを重要視していた。当該国の国家当局から多大な額の援助を受けている他の人道組織とは異なり、国境なき医師団は一つのプロジェクトが公的機関から受けることのできる援助の割合を五〇パーセントに制限している。これらの資金はEU、国連難民高等弁務官事務所、そしていくつかの国からのものである。残りの援助は個人献金などの寄付で補わなければならない。そのため、国境なき医師団は自分たちが精力的に取り組んでいる援助活動に好意的な広報物を頼りにしており、自分たちが取り組んでいる活動を記録することに非常に熱心なのである。

一九九九年、国境なき医師団は、カナダ出身の献身的な医師であり英語とフランス語に堪能なジェームズ・オービンスキーをトップに据えた。授賞式で講演を行ったのは彼であった。国境なき医師団の民主主義的な特徴に沿う形で、賞、賞状、そしてメダルが授与され、それらはベルギー出身の無名の医師であったマリー＝イブ・ラグノーが受け取り、世界各地の国境なき医師団が有する数多くの救援活動従事者たちを彼女が代表することとなった。彼らはまた、多くの国境なき医師団の関係者を議論に引き込むことになるだろうと強調した。彼らは受賞講演の原稿に関して私たちを苛立たせた。講演が一二月一〇日の授賞式の中で行われる場合、その原稿が翻訳された形で利用できるように、一二月初めの段階には完成していることになっている。授賞式が行われるオスロ市庁舎の屋内へ一緒に入場する準備ができた時になって、講演の原稿とともに最後のメモを受け取った時のことを、私はよく覚えている。長らく、私はこの混乱の全ての責任が、国境なき医師団のスポークスマンであったサマンサ・ボルトンにあると言っていた。しかし、私は次第にサマンサ無しではより悪化していたと考えるようになった。彼女は指導的な立場にいる多くの者たちが必要な決定を下すよう、できる限りのことを行っていた。

ジェームズ・オービンスキー

この年の賞は幅広い共感を得た。とはいえ、これは私たちが長年疑っていたことを証明することとなった。それは、組織の活動を端的に表す顔の存在、すなわち一人の人間をメディアが求めているということである。賞を受け取るのがベルギー出身の無名の医師というのは民主的な印象を与えたかもしれないが、そのことが報道関係者の混乱を招いた。彼女は一体誰なのか。彼女が一体何を行ったのか。彼女はその分野に従事しており、まさにそれを行っていた多くの人間の代表者として選び出されていたのである。一九九九年の賞は、組織に対する賞が人物に対する賞よりもあまり注目を浴びないという法則を確認することとなった。この経験によって私たちは、一九九五年のロートブラットとパグウォッシュ会議、一九九七年のジョディ・ウィリアムズと地雷禁止国際キャンペーンのように、人物と組織の組み合わせが最良であるという考えを強めた。この考えは、再び組織が単独で受賞する二〇一二年のEUと二〇一三年の化学兵器禁止機関（ＯＰＣＷ）の時まで続くこととなった。

ノーベル賞関連行事の改編

ノーベル賞授賞式

ノーベル研究所の所長というのは単に学術的な存在であるだけではなく、あらゆる活動のリーダーであるべきであると私は常に考えており、大規模なノーベル賞関連行事をできる限り魅力的で洗練されたものにすることに多くの時間を費やした。ほぼ全てのスタッフがノーベル研究所で働き始めたばかりであったことから、従来のやり方をあまり意識していなかった。私たちは一二月一〇日に行われる授賞式の会場をオスロ大学のアウラ講堂からオスロ市庁舎に移す提案を行うことを、一九九〇年にすでに決めていた。ノーベル委員会は賛成した。授賞式は一九四七年から一九八九年まで長年アウラ講堂で行われていたため、これは重要な取り決めであった。授賞式は一九〇一年から一九〇四年まではストーティングで行われ、一九〇五年から一九四六年まではノーベル研究所で行われていた。

私たちの最初の課題は、移転についての警察の考えを探ることであった。オスロ警察のトップで、トロムソ大学時代からの私の友人でもあったヴィリー・ハウグリは、この点に関して次のような率直な意見を持っていた。「どこで授賞式を行うかはあなたが決めることだ。私はその安全確保に努める」。一九九一年六月のゴルバチョフの訪問の際に示されたように、後半部分は明らかな誇張であった。

私たちはオスロ市庁舎という、アウラ講堂よりもはるかに広い場所を手に入れた。メディアにとっての労働環境は劇的に良くなり、王族の関係者、受賞者、そして委員会にとってよりふさわしい場所となった。私たちスタッフは委員会からの同意をもとに、受賞者は一二月一〇日の授賞式の中で受賞講演を行い、その日以降には行わないことを決めた。従って、堅苦しさや洗練さと、政治的に意義のあるものが組み合わさることとなった。授賞式の最中に行われる演奏のレベルもまた劇的に良くなっていった。それはノルウェーおよび海外の演奏家による最高のものであったり、受賞者の出身国の演奏家による素晴らしいものであったりした。

普通の賞状を使うという方式もまた取り止めとなった。私は実を言うと、一九七〇年から一九八九年までの間に使用されていたエルヌルフ・ランヘイムセーテルの木版画にあまり満足していなかった。「平和のハト」は戦間期の「ドイツのワシ」のことを何度も思い起こさせた。その代わりとして、毎年ノルウェー人芸術家によって手掛けられる新たな賞状を採用した。ある著名なノルウェー人芸術家に賞状を手掛ける仕事を与えたり、あるいはあまり著名でない三人の芸術家たちに競争させたりもした。ほぼ全ての賞状にはそれに関連するエピソードがある。一九九三年、ヤコブ・ウェイデマンはネルソン・マンデラの賞状のみを手掛け、F・W・デクラークの賞状は手掛けていなかった。当然二枚の賞状を用意しなければならないため、それを理解させるために彼を説得する必要があった。ノルウェーでおそらく最も著名な画家が賞状を作成したことを私がマンデラとデクラークに伝えた際、彼らは同じように驚いていた。その賞状はノルウェーの民主主義的な伝統に基づいて学校の子どもたちによって作成されたのではないか、と彼らは思っていた。一九九五年には、私はエルヌルフ・オプダールと話し合わなければならなかった。委員会は下絵が暗すぎると感じていたためである。もう少し明るくはならなかったのだろうかと。委員会の絵画芸術に関する能力は限られたものであったかもしれないが、芸術家たちではなく委員会が自分たちで決めるという考えを堅持していた。彼らがどのような決定をするかは全くわからなかった。賞状の多くは素晴らしいものばかりであり、タブーを犯したものはほとんどなかったことを、専門家たちは私に確信させた。賞状作成に関する新たなやり方を通して、ノルウェーを代表する多くの画家と少し親しくなる機会を与えてくれたことにも私は感謝した。画家たちのほぼ全員が、賞状の制作者に選ばれたことをとても名誉なことであると思っていた。彼らの多くは一二月一〇日の夕方に開かれるバンケットの雰囲気も良くしてくれた。

オスロ市庁舎

このやり方がとても成功したため、私たちはこれを続けながら、毎年ノーベル賞のための新たな楽曲をノルウェー人作曲家に制作させていこうと考えた。アルネ・ノールヘイムはグロッテンという場所での楽しい昼食の最中にこの件について私を説得しようとし、彼が最初の楽曲を作ることになったのは言うまでもないが、その後誰が続けていくかが非常に不透明であった。このことはあまりにリスクが大きく、かつ費用がかかりすぎるということを、良き友人たちが私に忠告してくれた。

私たちが単にエリートのための行事を作り上げたに過ぎない、と非難する者も当然のようにいた。それはある程度は正しく、出席していたのが主に政治的エリートであったのは言うまでもなかった。しかし、通常であれば授賞式に招待されなくても該当する年には席に座るべき十分な理由を持つ数百名もの人間がいるため、私たちは常に彼らのための席を確保していた。彼らは受賞者の出身国や関連分野において、特別な貢献をしてきたのかもしれない。彼らのうち数人はバンケットにも招待されていた。

講義と研究プログラム

ノーベル研究所の所長が毎年十月から一二月にかけて多くの仕事を抱えていることはよく知られていると思うが、一月から九月までは一体何をしているのかと疑問に思う人もいるであろう。いくつかのメディアは一年中注目しているものの、その注目が一〇月から一二月に集中するのは自然なことである。ノーベル研究所では会合や会議が一年中行われ、私たちが主催することもあれば、他の団体や組織が会場として利用することもある。他の組織とは特にノルウェー国際問題研究所（ＮＵＰＩ）とノルウェー大西洋委員会である。核軍縮や核兵器禁止のための運動を行っている組織であるＮＴＡ（Nei til atomvåpen、核兵器にＮｏを）もまた、ノーベル研究所の一室を使用する常連であった。

ノーベル研究所ではわずか六～七名しか働いておらず、一二月の大規模な行事を行うには無論少なすぎる数である。その時には臨時要員を得ることになるが、基本的には毎年同じ人間である。彼らは研究所における大家族の一員となる。臨時要員のスタッフは一二月以外の月には過剰な人員である。私が各地を飛び回り、賞を授与する他の団体や組織を訪れると、彼らは一〇～一五名のスタッフを抱えていると教えてくれる。彼らは一体どんな仕事をしているのだろうかと私は不思議に思っている。

ノーベル研究所の図書館では二～三名の人間が働いている。すでに述べたように、私は研究所の図書館を心から誇りに思っている。図書館の書籍は主に平和賞に関連のある分野（戦争と平和、近年の世界史、政治、経済、そして法律）を網羅している。蔵書数はおよそ二〇万二〇〇〇冊にものぼる。私たちはアメリカ、イギリス、そしてロシアの資料に関する重要な文献の収集も行っている。私は、ノーベル研究所の図書館はこの分野において、ノルウェーではもちろんのこと、北欧諸国でもおそらく最高の図書館であると思っている。初代所長で多くの書籍を購入したクリスチャン・ランゲや四〇年以上にわたって研究所の図書館で働いていた元主席司書のアンネ・シェリングなど、多くの人間が図書館に対して多大なる貢献をした。ノーベル研究所の図書館は一般に公開されているが、残念ながら今日においては、有名な研究者や学生のグループにはいまだ十分に活用されていない。私たちはストーティングから図書館に対するある程度の援助を年に一度受けているが、これは私たちの主な活動に対する唯一の公的な援助である。研究所の図書館はノルウェー内外の図書館システムの一部であるため、保護の対象となり得るのである。研究所の収入の残りはアルフレッド・ノーベルの財産や、長年積み重ねてきたそれらの財産による利回りから来ている。

資源としての図書館という考え方に基づくと、研究所に研究部門の設置を考えることは自然な流れであった。当時、研究事務所を建てる必要があったため、ノーベル財団からの支援を受けて一九九一年から九二年にかけて建てられ、オッド・アルネ・ウェスタッドが初代研究長に就任した。彼は八年間ノーベル研究所に在籍しており、その後ロンドン・スクール・オブ・エコノミクスの教授に選出され、二〇一五年からハーバード大学ケネディ・スクールの教授となった。ウェスタッドは生産的な人物で、国際的な人脈も豊富に持っていた。彼と私はともに冷戦の歴史に関心があったため、長らくこの分野に焦点を当てていたことは当然のことであった。私たちは年間を通して客員研究員を招くことを試みたが、あまりにも重労働であり、秋に行うにはうんざりするほどのことであった。そのため、研究プログラムはその大部分が春に開催された。客員研究員の中には、アメリカ出身の花形の研究者が一貫して含まれており、西欧出身者も頻繁に含まれていたが、若手のロシア人や数人の中国人、さらにはベトナム人も加わっていた。私たちは古参の著名な研究者と新参の若手の研究者とが組み合わさるよう試みた。客員研究員たちには給料が支払われていたが、彼らの出身国からも給料を得ていた。彼らは資料やその他の面で私たちの研究所での活動に非常に満足していたため、再び研究所を訪れる者も多かった。私たちは頻繁に懇親会を開いた。専門家の私にとってこの研究プログラムは非常に刺激的であった。

隔週木曜日にはセミナーを行っていた。自分が何者かではなく、自分が何を述べるかに大きな価値があるというのが、学問の世界の持つ素晴らしさである。権威をまとった人物たちも同じように発言したがっているというのは当然否定できないが、このことは日常生活ではしばしば逆になる。私はいつも、研究成果に対して最も鋭い批判を行う人間であった。研究者の中には、彼らが執筆したものに対して私が強く批判した時に、招待された理由を疑問に思った者もいた。私はノルウェー北部地方の気質が様々な形で出ているに違いないからであると言い訳をした。そのやり方がいつも上手く行っていたわけではなく、受賞者たちと委員会に対しては、私は最も丁重な態度で接しなければならなかったというのは言うまでもない。

一九九〇年代に執筆され、冷戦の始まりや終結に関して最も重要とされる書籍のほぼ全てが、ある期間にノーベル研究所を訪問したことのある人物によって執筆されたといえる。ジョン・ルイス・ギャディスやメルヴィン・レフラーのようなこの分野の花形の研究者たちが何度も研究所を訪れていた。オッド・アルネと私も、著書や論文という形で貢献することを試みた。研究プログラムで唯一残念であったことは、優れたノルウェー人研究者をセミナーに参加させるのが非常に難しかったことであった。オスロ大学のあるブリンデン地区やノルウェー国際問題研究所からノーベル研究所までの道のりは実際の道のり以上に遠いものであった。

この期間、私は主にアメリカと西欧との関係について取り組んでいた。私は執筆活動が好きで、一九七五年以来、五年ごとに学術書を出版することを目的としてきた。それにはかなりの労力が求められ、特に研究所の活動が最も暇になる毎年一月と八月の時期がそうであった。私はオスロ大学の准教授も兼任していた。その仕事には修士課程の学生の指導と週に一度の講義が含まれていた。私は講義を行うことが好きで、ノーベル研究所の所長というのはある程度の専門知識を用いて国際問題について言及することができるべきである、と思っている。従って、私にとってアカデミックな資格を維持しておくことは重要なことであったのである。

木曜日の固定のセミナーに加え、私たちはその他のセミナーやシンポジウムも開催した。私たちはここに、かつて客員研究員として来るように説得できなかったあらゆる一流の花形研究者たちを招待した。前々から言われていたように、そこには政治学や歴史学の大学教科書の一覧表に載っているような顔ぶれが見受けられた。例えば、存命中のあらゆる歴史家の中で最も偉大であると思われるウィリアム・マクニールや、空前のベストセラーとなった『大国の興亡』の著者でもあるポール・ケネディ、左翼側に人気のあるイマニュエル・ウォーラーステイン、私の良き友人でもある元ＣＩＡ長官のスタンスフィールド・ターナー、イギリス人の中で最高の人物に数えられるマイケル・ハワード、エリック・ホブズボーム、アレク・ノーヴ、ノーベル経済学賞受賞者で「知者」でもあるアマルティア・セン、ジョン・ミアシャイマー、さらにはジョン・アイケンベリー、アレキサンダー・ジョージなどの政治学者、そしてロバート・ギルピンやスーザン・ストレンジなどの政治経済学者であった。

私たちはこれらのシンポジウムで「その時代の生き証人」として政治家たちを迎えることもたまにあった。中でも元ドイツ外務大臣のハンス＝ディートリヒ・ゲンシャーのことが最も強く印象に残っていた。あれほど非常に面白い人物がこうも退屈な回顧録を執筆することができたのか、ということが私を驚かせた。私は遠慮がちにこのことを彼に尋ねた。「私の政党であるＦＤＰ（ドイツ自由民主党）が常に右翼側にも左翼側にもつけるよう備えていなければならないことを知っているはずだ。従って、私はＣＤＵ（ドイツキリスト教民主同盟）やＳＰＤ（ドイツ社会民主党）の主な政治家たちのことを悪く言うことはできない」とゲンシャーは答えていた。

ロンドン・スクール・オブ・エコノミクスがオッド・アルネ・ウェスタッドを採用した際に、オラヴ・ニョールスタッドがノーベル研究所の研究長として新たに就任し、オスロ大学に移るまでの一二年間所長を務めた。二〇一五年、彼は私の後任として研究所所長に就任した。教授の資格を持つ五名の志願者の中で、彼は特に秀でていた。アスレ・トイエはその時すでにノーベル研究所の研究長を引き継いでいた。

ノーベル研究所は、ノルウェーを訪問したり講演を行ったりすることを望む大統領や首相、あるいはその他の著名な政治家たちにとっては、まさに相応しい場所ではある。ほとんどの場合、ノーベル委員会やノーベル研究所自体はそれらの主催者ではない。元インドネシア大統領のスシロ・バンバン・ユドヨノは研究所を訪問した際、その訪問は候補者であることのアピールなのか、という類の質問ばかりを受けていた。これは恥ずべきことであった。まるで自分たちが平和賞に関する件で呼んだかのような印象を与えることを、私たちは望んでいなかった。こうした理由で、私たちはその他の団体に招待や主催をさせたかったのである。しかし、海外からのゲストの全員が形式にこだわっていたり、あるいはそのことを望んでいたりしていたというわけではない。彼らの中で結果として口頭試問のような形のものになってしまうのならば、それはそれで仕方のないことである。しかし、それを望んでいたはずの海外からのゲスト全員がノーベル研究所で講演をすることができるというようなことはない。寛大な形でなされることが望まれてはいるものの、海外の多くの独裁者たちはＮｏという返事を得たこともあった。

平和賞コンサート

私たちは授賞式期間中に全く新しい催しも始めるようになったが、最も重要であったのは、間違いなく一二月一一日に行われる平和賞コンサートであった。私たちは実際のところ平和賞受賞者のためのごく小規模な行事しか行っていなかったため、その祭典をより大きなものにしたかったのである。初めてのコンサートは一九九四年にワールドビュー国際財団との協力によって開催された。財団のルーネ・ヘールスヴィグは一〇月下旬に私の所にやって来て、わずか数週間でノルウェー国立劇場でのコンサートの開催にこぎつけた。これほど早く実行することができたのは、アラファト、ペレス、そしてラビンがパレスチナ人およびイスラエル人のアーティストを連れてくることが可能であったことや、ワールドビュー国際財団が何組かのノルウェー国内外のアーティストたちとコンタクトを取っていたという条件が重なっていたためであった。それらのアーティストたちの中で最も有名であったのはシネイド・オコナーであった。司会はエリック・ビーが務めた。

私が初めてのコンサートのことで最も良く覚えていることはイツハク・ラビンにまつわる騒動であった。ノルウェーの国王夫妻が劇場に到着する間際、私は、短いスピーチをするためにコンサートの終わりの方で舞台に上がることになっているとラビンに伝えた。彼はそのことについて、何も聞いていないと言って参加を拒んできた。彼の記者団対応の担当者に対して確かに全てを事細かく説明した、と私は強い口調で言った。彼が何も聞いていなかったのであれば、彼は私にではなくその担当者を非難すべきであった。ラビンは折れたものの、ひどく怒っており、その怒りは、私が彼のすぐ後ろに座って彼の首の脈が浮き上がっているのがわかるほどであった。ラビンとペレス、そしてアラファト夫人は（すでに書いたように、アラファト自身はこの時すでにヘルシンキへと発っていた）その時、裏口から歩いてきて舞台に上がることになっていたが、その場は暗かった。そのため、主催者側のアシスタントは胸ポケットにある懐中電灯を握り、イスラエル側のセキュリティたちはラビンが動き終わるまで常に近くで待機していた。かくして、コンサートが終わって舞台の幕が下ろされた際にラビンの頭に幕が当たったのであった。

一九九五年には、私たちは最初で最後となるクラシックコンサートを開催した。当時、国際的に著名であった八名の作曲家が『A Mass for World Peace』の制作に加わり、アルネ・ノールヘイムがノルウェー側代表を務めた。コンサートは、制作に加わった作曲家たちの母国でテレビ中継された。オスロ・フィルハーモニー管弦楽団は指揮者のウラディーミル・アシュケナージと共演した。

次第にアメリカのIMG/TWIがワールドビュー国際財団に代わる私たちのパートナーとなっていった。IMG/TWIは規模の大きい海外のテレビ局とより良いコネクションを持っており、またコンサートにかかる費用負担の保証について同意していた。というのも、最初の数年間はそれが非常に不透明であったためである。さらに、彼らは世界的なアーティストともより良いコネクションを持っており、ワールドビュー国際財団よりも自己アピールをする必要性があまりなかった。しかし、コンサートにとって最も重要であったことは、ノルウェー国営放送であるNRKの元職員で、ディナモ（後のアイワーク）という会社に移ったオッド・アルヴィド・ストロームスタッドとスティーネ・オーレがコンサート関連業務を主に担ったことであった。彼らによる多大な尽力が無ければ、コンサートは成り立たなかったことであろう。

コンサートの目的は、一般的には平和に関するメッセージ、具体的にはノーベル平和賞に関するメッセージが、こうでもしなければ不可能であったような田舎や社会階層に広がっていくことに貢献する、というものであった。ポール・マッカートニー、サンタナ、マライア・キャリー、スティング、ウィリー・ネルソン、シャナイア・トゥエイン、アラニス・モリセットなどの多くの著名なアーティストが平和賞コンサートに貢献した。また、オプラ・ウィンフリーやトム・クルーズ、マイケル・ダグラスやキャサリン・ゼタ＝ジョーンズ、アンソニー・ホプキンスやジェシカ・ラング、メリル・ストリープ、サラ・ジェシカ・パーカー、デンゼル・ワシントン、ヘレン・ミレンといった著名人たちが司会を務めた。

オスロで行われた平和賞コンサートはすぐに、授賞式期間中にオスロとストックホルムの双方で放送されるようになり、多くのノーベル賞関連番組の中でも最も人気のあるものになっていった。こうして、コンサートはその目的を果たしたのであった。受賞者たちは皆、コンサートを高く評価していた。受賞者たちは、私たち委員会側がそのようなスーパースターを自分たちのために参加させたことに対して非常に驚いていた。しかし、メディアではその誇張の方が大きかったことであろう。私は少し抑えようとしたが、自分たちの行事を過小評価する筋合いはなかった。コンサートは世界一〇〇ヵ国で放映されたそうであるが、放映される時期は非常にばらばらで、しばしば、一日の中であまり良くない時間帯にあまりメインではないテレビ局で放映された。技術的にはコンサートを見ることが可能であった一億人という数と実際の視聴者の数は大きくかけ離れていた。正確な数を実際に把握することは不可能であった。

コンサートに関してはノルウェーのメディアから多くの批判がなされた。ほぼ毎年、VG紙とダーグブラーデ紙は前の方が良かったと書いていた。私たちは大スターを押さえてはいなかった。確かにボノやスプリングスティーン、ボブ・ディランなどの大スターたちを押さえようとはしたが、残念ながら、その結果は理想とは程遠かった。そのようなアーティストを確保するのは大変な作業である。ほとんどの者は直接Ｎｏとは言わず、単に参加することができなかっただけである。クリスマス間近の一二月一一日という日は、彼らのような大スターにとっては都合の良い日取りではない。彼らの多くは、私たちが通常の形でギャラを支払っていたらおそらく参加していたはずであるが、私たちはそのような形は取らなかった。スターたちは自腹で費用を賄うことができ、世界各地からプライベートジェットで飛んでくることができたはずである。私たちは常にノルウェー人スターを最低一人は入れていたが、無論、ノルウェー人アーティストを発掘するのにコンサートを利用すべきであると考えていたノルウェー人はごく少数であった。ノルウェー人アーティストの楽曲は、いくつかの例外を除いて、多くの国際放映では編集でカットされていたというのが現実である。また、私たちはアジア、アフリカ、ラテンアメリカなどの発展途上国のアーティストも頻繁に加えていたが、彼らもあまりにも無名で、残念ながらそのうちの一部が編集されるようなことも起きていた。

有名なスターが出演しなくてもコンサートに関心を持つようなテレビ局はあまり多くないということに私たちはすぐに気づいた。これまで、私たちは頻繁にクラシック音楽を採用しており、コンサートの全ての楽曲がクラシックでなければならないと批判する者さえいた。ノーベルはポップミュージックを嗜んではいなかった。一方で、クラシックコンサートの需要は高かった。ストックホルムで行われていたクラシックコンサートはスウェーデン国外では放映されてはいなかった。

これらのスターたちは平和賞と何の関係もなかったと言われている。最初の数年間は、自分たちがどこにいるのかも、オスロで何をするのかもほとんどわからないアーティストもいた、というようなことが起きていた。それは例えばマライア・キャリーにも言えることであったが、それでも、一九九七年の彼女の参加は平和賞コンサートが国際的に認知されるブレイクスルーとなった。次第に私は、アーティストたちの多くが逆に平和賞のことをいかに知っていたかということや、彼らがコンサートに参加することをいかに嬉しく思っていたかということに対して感銘を受けていった。このことは特に多くの司会者たちに言えることであった。マイケル・ダグラスとキャサリン・ゼタ＝ジョーンズは、受賞者（この時はシーリーン・エバーディー）に注目が向けられるべきであるということを絶えず主張していた。私はオプラ・ウィンフリーから様々なことを学んだ。彼女は真のプロフェッショナルであった。彼女は何度も次のことを質問していた。「何を成し遂げたいのかを教えてください」。「今、目指していることは何ですか」。これは彼女にとってうってつけの仕事であった。焦点を当てるべき目標や目的を常に持っておくことは重要なことである。オプラと二〇〇四年の受賞者であるワンガリ・マータイ、そしてこの年人気のあったアーティストであるパティ・ラベルとの相乗効果は素晴らしいものであった。ダーグブラーデ紙の関係者はコンサートが大団円を迎える前に会場を後にして、コンサートは少しつまらないものであったと書き下ろしたが、このことはおそらく平和賞コンサートの歴史の中でも最大の見どころであったのかもしれない。コンサートの正当性に関するあらゆる疑念が、たった一つの曲目で払拭されたのである。

大スターたちは授賞式とバンケットの両方に参加することを心から望んでいた。バンケットの席順は注意を要する問題であった。私は一九九七年のバンケットのことをよく思い出す。エミルー・ハリスは地雷キャンペーンに関連する偉大なアーティストで、前に述べたように、彼女はコンサートと授賞式の両方に貢献した。彼女はノルウェーのある有名人男性のそばに座ったが、私は彼のコミュニケーション能力を見誤っていた。私は彼がエミルーと一言も言葉を交わすのを見なかった。その一方で、彼に代わってその席に座りたがっている者が多かった。その翌年、ジェーン・シーモアがコンサートの司会者を務めた。彼女はトールヴァル・ストルテンベルグのそばに座っていたが、私自身はその反対どなりに座っていた。忘れられない夜となったが、もしジェーンが少し寄りかかってきていたら、トールヴァルと私が頭で彼女を支え、私たちは戦場さながらのその場所で意識を失っていたことであろう、と毒舌が吐かれた。

子どもたちのための行事

私たちがヒュッテで週末を過ごした帰りに耐え難いほどの長い交通渋滞に遭遇していた最中、私と妻はカレッジによる発表会の内容について考えていた。私たちはアメリカのミネアポリスで見て来たことに幾分影響を受けていた。私がノーベル研究所に在籍する前の一九八九年以来、私たちはミネアポリス地区にある五つのノルウェー・アメリカンカレッジと協力していた。セント・オラフは最も有名なカレッジで、その他はアウグスバーグ、オーガスターナ、ルーサー、そしてコンコーディアであった。その後、ミネソタ大学が加わった。私たちはそれらのカレッジが毎年少なくとも一人の平和賞受賞者と共に行事を行うことができるよう努め、私はほぼ毎年これらの行事に居合わせていた。

この時、オスロ地区の一〇から一二の学校がオスロ市庁舎で行う舞台実演や博覧会に招待されることになっていた。この催しは一二月一一日に行われ、受賞者、ノーベル委員会、ノルウェー側の要人、学校関係者、そして保護者が出席することになっている。各学校は申し込めば参加することができる。子どもたちは自分たちの能力に応じて演技のテーマを自由に選ぶことが可能であったが、多くの学校が戦争と平和について、あるいは人種間や民族集団間の協力の必要性をテーマにした寸劇を作っていた。ここで私たちが選任したのが、プロのインストラクターであり、後にノルウェーの国立ダンス劇場であるダンセンスフースのディレクターとなるカレーネ・リングホルムであった。彼女は各々の条件から最高のものを引き出していたことであろう。

全ての受賞者が発表会の要点を理解し、皆、感動していた。金大中はこのアイデアを韓国に持ち帰りたがっていた。コフィー・アナンはとても感動していたので何度もハンカチを使わなければならず、彼のセキュリティも同様であった。

しかし、残念なことに私たちは数年後にこの発表会を取りやめなければならなくなった。その理由は単に、この行事が受賞者たちにとってあまりにも負担になりすぎたためであった。彼らは少し休憩する必要があった。そのことがかえって、私たちがセーブ・ザ・チルドレンと行った協力に対する評価を一層高めた。この行事は毎年一二月一〇日に行われ、何百人、いや何千人もの子どもたちが受賞者に会うことができ、メディアにも人気の行事である。

ノーベル賞の制度における
ノルウェーとスウェーデンの関係

共通点と相違点

傍から見ると、ノルウェーとスウェーデンには共通点が多い。海外のメディアなどでは、私たちの存在はよくデンマークとともに、時にはフィンランドやアイスランドも含めて、スカンディナビアという大きな枠組の中に埋もれてしまう。一九四五年以降の世界政治に関して一般的に広まっている国際的な文献には、北欧諸国はそれぞれ単独ではほとんど記されておらず、もっぱらより大きな単位としてのスカンディナビアという形で記される（「Scandinavia」の代わりに用いられることがあるノルデン「Norden」という用語は国際的にはほとんど用いられていない）。私たち北欧諸国は、ほとんどの問題が解決している地域として、あるいは世界的に見てその問題の規模が非常に小さなものに過ぎない地域としてしばしば描かれる。また、経済発展は比較的順調であり、失業率は低く、福祉制度が充実しており、治安が良く、国際的な関与が高いといった特徴を持つ地域としてみなされる。驚いたことに、このことは私たちがそうあるべきであると考えているほど多くの関心を引き起こすには至っていない。その反論としては、スカンディナビアモデルは北欧諸国が非常に小さいから可能なのであって、より大きな国では模倣することが難しい、というのが常である。さらに、私たちは全ての北欧諸国に次第に広がっていった極めて理想的なものとしてみなされているが、「スウェーデンの罪」を除いては、なんともつまらないものとしてみなされている。その理由として、私たちの地域には長く暗い冬があり、その時期には官能に耽る以外にあまりやることがないからであると説明される。夏になると、「白夜」が同じような奔放さを引き起こす。

私たち北欧諸国、特にスウェーデンとノルウェーは、この分類に従えば非常に似通っている。すなわち、私たちは互いの言語を比較的よく理解し合っており、互いに似通った政党構造を持つ強固な社会民主主義の中で生きており、宗教に関してはルター派であり、非常に中央集権的であり、長らく比較的単一民族的な環境に置かれていた、ということである。さらに、私たちは平等という考え方に非常に関心があり、それは単に国内のみならず、より国際的なレベルにおいてもそうである。対外的には、私たちは国連で支援的な役割を担っており、あらゆる形での国際協力の支持者であり、世界が私たちの話を聞く意志さえあれば、あらゆることがより良い方向に向かっていくであろう、という確固たる信念を持っている。

社会的なレベルで見ると、ノルウェー・スウェーデン間のつながりはその大部分が素晴らしいものである。一九五〇年代に数千人のノルウェー人たちがより良い仕事を得るためにスウェーデンに移住した際、良い形で受け入れられたことがその最たるものである。ここ一〇年で、経済的な関係は劇的に変化し、数千人のスウェーデン人の若者がノルウェーへとやって来て、ノルウェーの至るところでサービス産業のかなりの部分を担っている。彼らはノルウェーでは人気がある。彼らは良いサービスを提供するが、ノルウェー人が提供するものは必ずしもそれほど良いものではない。彼らは法やルールを尊重し、行列に並ぶことができ、赤信号ではめったに渡ることがない。

私たちの多くにとっては、これらのことは全て至極当然のことであると思っているので、ノルウェー人とスウェーデン人の違いというものを重視することの方が多い。私たちは互いに深く関わり合ってきたものの、その歴史はかなり異なる。スウェーデンは強固な貴族制を保持してきた一方で、ノルウェーは長らくその点において弱く、その後機会を得てもすぐに完全に廃止してきた。スウェーデンではいまだに伯爵や男爵に出会うことがある。スウェーデンは、一七世紀から一八世紀にかけて、スウェーデンのような中規模の国がヨーロッパの大国政治の中で思いがけず重要な役割を果たすことを可能にした極めて効率的な「官僚国家」というシステムを有してきた。彼らは効率的な方法で比較的限られた資源を利用してきた。ノルウェーは独自の「官僚国家」のシステムを有してきたが、その官僚たちはデンマーク人であることがほとんどで、それが非常に多くのノルウェー人の国民性に潜在的に宿るアナーキー的な考え方に対して影響を与えていた。スウェーデンの建国の父であるターゲ・エルランデルは大学教育を受けていたが、ノルウェーの偉大なる人物であるエイナル・ゲルハルドセンは初等学校で七年間の教育を受けているだけであった。

このようなことから、スウェーデン人はノルウェー人を好ましく思いつつも、少しナイーブで不真面目な人間として捉えている。一方で、私たちノルウェー人は彼らスウェーデン人を、少し融通の利かない形式ばった人間として捉えている。しかし、ここ一〇年でそのことに関してある進展が起きたようである。私たちノルウェー人はとても気さくな人間になったことを証明したが、果たしてスウェーデン人にユーモアの感覚があるのかと次第に疑問を持つようになっている。彼らの特徴というのは、実は、スカンディナビアのドイツ人あるいは日本人のように勤勉でしっかりとした態度を持っている、というのが最もふさわしかったのではないであろうか。

ノルウェー・スウェーデン間の協力はしばしば失敗に終わっていた。一九四八年から四九年にかけての北欧防衛同盟に関する交渉は実らなかった。その結果、関税同盟などの北欧経済協力に関する果てしない交渉に入ることとなったが、これも上手くは行かなかった。一九五九年から六〇年にかけて全ての北欧諸国がEFTAに加盟し、経済協力が初めて本格的に始まった。企業間の協力も大きな問題に直面した。ペール・G・ユレンハンマーのボルボ社とノルウェーの石油会社との協力というビジョンも実現されなかった。彼は当時ノルウェーの首相であったオドゥヴァール・ノーリを説得したが、ストーティングとスウェーデンの小株主たちは懐疑的であった。私たちはテリア社とテレノール社との間で起きたことを思い出す。合併に関する契約は、完全に取り消されるまで署名される寸前のところまでいっていた。

スウェーデンはスカンディナビアにおける兄貴分としての自分たちを正しく認識している。スウェーデンは自らを北欧最大の国と認識しており、デンマークとノルウェーの人口の合計と同じくらいの人口を抱えている。諸外国からもスウェーデンが最も重要視されている。スカンディナビアに関する様々な一般化もまた、スウェーデンの考え方がベースとなっている。私たちノルウェー人は、自分たちの独立や何人も等しい価値を持つという考え方を奪おうとするものに対して用心している。私たちは弟分に甘んじることを好んではいないのである。私たちは新たに得た富によって、弟分としてのコンプレックスはほぼ消え去り、協力においては私たちの権利が確保されることが極めて重要であることをより一層確信している。

ノーベル賞におけるノルウェーとスウェーデン

ノーベル賞の制度内において、スウェーデンとノルウェーの協力がその実情に反して上手く行っていたといわれることがよくあるが、それは明らかに修正される必要がある。

ストックホルムにあるノーベル財団は、ノルウェーにとっても重要な活動を行ってきている。その活動は少なくとも第二次世界大戦中に始まった。当時、ノルウェーに存在していたファシズム政党であった国民連合は、オスロにあるノーベル研究所とノルウェー・ノーベル委員会が行っていたノーベル賞に関する活動の双方を引き継ぐことに対して、強い興味を示していた。もしそうなっていたら困難な状況になっていたであろう。スウェーデン政府と協力を行い、ストックホルムにあるノーベル財団によってその危機は避けられた。彼らはノーベル委員会とオスロにあるノーベル研究所に対するスウェーデン側の責任を強調した。スウェーデン大使館は研究所内にある事務室の一部を使い始めた。これはスウェーデン側の不動産としてみなすということであった。すなわち、国民連合からの攻撃の終わりを意味した。

ノーベル財団の理事会は、スウェーデンとノルウェーにある授賞を担当する委員会の共通の機関である。生理学・医学賞、物理学賞、化学賞、文学賞、そして一九六九年以降は経済学賞がスウェーデンの委員会から授与されることを考えると、この機関がスウェーデン人によって占められているのは自然なことである。ご存知の通り、平和賞はノルウェーで授与される唯一のノーベル賞である。一九八五年までこの理事会にノルウェーからの代表者が全くいなかった、ということはほとんど知られていない。その理由は不明であるが、スウェーデンの兄貴分的なメンタリティとノルウェーの弟分的なメンタリティの両方に理由があるのであろう。スウェーデン人はノルウェー人の代表者が必要であるとはほとんど考えていなかった。ノルウェー人たちとしては、自分たちの組織は自分たちで管理したいと思っており、全てのノーベル賞の制度がよりどころとしている賞金は何としてでも受け取りたがっていたものの、ストックホルムと頻繁に

ノーベル財団の施設

連絡を取るのは気が進まなかった。毎年の賞金とオスロのノーベル研究所の運営のために必要な予算は、ストックホルムのノーベル財団から送られてくる。ノルウェー側の代表が最終的に理事会に参加することが可能となったのは、スウェーデン側のイニシアティブによるものであった。オドゥヴァール・ノーリは理事会における最初のノルウェー側代表であった。エギール・オーヴィックは当時、ノルウェー・ノーベル委員会の委員長であったが、様々な点でノーリが指名されるにふさわしかった。彼はノルウェーの首相経験者であり、スウェーデン人たちはほとんどのノルウェー人たち以上に、素晴らしい肩書というものに対して一層関心がある。ノーリはノルウェー・スウェーデン間の協力にも特に関心があり、それはスウェーデンと長い国境を接するヘードマルク出身の人物からするとごく自然なことであった。

私は、自分が一九九〇年にノーベル研究所の所長として働き始めた時のノルウェー側の主張をよく覚えている。ノルウェー側の代表者が結果的には理事会に加わるようになったにもかかわらず、スウェーデン側に対するはっきりとした根本的な疑念が渦巻いていた。ノルウェー側は自分たちの仕事のことを念頭に考えており、スウェーデン人たちとの関わりは少ないに越したことはない、という状況であった。これが私の前任者であるヤコブ・スヴェルドルプの基本的な態度であった。そして少なくとも、一九七三年から二〇〇〇年までノーベル財団のノルウェー人監査役であり、政府監査役でもあったビョーン・ハウグの基本となる考え方でもあった。彼は前任者で政府弁護士でもあったヘニング・ボドゥケルの後を引き継いでいた。スウェーデン人たちに気を配ることが、あたかもノルウェー政府の仕事であったかのように思えたのである。ハウグが監査役のグループ内でノルウェー・ノーベル委員会を代表していた長い間、彼が伝えたかったことはボドゥケルが伝えたかったことと常に同じであった。すなわち、スウェーデン人たちは私たちをだました、というものである。ノルウェー・ノーベル委員会はどうやら受け取るべき額の予算をストックホルムから得ていなかったようであった。私が理解していたように、スウェーデン側としては、ノルウェー人監査役を特徴づけるような根本的な疑念に特に嫌気がさしていたようであった。しかし、ビョーン・ハウグは、一二月のストックホルムでのノーベル賞の祭典でノルウェー・ノーベル委員会を代表することを非常に誇りに思っていた。スウェーデン側に対する疑念はあったものの、彼はむしろオスロよりもストックホルムにいたがっていたようであった。スウェーデン側主催者は彼に対して常に特等席を用意しており、彼はいつも多くの勲章を身につけてはっきりとテレビに映っていた。長い年月が経って、彼のノーベル賞の祭典におけるノルウェー側代表としての役割が、ノルウェー・ノーベル委員会からすでに引退した委員たちに取って代わられたことを、彼は好ましく思ってはいなかった（在籍する委員たちは、同じ日にオスロで行われる授賞式関連行事で忙しいため、そこに向かうことは到底できない状況である）。

ノルウェー・ノーベル委員会が受け取るべき額よりも少ない額しか得ていなかったということに関しては、ボドゥケルとハウグの考えは正しかったのかもしれない。その金額を決める非常に複雑な規則を理解することは容易なことではなかった。その規則の正しい解釈に従えば、委員会には実際よりも多く、財源の積み立てには実際よりも少ない金額が与えられることになる可能性はあった。しかし、ノルウェー・ノーベル委員会はスウェーデンにある各ノーベル賞の委員会が得る額と同じぐらいの額を得ており、将来的な財源の積み立ては、長期的視点で見ると私たち全員にとって有益なことではあった。すなわち、実際にはノルウェー・ノーベル委員会は、スウェーデンにある委員会よりも多くの額を得ていた、ということである。一九九〇年代以降にノルウェークローネの為替レートがスウェーデンクローナと比べて高くなっていたため、不利なレートに対する補償について、私たちは次第に交渉できるようになっていった。一二月に私たちがノーベル賞関連行事を主催することによって、私たちが抱えることになった追加の仕事に対する補償がなされるようになった（スウェーデンでは同じくノーベル財団が援助している共同の授賞式の中でノーベル賞が授与されている）。ノルウェー・ノーベル委員会は、例えば、一九六一年のダグ・ハマーショルドへの賞の後に贈り物を受け取ったこともあった。ノルウェー・ノーベル委員会が長年、スウェーデンの委員会よりもさらに一〇〇万スウェーデンクローナ多く受け取っていたように、この全てが四捨五入されるような形で多めに支給されてきた。少なくとも、必要な経費以上の金額が支払われていた。

スティグ・ラメル体制下のノーベル財団

私は当初、ノルウェー側のスウェーデン側に対する根本的な疑念について不思議に思っており、そのことを歴史的な建造物の一室で書き記した。一九〇五年は「それほど」遠くない時代であり、特に第二次世界大戦は昔の世代の人々にとって非常に身近な存在であった。ノーベル賞の制度の内情がよくわかってくるにつれて、ノルウェー側の中で疑念を持つ者たちが言ったこと、すなわち、ストックホルムにあるノーベル財団は明らかにオスロで行われることに対して影響力を持っていた、ということが私の中で次第に確信めいたものとなっていった。しかし、重要なことは、その影響力がしばしばより良い形で及んでいたということであった。ドランメン通り一九番地での建設問題がその好例であった。一九八四年から八五年にかけての事務所の全面改装に関してイニシアティブを取っていたのは、理事会議長のスネ・ベルグストロームと理事のスティグ・ラメルであった。ある時に彼らがオスロを訪問した際、建物の劣化具合を見て非常にショックを受けていた。理事の控室で彼らを最初に待ち受けていたのは、古くなっていた洗面台であった。これを機に行われた改修によって、建物はしばらくぶりに非常に良い状態となった。しかし、「現代化」というものが歴史的価値のある家具に影響を与えすぎたということとは別問題である。残念なことに、建物を特徴づけていたアールヌーボー調のデザインは、モダンなスカンディナビア的なデザインに取って代わられた。

これまでに記してきたように、ラメルは私がノルウェー・ノーベル研究所での活動を幾分多く行うことに関してとても肯定的であった。彼は私をサポートしたがっていた。一九九〇年から九一年にかけて、ノーベル研究所に研究部門が設立されることになったが、そのためには研究者のためのオフィスが必要であった。私たちはそれらのオフィスを屋根裏部屋で見つけ、そこで私たちはスウェーデン語で屋根裏部屋を意味する「vinden」という言葉を学ぶこととなった。スティグ・ラメルは改修に五〇〇万クローナの費用がかかると見積っていた。私たちは確かにノーベル財団に年間二三万スウェーデンクローナを「家賃」として支払わなければならなかった。というのも、それらのオフィスは平和賞委員会の特別経費として認識されたためであった。

ラメルはノーベル賞における平和賞の重要性を尊重することに関して、はっきりとした考えを持っていた。ラメルは各地で見聞を広めてきた男であり、世界における平和賞の意味についても熟知していた。実際に、平和賞はそれ単体で他のノーベル賞を合わせたものよりも大きな注目を得ていた、という文言を用いることさえもあった。ノーベル賞の制度の中にいるスウェーデン人たち、正確に言うとノーベル賞関係者を含む多くのスウェーデン人たちは、そのようなことを聞くのを好ましく思ってはいなかった。彼らはそのような現実を理解していないことがよくある。私はストックホルムの様々なノーベル賞関連行事で多くの者に会ったが、オスロでめったに注目されない行事を行う私たちのことを、彼らは少し気の毒に思っていた。私は、人間の啓蒙における健全なる精神に基づき、その時には物事の状況について彼らを啓蒙する特別な責任があると感じている。

無論、私たちが様々なノーベル賞に関する祝福のメッセージをどのようにして伝えていくのか、というメディア戦略に関する問題も存在する。ラメルはスウェーデン側の戦略より、オスロで私たちが選んだプロのアシスタントを用いるという戦略の方に共感していたようであった。スウェーデン人たちはほとんどのことを自身の手でコントロールしたがっていたようであった。国際的な文脈ではその違いは小さく無視できるものであり、ラメルの寛大な理解があったにもかかわらず、私はスウェーデンとノルウェーとの間には明らかな違いがあるということを次第に確信していった。さらに、私がノルウェー北部の人間であるということも関係していた。私たちノールランド出身者はほとんどのことに関して自由闊達に話をし、言葉の機微あるいはニュアンスというものを全く好まない。オスロ出身の人間がさわやかでオープンな雰囲気の話し合いというものを話題にするのであれば、私たちにとってそれは単なる見解の相違である。

私はノーベル財団での最初の代表者会合のことを決して忘れることはない。その会合はノーベル賞の制度の中でも頂点に位置するものと言われていた。それは一九九一年四月のことであった。ノーベル財団の理事を退くことになっていたラメル「男爵」とノーベル財団の理事会は、理事会においてスウェーデン政府からの代表者を二名から一名に減らすことを支持した。著名なスウェーデン人経済学者で経済学賞委員会の代表でもあり、ノーベル賞の文脈の中では「反乱者」としてもよく知られているアッサール・リンドベックは、これは正しい方向に向かって進んでいると考えていた。なぜスウェーデン政府が理事会に代表者を出すことになっていたのか。ノルウェー側代表団の中では、ハンナ・クヴァンモ、コーレ・クリスチャンセン、そして私がこの案を非常に賢明な考えであるとして支持した。はじめに私が代表して少し話をした。その後、特別に議論があったかどうかについては思い出すことはできないが、その件はスウェーデン側の「議長」のベルグストロームが理事会の提案は過半数の支持を得たと要約することで終結した。何らかの投票が行われたとも私は全く思っていない。

さらに興味深かったのは、夕方に開かれたパーティーであった。その時、多くのスウェーデン側代表が私のところにやって来て、ノルウェーで理事会の提案に関する議論があったのかどうかを尋ねて来た。私は「あった」と言わざるを得なかった。尋ねてきたスウェーデン人たちは私が述べた考えに対して共感することもできたはずであるが、失礼極まりなかった。スウェーデン政府から理事会に委員を出すことを止めさせたのが、ノーベル財団だけではなくカール・ビルトの功績でもあったということは、ノーベル財団のこの問題に対する態度にとって特徴的なことである。私的な財団というのは、国からの代表者をメンバーとして持つべきではないのである。

一九九二年五月一日にラメルが辞任した際、ノーベル財団の資産は一五億スウェーデンクローナに上っていた。私は男爵の次の言葉を決して忘れることはないであろう。「もしあなたがお金を使いたいのなら、いつでも始めればいい」。

ミカエル・ソールマン体制下のノーベル財団

ミカエル・ソールマンは一九九二年から二〇〇一年までノーベル財団の理事を務めた。彼の指揮の下で、主な財源が最大で四〇億クローナにまで増えた。ノーベル賞の賞金は一九九二年には六五〇万クローナであったが、二〇〇一年には一〇〇〇万クローナに増額された。ノーベル賞の各委員会への補助もそれに伴い増加した。この時は良い時代であった。さらに、ミカエル・ソールマンはノーベルの若き助手であり、ノーベルの遺書の内容を実行に移しながら素晴らしい仕事を行ったラグナル・ソールマンの孫息子でもあった。ソールマンはノーベル賞の制度について熟知していた。

それでも互いの見解が異なることがあり、保守的なスウェーデン人と、より反抗的なノルウェー人との間で大きな緊張があったことであろう。二〇〇六年の初め、代替要員としてではあったものの、女性が初めてノーベル財団の理事会のメンバーに選出された。代替要員たちが定期的に会うのであれば、これは大きな進歩であったといえる。二〇〇九年にカシ・クッルマン・フィーヴェがノルウェー側の常任代表として選出された。ノーベル賞の文脈においてこのことは革命的なものであったことであろう。

ミカエル・ソールマン

基本的な保守主義の考え方は、ノーベル財団の経済的な投資における倫理的なガイドラインに関する問題にも現れていた。ノーベル財団が好ましくない企業に断続的に投資したとするニュースが報じられたのである。これらのほとんどは悪い形で取り上げられた。それはノーベル財団がこの分野に関してはっきりとした方針を持っていたからではなく、財団が利用していた投資会社自身がその倫理的な点に関心を持っていたから、というのがその理由の大部分である。多くの騒動と理事会での多数の猛反対の後、国連が実際にその分野において推奨していた極めて一般的な規則をノーベル財団が用いることで落ち着いた。

しかし、一九九〇年代にはノーベル賞に関して、業務には直接関係のない活動が大幅に拡大されるようなことが起きていた。ストックホルムではインターネットサイトが開設され、ストックホルムとオスロの両方にノーベル博物館が建てられ、メディアに関する方針が以前よりも一層重要となっていった。ソールマンはこの新たな活動の大部分をコントロールすることを望んでいた。ノーベル財団はこれら全ての新たな活動に対して大きな責任を持つ必要があったようであり、例えばノーベル賞のロゴマークの使用に対する共通のガイドラインなどがなければならなかった。これは確かに正しかったかもしれないが、ノーベル賞の制度の強力な中央集権化を現していた。このとき、オスロにあるノーベル委員会との衝突に加え、ストックホルムでのこの新たな活動に携わっているリーダーたちとも部分的な衝突が起きていた。

第一に、ノーベル財団はストックホルムとオスロの新たなノーベル博物館に対して一銭も払いたがってはいなかった。そのような援助はアルフレッド・ノーベルの遺書の内容に一致しない、というのがその理由であった。ノーベル財団がオスロのノーベル平和センターへの資金を配分することを認めなかったと私たちが伝えた際に、ノルウェー側の国レベルあるいはスポンサーの間では不思議に思った者が多かった。ノーベル財団には確かに潤沢な資金があった。それでも、ノルウェー・ノーベル委員会からの提案後すぐに、ノーベル財団は理事会全体をそのセンターに設けることとなった。実際には、財団は常に委員会の提案に従っていた。

ノーベルの遺書に対するソールマンの提案はやや選択的であったと言わざるを得ない。無論、ウェブサイトやその他のメディア活動に関しては、ノーベルの遺書の中には一言も書かれていない。それでも、それらの活動を援助するのに十分な予算を与えることはすぐにでも可能であった。財団がノーベル博物館に資金を与えなかったのは正しかったようである。それはおそらく、すぐに高額な資金に関することが話題になると考えられたからである。その時、私たちにとっては、国やコミューネ、そして個人的なスポンサーから資金を調達することを試みる方がより良い方法であった。しかし、このような選択的な論争はあまり良いものではなかった。

第二に、誰がノーベル賞のメディアに関する方針を策定するのかということについて多くの議論があった。オスロで平和賞がメディアにますます大きく報じられていることに、私たちは誇りを持っていた。平和賞関連の番組がストックホルムでの番組よりもある程度明らかに広く受け入れられているということを私たちは示すことができた。ソールマンはラメルが続けていた政策とここで完全に袂を分かつことになったのである。

従って、私はストックホルムにおけるメディアの一元化の試みに対して注意を払っていた。ストックホルムにあるノーベルメディア社がノーベル賞関連番組をコントロールしようと試みたことは、原理的には正しいことであったが、私は現代のメディアポリシーとは何たるかというのがストックホルムでは理解されていないと確信していた。その確執はひどかったことであろう。私たちは、ノーベルメディア社の下で毎年放送される、平和賞受賞者に関するしっかりとしたドキュメンタリー番組を始めることを余儀なくされた。その後、そのドキュメンタリー番組は経済的理由で廃止され、信頼関係が崩れていった。私が最初にスポンサーとの契約にサインし、その後にノーベル財団のためにそれらを提出するというようなことが起きていた。ノーベル財団が意見を出してきて私たちが財団の要望を加えても、彼らは依然として契約書にサインしたがらなかった。延期となった場合、それは私たちが契約を失うことを意味するということを私は知っていた。これが特に当てはまる件として、ノーベル平和センターとオスロでの平和賞コンサートにおよそ四〇〇〇万クローネを与えようとしていた会計監査会社のＫＰＭＧとの、世界規模での契約のことが思い出される。その時、もし私が仕事を失っていたら、オスロ大学の歴史学の研究部門が私に仕事をくれるかどうかを調べなければならなかったであろう。大学に仕事のあてはあったものの、その必要はなかった。

それでも、オスロにいる私たちはストックホルム側との確執と上手く付き合っていた。ソールマンは指導力を発揮することも可能ではあったが、彼はノルウェーとスウェーデンの間に確執が起きることを望んでいなかった。全く衝突を回避しようとしないノールランドの人間にとって、これは交渉において強いポジションにあることを意味した。かくして、私たちは財団のスポンサーに関する方針を改革することができた。しかし、ノーベル賞、委員会、そして研究所といった主要な活動を後援することについて取り上げられることは全くなかった。賞の授与は、そのようなこととはっきり区別されるべきであった。しかし、私たちは博物館やコンサートを通して商業的な活動を行うことになり、ノーベル財団がこの部分に関して全く経済的な援助を与えなかった時には、スポンサーを入れなければならなかった。

第三章

二〇〇〇年～二〇〇八年

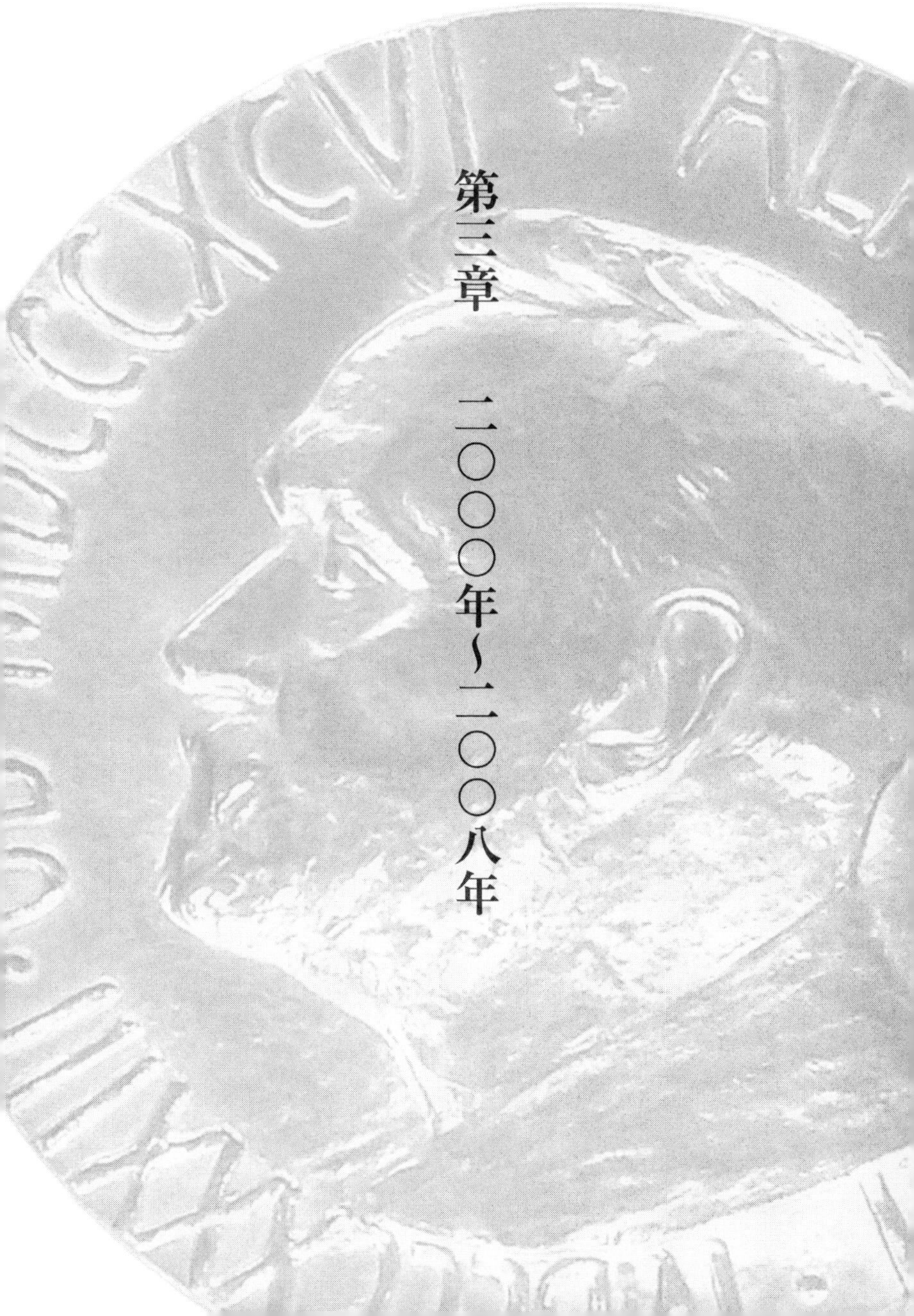

厳しい時代へ

ノーベル委員会の年譜をそれぞれの委員長と結びつけることは魅力的なことである。そのような年譜は、委員長たちが委員会の職務において支配的な影響力を持っているという印象を与える。無論、彼らは影響力を持っているものの、委員会のその他四人の委員を過小評価するのは早計である。彼らは自身の関心や優先事項を持っているため、いつも委員長に従う用意ができているというわけでは全くない。委員会の職務では、互いの話に耳を傾け、互いに調整していく意志が求められる。グンナル・ベルゲやオーレ・ダンボルト・ミョースは支配的な委員長ではなかった。

グンナル・ベルゲ

グンナル・ベルゲは一九九七年にオドゥヴァール・ノーリの後任として委員会に加わった。フランシス・セーイェルステッドがほのめかしていたように、労働党はセーイェルステッドが三年後に退任したら彼が委員長になるべきであるという青写真を描いていた。委員長の選択肢の一人にグンナル・ストールセットがおり、彼は間違いなくそのことを歓迎していた。しかし、ノーベル委員会の委員長にオスロの司教を迎えるという雰囲気ではなかった。好ましくない役割が重なる可能性があったのである。シッセル・レンベックは自分にその資格があると考えており、グンナル・ベルゲよりも明らかに長く委員会に在籍していたが、ベルゲがより良い資格者としてみなされ、そして選ばれた。

二〇〇〇年から二〇〇二年までの間、ベルゲがノーベル委員会の委員長を務めた。全員が彼のことについて好意的に話していたが、それには十分な理由があった。彼はその類に入る最後の人物であった。ベルゲは、スタヴァンゲルのローゼンベルグで板金工として自身のキャリアをスタートさせ、労働組合や政党を通して政治的教育を受けた。彼はグロ・ハーレム・ブルントラントの後に労働党党首を引き継ぐことができたかもしれないが、それを望まず、最終的には故郷のスタヴァンゲルでノルウェー石油理事会の理事長になることを選んだ。グンナルは財務大臣と地方自治大臣を長年務めてきた。彼は『職業教育修了証を持つ王へ』という回顧録の中で、ノーベル委員会のことも含め、自身の経歴やノーベル委員会のことについて記していた。ノーベル委員会の委員長として、彼はノーベル財団の理事会におけるノルウェー側代表にもなった。そこでは理事会の席に座っていたスウェーデンの経済専門家と対等な立場で参加することができ、互いが互いを好ましく思っていた。

グンナル・ベルゲ

グンナルの国際問題に関する知識は限られたものであったが、穏健な手法でノーベル委員会を統括した。

彼はリラックスした雰囲気を醸し出し、笑いに溢れていた。自身の回顧録の中で、二〇〇二年にカーターを受賞者に選んだことに対しては懐疑的であったと述べていたものの、彼は限られた政党政治的な意図しか持っていなかった。受賞者としてアメリカの大統領を選んだことの意味を労働党がよく理解していない、と彼が考えていたことがその理由の一部であったのであろう。

グンナルは、彼が統括していた省庁の様々な事務局長がその職務を果たしていたという状況に慣れてしまっていたのか、委員会の事務局長はなおさらその務めを果たすべきだ、と頭では思っていた。しかし実際には、ノーベル研究所の活動にはほとんど干渉することはなかった。ノーベル平和センターに関する主導権を取ることに関して、私たちがグロ・ハーレム・ブルントラントやイェンス・ストルテンベルグを説得することができなかったことは、彼にとっての敗北であった。私は代わりにキリスト教民主党の支援を求めなければならなかった。

グンナルは自分が授賞講演を使って得た数多くの手助けを嬉しく思っていた。彼は落ち着いた話し方をしたいと考えており、いくつかの詩を、特にノルウェー西部のローガランドにゆかりのある詩を好んでいた。彼は大きな会議で講演することに慣れていたせいか、少し無頓着になっていたのかもしれない。特に二〇〇二年には、彼が行う予定であった講演の原稿に個人的に携わる時間や機会がなかったことがはっきりとしていた。発表は準備不足を露呈する結果となった。その年、私は首相官邸のモルテン・オースランドから、授賞講演の原稿を作るための手助けを行う必要があるかという質問を受けたが、私は断った。たとえそのように手助けを受けることはあっても、少なくとも首相官邸から手助けを受けるようなことはないであろう。

オーレ・ダンボルト・ミョース

二〇〇一年のストーティングの議員選挙で労働党は大幅に議席を減らした。その結果、グンナル・ベルゲが委員長であったのは三年間だけであった。長年ノーベル委員会で過半数を得ていた政党が、今ではわずか一人の委員を出すだけになっていた。シッセル・レンベックが任期を務めることになったため、グンナルは再選されず、五つの異なる政党出身の五人の委員が在籍している状況となった。

オーレ・ダンボルト・ミョース

シッセル・レンベックは長年、委員会の職に就いていたため、次の委員長となるべき理由は数多くあった。しかし、委員会を離れる委員たちの間には、彼女が委員長としての素質を持っていなかったという幅広い共通認識があった。その新たな委員たちは彼女のことについてあまりよく知らなかった。私は彼女が選ばれないよう努めた。それは彼女が大きな会議に出席することを好んでおらず、また彼女の英語能力が十分ではなかったためであった。しかし、ベルゲ・フッレは私たちが通訳を用意できると考えていた。というのは、彼らにはストーティング内にある農業委員会でその経験があったためであった。私たちは皆、評価すべき基準となる様々な考え方を持っている。ベルゲ自身はポルトガル語を学んだことがあり、ラテンアメリカ、特にブラジルとの関係について並々ならぬほどの関心を持っていた。オーレ・ダンボルト・ミョース、カシ・クッルマン・フィーヴェ、そしてインゲル＝マリエ・イッテルホルンら非社会主義勢力からなる過半数の人間は、決してレンベックを選ばなかったであろう。

カシ・クッルマン・フィーヴェとの競争の結果、最終的にオーレ・ダンボルト・ミョースが選ばれた。彼は労働党と社会主義左翼党によって選出され、保守党と進歩党が反対し、さらにはキリスト教民主党がその場にいたという奇妙な状態になっており、神経を使う状況であった。オーレは誰が自分を委員長として選んだかについて確信を持っており、あらゆる望ましい関係の中で橋渡しの役割を果たす最高権力者、というのが彼にとって最も重要な価値観であった。オーレとベルゲ・フッレはキリスト教の活動に従事していた頃からの旧知の仲であり、私も一六年間トロムソ大学で教授をしていた頃からオーレのことを良く知っていた。彼は人気のある学長であった。非常に大きな体格で、誰に対してもフレンドリーで公平に接していた。彼はあらゆる問い合わせに対して「Ｙｅｓ」の返事をしたがっていた。彼は心臓医師として重要な学術的業績を打ち立てたことに加えて、トロムソで市議を務めたことがあり、特に弱者やアルコール依存症に関する問題に対して個人的に取り組んでいた。この分野において彼は信じられないほどの業績を残していた。またオーレは国際問題に関しても深い関心を持っていたが、委員長として登場するために必要な国際問題に関する知識を、彼が果たして持っているのかという強い疑問が私にはあった。より正確に言えば、彼がそのような知識を持っていなかったと私は確信していた。このことが私たちの間に問題を引き起こした。

困難な船出の後、私は良い形で彼と協力することになった。彼はポジティブな考え方によって多くの人間やメディアを魅了した。毎年の受賞者発表の場では特にそうであったが、私はあらゆる重要な機会で、彼に対して最高の形でブリーフィングを行った。不完全な知識が容易に露見される機会はこれ以上になかったが、ブリーフィングは私が心配していたよりも上手くいった。

オーレは誰かに反対することを好んではいなかった。それは彼にとって最悪なことであった。委員会の最終会合の席で、結論を下すよう彼に圧力がかけられなければならないようなことが起きていた。しかし、彼はレンベックとフッレによって選ばれ、再選を心から望んでいた。彼は最終的に彼らの考えを特によく聞くようになっていた。彼ら三人は自身を委員会における左派とみなしており、平和賞受賞者に関する決定を何としても行いたいと思っている節がたまにあり、それが彼らの政治性を示すこととなった。彼らが顧問による調査に大きな必要性を感じていたというわけでは必ずしもなかった。その決定はやはり非常に「政治的」なものであった。フィーヴェとイッテルホルンは自分たちの仕事に対して称賛を得ていたが、支援はそれほど多く得られなかった。この頃は委員会の歴史の中でも上手くいっていない時期であった。特に、二〇〇三年から二〇〇五年にかけてのシーリーン・エバーディー、ワンガリ・マータイ、そしてIAEAとモハメド・エルバラダイの受賞時がまさにそうであった。

委員会の委員の組み合わせは毎年同じであるべきではない。そうなれば、毎年同じ人物が否決されてしまう。その場合、そのようなことが起きるのを防ぐように委員長が仕事をしなければならない。次第にオーレ・ミョースが自身の経歴をもって頭角を現していき、また同時に、ベルゲ・フッレは明らかに勢いを失っていった。寂しいことではあったが、委員会内の雰囲気はより良くなっていった。

オーレは委員会に六年間在籍した。彼の任期が二〇〇八年に終了した際、キリスト教民主党はもはや委員を出す資格を持っていなかった。オーレが委員会を離れたことには心が痛んだ。しかし彼はその後、ひどい病に侵された。そのため、もし彼が新たな任期を務めていたら職を全うすることが不可能であったであろう、と思い安心した。

受賞者

二〇〇〇年
金大中

一九九〇年から二〇一四年までのノーベル平和賞受賞者たちの中でも、金大中はおそらく最も嬉しがっていた受賞者であったと思う。その最大のライバルはおそらくジミー・カーターとムハマド・ユヌスであった。エリ・ヴィーゼルもまた、受賞を非常に嬉しがっていたと言われていた。

金大中

金大中は受賞に向けて長年精力的に活動してきた。彼が二〇〇〇年に受賞した時、一つの夢が実現した。非常に寡黙なこの男性は満面の笑みを浮かべていた。二〇〇一年に平和賞の一〇〇周年記念を祝った際、彼はとても大きな喜びを抱いてオスロに戻ってきた。彼がオスロへ外遊する真の理由、すなわち平和賞の一〇〇周年を祝うという理由を隠すために、ヨーロッパの複数の国を訪問する予定を組み込んだ、ということを私たちは教えられた。彼はその後も再びノルウェーへと戻ってきた。彼はこの地をとても好んでいたのである。

二〇〇〇年の受賞までの道のりは長く険しいものであった。金大中は一九二五年、日本統治下にあった朝鮮の中産階級の家に生まれた。商業学校を卒業後、商売で多くのお金を稼いだ。朝鮮戦争中、彼は朝鮮民主主義人民共和国（朝鮮／北朝鮮）側の人間によって捕えられたが脱走した。二度の失敗の後、彼は一九六一年に大韓民国（韓国）の国会議員に当選した。選挙の三日後に軍事クーデターが起き、国会は解散された。朴正熙《パクチョンヒ》少将が権力を掌握し、そのような状況が続いていた。当選するための新たな試みの度に、軍部からの新たな妨害を受けた。一九七一年に彼は大統領選挙に挑戦した。彼は四六パーセントの票を獲得したが、大統領の三選を可能にするよう憲法を改正した朴大統領に敗北した。金大中は少なくとも五度にわたって暗殺されそうになった。そのうちの一度は、一台のトラックが彼の車に衝突してきた。金大中と彼の支援者二人が重傷を負った。彼は生き延びたが、以来、歩行障害を抱えるようになった。

朴は自分が望む限り大統領の椅子に座り続けることを決めた。金大中は彼の一番の政敵であった。一九七三年、金大中は東京のホテルで韓国の情報機関のエージェントによって拉致された。彼は海岸に運ばれ、コンクリートのおもりを体に取り付けられ、船外に投げ出されそうになった。その時に閃光の中に神を見た、と彼は嬉しそうに話している。神が姿を現し彼の命を救ったが、神がＣＩＡからの支援を受けていたことは疑いようもなかった。彼らはそこで何が起こりかけていたかについて通報を受けていたのである。拉致した韓国人グループたちは諦めた。金は自宅軟禁となり、その後、刑務所に入った。一九七九年一〇月に朴が殺害された後、金は釈放されたが、新たな軍事体制が続いた。彼は当初死刑判決を受けたが、すぐに無期懲役に減刑され、その後懲役二〇年に減刑された。しかし、彼は一九八二年にアメリカへの渡航許可を得、「特別研究員」としてハーバード大学の国際問題研究所で多くの時間を過ごした。一九八三年の春学期には私もその場所にいた。私たちは民主主義と人権のために彼が行った闘争の一部始終を知っていたが、彼とコミュニケーションを取ることは容易ではなかった。彼の英語は非常につたないものであった。

金大中は一九八五年に韓国に戻り、一九八七年に赦免された。彼は一九八七年と一九九二年に大統領選挙に再度挑戦したが、二度とも敗北した。一九九二年に彼は政界引退を表明した。自身で述べていたように、彼は「道徳原理と政治原理の研究を続けるために」引退したが、その後、新たな決断をし、一九九七年一二月に彼はついに韓国の大統領に当選した。彼はわずか四〇・三パーセントの得票率であったが、野党側が分裂したため勝利した。南西部の全羅《チョルラ》道《ド》出身者が韓国の大統領になるのは初めてのことであった。韓国の地域対立は極めて顕著であり、金大中は大統領任期の初日から過酷な攻撃を受けてきた。政治情勢は厳しいものがあった。一九九七年、韓国は東アジアの多くの国と同様に、深刻な経済後退のあおりを受けており、無論、大統領にも影響を与えたことは言うまでもなかった。

金大中は一九八〇年代からすでに、ノーベル平和賞に注目し始めていた。民主主義と人権のための彼の闘争は多くの点で非常に印象的であった。彼は自身の信念のために本当に苦しんでいた。彼が一九九七年に大統領に当選した時、一九九〇年代の自由化の時代の後に訪れた民主主義国家としての韓国にとって決定的な転機を迎えた。情勢は依然として芳しくなかったが、野党と軍部は互いを認め合っていた。このことは朴大統領の下で起きていた急速な経済成長が、遅かれ早かれ民主主義につながっていくことに関する兆しであった。一九六〇年時点の韓国はガーナと同程度の生活水準であったが、二一世紀になって以降は次第に南ヨーロッパの多くの国々と同程度の生活水準に達していった。金大中の当選後、政治的・地域的な分極化は依然として顕著であったが、民主主義の考え方は確固たるものとなっていった。

多くの人々が金大中をアジアのマンデラと呼んだ。彼は自分を投獄し続けて命を奪おうとさえした朴大統領に対して、公式的に「許し」を与えた。彼は韓国外でも民主主義に対して明確に関与することを示した。一般的な西洋的な人権の考え方とは相容れない、ある方面では支持されている「アジア的価値観」という考え方を、彼は否定していた。シンガポールのリー・クアンユーが長らくこの「アジア的価値観」の主な唱道者であった。これに対して、金大中は多くのアジア文化に存在する民主主義的な考え方にもつながる原理を強調していた。彼は孔子の弟子である孟子を引用した。「君主は天の子だ。天は民に善政を施すためにその天子を送った。天子が天の意に背いて民を抑圧すれば、民は天に代わって天子を追い出す権利がある」。同様の思想は、西洋的な民主主義思想が普及し始める数百年前、あるいは数千年前から仏教とヒンドゥー教の両方に存在していた。金大中は「アジア的価値観」の概念を、地位を脅かし得る選挙および他の制度を弱体化させるための独裁者による試みとみなした。

金大中はビルマの体制に対する批判や東ティモールでの解放闘争も支持していた。平和賞が一九九一年と一九九六年にそれぞれビルマと東ティモール出身者に与えられたことを考えると、このことがノーベル委員会の印象に残ったのは自然なことであった。それでも、彼の民主主義との関係は完璧なものではなかった。彼の指導下にあっても韓国には政治犯が依然として存在しており、労働者の権利は十分ではなかった。この点は委員長のグンナル・ベルゲが金大中に関する授賞講演の中で示していた点でもあった。ノルウェー国内の多くの労働組合が委員会とコンタクトを取り、韓国における不十分な職業的権利について指摘していた。

金大中が平和賞を受賞した主な理由は二つある。一つは、民主主義と人権に対する長年の精力的な関与であり、もう一つは北朝鮮に対する「太陽政策」であった。多くの良い候補者の一人であった彼を受賞者にさせたのは二つ目の理由の方であった。彼は北朝鮮に対するアプローチを構築したがっており、それは将来的に朝鮮半島の統一に貢献し得るようなアプローチであった。彼は一九九八年の大統領就任後すぐにこの新たな方針を打ち出した。朝鮮民族の最終的な再統一によって生じるであろう莫大なコストが懸念されたが、彼の政策はヴィリー・ブラントの東方外交に最も類似していた。一九九八年に彼は次のように表明した。「私たちは、西ドイツが東ドイツを吸収した後に東西ドイツ国民を襲った、政治的・経済的・心理的問題に関するあらゆることを知っている。もし私たちが北朝鮮を弱体化させ併合することを試みる場合、どのような困難が待ち受けているかを想像することさえもできない」。

統一は段階的・自発的に行われなければならなかった。北朝鮮側は躊躇した。これは体制を弱体化させるための巧妙な企てであったのであろうか。その後、北朝鮮側は態度を軟化させた。ピークは二〇〇〇年六月の、北朝鮮の指導者であった金正日との首脳会談であった。首脳会談の開催は金大中にとっての大きな勝利であった。彼は長年、平和賞の候補者であった。首脳会談が行われた年に彼が平和賞を受賞したことは偶然ではなかったのである。

しかし、首脳会談は十分に準備がなされていたというわけではなかった。二国間の平和条約を誰も期待してはいなかった。議論されることになる適切な議題もなかった。それでも、会談は明らかに成功であった。金正日は「無条件対話」について触れた一方で、金大中は朝鮮半島に住む七〇〇〇万の人々を戦争の恐怖から解放することに貢献したいという希望を胸に平壌にやって来た、ということを述べた。完全な分断から数十年後に両国の指導者が対面した、ということ自体が画期的なものであった。朝鮮戦争以来、必要最小限の接触しかなかった離散家族の再会に関するプログラムの実施について、両者は同意した。貿易と投資が段階的に増えていくこととなった。北朝鮮は輸出品をあまり多く持っていなかったため、物資や投資に関する声明は韓国側から北朝鮮側へのものがほとんどであった。また、情報の伝達が促進されることとなった。時期は設定されなかったものの、金正日のソウル訪問が決定した。首脳会談は北朝鮮との接触の扉をさらに開くこととなった。その結果、アメリカ国務長官のマデレーン・オルブライトが二〇〇〇年一〇月に北朝鮮を訪問した。ビル・クリントンも訪朝を心から望んでいた。

しかし、金正日のソウル訪問は実現しなかった。クリントンの訪朝も実現しなかった。鉄道の駅が建設されたが、北と南の間で列車の運行は無かった。投資規模は想定されたものよりも小さく、北朝鮮側から慎重に制限がかけられた。数回にわたる離散家族の再会が実現したが、北側からの参加者は政治的な形で選ばれており、亡命を防ぐためのあらゆる方策が取られていた。南から北へ大規模な人道支援がなされた。

北側の独裁体制が平和賞を受賞する可能性に関しては言うまでもなく話題にすらならない。今なお残忍さと非効率性を帯び続けており、多くの国民が経済政策の失敗によって命を落とした。金正日は政策の失敗の責任を「官僚」たちに負わせている。「朝鮮半島における和解と実現可能な再統一を推進する、北朝鮮や他国の指導者による貢献に対して、称賛を送ることを望んだ」という委員会の発表における この短い言及に対して、北側の体制は満足したに違いない。

二国間にはいまだ多くの課題が残っているということは誰もが知っていることであった。朝鮮戦争後に両国は和解さえもしていなかった。金大中の決まり文句は一種の連邦制の形を取る「一民族、二体制、二つの独立政府」であった。北朝鮮側は「緩やかな連邦制」という考え方を示した。それでも、委員会は「朝鮮半島における冷戦が終結するという希望は、今なら存在し得る」ということを慎重に述べた。委員長のベルゲは「冒険しなければ何も得ることはできない」と述べた。再統一には時間がかかるかもしれない。しかし、「太陽政策が朝鮮半島の冷戦における最後の部分を溶かすのを世界は見ることになるだろう」。

長らく、韓国での太陽政策の人気はまずまずであった。その政策は人間味のある安心感と、その後のより大きな結果につながるという希望をもたらした。多くの国々で金大中は偉大な英雄としてみなされていたが、韓国での彼の人気は衰えていった。韓国はアジア危機の後に急速に回復したものの、景気後退は事態をマイナスの方向へと導いていった。地域的な分極化が厄介な問題であった。後に誇張であることが示されたものの、金大中が自身の出身地を贔屓しているという非難が多かった。彼の外遊は不評であった。彼が平和賞を受け取るためにオスロを訪問することに対して実際に大部分の者が反対していた。

金大中は友人や支持者、報道関係者でいっぱいのジャンボ機でオスロへやって来た。私たちは彼の足の容態がいかに悪いかということをいろいろと聞いており、彼はどのようにして飛行機の長い階段を降りてくるのだろうかと思っていた。しかし、それは驚くほど上手くいっていた。彼は特別な手助けなしに無事に降りてきた。訪問中における最大の具体的な問題が解決した瞬間であった。彼は様々な場面で必要に応じて小さな足取りで歩くことは可能であった。さらに、彼は自分がいる部屋を常に暖かくしておくことに異常なまでにこだわっていた。二七度が彼にとっての最低室温であった。護衛の者が常に事前に室温が正しいことを確認していた。そのため、私の在任期間中最も暑いノーベル賞の祭典となった。室温は三〇度を超えることも頻繁であった。本当は二〇度以上にはしてほしくなかったということを、英語がある程度話せるという彼の親愛なる妻の李夫人が私に教えてくれた。自分の家でも同じ問題を抱えている、ということを私は伝えた。私にとっての最適な気温は二〇度であり、私の妻は二五度以上にすることを好んでいた。暖かいところを好む彼らに、一緒にいられるようにパートナーを交換し合おうか、と私が申し出た時、李夫人は大いに笑っていた。

授賞式期間中の最大の見どころは、韓国人のスミ・ジョーがコンサートで朝鮮民謡のアリランを歌った場面であった。それは金大中にとって大きな出来事となった。オスロ訪問中の最も特別なエピソードといえば間違いなく、金大中、李夫人、私、そしてセキュリティエージェントがノーベル研究所のエレベーターの中に閉じ込められた時であった。研究所のエレベーターは万全の状態ではなかった。そのため、私たちは彼の訪問直前にエレベーターを整備できる人間を雇っていた。その後、韓国人関係者たちが何度もエレベーターをテストした。大統領が最終的にやって来た時には、エレベーターはすでに消耗していた。私たちはエレベーターに乗り、エレベーターが少し動いてから二〇分ほど閉じ込められた。私はそこにいた人々を励まそうとした。後に大統領は、私が非常に落ち着いていたのは以前に何度も同じようなことを経験しているからに違いない、と話してくれた。

金大中にとっての大きな驚きは、ジョージ・W・ブッシュがホワイトハウスを引き継いだ後の二〇〇一年三月のワシントン訪問であった。クリントンは金大中と太陽政策に対して肯定的であった。国務長官のコリン・パウエルはなるべくこれまでの政策が継続されることを望んでいた。それにもかかわらず、「体制転換」すなわち北側における新体制をブッシュは望んでいた。金大中が滞在していたまさにその日、私は研究旅行でワシントンに滞在している最中であった。政策のシフトはかなり公然と行われた。「体制転換」に重きが置かれたことは金大中にとって明らかに大きな敗北であり、太陽政策に関する自身の貢献がありながらも、相当数の在韓米軍が引き続き駐留しなければならないという考え方を維持していた。彼は金正日が首脳会談でこの点について賛成を示していたことを主張した。ブッシュは二〇〇二年一月の一般教書演説の中で、悪の枢軸のメンバーである三ヵ国、すなわちイラク、イラン、そして北朝鮮を名指しした。北側の体制は世界で最悪の独裁体制の一つであり、核兵器を所有する計画も持っていた。それでも、北側にある政権を統治するというのは、いわば「言うは易く行うは難し」であった。何も起きなかった。

やがて、金大中が実際にノーベル平和賞を買収していたのではないかというしつこいうわさが広まり始めた。韓国の企業が二〇〇〇年の首脳会談に関連して数百万ドルを北朝鮮側に支払っていたという疑惑が浮上した。これが首脳会談の成功と将来的な経済的つながりを促進させた、ということであった。金大中に関する批判的な著書である『金大中神話』を書いたドナルド・カークは、これら全てのことを「首脳会談とノーベル平和賞後の熱望の中に組み込まれた汚職」という形で表現した。

私自身は三度韓国に滞在した。一九九七年、私のおよそ一週間の滞在期間中に金大中が私に会いたがっていたことは明らかであった。韓国のことについてできる限り多くのことを知りたいが、ノーベル平和賞の候補者として知られていた人々に会うつもりはない、ということを私は明確にしていた。金大中を加えた数名がそれに該当していた。私が彼の受賞後に二度韓国を訪問した際、贈賄に関する非難について多く取り沙汰されていた。私は大手のテレビ局のうちの一つに四五分間にわたってインタビューされた。ほぼ全ての質問が取り沙汰されていた汚職に関するものであり、ノーベル委員会に向けられたものでもあった。無論、委員会は彼から金銭を受け取ってはいなかった。それでも、私の一貫した否定は大きな疑惑として受け取られた。もはや何の助けにもならなかった。

二〇〇〇年の絶頂以降は、金大中にとって下り坂となる時代が続くこととなった。韓国の大統領は通常一期のみ在任する。たとえそうでなくても彼が再選されることはなかったであろう。二〇〇三年に彼が辞職した際、健康状態が非常に悪化し始めていた。彼は二〇〇八年にスタヴァンゲルで開催されたポイント・オブ・ピース・サミットに参加したが、非常に衰弱していた。それが彼を見た最後の機会であった。彼はノルウェーに滞在したことと平和賞受賞者として再度祝われたことを本当に喜んでいた。一方、金額は四億五〇〇〇万ドルから八〇億ドルと様々ではあったものの、北朝鮮に対する贈賄の非難は強まっていった。その後、二〇〇〇年の首脳会談の開催直前に、北朝鮮側へ四億五〇〇〇万ドルを支払うよう現代グループに圧力がかけられたということが明らかとなった。

いずれにせよ、太陽政策は人々が願っていたような結果をもたらすことはなかった。北朝鮮は依然として世界最悪の独裁国家の一つである。一定の経済再編が行われたものの、経済は悲惨な状態のままであった。制限に関して合意はなされたものの、核開発プログラムは継続されていた。もし北朝鮮が国際社会に組み込まれれば、様々なレベルで再編がもたらされたのかもしれないが、全くそうはならなかった。しかし、金大中は太陽政策に組み込まれたままであった。彼は北朝鮮における状況を批判することができないようであった。批判はすぐに「ゴシップ」として定義された。金大中は二〇〇九年八月一八日に亡くなった。彼の得た最大の喜びの一つは、ノーベル平和賞を受賞したことであった。

二〇〇一年
国際連合
コフィー・アナン

ノルウェー・ノーベル委員会がノーベル平和賞一〇〇周年を祝ったこの年も、いつものように多くの候補者や様々な考えが委員会内に存在していた。それでも、平和賞が国連に与えられるのはほぼ避けられないことであった。平和賞の歴史において最も強く、そして最も古い方針とは、より良く組織された世界のための活動の重要性を正しく評価することである。ノルウェーのように小さく、国際的文脈において進歩的な国にとって、国際協力のために活動することはおよそ当然のことである。それは理想主義的な側面を満たし、小さな国がほとんど持っていない「腕力」の重要性を低下させることに貢献している。委員長のグンナル・ベルゲはこの年の平和賞の授賞講演の中で、一〇〇周年に際して平和賞の歴史における主要なテーマである「より良く組織された、より平和な世界に対する願い」を打ち立てる必要性を委員会が感じていたと述べ、「国連以上にその願いを象徴し、現実をより良く表しているものはない」と述べた。

第一次世界大戦までの年には、平和賞のほとんどは組織的な平和運動の代表者たちに渡っていた。それらの受賞者は、列国議会同盟を通じた議会レベルの関係者や、国際平和ビューローを通した市民レベルの関係者であった。それは国家と世界の人民との間における友愛と協力を図るための活動の強化を目的とした試みであり、脆弱ではあったが初めてのものであった。

一九一四年に第一次世界大戦が起きた。大衆は戦争に対して立ち上がらず、むしろ明らかに戦争を支持するようになった。短期間のうちに勝利するであろうと考えていた戦争に対してである。戦争は四年以上続き、敗戦の傷跡は広範囲に及んだ。第一次世界大戦後、国際連盟が戦争を回避し、平和や国家と人民との間の協力を深める大きな試みとなっていった。国際連盟の設立を強く鼓舞したアメリカのウッドロー・ウィルソン大統領は、第一次世界大戦は「将来の戦争を終結させる戦争となるであろう」と述べ、世界を「民主主義にとって安全」なものにすべきである、と述べた。それでも、国際連盟はノルウェーの政治においては論争の的であった。労働党などの左翼陣営は国際連盟を戦勝国の組織としてみなしていた一方で、保守党員であったハンブロなどの右翼陣営の一部はノルウェーの主権に対する攻撃とみなしていた。当時ノーベル委員会を占めていた自由党にとって国際連盟は大きな強みであったが、平和を脅かす国家に対して向けられる制裁のシステムを支持することには乗り気ではなかった。

コフィー・アナン

戦間期の平和賞受賞者のうち、少なくとも八人が国際連盟と関わりがあった。ウッドロー・ウィルソン（一九一九年）とフランスの政治家レオン・ビクター・ブルジョア（一九二〇年）は、この新たな組織のために人々を激励してきた指導者たちであった。一九二一年に共に平和賞を受賞したスウェーデンのカール・ヤルマール・ブランティングとノルウェーのクリスチャン・ランゲも国際連盟の支持者であった。フリチョフ・ナンセンの人道主義に基づいた政治（一九二二年）やナンセン国際難民事務所（一九三八年）は国際連盟と明らかに関連があり、イギリス人政治家のアーサー・ヘンダーソン（一九三四年）、ロバート・セシル（一九三七年）に対する平和賞は国際連盟における彼らの貢献と明らかに関連していた。セシル以上に国際連盟と終始密接な関わりがあった政治家はいなかった。他の多くの受賞者たちも、緩やかな形ではあったものの国際連盟と関連があった。元フランス首相のアリスティィード・ブリアンと元ドイツ首相のグスタフ・シュトレーゼマン（一九二六年）がこれに該当する。委員会の委員であったハルヴダン・コートによってなされた、国際連盟に直接賞を与えることに対する明確な反対意見だけが、そのような賞の授与を妨げていた。

国際連盟は第二次世界大戦の勃発を防ぐことができなかった。しかし、戦争の体験は国際連合に対する支持の一層の拡大をもたらした。全ての超大国が国際連合の設立当初から参加することとなった。ノルウェーではこの新たな組織に対する支持でほぼ一致していた。一九四五年から二〇〇〇年までの平和賞の中で、少なくとも一三の賞が国際連合と明らかに関連していた。コーデル・ハルはおそらく国連において最も重要な創設者として受賞し（一九四五年）、ジョン・ボイド・オアは国連食糧農業機関（ＦＡＯ）の創設者であった（一九四九年）。また、ラルフ・バンチは自身の中東での調停活動を理由に国連を代表して受賞し（一九五〇年）、一九六九年に平和賞を受賞した国際労働機関における中心的人物であったレオン・ジュオーも受賞した（一九五一年）。国連難民高等弁務官事務所は一九五四年と一九八一年の二度受賞し、ユニセフは一九六五年に受賞した。レスター・ピアソンは中東での平和活動を理由に一九五七年に受賞した。第二代国連事務総長のダグ・ハマーショルドは一九六一年に受賞したが、（その後の規定の変更により）その可能性が無くなったことから死後に授与された最初で最後の賞となった（初代国連事務総長のトリグブ・リーと特に第三代国連事務総長のウ・タントの両者は、平和賞受賞者と引けを取らないほどの真剣な候補者として挙がっていたが、委員長のグンナル・ヤーンはそれでは多すぎると考えていた）。ルネ・カサンは世界人権宣言の父としてみなされており、国連平和維持活動が一九八八年に受賞する以前に受賞していた（一九六八年）。他の多くの受賞者たちも、多かれ少なかれ国連の多くの様々な活動と関連があった。

一九四五年から四六年に託された期待に国連が応えることは、冷戦によって妨げられた。東西対立は、最も重要な国際問題の多くの場面で国連が隅に追いやられるという状況を招いた。最も顕著な例外は朝鮮戦争であり、国連は実際にアメリカをはじめとする西側を直接的に支持した。それは十分に起こり得たことではあった。というのは、共産主義国の中国が国連における代表権を引き継ぐことができないことに抗議するために、ソ連が安全保障理事会の主要な会合を欠席したためであった。

とはいえ、冷戦期の国連の活動に意味がなかったわけではない。国連は他の形で有益な役割を果たすことができた。平和維持活動は超大国がお互い直接的に前面には出ないような状況で行われていた。一九四八年の中東や、一九四八年以降のインド・パキスタン国境、そして一九六四年からのキプロスなどで、国連による多くの関与があった。これらの活動の多くは今日においても行われている。さらに国連は、一九四八年からの世界人権宣言の作成を通して、人権を強化するための重要な活動も行うことができた。脱植民地化が始まり、新たな国が国連に加盟するにつれて、アジアやアフリカにおける植民地の独立に向けたさらなる闘争が国際的なテーマの中心となっていくのは避けられないことであった。一九四〇年代終わりから、裕福な国から貧しい国への支援が次第に重要となっていき、国連の文脈においても最も重要なものとなっていったが、裕福な国がより多くの支援を行うことに対する圧力は一貫して存在していた。東側陣営はこの文脈において長らくほとんど役割を果たしていなかった。

冷戦終結後、国連はより一層中心的な役割を担うようになった。ミハイル・ゴルバチョフが新たな態度を示したことによって、国連は一九九一年の湾岸戦争で直接的に貢献することができた。国連はアンゴラ、ナミビア、そしてアフガニスタンからの旧ソ連の撤退に関係していた。平和維持活動の数は急速に増加した。それまでは関わっている兵士は一万人に満たないほどであったが、それが今では七〜八万人に上る。国連の監視団が世界各地での選挙に立ち会うようになった。

コフィー・アナンは一九九六年に国連の第七代事務総長に選ばれ、一九九七年から二〇〇六年までの二期一〇年を務めた。大人になってから人生のほぼ全てを世界の組織の様々な部門の中で過ごしたという経歴を持つ事務総長は、彼が初めてであった。アナンはアメリカで多くの教育を受けていた。ブトロス・ブトロス＝ガーリの事務総長再選に反対し、アフリカの国々と共にアナンの選出に賛成したのは、主にアメリカ人たちであった。

アナンは活動家であった。彼はイラクで、大量破壊兵器の所持を調査する国際的な武器査察団についての難題を解決しようとした。二〇〇三年のイラク戦争を回避することはできなかったものの、一回目の査察では彼の活動は成功した。コソボでは彼は西側諸国に対して明らかな共感を持っていたものの、ロシアと中国によって彼の公式的な役割が制限された。アナンはナイジェリアにおける民主主義の導入に関して中心的な立場にあった。彼は東ティモールの独立のプロセスに関与した。彼はレバノンでは極めて活動的であり、中東ではより総合的に関わっていた。二〇〇一年九月一一日のニューヨークとワシントンに対するテロ攻撃の後、国連もまた国際テロリズムに対する闘いに関与することが避けられなかった。アナンは国連内で大規模な改革に着手した。国連平和維持活動はふさわしい司令部を持つ非常に強力な機能を得ることとなった。国連人権委員会を通して人権が強化されることとなった。ミレニアム開発目標が起草され、次第に明らかな成功を収めていった。AIDSとの闘いは世界AIDS・結核・マラリア対策基金の創設を通して重要になっていった。世界の多くの問題の解決に向けて、産業活動もまた、より活発なものにするためのイニシアティブが取られた。

アナンはいつもの落ち着いた態度で、彼の想像する国連の新しい役割を、部分的にではあったが鮮やかな表現を用いて話すことができていた。国連憲章第二章第七条では、国内問題における国家の主権を保護していた。しかし、受賞講演の中でアナンは次のことを述べた。「国家主権はもはや、深刻な人権侵害に対する盾として用いられてはいけない」。これは非公式的にコフィー・ドクトリンと呼ばれた。介入というのは国連の文脈において困難を伴う用語であり続けてきたが、アナンはそれをポジティブな用語にしようと試みた。警察は暴力の使用を防ぐために介入し、医師は患者を治療するために介入する。国連は紛争解決のために介入すべきであった。このことが「保護する責任（R2P）」という考え方を通してより大きなプログラムにつながっていった。そのような「保護する責任」の考え方に基づいたプログラムの下で、紛争は認められる最低レベルになるまで速やかに解決されるべきであったが、国際社会は最終的にルワンダ、カンボジア、そしてボスニアでの殺戮のような大惨事を防ぐ義務を持っていた。

「保護する責任」という考え方は、アナン自身が強い批判を受けていたこれまでの国連での活動における二つの問題から部分的に発生したと思われる。一九九四年のルワンダ問題に関連して、アナンは平和維持活動の副事務総長として、国連の消極的な働きに対して非常に失望していた。彼は個人的に国連の介入を制限していた。このため、様々な委員会や研究がアナン個人に対しても明らかな批判を行い、その後に多少遅れてではあったものの彼は個人の立場で深く謝罪した。一九九五年のボスニアで起きたスレブレニツァの虐殺で、およそ八〇〇〇人のムスリムがセルビア軍によって殺害された際、国連は再び傍観者となった。両方のケースにおいて国連は実際にこの地域への影響力を持っていたと思われるが、特にルワンダ問題に関しては何が起きようとしていたかがすぐに明らかとなった。

アナンは、間違いなく国連史上最も活動的な事務総長であった。また、国連に対する期待も一九九〇年代を通して飛躍的に高まり、さらに多くのことを行える可能性があった。アナン自身は冗談交じりに次のように話していた。「私は、王室の結婚式からクローン人間の可能性に至るまで、今日の世界で起きているほぼ全てのことに関して公式声明を出すことを期待されている、という経験をしている」。

二〇〇一年の国連とコフィー・アナンの平和賞受賞を伝える発表は、国連の存在意義についてや、アナン自身が受賞する場合にオスロでの授賞式で誰が国連を代表するのかについて、国連内での議論をもたらした。その結果、韓国外務大臣でその年の国連総会議長であった韓昇洙《ハンスンス》が国連を代表して賞を受け取ることとなった。もし韓議長がその前の年に平和賞を受け取っていたならば、韓国にとっての大きな勝利であった。二〇〇一年の賞は受賞対象が二つであったため、二つの受賞講演を行うかどうかについて多くの議論がなされた。その結果、アナンによる講演のみを行うこととなり、国連内における事務総長の明らかな勝利となった。

二〇〇一年は最初の平和賞から一〇〇年にあたる年であったことから、多くの参加者が集う記念シンポジウムが行われた。生存する全ての受賞者がシンポジウムとオスロでの行事に招待された。約三〇名の受賞者が参加し、その中には一九〇一年以降に受賞した多くの組織の代表者たちも含まれていた。マンデラは委員会の招待に断りを入れてきた唯一の人物であった。直前になって一部の主要な受賞者たちが欠席の連絡をしてきた。ペレスとアラファトは中東情勢を理由に参加せず、ゴルバチョフは病気を理由に、デクラークは彼の最初の妻が出発日の当日に殺害されたために急遽キャンセルし、ベロ司教は渡航中に問題が発生してオスロに来ることができなかった。

世界的に著名な多くの知識人も同時に記念シンポジウムに招待する、という考えが浮かんだ。その中には著名な歴史学者や社会科学者が含まれ、例えば、ノーベル経済学賞を受賞したアマルティア・センや、エリック・ホブズボーム、ジョセフ・S・ナイ、マイケル・W・ドイル、入江昭、メアリー・カルドーなどであった。受賞者と学者が会話を交わすのを見るのは興味深い経験であった。彼らは互いを尊敬し合いながら会話していたが、受賞者たちは学者たちが理論的になりすぎると考えていた一方で、学者たちが受賞者たちによる地球上の様々な問題についての分析があまり十分ではないと考えていたことは明らかであった。さらに、受賞者からふさわしい原稿を得ることは、金大中からのものを除いてできなかった。研究長のオラヴ・ニョールスタッドと私がシンポジウムの資料から編纂した著書『War and Peace in the 20th Century and Beyond』の中で、金大中は受賞者として記されていた唯一の人物であった。一方で、学者たちは当然のごとくきちんと提出していた。

ジョディ・ウィリアムズ、マイレッド・コリガンなどは、そのシンポジウムで受賞者たちが世界をどのように見ているかについての声明を出すべきであると考えていた。そこには学者たちを含めないことになっていた。受賞者たちがジョージ・W・ブッシュと彼の外交政策を非難することを考えていたのは明らかであった。私はこのプロジェクトを特に信任していないことを、ジョディたちに早い段階で明らかにした。そのような声明は出席している全ての受賞者たちによって確実に賛同されているべきであった。賛成二五票、反対五票という結果となった声明は、単にグループ内に反対意見があったことを示すだけであった。すなわち、エリ・ヴィーゼルやデヴィッド・トリンブル、そしてレフ・ヴァウェンサのようにより保守的な者たちが、より急進的な者たちが乗り気になっていた文章に賛成しないことは明らかであった。報道関係者たちは発表された声明が合意に至った経緯について事あるごとに質問した。私はできる限りそれらの期待を抑えるよう試み、それは予想通りの形となった。かくして、長い議論の末、受賞者たちはその年の受賞者である国連とコフィー・アナンへの賛辞を甘んじて受け入れることを余儀なくされた。

委員長のグンナル・ベルゲは私の助けを借りながらシンポジウムの議長を務めた。私たちはダライ・ラマやデズモンド・ツツが座っていた場所の一角で、平静を保ちながらも非常に厄介な仕事を抱えていた。彼らはその時の自分たちの気分で、活気ある発言を駆使して独自に小さな集まりを開き、メディアの大きな注目を集めた。ジョン・ヒュームは会議中に体調不良を感じ、そこで心臓疾患が疑われた際、国境なき医師団を代表して参加していたモルテン・ロストルップが彼をオスロ市内にあるウッレヴォール病院へ連れていった。完全に平静を保っていたジョンの妻のパットを除いて、私たちは皆騒然としていた。ジョンの健康状態はベストではなく、彼女は以前にもこのようなことを何度も経験していた。そして数時間後にジョンとモルテンが戻って来て、彼女が正しかったということがわかった。一二月一〇日のバンケットの最中は、ジョン・ヒュームの体調がすこぶる良くなったため、ダンスで『ダニー・ボーイ』と『勝利を我等に』という曲がかけられた。私の二五年の在任期間では、一人の受賞者が楽曲選びに貢献した例をヒューム以外に思い出すことができない。

コフィー・アナンは自身の受賞と、国連の代表者として賞を受け取ることを非常に嬉しく思っていた。しかし、妻のナーネは、夫が平和賞を受賞したことで悦に入っており、感情を露わにしていた。

また、期間中のアナンのスケジュールはノーベル賞関連の件で過密であった。アナンが当時ノルウェーの首相であったヒェル・マグネ・ボンデヴィークや、外務大臣のヤン・ペテルセン、ストーティング、外務委員会、そして報道関係者と会談を行っていた際、私は彼に付き添っていた。当初から感じていた私のアナンに対する畏敬の念は、これらの会談の最中に強くなっていった。彼は何度も同じ質問を受けていた。それらはあまりにも予想通りすぎるものであったが、アナンは常にユーモアを絶やさず、とても光栄であるという感慨深さを表明するように、それらの質問に対処していた。人との接し方に関してアナンと比べられる人物はそれほど多くはなかった。彼が会談の最中に国連で起きていることを気にする必要があったということを、私たちが忘れるほどであった。彼と私が受賞コンサートを楽しむためにオスロ市内にあるスペクトラムというコンサートホールに向かう直前、彼は側近のラクダール・ブラヒミとアフガニスタン情勢に関するやり取りをしなければならなかった。その会話は私たちの入場の瞬間まで続いていた。

コフィー・アナンがオスロを発つ際に、私はあらゆる案件の処理についての彼のやり方を称賛した。彼は冷静にそれを受け止め、予想通り、彼の意見は示さなかった。私は、長年にわたるノーベル賞の制度の中での人生を通して、人との接し方に関してアナンを超える人間にただ一人だけ会っていた。それは、平和賞を受賞したことのないビル・クリントンであった。この分野で彼に勝てるものは誰もいなかった。

二〇〇二年
ジミー・カーター

ノルウェー・ノーベル委員会が二〇〇二年一〇月一一日にジミー・カーターへの授賞を発表した際、ある問題が起きた。委員会はこの嬉しい知らせを受賞者自身に最初に伝えることを望んでいた。しかし、どのようにして真夜中のジョージア州にいるカーターに連絡を取るか。元大統領でもあった彼にはシークレットサービスが付いている状況である。オスロにあるアメリカ大使館のセキュリティ・ポリスが、カーターに付いているシークレットサービスと連絡を取ることができた。その後カーターとすぐに連

ジミー・カーター

絡が取れなければならなかったが、これは上手くいった。私たちはカーターからすぐにグンナル・ベルゲと私に折り返し電話をするという約束を得、その後、彼から電話がかかってきた。その際、ベルゲは「五分後にもう一度電話してくれないか」とただ頼んだだけであった。彼にそのようなことができたのは私にとって衝撃的なことであった。カーターはノーベル平和賞への果てしなく長い道のりにおいてさらなる障害が起きたのではないか、と不思議に思い始めたに違いなかっ

た。彼に一杯食わそうとした人間がかつていたであろうか。もしかすると、ベルゲはカーターと話す前に、自分の考えを整理する時間を必要としていたのかもしれない。その後、カーターが再度折り返しの電話をした際、彼は長年望んでいた知らせをついに聞くことができたのである。

ジミー・カーターはベギンとサダトが受賞した一九七八年の段階で、すでに平和賞を受賞しているべきであった。イスラエルとエジプト間のキャンプ・デヴィッド合意がその年の九月に結ばれ、その時の活動を理由に賞を与えるという話が実際にあった。カーターはキャンプ・デヴィッドに関する一三日間の交渉において、特に重要な役割を果たしてきた。カーターによるたゆまない支援なしでは、間違いなく合意はなされなかったことであろう。問題は、二月一日に締め切り期限が過ぎていた時点でカーターがノミネートされていなかった、ということだけであった。ベギンとサダトはノミネートされていたが、それはキャンプ・デヴィッド合意以外の理由によるものであった。委員会は最初の会合で、規定に従い、候補者リストにカーターの名前を入れることはなかった。この件は当時、ストックホルムのノーベル財団で取り上げられた。委員会が締め切り後に規定に反しない形で全く新たな名前を入れることは可能であったのであろうか。ストックホルムからの回答は明確で、規定に従えば当然の内容であった。すなわち、委員会にそのようなことは許可されていない、というものであった。このような事情から、カーターは一九七八年の時点ではふさわしい賞を得ることはなかった。このカーターの未受賞に関する話は、元ノーベル財団理事のスティグ・ラメルが一九九四年に出版した回顧録を通して知れ渡ることとなった。

二〇〇二年にカーターが賞を受け取るためについにオスロへとやって来た際、彼は一九七九年に受賞することをいかに待ち望んでいたかを私たちに教えてくれた。その年の受賞もなかった。二年連続で同じ出来事に立ち戻るのは自然なことではなかった。彼はその後、ジョージア州の現地時間朝四時に行われていた平和賞受賞者の発表を長年にわたって注視していたことも話してくれた。次第に彼は

1978年、キャンプ・デヴィッド合意に署名するアンワル・サダト（左）、ジミー・カーター（中央）、メナヘム・ベギン（右）

希望を捨てていった。周囲がいつも彼に平和賞のことを思い出させていた。平和賞が彼以外の候補者に与えられたことに対して落胆しなかったか、という質問を彼は毎年のように受けていた。彼は毎年、受賞者を称えていた。私はカーターに同情しながらも、一九七八年の状況が一体どのようなものであったのかをメディアに話すことがあった。

一九九〇年代半ばに打ち解けた雰囲気で行われたとあるインタビューの中でジミー・カーターは、ノーベル平和賞というものが彼にとって平和に対する大規模な取り組みのための確かな動機であったのか、という質問に答えていた。「もし何も起こらなかったらどうだったかって？　そんなことはおそらくないだろう。私と同じ志を持って私と同じぐらい活動を行っている者は数多くいて、中には私よりも尽力している

者もいる。しかし、もし私にとって平和賞の受賞が何よりも大事なことで、しかもそれが決して起こらなかったらどうなるだろう。そんなことになったら私は、肌につやがなく、しわも多く、失望し、ストレスを抱えて年老いた男になっていたのではないだろうか。なんと残念なことだ、ジミー・カーターよ。彼は確かに受賞しなかった」。同じインタビューの中でカーターは次のようにも話していた。「私が人生の中で実際に挑んでいること、つまり私の秘めた志というのがノーベル平和賞を受賞することだ、なんて誰も言わなくなるようなことがたった一度でも起きたら、私はきっと驚くかもしれないけれど、最高だよ」。そのコメントは確かに、彼にとっての平和賞の意味の全てを伝えていた。カーターは頻繁にオスロを訪れており、そのほとんどは彼が建設していたカーターセンターへの財政的支援を依頼するためであったが、彼の訪問は彼自身の存在をノルウェー・ノーベル委員会に印象付けさせるためでもあった。それでも、彼は直接的なロビー活動は行わなかった。カーターは、日本の笹川平和財団を含む多方面から資金を受け取っており、若干疑わしい噂があった。カーターはノーベル平和賞に笹川平和財団をノミネートすることで応えた。

平和賞が「過ぎ去った年」の業績を理由に授与されるということが起きていた。一九七八年のサダトとベギンに対する賞は説得力のあるものであった。しかし、平和賞はしばしばさらに長い期間を理由に与えられるため、生涯の業績を理由に与えられた可能性もあった。ジミー・カーターに対する賞はその最たる例であった。それまで受賞することはなかったものの、彼の名前は何度も提案されたり、何度もショートリストに挙げられたりしていた。

カーターへの賞を支持する主張は非常に強いものであった。大統領任期中、彼はキャンプ・デヴィッド合意を実現させ、エジプトとイスラエルとの間での最終的な和平合意を可能なものにした。中東で一貫して厳しい試練が続いていたにもかかわらず、その合意はこの日まで達成されていないものであった。彼はまたパナマ運河をパナマに返還するなどして、パナマだけではなくラテンアメリカ全体とアメリカとの関係における真価が問われるような問題を解決した。さらに彼は旧ソ連とのSALTⅡ（第二次戦略兵器制限交渉）も実現させ、また中国と国交関係を結んだ。このことは彼が一九八〇年に再選しなかったという目立った事実と比べるとあまり光が当てられなかったが、重要な業績であった。彼は敗者や明らかな罪人のように扱われ、特にアメリカ国内においてはそうであった。グンナル・ベルゲによる授賞講演はこのことを一部反映させたものであった。講演では次のように述べられた。「ジミー・カーターはアメリカ史上最も印象的な大統領というわけではなかっただろう。しかし、彼は間違いなくアメリカ史上最高の元大統領である」。その内容は確かに多くの点で正しく、また言うまでもないことではあったが、オスロでの授賞式に参加していたカーター側の代表団の中に否定的な反応を呼び起こした。彼らはノーベル賞の授賞講演という場でそのように率直な評価を受ける用意が十分にできていなかった。その講演は確かにベルゲが行ったものであったが、講演の文章を作成したのは私であるということを付け足しておかなければならない。

カーターの元大統領としての活動は確かに注目に値するものであった。彼の大統領任期中の活動を支持しなかったのであれば、その多くの者たちがそのような結論をまとめることは可能であったであろう。アメリカの元大統領の多くが曖昧な役割を持ち、多くが回顧録や講演などによって容易に金銭を得ることで満足している一方、カーターは毎年毎年、自身の理想のために尽力してきた。しかし、彼もまた政治や宗教、さらにはキャスティングといったありとあらゆる分野に関する数多くの著書を執筆する時間を持っていた。他のどの元大統領も、カーターの活動レベルには及ばなかったことであろう。唯一それに肉薄し得る相手は一九二九年から一九三三年に大統領を務めたハーバート・フーヴァーであったが、ほとんど忘れ去られ、大恐慌とフランクリン・D・ルーズヴェルトとの組み合わせによってすぐに打ち砕かれた。

この年の平和賞の理由の中で、カーターは「国際紛争の平和的解決、民主主義や人権、そして経済的・社会的発展に対する数十年にわたるたゆまない努力」を理由に受賞した、と述べられている。これは誇張ではなかった。二〇〇二年に二〇周年を迎えたカーターセンターのスローガンは「平和を維持し、病気と闘い、希望を打ち立てよう」であった。

カーターの平和活動は最も注目を受けた部分であった。カーターが積極的に向き合わなかった紛争はほとんどなかった。最も成功した介入は、一九九四年のハイチと北朝鮮に関するものであった。北朝鮮では、カーターは金日成に対して、北朝鮮側が渇望していた重油の供与や、アメリカによる経済的禁輸措置の廃止、そして外交関係の段階的正常化とともに、兵器開発に使用できない軽水炉と引き換えに国内の核開発プログラムを凍結するよう説得を行った。また北朝鮮と韓国との間で建国後初となる首脳会談を開催するという約束も得た。彼は実際に金日成の健康状態は良さそうであったと話していた。韓国の金泳三大統領は「カーターは知的な男だが、年寄りの人間のことをあまりよくわかっていない」と述べていたが、これがまさに的を射ていた。カーターが北朝鮮を発ってから三週間後、偉大なる指導者は心筋梗塞で亡くなった。その結果、計画されていた首脳会談は実現されなかった。また、次第に核合意も破綻していき、他の者が新たな交渉を始めるだけであった。交渉における北朝鮮の立場は非常に弱く、彼らが提供することができたのは核開発プログラムの凍結のみであった。それはまるで、同じ馬が最初から何度も売りに出されているようなものであった。継続的な努力にもかかわらず、問題はいまだ解決していない。

ハイチでは、カーターはサム・ナン上院議員やコリン・パウエル大将と協力して、恩赦やアメリカおよび海外からの制裁の解除と引き換えに、軍事政権の退陣を約束させることに取り組んだ。議会では民主的な選挙が行われることになり、選挙によって選ばれたものの国外への逃亡を余儀なくされていた大統領のジャン＝ベルトラン・アリスティドはハイチに戻ることとなった。これら全てのことは、アメリカの大規模な軍事的介入による激しい脅威の下で起きたことであった。カーターがハイチを離れ、クリントン政権に約束していた期限の数時間後には、最初のアメリカの部隊がすでにアメリカを発っていた。ハイチでのその合意は、最初は熱烈な形で受け止められた。

カーターは中東問題にも積極的であり、二〇〇二年のアラブ和平に尽力し、イスラエルに対して一層批判的になっていった。ボスニアで彼は停戦にこぎつけるまで交渉を続けたが、これが一時的なものに過ぎなかったことが後に明らかとなった。さらには、スーダンやウガンダに関する問題に対しても積極的に取り組み、長い時間を経て停戦に至っていた。

カーターの伝記作家の一人であるダグラス・ブリンクリーは、彼の平和活動は「問題解決におけるキリスト教徒および技術者らしい問題解決へのアプローチであり、驚くほどの楽観主義と固い決意、そして実用的な正確さとの相性の良い組み合わせの結果である」と記した。クリントン政権はカーターに対する支援にあまり積極的ではなかった。多くの者がコントロールの利かなかった元大統領を見ており、彼は多かれ少なかれ自分の手でその使命を果たしていった。カーターは時にはホワイトハウスにとって「招かれざる客」でもあった。カーターがクリントン政権の政策に関する側面を公に批判するということが起きた。この緊張緩和のための様々な試みはわずかに成功したに過ぎなかった。

カーターの行う国際政治は大きな注目を浴びていたが、実際には無難な問題に多くの時間を費やしていた。カーターとカーターセンターのスタッフは二〇〇二年の受賞までの間、二〇ヵ国三六以上の選挙で選挙監視要員として活動を行ってきた。カーターセンターは他の多くの国々でも、同様の活動に影響を与えるような手法を開発していた。カーターは実際に中国において、地方レベルでの選挙をより良い形のものにしていくためのプログラムを実現させてきた。五万もの事例に対応したマニュアルが地域当局に広まっていき、様々な会議が中国当局の承認を受けて行われた。

カーターセンターは大規模な人道的活動も行っていた。センターは一九八六年から、アジアで深刻な感染をもたらしていたギニア虫の駆除に貢献し、残るはアフリカの数ヵ国のみとなった。最大の問題はスーダンで、そこで起こっていた内戦が疫病と闘う機会を失わせていた。河川盲目症は二つ目の大きな問題であった。これは、河川区域で育った小さな黒バエによって引き起こされ、失明の主な原因となっている疫病であった。二〇〇一年にカーターセンターは一一ヵ国で七〇〇万人以上の治療に貢献した。

カーターがそれら全ての活動に費やす時間をどのようにして確保していたかというのは不思議なことである。彼は非常に高慢であったり仕事の大部分を部下に任せたりするような人間ではなかった。むしろ、彼はあまりに多くの些細なことに介入していたために批判されていた。そのような様子を私たちは授賞式の準備の際にも捉えることができた。私は彼の秘書のナンシー・ケーニヒスベルクと、ありとあらゆることに関してコンタクトを取った。どのような情報も小さすぎることはなかった。そのように望んでいたのはまさにカーター自身であった。

カーターはどのような地位の人間にも会っていた。キリスト教は彼にとって非常に重要なものであった。彼は定期的に日曜学校で授業を行っており、そこで大統領としても授業を行っていた。彼の大統領としての「送別礼拝」の際、彼は何が人間の偉大さを築き上げるかと問うた。答えは明快なものであった。すなわち、イエスは同胞を奉仕者にすることが偉大さのための基礎であるとお示しになった、というものであった。毎年ある時期に彼と妻のロザリンは、ハビタット・フォー・ヒューマニティを通して貧困者のための住居を建設した。カーターは自分の趣味としてフライフィッシング、狩猟、彫刻、サイクリング、テニス、スキーを挙げ、少なくとも二七冊の書籍を執筆し、絵画を描き、スペイン語も学んでいた。これら全ての活動が具体化されたが、その程度は様々であった。彼はフライフィッシングを宗教のようなものとみなしているようである。九〇歳の現在においても、彼は驚異的なペースで活動を維持している。彼はいつまでも活動を続けることであろう。ノーベル研究所がアメリカの様々な組織と協力して行ったカーター・ブレジネフプロジェクトを行った時、私たちがカーター自身を参加させることは決して叶わなかった。彼は過去のことに携わりたくはなかったのであろう。彼はそれでも活動を続けるべきであった。

彼は活動のほぼ全てを妻のロザリンと共に行っていた。彼らは共にジョージア州プレインズの出身であった。カーターはプレインズから西に数キロほどの場所にあるアーチェリーで育ち、そこには数世帯の白人家族とおよそ二五世帯の黒人家族が住んでいた。それが全てを物語っていた。人種隔離というのはカーター夫妻にとっては全く奇妙なものであった。二人が共に平和賞を得るべきであると考える者もいたが、誰が一家の主であったかということについては確かに言うまでもなかった。誰かがロザリンのために行っていたどんな小さな行為でも、ジミーはとても感謝していた。二〇〇二年一二月にジミーがロザリンとともにオスロに到着し、私もそこへ向かった。その後、その時の旅がロザリンにとってどれだけ価値があり面白いものであったかを伝えるために、ジミーは私のすぐそばまでやってきて、話したいだけ話していた。アメリカ史上、ジミーとロザリンほど親密な形で協力を行った大統領はほとんどいなかった。カーター自身は次のことを強調していた。「『私たち』が政治の世界に入ることを決断した際、ロザリンがあらゆる面で私を助けてくれた。私たちは結婚以来、あらゆる重要な決定において常に完全なパートナーであり続けて来た」。

ジミー・カーターが自身の念願であった平和賞にふさわしい人間であるということは疑いようもない。支援者たちは、彼が受賞していないという事実がノーベル委員会の怠慢の一つになろうとしている、と主張し始めていた。それでも、二〇〇二年という年は、平和賞がまさにこの年に彼に授与されるべき理由となるような特別なものではなかった。しかし、委員長のグンナル・ベルゲは、カーターが最終的に受賞に至った理由というのが当時のブッシュ政権と対照的な政策であることを示すためであると述べ、平和賞に対する特別な注目を何とかして作り上げていた。ベルゲはカーターへの賞について「現在のアメリカの政権への批判として解釈されるに違いない」ということを認めていた。一九八七年のオスカル・アリアスへの賞についても同様のことが起きていた。その時は、委員長のエギール・オーヴィックがあるインタビューの中で、レーガンの中米政策が地域の「混乱」をもたらしたと話していた。しかし、ベルゲがカーターへの賞はブッシュに対する「平手打ち」として認識されるべきであるということを明らかにした時、彼はさらに続けて言った。「『すね蹴り』という言葉がより正確であったであろう」と。

この発言は多くの騒動を招いた。特に海外のメディアでは、平和賞がブッシュへの攻撃として非常に鮮明な形で描かれていた。タイムズ紙はこの時に限っては平和賞の熱狂的な支持者ではなく、ベルゲの発言は「カーターの業績を貶め、平和賞の名誉や影響力を損なわせ、委員会のその他の委員たちを辱めるものである」と書き立てた。委員会の委員であったハンナ・クヴァンモとインゲル＝マリエ・イッテルホルンは、公にベルゲのコメントから距離を取るという異例の措置を取った。クヴァンモはベルゲが話していた内容が委員会内で議論されたことはないと話した。イッテルホルンは、ブッシュ政権に対する非常に直接的な非難となっていくと知っていたら、委員会の発表における最後の段落の内容には同意しなかったであろう、と述べた。

その最後の段落は次のとおりである。「力の行使による脅威に特徴づけられる今日の状況において、調停をはじめ、国際法、人権尊重、そして経済発展を基本とする国際協力を通して、紛争は最大限解決されなければならない、という原則をカーターは貫いてきた」。この文言がブッシュ政権によるイラク侵攻の準備に対する言及であると気づかれないよう、適切に処理されることとなった。これはベルゲと私が受賞者の発表前に話していたことであったが、なぜこの内容が十分に練られたはずのベルゲの発表の中に現れたのか、と私はとても驚いた。私はそのことを好ましく思わず、記者会見終了後、すぐにベルゲにその旨を伝えた。ベルゲにとってその発言は、カーターのようなタイプのアメリカ大統領への賞をそれほど好ましいものとは思ってはいなかったかもしれない周囲に対して、一種のきっかけを与えるようなものとしても考えられた。回顧録『職業教育修了証を持つ王へ』の中でグンナル・ベルゲは次のように記している。「私はカーターへ賞を与えることに対して非常に懐疑的であったことを、完全に秘密にしておくべきではないと考えている。私の考えでは、彼が受賞すべき年は一九七八年であり、二〇〇二年ではなかった。率直に言えば、ここで私は他の委員たちによってないがしろにされたということである」。

カーターの受賞講演は特に印象的なものではなかった。彼の受賞講演は原稿を棒読みするような場面があまりにも多く、様々な受賞者、特にアメリカ出身の受賞者による発言や考えの説明に終始していた。また、「予防戦争」というものを非難していた。しかし、この年のノーベルコンサートは印象的なものとなった。最大の見どころはおそらく、オペラスターのジェシー・ノーマンが『もの皆は主のみ手に』を歌い、カーターが彼女に対して投げキッスをした時であったことであろう。そこではカーターの友人や熱狂的な支持者たちの多くが演奏を披露しており、ノーマン、ウィリー・ネルソン、そしてサンタナなどがいた。私たちは受賞者とアーティストとの間にそのような相乗効果を実現させようとしているが、毎回できたというわけではなかった。彼らはカーターのために喜んで演奏し、カーターは満面の笑みで彼らに感謝していた。話は変わるが、写真撮影で満面の笑みを見せることにかけてカーターの右に出る者はいなかった。彼は比較的親しみやすい性格を持つ好ましい男性であった。ズビグニュー・ブレジンスキーやサイラス・ヴァンスといった最も著名な者たちはいなかったものの、大統領時代からの同僚の多くが授賞式期間中オスロに滞在していた。その場にいた彼らの多くはジョージア州出身者で、カーターとは数十年来の旧知の仲であった。

結果として、一九七八年以来大小様々な形で議論に上げられていた候補者であったジミー・カーターの件に関して、ノルウェー・ノーベル委員会はついにその仕事を終えた。受賞者にとっては嬉しい結末となったが、委員会にとっては結果として必ずしもそうとは限らなかった。

二〇〇三年
シーリーン・エバーディー

ノルウェー・ノーベル委員会が平和賞受賞者を選ぶ方法は様々である。委員の中にはこれまでの様々な背景という要素を出発点に考える者もおり、平和賞にとって何が足りないかに着目する。例えば、急進派のラテンアメリカ人は暫く選んでいないとか、女性を久しく選んでいない、といった具合にである。そのような時は、推薦者の一覧を確認すればそれらに該当する対象が見つかるはずである。しかし、それではあまりにも機械的すぎると考える委員がほとんどである。

二〇〇三年の議論の中で広がっていた根拠は、それらの間を取るようなものであった。二〇〇一年九月一一日の同時多発テロと、アメリカのアフガニスタンとイラクへの侵攻以降、イスラム世界と西洋世界との架け橋を築けるようにすべきであるという強い感情が広まっており、それはノーベル委員会内でも同様であった。中にはイスラムを悪魔化しようとしていた団体やグループも一部存在していた。そのように悪魔化することはそれ自体間違いであり、イスラム教内に存在しているテロリスト的な要素を切り離して対処することを困難にする可能性があるため、そのようなプロセスを止めることが重要であった。

ノーベル平和賞を受賞したことのあるムスリムはサダトとアラファトだけであり、その数が非常に少ないという現実が横たわっていた。そのような背景に重きを置くことは、確かにアルフレッド・ノーベルの精神には則ってはいなかった。遺書の中でノーベルは「その人物がスカンディナビアン出身者であるかどうか」にかかわらず、それに「最もふさわしい」対象が賞を受けることとする、と結論付けていた。しかし実際には、ムスリムの受賞者は少なく、反対にユダヤ人の受賞者が多いことを示したリストなどが世界的に出回っており、宗教的差別ではないかと言われていた。アラブ人ジャーナリストたちはこの偏りについて頻繁に疑問を投げかけていた。私は常に彼らの社会における弱点を示しながら答えていた。これまで何世紀にもわたって行ってきたように、学術や高水準の大学教育というものを彼らが優先できないのであれば、科学的な性質を帯びる平和賞というものを得られる可能性もまた非常に小さくなる。そのような偏りは、宗教的差別とはほとんどあるいは全く関係がないものである。そうでなければ、それは単に教育と研究に特に重きを置くユダヤ人を称賛するだけのものとなってしまう。

シーリーン・エバーディー

人権の考え方もまた、ムスリム内、特にアラブ世界においては、比較的弱い立場にある。民主主義と人権は世界中の様々な波の中で争われてきた。最後の波は共産主義制度が一九八九年に崩壊した後に訪れ、中央・東ヨーロッパのほとんどの国が民主主義国家となった。旧ソ連は一五の国に分かれ、ロシアは一九九〇年代にはより民主主義的な国家になっていった。ラテンアメリカではほぼ全ての軍事体制が民主主義に取って代わられた。また、民主主義は発展傾向にあり、特に東アジアとアフリカにおいて顕著であった。トルコは、民主主義と軍事体制の衝突が激しいムスリム国家である。インドネシアは九〇年代終わりに民主主義の道を歩んでいった。しかし、中国に加え、世界各地のムスリム国家においては、民主主義の考え方は依然として最も弱い立場にあった。

人権活動家というのはムスリム世界の中にも数多く存在していたが、サハロフやヴァウェンサのような人間を見つけ出すのは難しかった。それでも、委員会が該当者を探し出し、国内外で注目度を高めることに貢献するというのは、もしかしたらできたのかもしれない。多くの専門家が相談を持ちかけられ、そのアドバイスが彼らの専門分野においては様々な形で広がっていったが、この問題に対して大局的な視点に立った考え方を持つ人間はほとんどいなかった。

紆余曲折を経た後に委員会は、「民主主義と人権に貢献し、特に、女性と子どもの権利のための闘争に尽力した」ことを理由に、イランの人権活動家であるシーリーン・エバーディーへの授賞を決定した。ノルウェー・ノーベル委員会の新たな委員長となっていたオーレ・ダンボルト・ミョースは、ノルウェーで認められている言語であるニーノシュクで話していたが、副委員長のベルゲ・フッレからの強力なサポートのおかげで、声明や発表にはニーノシュクが使われるようになった。

エバーディーはパリでの会議に出席していたため、発表に先駆けて彼女とコンタクトを取ることは難しかった。私がテヘランにいるエバーディーの夫に電話をした際、エバーディーは出張中で家に携帯電話を忘れていたと彼は話していた。さらに、受賞の知らせは彼女にとって大変な驚きであり、それがまさに現実のことであるとは思っていないようであった。

エバーディーはノーベル賞を受賞する以前にラフト賞を受賞していた四人のうちの一人で、残る三人はアウンサンスーチー、金大中、そして東ティモールのジョゼ・ラモス＝ホルタであった。この事実が、ラフト賞の受賞がノーベル賞受賞のある種の前触れになるのではないか、という記者団の憶測を招いた。後にそのような事例は相当少なくなっていった。しかし、ノーベル委員会の考えは明確であった。すなわち、ラフト賞は平和賞に対して賛成でも反対でもない、というものであった。ノーベル賞側には考慮すべき独自の情報があり、他の機関に影響されることはないのである。

この年の平和賞の重要なポイントは、一二月一〇日の授賞講演の中で次のように示された。「イスラムが多くの西側諸国で悪魔化されている中、ノルウェー・ノーベル委員会は、民族同士の対話や文明間の対話を持つことがいかに重要であり価値があるかということを強調したい」。また、イスラム教国家にも民主主義と人権に対する強力で重要な擁護者は存在していた。そのような権利はとりわけ西洋的なものというよりは、むしろ普遍的なものであった。

エバーディーがそのような人権の考え方に強く賛成している代表者であることは疑いようもなく、事あるごとにその主張を明らかにしていった。彼女は一二月一〇日の授賞式が一九四八年に世界人権宣言が採択された日と同じ日であることを高く評価していた。エバーディーは女性の権利に特に関心があった。彼女はあるインタビューの中で、ムスリムの女性に対してメッセージがあるかどうかを質問された。「もちろん。闘い続けよう。社会の中で低い地位に縛られていると信じてはいけない。自ら学ぼう。最善を尽くし、人生のあらゆる分野で競争しよう。神は私たちを皆平等に創造した。平等な地位のために闘うことで、私たちは神が私たちに望むことを成し遂げることになる」と彼女は話した。

コーランの宣託を解釈する権利を持っていたのは、年老いた男性だけではなかった。エバーディーは自身の考え方の一部として子どもの地位についても関心があり、このテーマについても執筆したことがあった。そのことはオスロでの授賞式期間中に特に表れていた。

エバーディーが女性であったという事実は、受賞における他の男性候補者との競争で有利に働いたことは間違いのないことであった。結果、彼女はイスラムの女性として初めてノーベル平和賞を受賞することとなった。彼女はテヘランでは比較的良く知られていた一家の出身である。彼女は法律を学び、すぐに臨時の裁判官となった。一九七五年に彼女はわずか二八歳の若さで、テヘランにある裁判所で初となる女性の裁判所長となり、それはイランでも初となる女性裁判官となった。彼女は博士号を取得し、法律と人権に関する多くの著書を執筆した。委員会は授賞理由に加え、あまり知られていない彼女の業績に関する情報をメディア側がすぐに最新のものにできるようにするため、履歴書のような書類を用意していた。しかし、そこに書かれていた内容以上のことはよく知られていなかった。前に書いた通り、委員会が受賞者の発表の際にそのような追加文書を準備することはめったにないことであった。

エバーディーは非暴力についても力強い演説を行う女性であった。「イスラムの名の下に殺害を行う者、彼らはイスラムの教えを悪用している」。彼女は反乱と革命のどちらも信じていなかった。暴力が継承されることがいかに悪い方向へと向かい得るかということは、その歴史が示していた。二〇〇三年の平和賞に値すると評価されていた他の多くの候補者とは対照的に、エバーディーは西側諸国との密接なつながりがなかった。彼女は地域社会に強固なルーツを持っていた。彼女は自分がイラン人であることや、イランが長く輝かしい歴史を持つ国であるということを、誇りを持って何度も主張していた。彼女は可能な限りイランで人生を送ることを望んでいたが、彼女がその後海外に行くことを余儀なくされた際に、私たちは皆そのことを思い出していた。

エバーディーは、シャーによる統治に対して否定的であり、一九七九年の革命に対してはおおむね肯定的であった。彼女はイランの内政へのアメリカの介入、特に一九五三年に首相を務めたモハンマド・モサッデクの解任に対するアメリカ側の幇助を非難し、イランへの軍事侵攻に関するブッシュ政権の計画からは明確に距離を取った。エバーディーは、法に基づかず裁判も経ない形で「テロリスト」たちがグアンタナモ収容所へ収容されていたケースを取り上げることで、アメリカによる人権侵害を非難した。イスラエルのパレスチナ占領に対するアメリカの支援もまた非難された。深刻な人権侵害は「テロに対する戦争を装う」形で起きていた。西側諸国に住んでいたイラン人亡命者たちの中には、エバーディーがイラン当局に対してあまりにも理解を示しすぎていると考える者もいた。そのことが彼らとは対照的に、彼女にイランに再び留まらせるよう選択させることになったといわれていた。中には、エバーディーへの賞がブッシュ政権の向こうずねを再び蹴るようなものであると示唆する者さえもいたが、実際はそうではなかった。ブッシュ政権は、イランにおける人権の考え方の普及を非常に明確な形で支援したとして、この年の平和賞をむしろ肯定的に評価していた。

エバーディーは自分がムスリムであることに重きを置いていた。彼女はイスラムをイランの歴史と社会生活における善のための基本的な要素としてみなしていた。イランの歴史における独裁的な形での主導や社会生活における家父長的伝統はイスラムによるものではなく、より深い文化的特徴によるものであると彼女は考えていた。受賞講演の中で彼女は次のように結論付けた。「社会的・政治的・文化的正義に関わるような民法の分野と同様に、イスラム教国家において女性が受ける悲惨な差別は、イスラム教にではなくこれらの社会において広まっている家父長的・男性優位的な文化にも根ざしている」。女性をからめとっているのは宗教ではなく、彼女らに屈服を望む者たちの利益であった。「その信念が、イランにおける変化が平和的に、かつイラン内部から起きるに違いないという確信とともに、私の活動における根本理念となってきた」。イランにおける女性の地位は最高の水準にあるとは言えないが、国内の学生の半数以上が女性であり、賃金労働者のおよそ半数が女性である。

これらの考え方を彼女は一貫して持ち続けていた。私は当初、そのような考え方はテヘランの宗教指導者との衝突を抑えるために戦略的に一部強調されたものであると考えていた。しかし、私には、たとえ私的な場面であっても、そのような戦略的な視点の存在をほのめかしているようにはあまり聞こえなかった。そうしたことを彼女が考え、信じていたのは疑いようもなかったが、私が彼女の考えに対して完全には納得できなかったことを言っておかなければならない。無論、文化というものは宗教の形成における重要な次元である。もしかすると、サウジの人々は宗教が理由で保守的になったのではなく、逆にすでに保守的な人間であったためにワッハーブ派を選択したのかもしれない。例えば、非常に似通った国であるノルウェーとデンマークにおけるルター派の者たちが、異なる形での宗教の形成をいかにして選んだかということや、アメリカにおける宗教が資本主義的な考え方によってどのようにして強く特徴づけられたか、ということを私たちは知っている。しかし、宗教が独裁的・家父長的伝統に全く影響を及ぼさなかったというのは、それらの伝統がその宗教内部にも確かに存在していたのであれば奇妙なことであり、考えられないことである。文化が宗教に影響を及ぼすことはいうまでもないが、宗教もまた文化に影響を及ぼす。少なくとも、宗教が非常に重要な役割を果たし、宗教が多大な権力を持つイランのようなムスリム国家においてはそうである。私は、このことをエバーディーの明晰な分析というよりは、彼女の宗教的な気質の表れとして一層認識した。

エバーディーの平和賞はイラン国内で人気があった。彼女がパリへの訪問からテヘランへと帰って来た際、彼女を祝福するために数十万人が集まった。空港への主要道路が封鎖されたため、飛行機の運航がストップした。平和賞はイラン当局に向けて困難なジレンマを示した。彼らがエバーディーのような人権活動家に対する賞を好んでいなかったことは明らかであった。彼女の人権に対する絶対的な信念は、イランという国家にとっての宗教的な根本理念と直接的に衝突していた。宗教指導者たちがイスラム教の解釈を破った場合、彼らには法律を無視することが認められていた。他方で、エバーディーは指導者たちとの直接的な衝突を避けようと試みた。彼女は決してイスラムを攻撃せず、アメリカを頻繁に批判した。エバーディーとイラン当局との直接的な衝突には至らなかったが、祝福の言葉は少なかった。私たちはオスロでもこのことに気づいた。イラン大使館は電話でのコンタクトを制限したり、彼女との直接の面会に低い地位の人間を参加させたりしようとしていた。

エバーディーはヴェールや頭の飾りをつけずに受賞講演を行った。そのことは、少なくとも彼女の母国であるイランでは大きく注目された。彼女は訪問した国の法や習慣に従うことを望んでいるといわれていた。エバーディーは、イラン当局や多くのイラン人ジャーナリストたちが自分の言葉の揚げ足を取ったり、自分がつまずくのを今か今かと心待ちにしてその足取りを追っていたり、自分の地位を貶めようとしたりしていたのではないかと感じていた。彼女は意図的な挑発によって自分の言動が限界寸前のところまで来ていたことを何度も感じており、非常に落ち着きがなかった。

エバーディーは長らくイランで活動を続けていた。一九七九年のイラン革命の結果、エバーディーが裁判官を続けられなくなった後、かつて所長を務めていた裁判所の助手に任命された。これは受け入れ難いことであった。彼女は弁護士として活動を始め、反体制派やバハーイー教の信者、子どもたちのための案件を多く手掛けた。彼女は法律関係の書籍を執筆し、次第に世界各地を渡り歩いて行くこととなった。二〇〇六年に彼女は著書『私は逃げない　ある女性弁護士のイスラム革命』を出版した。エバーディーに対する脅迫が次第に極めて直接的なものになってきたため、二〇〇九年の秋に彼女は母国で活動を継続することがもはや不可能であることを悟った。やがて彼女はロンドンを拠点として、イランで行っていた人権のための不断の闘争を海外で行うようになった。彼女は、イランの核兵器開発に焦点を当てすぎていた西側諸国の政治家やメディアを批判した。その中心となるテーマは民主主義の導入である。当初、彼女はイランの核開発プログラムへの支持と解釈される声明を実際に出していた。

エバーディーと当局との疲弊した関係は、ノーベル賞の賞状とメダルが彼女の受け取った他の装飾品と共に彼女の貸金庫から押収されるという事件につながった。しばらくして、彼女はそれらを取り戻したものの、賞金に関する税金問題が次第に表面化していった。複利による計算法が用いられ、課税の額は賞金金額を超え、一〇〇〇万スウェーデンクローナに達した。

エバーディーには西側諸国に住む二人の娘がいたが、夫はイランに居住していた。彼らは携帯電話やインターネットで連絡を取り合うことができ、頻繁に連絡し合っていた。無論、彼らは当局に盗聴されていたが、それでもそのやり取りは非常に価値のあるものであった。

二〇〇三年の賞は、平和賞がどのようにして個人の生活を変え得るかを示す典型的な例である。二〇〇三年の時点で、シーリーン・エバーディーという名前はイラン国外では法律畑の小さな世界を除いてほとんど知られていなかった。受賞後、彼女はいきなり世界で最も影響力のある女性に名を連ねることとなった。しかし、彼女はイランに滞在することができなかった。残念ながら、ノーベル平和賞を受賞した多くの人権活動家が、亡命や収監、自宅軟禁という状況にさらされた。それでも、受賞を後悔している者は誰もいないであろう。

二〇〇四年
ワンガリ・マータイ

二〇〇四年の平和賞はワンガリ・マータイに渡った。その理由は「持続可能な開発、民主主義、そして平和への貢献に対して」であった。「地球の平和は私たちが自らの住んでいる環境を保護する能力に依存している」。ノルウェー・ノーベル委員会は平和には様々な道のりがあるということを長らく主張してきたが、この年、さらに新たな道を歩み始めることとなった。「環境活動」である。平和の概念のこのような拡張に戸惑う者は多かった。アルフレッド・ノーベルは一八九五年の遺書の中で環境活動については明確に述べていなかった。ノルウェーのアフテンポステン紙は、マータイの活動の中心となった植樹活動が平和と一体何の関係があるのか、ということを直接質問したが、結局はその質問に対して肯定的な答えを与えることとなった。進歩党党首であったカール・I・ハーゲンは、平和賞は環境ではなく平和について扱うべきである、と結論付けた。労働党のエスペン・バース・エイデは、平和の概念があまりにも拡張されすぎれば中身が空虚なものになってしまう、と話していた。「そのようなことをすれば、ポジティブなもの全てが平和であると言う羽目になってしまう」。ニルス・ペッテル・グレディスチやその他の社会科学分野の研究者たちは、環境と砂漠化、そして平和との間に定量的な相関はない、と結論付けることができると考えていた。同じ議論は二〇〇七年の気候変動に関する政府間パネル（ＩＰＣＣ）とアル・ゴアへの平和賞の時にも再び大きく浮上していた。

委員会が環境と平和との相関関係を事前に明らかにしようと試みていたことは言うまでもなかった。それは容易なことではなかったが、その進展はすさまじい速さで進んでいった。植樹を平和への道のりとみなすことは、二〇〇四年の段階では多くの者たちにとって大きな挑戦であったのかもしれないが、一方で二〇〇七年には、地球規模での環境活動に対して平和賞を授与することがかなり容易になっていった。その主張はこのわずか数年の間で急速に正しい方向へと動いていった。私にとっては、哲学者であり一九九八年にノーベル経済学賞を受賞したアマルティア・センが、これらの相関関係についてどのようなことを考えていたかということが重要であった。私はセンを称賛し、この数年の間で彼に頻繁に意見を聞いていた。

ワンガリ・マータイ

ノーベルの遺書にある受賞基準には、受賞者は「世界中の人々の友好的なつながり」のために活動を行っている、ということがまず記されている。地球温暖化が深刻な現実問題であることが一層明らかとなっていた。多くの保守的な政治家たちはこのことを否定したが、科学的な発見によってそれが確かなものとなっていった。私たちの地球を救うための真の闘い以上に人類の友愛を深められるような行いを見つけるのは本当に難しいことであろう。

ノーベルの遺書にある三番目の基準は「平和会議の開催や推進」であった。一八九〇年代から開催されていた長い伝統を持つ平和会議のほとんどが中止に追い込まれ、その大部分がある特定の問題に焦点を当てたものに置き換えられていった。環境活動は多くの者たちにとってまさに重要となっていた事例であった。急速に広まっていった環境活動は市民レベルや研究レベルのみならず、政治レベル、地域レベル、国際レベルでも行われ、近代の平和会議の形式が取られていた。環境問題とは、人類が最も現代的な問題を取り上げることができ、さらにはノーベルの遺書に忠実に従うことができるふさわしい方法である、と私たちは結論付けた。委員会の委員の多くが、私よりもこの点に関して確固たる信念を持っていた。

環境活動は様々な資源の利用と非常に深く関係している。石油や水をめぐる争いが中東をはじめとする世界各地で紛争の原因となったことを示すのは難しいことではなかった。大統領であり歴史愛好家でもあったハリー・トルーマンは、国際運河に関する争いが国際的な戦争の理由を示す最も重要な説明の一つであるということをすでに確信していた。このように、アメリカの軍事計画策定者がこれほどまでにも早い時期から、環境問題による紛争の可能性を大きく取り上げていたというのは驚くべきことであった。社会科学者たちは非常に長い年月を費やしており、それは科学の本質にも部分的に通ずるものであった。非常に複雑な関係というものを完全に証明することは難しいであろう。民主主義と平和との相関関係に関しても、私たちは同様の経験をしてきた。ノルウェー・ノーベル委員会は一九六〇年にルトゥーリに平和賞を与えて以降、そのような相関が存在すると考えてきた。冷戦期にこのことを強調した科学者はほとんどいなかった。そのような相関関係についての考え方が幅広い支持を得るようになったのは一九九〇年代のことで、冷戦はすでに終結していた。それがいかに「強固なもの」であったかという考え方を遮る者はほとんどなかった。紛争というのは様々なレベルで説明可能であり、またそうあるべきである、というのが私の確固たる信念である。場所や時代によって異なるのはいうまでもないものの、環境というテーマもまたそうなることは言うまでもないであろう。

植樹はケニアだけで重要な問題となっているわけではなかった。スーダンのダルフール紛争において、北部にいるアラブ人は砂漠化によって、アフリカ人たちと衝突していた南部へと長らく移り住むことを余儀なくされた。メキシコのチアパスやハイチ、そして少なくともアマゾン川流域では、森林伐採が大規模な経済的・社会的・政治的衝突の一因となっていた。

一〇月八日の受賞者の発表は非常に特別なものであった。オーレ・ミョースが誰の名前を発表するかについて、ホールにいる全てのジャーナリストたちが明らかにわかりきっていたということは、私たちにとって初めての経験であった。マータイの受賞が世界中の報道関係者に知れ渡る三〇分以上前に祝福のメッセージを用意することができるよう、マータイの電話番号を聞こうとした。そのために、私はナイロビにあるノルウェー大使館のヒェル・ハラルド・ダーレンに電話をした。しかし、彼はまず祝福の列ができることを望んでいたため、すぐに彼がマータイに電話した。彼女はその時一人ではなく、受賞の知らせはすぐに彼女と一緒にいたジャーナリストたちへと漏れてしまった。瞬く間に全ての者が、受賞者が誰であるかを知ることとなった。私が彼女とコンタクトを取った時には、時すでに遅しであった。彼女がいた村落では、皆がマータイのノーベル平和賞受賞の知らせを受けており、こぞって拍手をしていた。数えきれないほどの賞金とともに賞が舞い込んで来たことを彼女が話すと、その祝福は明らかに大きくなっていた。以降、私たちはこの年のようにノルウェー大使館を通して事前連絡するのを避けるようになった。

ワンガリ・マータイはノーベル平和賞を受賞した初のアフリカ出身女性であった。アフリカ出身の男性への賞は南アフリカに四つ（ルトゥーリ、ツツ、マンデラ、デクラーク）、エジプト（サダト）とガーナ（アナン）にそれぞれ一つずつ渡っていた。従って、この年の賞はエジプトと南アフリカの間に位置する東アフリカの広大な地域の出身者に対する初めての賞でもあった。

マータイはケニア、アメリカ、そしてドイツで生物学を学び、ケニア初の女性教授となった。彼女はかつてケニア女性国民会議へ積極的に参加しており、環境問題に対して並々ならぬ関心を持っていた。すぐに彼女の頭には植樹キャンペーンを始めるというアイデアが浮かんだ。ケニアは深刻な伐採問題を抱えており、一九五〇年から二〇〇〇年までの間に、ケニアでは森林の九〇パーセントが失われたと推定され、二〇〇四年の時点で国土に占める森林の割合はわずか二パーセントであった。森林伐採や干ばつによって薪や水を手に入れるための道がより長くなっていき、農作物の栽培がより困難となっていった。

マータイの植樹キャンペーンは一九七七年にナイロビで始まり、主に女性国民会議のネットワークを通じて急速にケニア全土に広がっていった。グリーンベルト運動という名称が次第に使われるようになり、およそ五万人の女性が植樹に参加した。ポイントは、多くの女性を巻き込んだことと簡単な技術を使用したことにあった。女性の解放のための闘いと環境というテーマが、植樹という形で密接に関わり合っていた。マータイは地域に住む人々が専門家たちによって圧倒されてはいけないと強調した。「それは、住民たちは自らを、無知で経験がなく、無能であり、さらには知的障害であるとさえ思い始めるためである。従って、その運動においては、彼らだけがそれらに関するあらゆる問題への解決策を持っているのである。しかし、その地域に住む人々に力を与えることが重要なのである」。自らの出自や文化に誇りを持っていない人間は、外部からの圧力や強大な力に対抗することはできないであろう。さらに、樹木はケニアの部族の間で平和の象徴であっただけでなく、他の多くのアフリカ文化においてもよりなじみのあるものであった。

マータイの幅広い取り組みは、次第に彼女をダニエル・アラップ・モイ大統領率いる独裁政権との衝突へと導いていった。大規模な行動を通して、マータイはナイロビ最大の公園内における超高層ビルの建設を阻止した。彼女は人権問題に一層取り組むようになり、時には残酷な方法で何度も逮捕された。マータイは一九九七年に大統領選挙に立候補したが、大規模な不正選挙の結果、わずか〇・〇七パーセントの得票率に終わった。二〇〇二年の体制転換によって、モイが最終的に一九七八年以来座り続けていた権力の座から降りることとなった後、マータイは国会議員として初めて選出され、キバキ大統領の下で環境副大臣に任命された。彼女はその間もグリーンベルト運動を継続し、二〇〇四年にはおよそ三〇〇〇万本の植樹を行った。その活動を理由に彼女は、二〇〇四年六月に、ノルウェー人作家のヨースタイン・ゴルデルが創設したソフィー賞を受賞するなど、多くの国際的な賞を手にしていた。

マータイは明るい性格の持ち主で、いつも笑みを絶やさず、楽観主義者であり、人々が容易に魅了されるようなカリスマ的人物であった。私はその年のソフィー賞の授賞式に出席していたため、彼女が聴衆を感動させられるであろうということは容易に想像できた。ノーベル賞の授賞式期間中、彼女は様々な影響を受けたせいか時々理論的になりすぎることがあったように思われるが、基本的には比喩を用いていた。彼女はアフリカの三本足の腰掛けの話をよく引用していた。一本目の脚は基本的人権や女性の権利、環境権などの民主主義的な権利を意味し、二本目の脚は配慮されるべき様々な環境的な観点を意味し、そして三本目の脚は地域レベルや国際レベルでの平和文化の発展を意味していた。そして、社会やその発展の可能性というのがまさにその座る場所であった。もし、ある一本の脚が欠けたらその腰掛けは不安定となり、二本の脚が欠けたら安定した社会を発展させることが不可能となり、三本の脚全てが欠けたら崩壊状態の国家（失敗国家）であることを意味していた。また彼女は、くちばしに水滴を含んで飛び回り、巨大な森林火災を鎮火させようと努力するハチドリの話もした。その鳥がそうするわけを尋ねられると、火を消すためにできることはわずかなことでもすると答えた、というものであった。私たちは皆、良き当事者精神を持って貢献しなければならない。

二〇〇四年一二月のマータイのオスロ訪問に関連して厄介な問題が起きたため、彼女への注目がそれてしまう恐れがあった。The Standard 紙でのインタビューの中で、彼女はＨＩＶやＡＩＤＳについて「アフリカ人の人口を減らすために西側諸国の科学者によって意図的に作られた」と話した、と言われていた。これはアフリカではごくありふれた主張であるが、マータイはそのように発言したことを否定した。しかし、The Standard 紙はそのように結論付けていた。また、Time とのインタビューの中で彼女はＡＩＤＳの話題を持ち出し、「私は、ＡＩＤＳがどこから来たのかということを人々が知っていると確信している。そして私は、それが間違いなくサルからではなかったということを確信している」と話していた。

このことは大きな騒動を巻き起こした。オーレ・ミョースは、委員会が受賞者を決定した時点では、マータイのＨＩＶやＡＩＤＳに関する過去の考え方については知らなかった、ということを単刀直入に述べた。委員会がそのことを知っていたら平和賞の決定がどのようになっていたか、ということを確信できるものは誰一人としていないであろう。そしてその場合、そのことは明らかに問題にされていたことであろう。急遽、マータイのノルウェー人の友人であったハッレ・ヨン・ハンセンを筆頭に、彼女のノルウェーの友人たちや私がより適切な形で次のような声明を出した。「私が考えておらず決して話してもいないようなＨＩＶやＡＩＤＳに関する認識や考え方について議論が続いている最中に、このようなことが起きるとはにわかに信じがたい。従って、私にとって最も重要なことは、壊滅的な影響力を持つウィルスがアフリカ人の根絶という目的を持つ白人によって製造された、と考えたり主張したりしていないということをはっきりとさせておくことである。そのような考えは悪意に満ちており破壊的なものである」。ミョースは授賞講演の中で、主に次のように述べた。「ワンガリ・マータイは、ここ何年かのうちにアフリカにおけるＨＩＶやＡＩＤＳとの闘いの最前線に立つことであろう」。

またマータイは国際貿易システムに対しても併せて鋭い非難を行っていた。「ＷＴＯの根本原理である自由貿易と市場自由主義は、私が必要と考えている規範とは全く反対の形で広まっている」。この発言もまた表に出てくることはなかった。ジャーナリストたちは一二月九日の恒例の記者会見ではおおむね友好的な態度を見せていた。彼らは授賞式の期間中にそのような良い雰囲気を台無しにすることを望んではいなかった。

ノルウェーの国王夫妻は、五分遅れてセレモニーにやって来た。それは今までになかったことであった。彼らは常に時間を厳守していた。例えば、到着は一二時五九分になる、ということが王宮への手紙に書かれていた場合は、彼らは一二時五九分ちょうどにやって来ていた。セレモニーは多くの国々で放送されていたため、彼らがこの時だけ遅れたことは大きな驚きをもって伝えられた。何か良くないことがあったのであろうか。その後、何が起きたのか確認するために私が王宮に電話をすると、国王夫妻は王宮にある住居を五分遅れで出発したという知らせを受けた。また、このようなことは決して繰り返されることはないだろう、という知らせを受けた。私がマータイにこの時起きたことを伝えると、彼女は卒倒しそうになっていた。もし国王夫妻が五分遅れたことに対して、実際に私が王宮に抗議の電話をしていたら、一体どうなっていたことであろうか。もしケニアであれば、民主的に選ばれたキバキ大統領はきっと自分勝手に動いていた、と彼女は話したであろう。彼にはタイムスケジュールという考え方がろくになかった。話は変わるが、ケニア出身の女性が平和賞を受けたことに対してケニア当局が十分な感謝の意を表明した一方で、彼女が単なる政府の副大臣に過ぎないということを忘れていない、ということは明らかであった。ノルウェーにいるケニア大使が彼女のために昼食会を開くことはなかった。

授賞講演の中で、委員長のオーレ・ミョースは実力以上のことを成し遂げた。オーレは聴衆からの拍手を好み、講演の技術を誇りに思っていた。彼がよく冗談半分に話していたのが、自分はノルウェー北部で五月一七日の建国記念日に最高の講演を行ったが、それが彼の良き友人であるヨン・リッレトゥンがノルウェー南部で賞を受ける程であったといわれていた、という話であった。トニー・ブレア首相の演説に感銘を受けて、オーレは実際にこの時、英語で自身の詩を書いていた。「アフリカをより住みやすい場所にしよう。アフリカを子どもたちの成長にとってより良い場所にしよう。アフリカを年老いていくのにより良い場所にしよう。アフリカを充実した人生を送るのにより良い場所にしよう。アフリカを至福千年の大陸にしよう。全世界を正義で平和にしよう」。その後、彼はスワヒリ語の言葉をいくつか用いて締めくくった。「Twakupongeza, Tunasema Asante Sane（おめでとう、そしてありがとう）」。これは壮大な詩などではなく、心からのものであったのかもしれない。著名な人物の中には、私がオーレにそのような形で聴衆へ迎合するのをやめさせなければならないと考えていた者もいたが、オーレに自分らしく振る舞う権利があったことは言うまでもなかった。

あまり知られていなかった他の多くの受賞者と同様に、ノーベル平和賞はマータイを押し上げていった。彼女には講演の依頼や、様々な委員会への参加のオファーが殺到した。二〇〇六年に彼女は自身の回顧録『へこたれない――ワンガリ・マータイ自伝』を出版した。すでに別れていた彼女の夫が、ワンガリは「女性なのに意志が強く、コントロール不可能であった」と話したと言われていた。彼女のことを知れば知るほど、彼女が手に負えない人間であり、印象的な人間であることがわかるであろう。たとえ受賞者であっても、全ての者に対して必ずしもそのように言えるわけではない。彼女が癌によって二〇一一年九月に七一歳で亡くなった日は悲しい一日であった。

二〇〇五年
国際原子力機関
モハメド・エルバラダイ

植樹と世界平和との関係性について議論をした一年後の二〇〇五年、ノーベル委員会はアルフレッド・ノーベルの遺書の核心に立ち戻ることを嬉しく思っていた。委員会はノーベルの遺書にある「常備軍の廃絶あるいは削減」という点に何度も立ち返り、国際政治における核兵器の役割の制限または廃止に特に着目していた。長年、科学者や政治家たちが立て続けに平和賞を受賞していた。委員会はこれらの賞において何らかの規則性があるのではないか、という考え方を否定しており、広島と長崎への原爆投下からちょうど六〇年にあたるという理由をもとに委員会がもう一度賞を与えることを決定した、というようなことはなかった。それでも、二〇〇五年のノーベル平和賞は国際原子力機関（IAEA）とその事務総長のモハメド・エルバラダイに与えられ、「核エネルギーの軍事目的での使用を防ぎ、平和目的での利用を可能な限り安全な方法で持続させることに尽力した」ことがその授賞理由であった。

　これまでに与えられた核兵器反対に対する賞がどのような影響力を持っていたかを測るのは容易なことではない。オーレ・ミョースは授賞講演の中で、そのような賞は多く存在するにもかかわらず「成功したものは（中略）ほとんどなく、多くが頓挫してきた」と述べた。このありふれた表現は、ほぼ何も成し遂げられていないことを意味していた。委員会は次のように答えた。「この問題に関してほとんどのことが成し遂げられていないということが、今日における核兵器に対する反対活動を一層重要なものにしている」。

　実際の状況はより多くの要因が絡み合うものであったが、ノルウェー・ノーベル委員会の与える平和賞とはあまり関係がなかった。核弾頭の数は二〇〇五年時点でおよそ二万七〇〇〇発であるといわれていたが、それ以前はその数がさらに多かった。しかし、エルバラダイは受賞講演の中で「私は二万七〇〇〇発多すぎ

モハメド・エルバラダイ

ると考えている」と述べた。

核保有国の数は九ヵ国に増えていったが（イスラエルと北朝鮮を含めた場合であるが）、その数は一九六〇年代に予測されていた数よりも明らかに少なかった。実際には、核兵器プログラムを廃止した国もあり、そこには南アフリカも含まれていた。ウクライナ、白ロシア、そしてカザフスタンは核兵器をロシアに送り返し、リビアは核兵器開発プログラムの放棄に同意した。委員会は次のように結論付けた。「軍縮に向けた努力が暗礁に乗り上げ、国家とテロリスト双方に核兵器が拡散される危険性が存在し、核兵器が再びますます重要な役割を果たしているように思われる時にこそ、IAEAの役割が特に重要となってくる」。

アメリカのアイゼンハワー大統領は一九五三年にIAEAの創設を提案した。核保有国は核物質をIAEAに譲渡し、その後それを平和目的で必要としている国々に分配する、というのが彼のビジョンであった。アイゼンハワーは、そのような新たなエネルギー資源が電力から医療までのあらゆる分野で用いられ得るという強い信念を持っていた。IAEAは一九五七年に設立され、その設立目的は核エネルギーの平和利用を促進することと、そのような活動が武器製造に利用されないようにすることの二つであった。そのような新たなエネルギー資源の軍事目的への誤用を防ぐために、核施設への監視が導入された。これらの監視は一層拡大されていき、かつて国家当局が情報を保護していた機能に介入するようになっていった。これは画期的なことであり、化学兵器禁止条約が同様の厳格な検査体制を確立させた一九九二年まで、IAEAは他にはない役割を果たした。

ＩＡＥＡの規定には明示されてはいないが、一九七〇年発効の核拡散防止条約（ＮＰＴ）には、核保有国である五大国に対して「地球規模で核兵器を削減し、完全に廃絶することを最終目標とする」という義務がより明確に示されていた。核保有国は核兵器の数を減らしていくこととなり、他の国々も核兵器の開発をやめることとなった。超大国が新たな核兵器を開発していた一方で、彼らが新たな国によるさらなる核兵器開発を防ぎたがっていたという「二重基準」というのが多く指摘されていた。エルバラダイはそのような状況を「自分がタバコを吸っているのに他人にタバコを吸ってはいけないと言っているようなものだ」と考えていた。

モハメド・エルバラダイはエジプトとアメリカで法学を学び、長らくエジプト外務省で働いた後、ニューヨーク大学で国際法を教えていた。一九八四年に彼はまずＩＡＥＡの法律専門家となり、一九九三年には副事務局長に就任して特別な案件に携わるようになった。その後、彼はハンス・ブリックスの後任として一九九七年にＩＡＥＡの事務局長に就任した。彼は核エネルギーの誤用を防ぐためのさらなる監視体制の拡張に重きを置いていたものの、最初の四年間は比較的落ち着いていた。

ＩＡＥＡは数々の重要な問題を明らかにしていった。一九九二年、ＩＡＥＡの専門家の多くが、北朝鮮が規則に従っていると考えていた。しかし、ハンス・ブリックスはエルバラダイの助けを借りて、大規模な核開発プログラムを持っていたことを明らかにした。核開発プログラムの制限や廃止に向けたいくつかの合意が実際に締結されたが、後に決裂した。北朝鮮はさらなる核実験を行っており、今日においても開発を続けている。ＩＡＥＡの監視員は二〇〇二年から二〇〇三年にかけてイランが極秘に核開発プログラムを進めていたことも明らかにした。以来、イラン、西側の核保有国、そしてロシアとの間で、この核開発プログラムおよびイランがその目的であると主張する民間部門での利用における区分の設定に関して、交渉が進められている。エルバラダイはこの交渉の進展において中心的な役割を果たし、アメリカとイスラエルによるイランの主要な軍事施設への爆撃を阻止することに尽力した。二〇一五年の夏には曖昧な合意がなされた。

ＩＡＥＡは組織として発展していったものの、完璧な組織というには程遠かった。ミョースは「人々はＩＡＥＡでもそういうことがあって失望した。しかし、私たちは諦めることはできない」と述べた。一九九一年の湾岸戦争では、イラクが実際に大規模な核兵器プログラムを持っていたことが明らかにされた。これはイラクが核拡散防止条約に沿って行動していると確信していたＩＡＥＡに衝撃を与えた。湾岸戦争後、ハンス・ブリックスは「ＩＡＥＡがイラクに騙されたと言うのが正しい」と結論付けた。こうしたことが二〇〇三年のアメリカのイラク侵攻をめぐるイラクの核開発プログラムに関する激しい衝突の背景であった。ブッシュ政権はサダム・フセインが依然として大規模な大量破壊兵器開発プログラムを持っているという強い確信を持っていた。大量破壊兵器の開発は何としてでも阻止されなければならなかった。サダムは以前にも騙したことがあり、この時もまた明らかに騙していた、と考えていたようである。ＩＡＥＡは一九九一年に騙されたが、その後汚名返上のために尽力していった。彼らはイラクが大量破壊兵器をまさに開発しようとしていたと結論付けることはできなかったが、開発がその後実際に行われていたかどうかを調査するために査察を行わなければならなかった。アメリカとイギリス、そして彼らの同盟国には、待っていられるほど時間に余裕はなかった。二〇〇三年三月、彼らはイラクに侵攻した。軍事作戦は成功し、短期間のうちにフセイン政権は倒されたが、問題が深刻化し始めていた。

イラクには以前からの化学兵器プログラムが少し残っていたものの、それ以外には大量破壊兵器の開発プログラムがなかったことが次第に明らかとなっていった。このことはジョージ・W・ブッシュとトニー・ブレアにとっては衝撃的な敗北であり、IAEAにとっては大きな勝利であった。それが二〇〇五年の平和賞の重要な背景となった。この年の賞はブッシュ大統領の向こうずねを直接蹴るような意味ではなかったが、人々はそのように十分認識できたことであろう。ブッシュ政権側は二〇〇五年春にエルバラダイの事務局長三選の阻止を試みたが、イギリスや同盟国からの支援を得ることはほとんどなかった。

ノーベル委員会は、IAEAの元事務局長のハンス・ブリックスを受賞者に含めることを検討したが、最終的には外す決定をした。ブリックスが受賞すればアメリカをさらに刺激する可能性があると委員会が感じていたからであろう。保守派のジェイ・ノードリンガーは著書『Peace, They Say. A History of the Nobel Peace Prize, the Most Famous and Controversial Prize in the World』の中で、エルバラダイへの賞はもしかするとこれまでの全ての賞の中で最悪かもしれないと述べている。エルバラダイは実際にブッシュ政権を苛立たせていた。

エルバラダイの受賞講演では非常に幅広いテーマが取り上げられていた。彼は、世界が一般的に直面している課題について多くのことを話していた。カイロで孤児院を運営していた彼の義理の妹は、「人類を守るため」という、ある意味では彼と同じ目的を持っていた。しかし、彼が得た賞金を彼女の活動に充てることを決めたということは講演の中では触れられていなかった。彼はＩＡＥＡの活動についても触れたが、その目的は野心的なものであった。「奴隷制度や大量虐殺と同じように核兵器は完全なタブーであり、歴史的な例外として認識されるような状況を作り出すのは難しいものである」。エルバラダイはイラクとイランのことについても触れたが、同時にイスラエルとガザについても多く触れていた。彼は二〇〇七年九月に起こったイスラエルによるシリアの原子炉空爆を非難した。ＩＡＥＡはエルバラダイが退任して初めて「非常に高い確率で」核融合炉に関する問題があったということ認めた。

ＩＡＥＡとエルバラダイの両者が受賞者であったが、この年の受賞講演も一回だけであった。この方法は二〇〇一年からの形式であり、ＩＡＥＡにおける事務局長の役割を強める明確な試みがあることを示していた。ＩＡＥＡを代表して賞を受け取ったのは、ＩＡＥＡの日本側代表であり理事会議長の天野之弥《あまのゆきや》であった。彼は好感が持てる人物であったが、授賞式の期間中は明らかに脇役であった。エルバラダイが二〇〇九年に退任した後、天野之弥がＩＡＥＡの事務局長に選出された。彼は日本人にしては率直なタイプの人物であったが、彼はエルバラダイと比べて目立つ行動を控えていた。

二〇〇五年の授賞式の期間にも面白い場面があった。エルバラダイが様々な機会で流したい音楽について尋ねられた際、驚くことに彼はアイルランドのポップアーティストのダミアン・ライスを加えていた。少し調べたところ、エルバラダイがロンドンに住んでいた娘のライラに楽曲のリクエストを任せていたことがすぐに分かった。私は、バンケット中のゲストの座席を決める責任を基本的に担っていた。座席の位置を決めることになった際、そういうことであればと私はライラとダミアン・ライスを近くの席にしようと直感的にひらめいたが、一つだけ問題があった。ライラには同じ名前のおばがいたのである。残念なことに、ダミアンの近くになったのは娘のライラではなくおばのライラの方であった。私は同じテーブルに座っていたので、残念なことにそれが良い組み合わせではないとすぐにわかった。

モハメド・エルバラダイ（左）と天野之弥（右）

二〇〇五年の平和賞がＩＡＥＡへの注目度をさらに高めることに貢献したことは疑いようもなく、ＩＡＥＡ内に動機づけを与える形で機能した。しかし、平和賞がＩＡＥＡにおけるバランスを技術的な役割から政治的な役割へとシフトさせていったと主張する者がいた。エルバラダイはあまりにも注目されすぎたと主張する者もいた。彼はこのことを次のような形で否定した。「政治と安全保障を区別することはできない。私たちは内部で扱っている政治的文脈と私たちの活動の政治的結果に関して、無知ではいられないのだ」。

ＩＡＥＡの民間的な一面を障害と考える者は、ノルウェー国内を含めて存在していた。ＩＡＥＡは核エネルギーの民間利用という考え方を広めるのと同時に、この活動を規制する役割も果たすべきであった。委員会は、「核エネルギーを民間目的で可能な限り安全な方法で利用するために」ＩＡＥＡが活動を行っている、と強調することにした。ＩＡＥＡの民間的な側面に対する批判が複数のノルウェーのメディアに流れた際、委員会が民間利用に賛成していないということを明らかにしなければならないと考えていたのは、まさに委員会内にいる者たちであった。言うまでもなく、それを行うには遅すぎた。受賞者の活動の中心的な部分について後に修正を付け足す形で賞を与えることは不可能なことであった。

二〇一一年のアラブの春と関連して、エルバラダイは旧体制とムスリム同胞団との間に立ってエジプト政治における役割を果たそうと試みた。しかし、長年の海外生活や、次第に分極化する状況におけるリベラル側の難しい立ち位置によって、彼の立場は弱められていった。エルバラダイは軍部によるムルシー大統領の解任を支援した。短期間のうちに彼は外交を担当する副大統領に就任したが、軍部がムスリム同胞団を激しく弾圧した際に辞任した。

委員会が核兵器に対する闘争に注目していることは疑いようもなかったが、それでも委員会は過去に地雷に対する闘争に賞を与えたことがあり、また近い将来、化学兵器に対する闘争にも賞を与えることとなる。核兵器廃絶に対する闘いへ新たに平和賞を与える可能性は今後もあると思われるが、軍縮というのは核兵器だけの問題ではないのである。

二〇〇六年
ムハマド・ユヌス
グラミン銀行

私の二五年の在任期間の中で、ロートブラットとパグウォッシュ会議への賞に次いで大きな驚きであったのは、二〇〇六年のムハマド・ユヌスとグラミン銀行への賞であった。ユヌスのことを聞き及んでいた者はわずか、いや、驚くほどわずかしかいなかったが、委員会の委員たちの間では良く知られていた。彼は少なくとも一〇年間は平和賞における真剣な候補者であり、マイクロクレジットというのはますます注目を受けていた考え方であった。ビル・クリントンは二〇〇二年に次のように話していた。「ユヌス博士はすでにノーベル賞を受賞しているべきであり、私は彼が受賞するまでこのことを言い続けるであろう」。しかし、ジャーナリストたちの大部分はこのことを気に留めてはいなかった。二〇〇六年の受賞者がほとんど知られていないことに、私は本当に驚いた。彼はバングラデシュではよく知られていた。受賞によってバングラデシュ国内が熱狂の渦に巻き込まれた。は

ムハマド・ユヌス

るか北の国からもたらされたこの名誉ある賞によって、バングラデシュは数日間ほとんどマヒ状態に陥っていた。

ここでも次のような質問がなされた。マイクロクレジットが平和と何の関係があったというのか。ジャーナリストの中には、植樹活動と同じ形でユヌスの行っていた事業について言及する者もいた。ユヌスは経済学賞を受賞すべきであったと言及する者もいた。このことも驚きであった。三度平和賞を受賞した赤十字、二度受賞した国連難民高等弁務官事務所、あるいはユニセフといった人道組織を通して、委員会が長年貧困との闘いに関心を持っていたことは確かであった。マザー・テレサは宗教を通して、ジョン・ボイド・オアやノーマン・ボーローグは様々な科学技術を通した形で貧困との闘いに取り組んでいた。貧困との闘いは特に新しいものではなかったが、マイクロクレジットはとりわけ知られていなかった。

ムハマド・ユヌスはアメリカで経済学者となり、経済学を教えるためにバングラデシュに戻った。一九七四年、彼はバングラデシュの飢饉の最中に、個人的な運命の分かれ目を経験した。彼は自問した。「私のまわりの人間が飢えて死んでいる時に、こんなご立派な経済理論に一体何の意味があるというのか」。一九七六年に彼は、自身が教えていた大学から近いとある小さな田舎町に住む四二人の熟練労働者たちに、ポケットマネーから二七ドルを貸し出した。彼らは余裕ができた時に借りたお金を返すことができた。その後、ユヌスはこれを制度的な解決策を必要とする問題であると結論付け、グラミン銀行が誕生するきっかけとなったのである。

グラミン銀行は一九八三年の立ち上げから二〇〇六年までの間に、およそ七〇〇〇万人に対して、およそ六〇億ドルを貸し出した。ローンのほとんどは少額であった。グラミン銀行はほとんど自らで資金調達を行って収入を得ており、貸付金の返済率は非常に高かった。ユヌスは人をとても信用しており、特に女性に対してはそうであった。「貧しい者たちに見合う金額を貸し出し、お金に関するいくつかの健全なルールを教えなさい。そうすれば彼らは自分たちで生活を賄っていく」。

マイクロクレジットの考え方が平和賞にも関わりがあると委員会が考えるに至らせた三つの状況があった。すなわち、ムスリム世界との対話、女性に対する見方、そして開発の次元であった。九・一一以降、イスラム教を悪魔化する傾向が顕著に見られていた。西側諸国とイスラム教との間の溝を埋めることは、依然としてノーベル委員会の仕事であったに違いない。ユヌスとグラミン銀行に対する賞は、ムスリム国家（バングラデシュ）のほか、イスラム教徒が多数を占める様々な環境への支援となった。ただし、ユヌス自身のアプローチがかなり世俗的であったことから、バングラデシュで最も信心深いイスラム教徒のコミュニティによる批判に直面したことは付け足しておかねばならない。彼らはグラミン銀行が避妊を支援していることを好ましく思っていない。また、利子という考え方もイスラムでは厄介なテーマである。さらに、彼らはグラミン銀行の女性に対する見方にも懐疑的であった。借り手の九五パーセントが女性で、彼らを解放することがグラミン銀行にとって重要であった。ユヌスは、それらの融資が最大の効果を発揮するのは女性を通した時であるということを確信していた。男性はそのお金を自分勝手に飲酒や享楽に使うことが多かったが、女性は家族や商業活動、あるいは子どもの教育に使っていた。

開発もまた平和に貢献し得る。貧困が戦争の原因となるというのが委員会の簡潔な推論であった。どのような相関関係も絶対的なものではないが、紛争の数は富裕国よりも貧困国のほうが明らかに多い。二〇〇五年に出された人間の安全保障に関する報告である Human Security Report の中で、その分野に関する研究が次のような形で要約されていた。「紛争研究による最も説得力のある発見の一つは、多くの戦争が貧困国で起きており、一人あたりの収入が増えるにつれて戦争の危険性は小さくなる、というものである」。

貧困と闘うための開発援助に対する信頼性は損なわれていた。世界最貧国の一つであるタンザニアの衰退は、特に北欧諸国から最大の額の支援を受けていたまさにその年に起きた。幅広い知識や情報に基づいた経済政策がなければ、支援は失敗に終わることが多かった。成長は現地の状況に起因するものである必要があったのである。この点についてマイクロクレジットは上手く適応していた。バングラデシュは政治的にはやや見当違いの方向に向かっていた。しかしその経済成長については、確かに低い水準からではあったものの、目覚ましいものがあった。マイクロクレジットはこの点においてかなり良い評判を得ていた。西側諸国には、発展途上国のこうした点から実際に学ぶところがあったであろう。

ユヌスは間違いなく早い段階から関わってはいたものの、多くの者たちが思っているようにマイクロクレジットの発案者というわけではなかった。しかし、彼は本格的にその考え方を普及させた人物であった。この組織はアフガニスタンなど他の国々へとその活動範囲を拡大し始めていたが、この分野におけるもう一つの重要な当事者は、同じくバングラデシュにあるＢＲＡＣであった。ＢＲＡＣはマイクロクレジットをはじめ、医療や教育の分野にも携わっていた。ＢＲＡＣも平和賞受賞者として検討されたが、グラミン銀行と比べて焦点のあてどころがやや曖昧であった。

ユヌスは非常にカリスマ的なリーダーであった。彼と出会って心を動かされなかった者はほとんどいなかったが、彼を批判する者たちもいた。彼はおよそ二〇パーセントという、通常の銀行よりも高い利子を取っていた。しかし、ここでは、リスクが高すぎると考えたためにどの商業銀行も貸し渋っていたような人間を対象としていた。ユヌスは返済を強要していたと言われており、彼は女性が基本的に小さな規模でお金を扱うとみていた。そのことがより確かな返済保証を与えていた。たとえ自然災害が起きたとしても借金が帳消しになることはない、ということを彼ははっきりとさせていた。彼のことを借り手に対して違法な手段を用いていたペテン師であると考える者たちがいた。人が七〇〇〇万人もの借り手を抱える際には、当然あらゆるケースの存在が想定される。それでも、出回っていたものの中でも最も極端な噂については最終的には大げさなものあるいは間違いであると委員会は判断したが、それらの噂がユヌスへの受賞を遅らせた可能性はある。

ユヌスはオスロに来た際、非常に感銘を受けていた。彼は経済学賞ではなく平和賞を受賞したことをとても嬉しく思っていた。彼にとって貧困との闘いは平和に関する問題であった。貧困は様々なレベルでの衝突につながっていた。それは例えば、資源をめぐる争いや、貧困から逃れる者たち同士の争い、絶望や自暴自棄との闘いであった。ユヌスもまた非常に楽観的な考え方の持ち主であり、貧困は根絶できると確信していた。受賞講演の中で彼は次のように述べた。「貧困なき世界であなた方が貧困というものを見られるのは、貧困博物館に行った時だけである。学校に通う子どもたちが貧困博物館を訪れたら、悲惨で屈辱的な状況に置かれていた者がいたことを知ってぞっとすることだろう」。彼のメッセージは非常に簡潔であり、評判が良かった。

ユヌスはいつも全ての者たちに挨拶したがっていた。私たちが会場を行き来する時にはできる限り多くの者たちに挨拶していた。受賞者たちは行事に参加するため非常に忙しくなり、中には限界を感じる者もいたが、ユヌスは違っていた。彼は行事の最中に休憩を取ることを好まず、時間を何とかして捻出しようと最善を尽くしていた。ユヌスの良き妻であるアフロージは、夫が一日におよそ四時間しか寝ないことを教えてくれた。彼女は物理学の教授であり、謙虚で比較的落ち着いた雰囲気を好んでいた。ユヌスは容易に多くの聴衆の関心を集めていたほど素晴らしい講演者であったが、人間味のある外見の裏には他の一面もあった。彼は「教授」や「博士」と呼ばれたがっていた。彼は両方の肩書を持っていたが、それらの肩書は彼の気さくな雰囲気を少し壊していた。

グラミン銀行も平和賞を受賞したが、このことをおかしいと思う者もいた。ユヌスの存在が非常に際立っており、彼が銀行そのものであった。しかし、七〇〇万人の借り手を抱える組織はもはや個人事業主のレベルを超えていた。世界とユヌス自身にもそのことを思い出させる必要があった。グラミン銀行からは九名の代表者が授賞式に出席していた。彼らの多くがバングラデシュを出たことがなく、中にはダッカにすら滞在したことがない者もいた。

グラミン銀行は農業会社をはじめ、漁業会社やデータ関連会社、織物会社など、多くの新会社を発展させてきた。その後、バングラデシュ最大の携帯電話会社となったのがグラミンフォンであった。携帯電話は革命の意味合いを持っており、特に農村地区ではその意味合いが強かった。短期間のうちに様々な市場における商品の値段を知ることが可能となり、最適な場所で商品を売ることが可能となった。携帯電話の購入やレンタルはグラミン銀行を通して融資を受けていた多くの女性たちに人気があった。ノルウェーのテレノール社は、二〇〇六年時点で一〇〇〇万の加入者を有していたグラミンフォンの大株主であったが、ユヌスは自身の経営していたグラミン・テレコムがその株を得て会社を引き継ぐという夢を持っていた。社長のジョン・フレドリック・バクサスはユヌスの熱烈なファンであり、ユヌスは平和賞を受賞すべきであるということを私に対して何度も話していた。しかし、ユヌスが二〇〇六年一二月にオスロに来る直前、ユヌスとバクサス率いるテレノール社との間に激しい対立が起きていた。テレノール社は好調に利益を上げていた電話会社の権限を手放すことを望んではいなかった。ユヌスは受賞講演でそのことについて実際に言及していた。ノルウェー政府はその対立には関わっていなかったが、多くのノルウェーの政治家たちやノルウェー国内のメディアは、テレノール社側がその会社の指揮権の縮小を喜ばしく思っていないことを批判していた。この対立はメインとなる問題からは少し話がそれていたが、私たちにできることはほとんどなかった。授賞式期間中に行われた当事者同士の直接的な接触では何の解決にも至らなかった。その問題は、ある意味においては今日においてもいまだ解決していない。

ユヌスは自身とグラミン銀行を代表して受賞講演を行ったが、タスリマ・ビガンがグラミン銀行を代表して賞状を受け取った。言葉の問題が大きかったが、私は彼女と上手くコンタクトを取ろうとした。彼女は一二歳で結婚し、その翌年に子どもを授かっていた。ビガンはグラミン銀行から様々な形で借りた金で自分が成し遂げたことに対して誇りを持っていた。私は実際に彼女とダンスを踊った。彼女は楽しんでいたようであったが、夫には教えられないようなことであると明かしてくれた。私たちは仲良く冗談を言い合ったり笑ったりすることができた。

ユヌスはなかなかの講演者であった。彼はベンガル語で受賞講演を始めた。オーレ・ミョースには事前にこのことが知らされていたが、他の者には情報が伝えられていなかったため、ユヌスがその後、英語で講演を続けるまでホールに若干の混乱をもたらした。

スペクトラムで行われたノーベルコンサートでは、ユヌスは少し圧倒されていた。会場があまりにも大きかったため、バングラデシュにある農村が三つ入るほどだ、と話していた。ユヌスだけでなく他の多くの者にとっても間違いないと思われるコンサート中の最大のクライマックスは、最初の結婚時に授かった子どもでありオペラを学んでいた娘のモニカが、父のために『O Mio Babbino Caro（私のお父さん）』を歌った時で、多くの者が涙をこらえることができずにいた。

コンサート中の司会はシャロン・ストーンとアンジェリカ・ヒューストンであった。出演者の中にはかつてキャット・スティーブンスとして活動し、ムスリムを名乗っていたユスフ・イスラムがいた。

シャロン・ストーンには非常に活動的なユダヤ人のエージェントがおり、彼らはユスフがテロリストであると思い込んでいた。バンケットが終わりに近づいていた夜中の一二時半になっても、私はこのユダヤ人のエージェントとその状況について議論していた。シャロン・ストーンはユスフを紹介するという話を拒否し、彼女がコンサートをキャンセルするという話もあった。アンジェリカ・ヒューストンは長年の友人であるジャック・ニコルソンに、その件で相談するため電話をしていた。ハリウッドスターである彼女ら二人がノーベルコンサートをリードすることを了承したのであるから、彼女らが問題の解決方法について主催者に尋ねるべきではないか、という合理的な考えを彼は持っていた。結果として、アンジェリカ・ヒューストンが一人でユスフを紹介することとなり、彼が非常に穏やかな男であることを証明した。彼の演奏後、そのユダヤ人活動家は自分が馬鹿なことをしていたと知った。その過ちを認めたことは、両者がコンサート後に和やかに会話をしていたことが示していた。幸いにもメディアはこのことを把握していなかったため、コンサートは表向きには成功裏に終わった。メディアはもっぱらストーンが市内でショッピングをする様子に関心があった。

ノルウェー国王夫妻は一九九四年に、ノーベル委員会の求めに応じて、ノーベルコンサートに最初から参加することに同意していた。私たちがスペクトラムに会場を移した際、コンサート中の音量がとても大きくなった。ある年に、私たちは国王夫妻がホールの最前列に座るべきであり、後にそうすることになったように、ステージから離れた場所に座るべきではないということを主張した。最初のバンドの演奏が始まった時にひらめいた私の最初のアイデアは、国王夫妻のもとに走って行き、私が彼らを連れ出すというものであった。その演奏は大人にとってはあまりにもうるさすぎたのである。休憩中、国王一家の秘書であったマグネ・ハーゲンが私に対して、このような大音量の音楽を聞かせることになった責任は誰にあるのか、と言ってきた。私はその責任から完全に逃れることはできなかった。その後、私たちは王太子と王太子妃を代わりに招待した。彼らはそのような音量には慣れていた。私たちは彼らと素晴らしい協力を行ったが、二〇一〇年に王太子と王太子妃がグランドツアーでアジアに滞在していた時には、国王がコンサートに戻って来た。何という忠誠心溢れる協力者であったことか。

オスロとストックホルムのノーベル賞関連行事には興味深い違いがあった。ストックホルムでの授賞式で賞状を授与するのはスウェーデンの国王であったが、オスロでの授賞式では委員長が授与を行っていた。ノルウェー国王夫妻は単なる観衆に過ぎなかった。スウェーデンでは国王夫妻が受賞者のための夕食会を催していたが、オスロでは国王夫妻はノーベル委員会のバンケットにさえも招待されていなかった。ほぼ毎年、私が王妃を授賞式のセレモニーからエスコートしていたが、その際に彼女はほぼ毎回、次の言葉を言い残していた。「あなた方にとって素晴らしい夜になることを願っています」。私はその言葉を、バンケットに招待してほしいというやや直接的な願いとして捉えていた。

そもそも、委員会は国王夫妻を特に招待したがっていたというわけではなかった。ノルウェー式のバンケットはスウェーデン式のものよりも非常にくだけた形のものであり、委員会とおそらくゲストの多くはそれが良いと思っていた。委員会は国王夫妻を招待するとバンケットがより儀式的になる、という可能性を懸念していた。委員会は受賞者に注目が当たることを望んでいた。しかし、二〇〇六年には新たな状況が起きていた。受賞者は数名のゲストを様々な行事に招待することができるが、スペインのソフィア王妃が彼の件で支援したこともあり、ユヌスは彼女を招待することを望んでいた。王宮側は、ノルウェー国王夫妻がその場にいないのであればソフィア王妃を招待することはできない、ということを早急に伝えて来た。委員会はその主張に従った。その後、ソフィア王妃が来ないという知らせが届いた時にはすでに招待状が送られていた。まず国王夫妻と王太子と王太子妃が来て、その後バンケットの固定のゲストとなった。これは結果的にとても上手く行った。国王夫妻は委員会の要望を知っており、王室に関わる儀式は最小限に抑えられた。加えて、国王夫妻がバンケットにも出席することは、受賞者にとってほぼ例外なく大きなプラスであることを付け加えておかなければならないであろう。ダンスの最中に王妃がシャロン・ストーンに会いたいと願い出ていた。彼女はすでに席を離れていたが、私たちはその美しい女性にグランドホテル内の鏡の間に来てもらうことができた。この時、国王にも笑みが広がっていた。

二〇一〇年から一一年にかけて、ユヌスに対する多くの非難が起きた。バングラデシュ首相のシェイク・ハシナは「貧しい者たちの血を吸っていることを理由に」、マイクロクレジットの中心的人物であった彼を非難した。デンマークのドキュメンタリー番組である『小さな負債の奴隷』が、ユヌスとマイクロクレジットに関する主張を取り上げる形で、NRKの番組である『ブレンネプンクト』で総集編として放送された。このドキュメンタリーは横領と貧困者からの搾取を理由にユヌスを非難していた。ユヌスがノルウェー当局から受けていた寄付金を横領していたという非難について、彼は「シロ」と認められた。彼は国際世論において大きな支持を得ていたが、それは役に立たなかった。二〇一一年に彼はグラミン銀行を解雇された。彼は銀行の従業員の年齢制限を超えていたのである。七二歳の彼はバングラデシュの官僚の年齢制限よりも一二歳上であった。このことは奇妙な状況であった。ユヌスは海外で人気があり、マイクロクレジットは次第に新たな国へと広まっていった。彼は実際に中国で称賛され、そこで自身のマイクロクレジットの試みを始めるよう招待された。しかし、彼の母国においては、その状況は非常に好ましくなかった。それでも、世界の貧困に関しては彼の意見や予想が正しかったことが後からわかった。依然として人類は貧困に関するさらなる研究を行うためにバングラデシュどころか博物館にすら行く必要がない状況であるものの、世界の貧困の半減を掲げる国連のミレニアム開発目標はその目標を大幅に超える形で達成された。

二〇〇七年
気候変動に関する政府間パネル（ＩＰＣＣ）
アル・ゴア

二〇〇七年は、植樹を理由にワンガリ・マータイへ平和賞が授与された二〇〇四年とは状況が非常

アル・ゴア

に異なっていた。その当時、環境問題はさらに主要なテーマとなっており、焦点は確実に地球温暖化へと当てられていた。二〇〇七年、ダボスでの年次総会（通称ダボス会議）では「気候変動」に関するセッションが急遽一七も設けられた。その数週間後のアカデミー賞では、『不都合な真実』がアカデミー長編ドキュメンタリー映画賞を受賞した。この映画はアル・ゴアのプレゼンテーションをもとにしている。これは、同年四月の国連の安全保障理事会で初めて行われた、戦争や紛争における気候変動の影響に関する議論の中のものである。国連事務総長の潘基文《パンギムン》は、次のような慎重な見方を示した。「エネルギー、水、もしくは耕作可能な土地といった資源が枯渇していく時には、脆弱な生態系が圧力にさらされ、集団や人間の能力も同じようになる。このことは確立された行動規範の崩壊につながる可能性があり、さらには間違いなく紛争にもつながり得る」。特に軍関係者をはじめとする様々な当局者たちが、安全保障問題における気候変動の影響について関心を持ち始めていた。アメリカ軍の指揮官たちによって構成されているある委員会は、気候変動は「世界で最も脆弱な地域の一部を不安定にさせる可能性を明らかに高める」と主張していた。

そのため、委員長のオーレ・ミョースが気候変動に関する政府間パネル（IPCC）とアル・ゴアへの平和賞の授与を二〇〇七年の一〇月に発表した時には、大きな騒ぎはなかった。発表当時、IPCCは第四次評価報告書に関する作業の最中であった。空気中や海上の平均気温の上昇、広範囲にわたる雪や氷の融解、そして平均海面水位の上昇に関する観測から、地球温暖化は明らかである。気温上昇の大半は、九〇パーセントの確率で人間の活動が原因である。授賞理由の中でノーベル委員会は次のように述べた。「一九八〇年代に地球温暖化は変わった仮説のようなものであったが、九〇年代になるとそのような考え方を裏付ける強力な証拠が出てきた。そして近年では、その関連性はより明確となり、その結果は一層明らかとなってきている」。

伝統的な平和と安全保障の考え方は、とりわけ国家間の関係に焦点が当てられていた。国家間の戦争は次第に珍しいものとなっていった一方で、内戦が大部分を占めるようになっていった。政治学的にいえば、「人間の安全保障」により重きを置く方向へと動いていった、ということである。その中心的な考え方とは、暴力や飢饉、疫病、自然災害などの様々な脅威から個人を保護することにあった。その目標は、広い意味で言えば「人間の安全」を保障することであった。

環境とのより具体的な関係性について、様々なシナリオが考えられた。北極の氷河が解けた場合、論争となるほどの問題が起こる可能性があった。突如新たな島々が水面上に現れた場合に、北極やその島々を誰が管理するのかという問題が議論され、論争の起こる兆候が見られた。サハラ地帯では砂漠が拡大し、民族集団が避難を余儀なくされていたため、様々な民族間で衝突が起きていた。エリトリアからスーダン、中央アフリカ共和国、リビア、マリ、そして西サハラに至るサハラのほぼ一帯が紛争地帯となっていたことは偶然ではないであろう。バングラデシュで海面上昇が起きて多くの者が国を逃れた際、私たちはここからインドでの紛争に繋がっていく様子を見てきた。モルディブのような島国は海の底に沈む可能性があった。あらゆることには「予防原則」という考え方が存在する。私たちは取り返しがつかなくなる前に早めに対処しなければならない。対処の方法についても『大は小を兼ねる』と言える。

アルフレッド・ノーベルが生きていた時から、将来起こり得る問題に対する最初の警告がすでになされていた。スウェーデン人のスヴァンテ・アレニウスは一九〇三年に「電解質の解離の理論に関する業績」を理由にノーベル化学賞を受賞した。彼は自らの手で一万もの式を作ることで、大気中の二酸化炭素濃度が倍増した場合に地球の平均気温が大幅に上昇する可能性があることを計算した。

しかし、IPCCは一九八八年まで設立されなかった。国連の「気候パネル」は国連環境計画（UNEP）と世界気象機関（WMO）によって設立された。従って、まさに国連の一組織が平和賞を受賞したということである。IPCC設立の背景については、国連総会決議の中で次のように述べられていた。「大気中の『温室効果』ガス濃度の上昇が、依然として海面上昇の可能性を生む地球温暖化を引き起こす可能性があるということや、適切な時期にあらゆるレベルで対策が取られない場合、人類にとって悲惨な結果となる可能性があるという新たな証拠が出ていることを、本総会では懸念をもって注目している」。そこでのテーマは明らかであった。二〇〇七年という遅い時期にはなってしまったものの、私たちはUNEPとWMOがいまだ新規参入者を手放したがっていないことに着目した。また彼らは名誉を得たり注目を浴びたりすることも望んでいた。

ＩＰＣＣは、一九八七年に発行され、現代の環境運動に大きな影響を与えたブルントラント報告『私たちの共通の未来』に続くものであった。従って、「今日というこの日に、私たちが環境問題を理解する上で実際に行ったことに対して、グロ・ハーレム・ブルントラントも称賛を分かち合うに値する」とオーレ・ミョースが一二月一〇日の授賞講演で述べたのは理にかなっていた。しかし、彼女への賞はなかった。

ブルントラント報告が幅広い分野を網羅した環境報告書であった一方、ＩＰＣＣは気候変動のみに焦点を当てており、こうしたＩＰＣＣのやり方は興味深く斬新なものであった。地球規模での気候変動についてその原因や程度、結果、そして対策に関する評価を行うためのこの継続的なプロセスに、世界中の科学者たちが招かれた。また、世界各国がそのパネルへの参加を選択することも可能である。二〇〇七年には一三〇ヵ国・八〇〇名の執筆協力者、四五〇名の代表執筆者が参加し、二五〇〇名の科学者たちが第四次報告書に関連するヒアリングに参加した。パネルの第一次報告書は一九九〇年に出され、その後二〇〇七年には第四次報告書が出された。報告書が発表されるごとに論調は強まっていったが、その主流となる考え方は明らかであった。さらに多くの科学者たちが、地球温暖化の結果が一層深刻になっていく、という考え方に同意するようになっていった。

全ての科学者の意見が一致するというようなことはめったにない。次第にその数は少なくなっていったものの、いつの時代にも「否定者」というものが存在していた。彼らは地球温暖化が起きていたことや、それが人為的なものであるということを否定していた。アメリカ政治における右派の間でその考え方が根強くあった。ブッシュ政権内には地球温暖化の考え方を否定する者が多くいた。平和賞がブッシュ政権に対して向こうずねを再び蹴るようなものであったか、という質問が再度なされた。オーレ・ミョースはこれを否定したが、ワシントン・ポスト紙は「ブッシュ大統領の政敵に平和賞を与えた集団がそのように真剣に否定するのは難がある」という記事を書いた。委員会はこの年の賞を地球規模の視点で見ており、次第にブッシュへと注目がそれていくのはアメリカ的な狭い考え方にとらわれた気質の現れであると十分に認識された。それでも、国際的に拘束力のある環境条約に対するアメリカの懐疑論は、ブッシュ政権以外のところにも及んでいた。クリントン政権は一九九八年にこの分野で最も重要な合意である京都議定書に署名したが、国際組織が参加してアメリカの温室効果ガス排出量の基準を決定することに対して、アメリカ上院内での支持はほとんどなかった。

ノルウェー国内では、地球温暖化が人為的なものであるという考え方に懐疑的な進歩党という大きな例外はあるものの、その環境政策には比較的幅広い支持があった。この時、進歩党からはインゲル＝マリエ・イッテルホルンが委員会の委員になっていた。従って、イッテルホルンが間違いなく特に難しい立場にいたということは想像に難くない。彼女はこの年の決定を阻止するために最善を尽くしていたが、委員には拒否権がなかった。最終的に彼女には、委員会に留まって賞を授与するか、一九九四年のコーレ・クリスチャンセンのように委員会を離れるかという選択肢しかなかった。インゲル＝マリエは委員会での活動を好んでおり、委員会の規則を尊重していた。彼女は留まることを選択した。

ＩＰＣＣが物議を醸したのであれば、アル・ゴアのケースはなおさらそうであったことであろう。しかし、彼は環境保護に関しての経歴があった。アル・ゴアはアメリカ下院の若手議員であった一九七〇年代には、すでに温室ガスの排出に関する公聴会を開いていた。一九八九年にはニューヨーク・タイムズ紙の中で「先例のない環境に対するホロコースト」に関して警告をしていた。一九九二年には著書『地球の掟』を出版しており、その著書は生態系を保護するためのグローバル・マーシャル・プランという概念の提案で締めくくられていた。その著書はベストセラーとなった。ゴアは自身の素晴らしい洞察力や政治家的かつ活動家的なスタイルから繰り出される幅広い科学的知識をもとに、自身の関心のある問題や彼独自のやり方を見出していった。アル・ゴアはクリントン政権の副大統領として、アメリカを代表して京都議定書に署名した。その瞬間、議定書がついにアメリカの署名付きのものとなった。アル・ゴアは大きな論争を呼んだ二〇〇〇年の大統領選挙でジョージ・Ｗ・ブッシュに敗北した後、書籍や映画、コンサート、膨大な数の講演会の機会などを駆使して、世界屈指の政治的な環境スポークスマンとして全く新たなキャリアの基礎を築いていった。

ゴアの受賞講演は好評であった。彼は講演に多くの力を注ぎ、原稿のほとんどを自身で書き上げたと言われていた。その口調は華々しくもあり仰々しくもあった。講演の中で、世界はある選択を迫られた。「生か死か、祝福か呪いか。それならば、あなたとあなたの子孫が生きながらえるよう、生を選ぼうではないか」。世界は危機の最中にあり、私たちは岐路に立たされた。「私たち人類は地球規模での緊急事態、すなわち私たちの文明存続の危機に直面している」。

私はアメリカ政治を数十年間研究してきた人間の一人として、アル・ゴアについて詳しく調べてみたかった。彼は二〇〇〇年の大統領選挙において地元のテネシー州でブッシュに敗北を喫した理由について、興味深い話を長々と私にしてくれた。オランダの写真家であるアントン・コービンは平和賞に関連したゴアの展示物を制作し、それがノーベル平和センターに展示された。私はゴアのスタッフリーダーのロイ・ニールと一緒にその展示を見学した。「彼がこんな一面を示していたら、彼は今頃アメリカ大統領になっていたのに」、と写真を見てロイが叫んだ。そこには、鼻の上に枝を乗せてバランスを取ることでおどけてみせているような、普段はほとんど見せないゴアの姿があった。実際の彼は、人前ではいつもきちんとした振る舞いを見せ、行儀よくしているようであった。しかし、良く知られているように、それが彼であった。彼が細かいことまで話し始めた時、彼と会話していたノルウェーの政治家たちはその話についていくのに大変苦労していた。環境大臣のエリック・ソールヘイムは特にそのようであったが、外務大臣のストゥーレはよりきちんと備えていたようであった。共同基金に対するノルウェー側からの支援について、ゴアの警告ははっきりとしていた。支援は良いアイデアではあったが、慎重になる必要があった。汚職となる可能性が高かったのである。

メディアの関心は非常に大きく、特にアメリカ側からの関心が大きかった。かなり長い間にわたって最も関心を持たれていた問題は、授賞式期間中のゴアの移動手段であった。ゴアの代表団は、通常受賞者のために用意される大型のリムジンにゴアが乗せられてくる様子を想像して戦々恐々としていた。そのような姿は、環境を重んじる彼のイメージにとって壊滅的なものとなったことであろう。考えた末、彼と代表団、そして私たち委員会の委員たちは、他の多くの乗客と同じようにフリートーゲという空港鉄道を使って空港からオスロ市内に向かう、ということになった。行事の合間の移動は徒歩のみで行うことができた。オスロはコンパクトな都市であるため、距離の遠さが議論になることはなかった。こうして、この問題は解決されたが、その後に荷物が従来のガソリンの力に頼って乗せられてきた。

ゴアは家族全員をオスロへ引き連れてきた。彼と妻のティッパーには四人の子どもがおり、毎年のクリスマスカードに見られるようなのどかな家族のようであった。ティッパーは、ノーベル委員会の会議室に掲げられる夫の写真を撮影したのがプロではなく彼女自身であることを誇りに思っていた。その後、二〇一〇年にアルとティッパーは「長い熟慮」の末に離婚し、多くの驚きをもたらした。

IPCC議長のラジェンドラ・パチャウリは南アジアの出身で、日頃からほとんど睡眠時間を取っておらず、度々世界中を飛び回って生活していた。彼のキャリアはインド鉄道の研究所の機械エンジニアから始まったが、その後、インドの重要な研究機関であるエネルギー・資源研究所（TERI）の所長になるまで多岐にわたる仕事を経験してきた。二〇〇二年に彼はロバート・ワトソンに代わってIPCCの議長に就任した。両者の権力闘争においてアル・ゴアは同胞のワトソンを支持していたが、オスロではゴアとパチャウリの関係に問題はなかった。当初、IPCCの初代議長でスウェーデン人のバート・ボリンが組織を代表して賞を受け取ることになっていたが、彼は非常に重い病を患っていた。そのため、パチャウリが組織を代表してほぼ全てのことを行うことになったが、オスロに滞在しているＩＰＣＣの大規模な代表団の一員であった多くの著名な科学者たちから批判を呼び起こすことがあった。

後年、地球温暖化の傾向は二〇〇七年に示されていたようなものになっていった。様々な科学的・政治的「否定者」は声高に反論したものの、地球温暖化が進むにつれてそのことに対するコンセンサスが多く得られるようになっていった。ＩＰＣＣの第五次報告は二〇一四年にまとめられたが、気温上昇を二度にまで制限するという目標が危うくなった。地球上で最も暑い年の上位一五の年のうち、一四の年が二〇〇〇年以降に集中していた。ＩＰＣＣは、例えばヒマラヤ山脈の氷河の融解に関して、それまでの声明のいくつかを徐々に修正していったが、その全体像は強化されていった。中には、あまりにも保守的な点や新たな科学的発見がＩＰＣＣの報告書の中に記されるまでには時間がかかりすぎるという理由で、ＩＰＣＣを非難する者もいた。パチャウリ自身は否定していたものの、彼は二〇一五年二月に「セクハラ問題」に対する非難を受け、ＩＰＣＣ議長を辞任した。

アル・ゴアは積極的な活動を続けている。中でも、二〇一五年には大規模なコンサートを予定しているが、南極を含む多くの地域で、一九三ヵ国二〇億人に向けて開催するという計画が進んでいる。

委員会は二〇〇七年の賞について良い印象を持っていた。この年の賞は非常に輝かしい展望を持っており、平和賞の歴史においても重要な出来事となることを証明するであろう。

二〇〇八年
マルッティ・アハティサーリ

フィンランド議会議長で元首相のパーヴォ・リッポネンが、二〇〇六年にノルウェー・ノーベル研究所を訪れてきた。ノーベル委員会の委員たちの中で会うことができる者がいなかったので、私が普段ロビイストたちに対して行うように彼と話をすることになった。彼はフィンランドの全ての政治的指導者を代表して、マルッティ・アハティサーリが二〇〇六年のノーベル平和賞を受賞するにふさわしいという提案を、次のような質問で始めた。「フィンランド人はノーベル平和賞を受賞することが不可能なのだろうか」。それは挑発的な質問であるだけでなく、巧みな質問でもあった。無論、フィンランド人も平和賞を受賞することは可能であった。それまで、スカンディナビア諸国出身者の受賞者としては、ノルウェー人が二人（ランゲとナンセン）、スウェーデン人が五人（アルノルドソン、ブランティング、セーデルブロム、ハマーショルド、そしてミュルダール）、デンマーク人が一人（バイエル）すでに受賞していたが、フィンランド人の受賞はまだなかった。しかし、実際は平和賞受賞者がまだ一人もいない国がほとんどであるというのが現実であった。

前に書いたように、ノーベル委員会は多くのロビー活動を受けていた。そのような試みは決定へと導ける可能性よりも逆効果となる危険性の方が大きい。外からの圧力に従って決定を行うことを好む者は誰もいない。結局、二〇〇六年にアハティサーリは受賞しなかった。

そのような状況が落ち着いてアハティサーリ受賞のための圧力が収まった二〇〇八年、「国際紛争を解決するために三〇年以上にわたって複数の大陸で行った大きな貢献」を理由として、委員会は彼に平和賞を与えることを決定した。

アハティサーリは一九三七年六月に生まれた。彼の祖父はエストフォル地方のティステダーレンから移住していた。あるインタビューの中で、アハティサーリは「ノルウェー人の血が八分の一流れている」ことを非難されないだろうかという思いを明らかにした。ご存知の通り、非難はされなかった。祖父はフィンランド国民となり、アドルフセンという姓をアハティサーリに変えた。マルッティは教員養成学校で学んだ後、ＹＭＣＡの体育教員養成センター設立のためパキスタンのカラチへと渡った。彼が開発問題に特に取り組んでいたフィンランド外務省内では、彼の名前が次第に話題に上るようになった。アハティサーリはタンザニア大使となり、一九七七年には国連ナミビア弁務官に指名されたが、この仕事は後に国連やフィンランド外務省で他の仕事を得てからも続けていくことになった。一九九四年にアハティサーリは電撃的にフィンランドの大統領に選ばれ、二〇〇〇年まで務めた。ソ連崩壊後、フィンランドは経済危機に陥り、旧来の政治家たちは信頼を失っていた。

マルッティ・アハティサーリ

アハティサーリが平和賞を受賞したのは和平調停者としてであった。彼は三つの大陸で起きていた三つの紛争の解決に大きな貢献を果たし、他の大陸での紛争にもある程度関わっていた。それでも、多くの者はアハティサーリに対する賞を、委員会によるつまらない単純作業として見ていた。確かに、委員会が賞の授与に対して非常に興奮していた時もある。また、委員会が紛争当事者たちに賞を与えているということも正しい。政治的威信を賭けているのは当事者たちである。調停者たちというのはその状況に関わることもあれば関わらないこともあり、ほとんどあるいは全く危険にさらされることはない。それでも、例えば一九〇六年のセオドア・ルーズヴェルトに始まり、二〇〇一年のコフィー・アナン、そして二〇〇二年のジミー・カーターなどの多くの調停者たちに、委員会は賞を与えてきた。この年の受賞者の発表における最後の一文は次の通りである。「ノルウェー・ノーベル委員会は、他の者たちが彼の努力と結果に奮い立たされることを望んでいる」。しかし、そのことについて言えば、調停者の不足を理由に発生する紛争は数少ない。紛争の調停は、必ずしも成功の可能性が高くなるとは限らない場合、長い順番待ちのような状況になってしまうことも多いのである。

アハティサーリは調停に関する多くの業績の中で、ナミビアでの活動を最上位に挙げた。そこでは多くの当事者や様々な視点が問題に関わっていたため、調停には長い期間を要した。ナミビアは元々ドイツの植民地であったが、第一次世界大戦後には国際連盟の下に、そして第二次世界大戦後には国際連合の下に置かれた。ナミビアを実質的に統治したのは南アフリカであった。アフリカ南部では紛争が頻繁に起きており、それは明らかに冷戦下の米ソ双方からの影響であった。

二四年にわたる戦争を経て、最終的にナミビアは一九九〇年三月二一日に独立を果たし、アハティサーリは成功を収めたが、そこには多くの要因があった。まず、冷戦の終結によって解決の糸口を見つけやすくなった。さらに、国連はアハティサーリに対してかなり明確な権限を与えることが可能であった。そして、新たに生まれ変わった南アフリカは、F・W・デクラークの指導の下で出発した。こうした状況をうまくまとめ上げたのが「ナミビアの助産師」と呼ばれていたアハティサーリであった。ナミビアの多くの男の子たちにマルッティの名前が付けられた。

インドネシアのアチェ州は何十年にもわたってインドネシアと衝突していた。アチェは独立を望んでいたが、インドネシア当局は完全に反対していた。彼らはアチェの独立がインドネシアの解体を促進することになるのではないかと恐れていた。血みどろの紛争の結果、少なくとも一万五〇〇〇人もの命が失われた。二〇〇三年からの停戦合意が破綻し、二〇ヵ月もの間話し合いが行われなかった。二〇〇四年一二月に起きた津波が両者を歩み寄らせ、それが言わずもがな、二〇〇五年八月に見出されたあの解決策、すなわちヘルシンキ和平合意に貢献する結果となったのである。しかし、その解決策を見出したのは、アハティサーリと危機管理イニシアティブ（CMI）であった。二〇〇五年一月に彼は当事者たちをフィンランドに呼び寄せ、その七ヵ月後に和平合意に署名がなされた。当時インドネシアの大統領であったスシロ・バンバン・ユドヨノはアハティサーリを「平和の主」と呼んでいた。アチェはインドネシアの一部として留まったものの、明確な自治権を持つに至った。アチェ独立運動は州の統治を引き継ぐ一つの政党になって政治に参加することで終結していった。

アハティサーリはコソボで二度にわたって活躍した。一九九五年に彼はロシアのヴィクトル・チェルノムイルジン首相と共に、スロボダン・ミロシェヴィッチ大統領に対してセルビア爆撃を中止する要求を受け入れさせるために行動していた。アハティサーリはあるインタビューの中で次のように強調していた。「私たち二人はミロシェヴィッチと交渉したわけではない。私たちは単に、彼がユーゴスラビア政府と一定の指針について取り決めをした場合に、爆撃を中止させやすくなるような提案を示したに過ぎない」。コソボは、形式上はセルビア・モンテネグロの一部として存続したが、実際にはコソボ・アルバニア系住民たちのための自治権をさらに広範囲に拡大させた形で、国連によって統治された。

アハティサーリのコソボでの二度目の活躍は、二〇〇五年から二〇〇七年になされた。二〇〇七年一月にアハティサーリは紛争の調停案を提出した。コソボは独立へと向かうことになったが、単にEUなどの国際的な機関の監視下に置かれることとなっただけであった。またその調停案には、コソボに住むセルビア人たちが大規模な自治権や、セルビアとある程度の関係を維持する権利を得る、という内容が盛り込まれていた。セルビア人たちはこの提案に反対した。一方でコソボ・アルバニア系住民たちは、国際的な監視の対象になるという点を好ましく思っていなかったものの、比較的満足していた。国連の安全保障理事会は、セルビアと密接な関係を持っていたロシアがその計画に反対したことから、機能不全に陥った。このような不安定な状況にあっても、アハティサーリは「私の仕事は終わったと考えている」と発表しなければならなかった。

二〇〇八年二月、コソボ・アルバニア系住民たちはコソボの独立を宣言した。アメリカとEU加盟国の多くが新たに独立したコソボをすぐに国家として承認したが、ロシアと分離独立運動を抱えているEU加盟国は反対した。コソボは独立国家となったものの、国内のセルビア人の地位は、実際には依然として曖昧なままであった。二〇〇八年一〇月一〇日にアハティサーリはマケドニアとモンテネグロがコソボを承認したという知らせを受け、その後、彼はノーベル平和賞受賞の電話連絡を受けた。それは素晴らしい一日となったことであろう。

アハティサーリは北アイルランド、中央アジア、そしてアフリカの角での和解にも貢献した。二〇〇八年当時、彼はイラク問題に対して特に積極的であった。そのような最中にありながら、彼はフィンランドの大統領を六年間務めた。彼の大統領任期中に、フィンランド国内の経済状況は劇的に改善した。フィンランドはEUに加盟し、ビル・クリントンとボリス・エリツィンが首都のヘルシンキで首脳会談を行った。アハティサーリは精力的に大統領職をこなしていたが、当時フィンランドの首相であったエスコ・アホも考えていたように、少し精力的になりすぎていたようであった。アハティサーリが敵を抱えていたということは言うまでもなかった。

一九九四年の大統領選挙でアハティサーリの対立候補であったケイヨ・コルホネンは、アハティサーリへの平和賞の授与に対して強く釘を刺すための書簡を書いて送ってきた。これまでの紛争はアハティサーリが介入する以前にすでにほとんど解決しており、従ってそれほど大きな栄誉には値しない、とコルホネンは主張していた。また、書簡には、アハティサーリに道徳的な欠陥があるということも記されていた。彼は多くの仕事を通して個人的に金儲けをしていたという噂があった。ノーベル委員会はこれらの疑惑の調査に最善を尽くした。その結果、フィンランド政治の一部に存在する不健全な状況を除いては、取り立てて示す内容がないということがわかった。

アハティサーリ自身はとても率直な物言いをする人物のようであった。彼は授賞式のセレモニーにフィンランドのほとんどの政治家たちを招待したが、大統領のタルヤ・ハロネンは招待しなかった。私がアハティサーリにハロネンが招待されなかった理由を尋ねた際、彼は独特な口調で次のように答えた。「私は単に私の友人を招待しただけだ」。アハティサーリは引き続き大統領職に留まることを望んでいたが、彼の所属するフィンランド社会民主党の党員であったハロネンが後を引き継いだことで、互いが明らかに敵意を抱くことになった。

アハティサーリの調停活動には特徴的な面がいくつかあった。彼は極めてアメリカ寄りの考え方を持っており、旧ソ連・ロシアに対しては比較的ネガティブな考え方を持っていた。「アメリカ人たちを味方につければあなたは何事にも対処できる」ということを、彼は何度もはっきりと公に主張していた。彼のロシアに対する懐疑心は、彼がカレリア地方のヴィボルグ出身であることと少し関係していた。フィンランド第三位の面積を持つこの都市は、第二次世界大戦中に旧ソ連に編入された。数十万人のカレリア人たちは自分たちの土地で難民となり、そうしたアハティサーリの幼い頃の経験はその後、紛争解決に向けた彼の活動につながっていった。

アハティサーリは不屈の楽観主義者であった。そのような性格は多くの調停者たちに共通するが、アハティサーリのそれは彼らのさらに上を行っていた。彼の考えは次のようなものであった。「戦争や紛争というのは避けられないものではなく、人間によって引き起こされるものであるから、権力や影響力を持つ人間によって食い止めることができる」。「たとえ中東の紛争であっても解決することは可能である」。「宗教が紛争の根本的な原因になることはめったにない」。加えてアハティサーリは、受賞講演の中でも次のように述べていた。「私はこれまでのキャリアの中で、宗教が紛争を長期化させるための武器や道具として用いられるという危機的状況を多く目の当たりにしたことがある。しかし、宗教それ自体は平和愛好的なものである」。

アハティサーリは自分のやり方に非常に忠実であった。「当事者たちに対して優しい言葉をかけるだけでは平和を達成することはできない、ということを私は学んだ。彼らが非生産的であった場合には、誠実でありながらもはっきりとそれを指摘できる勇気を持たなければならない。私は誠実な人間であるが、いつも好意的な人間というわけではない」。また、彼はアチェで当事者たちに対してストレートに問いかけた。「あなた方は戦争に勝利することを望んでいるのか、それとも平和を望んでいるのか」。彼は二〇〇一年一月にロシアのラブロフ外務大臣を含む世界各地の主要な外務大臣たちに対して、頼まれもしていないのに次のように説明した。「ミロシェヴィッチによる恐怖政治の後にコソボがセルビアに返還されると考えるのは、はっきり言って不可能なことである。あなた方が良く知っているこの事実はセルビアに対して伝えられるべきであった」。

次第にアハティサーリは自分を支援する枠組を築いていった。彼は危機管理イニシアティブ（CMI）

という自身の組織を設立した。当然ながら、彼はこの組織以外からもフィンランドの外交官や幅広い国際的なネットワークから確かな支援を得ていた。また、彼は様々な当事者から仕事を依頼されていたが、引き受ける前に自身でその状況の評価を行っていたことは言うまでもない。

アハティサーリは無口で少し不機嫌な様子に見えたかもしれない。彼は記者会見を好んではいなかったのである。授賞式に向けての出発の際、彼の飛行機が大幅に遅れたことによって、ストックホルムでの記者会見がキャンセルされた。それを彼は非常に良いことと思っていたようであった。オスロで彼は次第に機嫌を取り戻していった。彼の控えめなユーモアが本領を発揮し、彼は自分が好む人間を受け入れていった。終盤のコンサートで私たちが彼を見た時には、数日前に到着した時のように無口で控えめな彼とは違う男のようであった。

その後、アハティサーリは朝鮮半島とスーダンの平和を取り扱う調査会に参加した。彼はシリアの調停者としても声が上がったが、この仕事にまつわる様々な憶測からは距離を取っていた。彼は高齢になっており、健康状態はもはやベストではなかった。

アナンやカーター、アハティサーリのような調停者たちは本当に互いに異なる性格を持っているが、平和への道のりはいくつも存在し得るということがここでも明らかとなっていった。しかし、当事者自身が平和を望まなければ、調停者たちだけで成し遂げられることは少なく、それは世界の超大国の支援が無ければなおさらのことである。そのことは中東で何度も示されている。

ノーベル平和センター

二〇〇二年に私たちは研究プログラムを数年にわたって一旦中止し、シンポジウム活動も中止しなければならなかった。私はノーベル平和センターとの仕事に多くの時間と労力を費やす必要があり、加えて、ノーベル研究所の研究事務所でも多くの仕事を抱えていた。

ノーベル平和センター

ノルウェーの全ての偉大なる「神話」には、それにまつわる施設が存在し、ノルウェーで最も重要な観光資源の一部となっている。スキー博物館、ヴァイキング船、フラム号やコン・ティキ号などがその例である。しかし、そこにはノーベル平和賞を扱った博物館が欠けていた。特に夏になると、ノーベル研究所を訪れたがる観光客が現れるようになった。委員会室に加え、一九〇五年から一九四六年までノーベル平和賞の授与式が行われていた大ホールを見学することができ、それが彼ら観光客の楽しみとなった。スタッフは観光客たちにできる限り最高の形で紹介していたが、研究所は博物館ではなく仕事場であったため、その紹介は幾分制限されなければならなかった。

ノーベル委員会に博物館の必要性を説得するのは簡単なことであった。私はただ行動し始めればよいだけであった。しかし、協力的な立場に立っていたハンナ・クヴァンモでさえ、このプロジェクトの実現性については疑問に思っていた。「そうね。それがもし実現したら脱帽するわ」。（私は帽子をかぶっているハンナを見たことを一度も思い出すことができない。）ストックホルムにあるノーベル財団もまた何も口を出すことができなかった。というのは、理事のソールマンが、私のイニシアティブから完全に独立した形で、ストックホルムのノーベル博物館に関する計画にかかりっきりになっていたようであったためである。これは一九九三年から九四年という非常に早い時期のことであった。

私たちが話をしたほとんどの者が「博物館」という名前では聞こえが悪そうであると考えていた。こうして、その名前はノーベル平和センターに変更された。そこではその時代に即したものを展示するつもりで、普通の博物館が所有するような歴史的なコレクションを展示したくはなかったのである。センターには最新のテクノロジーが必要とされていた。

私たちは費用分担の形式を取ることになるだろうと想定していた。ノルウェー側は適切な建物を自由に使えるようにすることになった一方で、博覧会を推し進めるための費用を個人的なスポンサーが負担することとなった。ノーベル財団は、ソールマンが事あるごとに引用していた「人的資源」という言葉を除いては、一切の費用を負担しないこととなった。これは理論的には良さそうに聞こえたが、実際には難しい仕事であるように思われた。私たちは旧オスロ西駅の建物に決めるまで様々な建物を物色していた。私たちはオスロ市内の新しいオペラハウスのローカライゼーションに関する大きな議論と一緒くたにされることを懸念したが、最終的にはオペラハウスに関して起きたことと関係なく、私たちはオスロ西駅の建物に狙いをつけることとなった。もしそこがオペラハウスになっていたら、私たちはもしかしたら授賞式をそこで行うことができていたかもしれない。オペラ側のトップであったビョーン・シーメンセンはこの「ノーベルオペラ構想」に関して熱を持って話していた。

私たちはスポンサーを得ることが可能になるまでに建物を取得していなければならなかった。グンナル・ベルゲと私は、グロ・ハ－レム・ブルントラントとイェンス・ストルテンベルグの二人と話をした。私は二人のことを知っており、ベルゲは彼らとより近しい関係にあったが、首相経験者である二人との話には全く進展がなかった。アイデアは良いがあまりにも費用がかかりすぎる、と言われた。

私はキリスト教民主党に賭けることにした。その時は特にヒェル・マグネ・ボンデヴィークが二〇〇一年に首相に返り咲いていた後であった。キリスト教民主党が平和に関係すること全てに賛成したがっていたことは疑いようもなく、同時に予算の収支に関しては労働党よりも少し緩い考え方を持っている。ヒェル・マグネ・ボンデヴィークはノルウェーにおける平和賞の一番のファンであり、当時の文化大臣であったヴァルゲルド・スヴァールスタッド・ハウグランドも負けず劣らずのファンであった。

ストーティングに設置されている文化委員会において、同じくキリスト教民主党出身のオーラ・T・ローンケは私たちの主要なパートナーであり、彼がその委員会のスポークスマンであったことも良い助けとなった。二〇〇〇年一二月のはじめに、文化委員会がその態度を明らかにするまでの日のことを、私は今でも覚えている。オーラは私に電話をかけてきて、残念ながらその件は自分が望んでいたようには解決されなかった、と言ってきた。私は翌朝、ストーティング内のレストランで会わなければならなかった。彼は委員会の中心的なメンバーを連れて来ることになっており、私はそこで彼らと話はできた。しかし、議論が混乱したため、その件は決着しなかった。

私は決定に関する提案を次のように書いた。「ストーティングは政府に対し、旧オスロ西駅の建物に平和賞のためのセンターを設立できるよう対応を求め、ノルウェー・ノーベル委員会と協力して二〇〇五年六月七日のオープンを目指す」。これは私が今まで書いた文章の中で最も正確に期日や場所を記したものであった。その中には立地とオープンの期日について、ただ一つの選択肢のみが記されていた。それがこのプロジェクトの具体化を確実なものとするための最善の方法であった。

オーラはヴァルゲルド・スヴァールスタッド・ハウグランドとヒェル・マグネ・ボンデヴィークを取り込み、ボンデヴィークはイェンス・ストルテンベルグに連絡を取り、その決定が承認された。その戦略は実に効果的なものであった。センターの計画に対してキリスト教民主党が非常に強く賛成したのであるから、労働党はその計画に対して反対はしないであろう、ということである。しかし、決定は全会一致ではなく、保守党と進歩党の双方からコメントがついた。そのプロジェクトにかかる費用が高額になる可能性があったことや、駅の建物を他の目的に利用することが望まれていたことがその理由である。

二〇〇一年の平和賞一〇〇周年を記念して販売された記念硬貨は、ノーベル研究所に九〇〇〇万クローネを少し上回るほどの収入をもたらした。銀行にその売り上げが振り込まれ、私たちはそのプロジェクトのための人員を雇うことが可能となった。決定が承認された後、ノルウェー側は忠実にそれに従った。長い年月を経て老朽化していた建物の修繕費用は高くつき、それだけでも一億八〇〇〇万クローネになった。私は、当時労働・行政大臣であったヴィクトール・ノーマンがこの件に対して積極的に関わってくれていたことを嬉しい気持ちで思い出す。彼は修繕事業の代表であった国有建造物管理局に対して責任を持っている大臣で、彼はその建物を非常にきれいに仕上げることが重要であると考えており、私たちがコスト削減を誇張して話す必要はなかった。修繕費用を請け負うことになっていた文化省が別の考えを持っていたことは明らかであったが、私たちはおおよそ自分たちが望んでいたものを手に入れた。

しかし、平和センターを支援するスポンサーを獲得するのは容易なことではなかった。私たちは平和賞コンサートを通して良いコネクションをいくつか得ていた。スポンサーはコンサートに対してますます満足していった。しかし、ここでは全く別次元の規模の予算について扱っていた。ＩＭＧ社がスポンサー費用を集めて私たちを援助することとなった。ゴルフやテニスの国際的な放映権を管理していたオーナーのマーク・マコーマックは、フログネルで夕食を一緒に取っている時に、いくら必要なのかと聞いてきた。私は五〇〇〇万クローネと答えた。「もっと夢のある金額は思い付けなかったのか」と彼が言ったので、私は一億クローネと提案した。その金額でも彼は控えめであると考えていたが、その金額が目標となった。

スポンサー獲得の仕事は困難を極めたため、プロジェクト全体を諦めるという考えがよぎったのは一度ではなかった。企業は私の想像に反して、提供できる資金をあまり持ってはいなかった。ノーベル平和賞は物議を醸す可能性があり、会社を困難な状況に陥れる可能性があった。ダライ・ラマやベロとホルタへの賞がその例として挙げられていた。中国とインドネシアは大きな市場であり、投資において重要な国々であった。スポンサーは金銭と引き換えに一体何を得るというのであろうか。さらに、ストックホルムにあるノーベル財団は、北欧諸国以外からのスポンサーにはむしろ敵対的であった。そのようなスポンサー活動のためのガイドラインはあまり今の時代に合ったものではなかった。

私はノシュク・ヒドロ社のトーベ・バイエロードとは長年の知り合いであった。彼女は平和センターにとっての重要な仕事を行った。私たちは共に、二〇〇五年のヒドロ社一〇〇周年に合わせて平和センターに賭けるべきであるとエイビン・レイテンを説得し、最終的には成功した。私たちはノルウェーの人気企業が契約したら状況は好転するであろうと思っていたが、そうはならなかった。

国際的に有名な監査法人であったKPMG社はある倫理上の問題を抱えており、ノーベル財団との協力の試みが失敗に終わった後に、ノルウェーで私たちと協力しようとしていた。四〇〇〇万クローネの使い道が提示され、その大部分が平和センターに対してのものであったが、一部は記念コンサートにも充てられるものであった。様々なアメリカ人たちとの厳しい交渉やノーベル財団に対する最後通牒の後、私たちはついに契約にこぎつけた。私はIMG社からのいくらかの支援と共に、あらゆる法的手続きのほとんどを担うことになった。私は真夜中の交渉の中で少し孤独さを感じていた。彼らアメリカ人たちは午後遅くに交渉したいと思っており、その時間帯は私にとっては夜遅くを意味していた。私はその時、明らかに自信過剰であった。急を要することではあったが、最終的には上手く行った。それでも、私たちが最も激しい交渉を行った二〇〇三年の夏と同じくらい疲れ切るものであったとは全く思っていない。

ＫＰＭＧとの経験は本当に信じられないことであった。彼らはビジネスにおける倫理のための賞を作りたがっていた。その賞がノーベル賞と同等のものとして認識されることがその目的であったことは疑いようもなく、私たちは当然そのようなことを支持できなかった。ＫＰＭＧは自身がノーベル平和センターのスポンサーであると名乗ることも可能ではあったが、それ以上でもそれ以下でもなかった。私はフロリダ州オーランドでＫＰＭＧの全ての役員と会った。彼らは私たちの計画に同意し、私たちは大金を手にした。彼らはニューヨークの国連ビルで授賞式を開催し、私はそこで講演を行った。ＫＰＭＧ社は、自分たちが望んだものを全く得られていないことが分かった時、その後の賞の授与を中止した。ＫＰＭＧが実際に得たものといえば、オスロでのノーベル賞関連行事のチケット二年分だけであり、それが全てであった。まさに四〇〇〇万クローネのチケットであった。私はこの件を私の交渉技術における最大の勝利であると考えている。それにしても、世界を牽引する監査法人がこれほど低いレベルでしかプロフェッショナルに振る舞えなかったのか。

次第にテレノール社やＤＮＢ、フリットオルドやヘフ財団などが入ってくるようになっていった。オーヴェとヴェスティエのヘフ兄弟が一〇〇〇万クローネを払った。彼らはあまり見返りを求めていなかったが、オーヴェと私は、ノルウェーとアメリカとの関係史の歩みについて延々と議論をし、楽しい時間を過ごした。私たちはもっと多くの金額を得るべきであったかもしれないが、結果的にスポンサーを利用して目標の金額におおむね到達した。

グレーテ・ヤルムンがノーベル平和センターのプロジェクトリーダーとして起用された。彼女は建築家であり、文化遺産総局と文化省の双方で働いた経験を持ち、気性が激しくすさまじいまでに積極的な人物であった。ヤルムンはセンターのデザインに特に関心があり、イギリスで活躍するアフリカ出身の建築家のデヴィッド・アジャイとコンタクトを取っていた。アジャイとの協力がセンターの物理的なデザインにとって決定的なものとなった。デヴィッドは非常に感じの良い男性で、世界の建築家のスターへの階段をまっしぐらに駆け上がっていった人物であった。デヴィッドの業績を間近で見ることを目当てに、次第に世界各地からの観光客が平和センターを訪れるようになっていった。またグレーテは、もう一人の世界的権威であり、今やIT技術と博物館を組み合わせた分野のエキスパートとなっているデヴィッド・スモールともコンタクトを取っていた。彼はロンドンにあるチャーチル博物館に関する仕事を中心に行っていた。二人のデヴィッドとの協力は非常に上手く行った。

しかしすぐに、センターの内装に取り組むプロジェクトの関係者たちとグレーテとの間に大きな亀裂が走った。彼らはデザインにこだわるあまり内装が貧相になっていると考えていた。そのことがグレーテと私とのさらなる衝突にもつながった。彼女は自分の仕事を喜んで私に報告していたが、私が自分の考えを持っていることを好ましく思っていなかった。また、プロジェクトは想定よりも高額の費用がかかるようになった。私は理事会がグレーテを解任すべきであると考えていたが、その考えは頭の中だけに留めた。「平和」センターの仕事において「争い」が存在する状況は良くないと思われたが、すぐにプロジェクトリーダーを引き継ぐことのできる人間がいなかった。結局のところ、本当にデザインへの関心があるリーダーを持つことが、私たちにとって最も重要なことであった。内装を良くすることができる人物には事欠かなかった。これらのことが多かれ少なかれ単独で決定されていたならば、さぞかしつまらないセンターになっていたことであろう。

かくして私たちは目標を達成した。実を言うと、センターは二〇〇五年六月七日にはオープンしなかった。その日はすでにあまりにも多くの行事が入りすぎていた。六月一一日にはハラルド国王が厳粛な形でそのオープンを取り仕切ることができ、ソニア女王、スウェーデン国王夫妻、ビクトリア王太子妃、そしてノルウェー王太子・王太子妃が出席し、私もそこで講演を行った。さらに私は国王が行うことになっていた講演原稿も書いたが、最終的にはボンデヴィーク首相がその講演を行うこととなった。疲れたが、とても満足の行くものであった。

グレーテ・ヤルムンが平和センターのトップとして引き続きやっていくのは不可能であった。幸い、そのポジションに対して多くの有望な者たちが応募してくれた。理事会はベンテ・エリクセンをセンター長に採用したが、喜ばしい選択であったと思われる。彼女は文化に対する意識がとても高く、文化施設の運営に関する幅広い経験を持っており、またメディアとの良好な関係も築いていた。今日においてもオープン初日からの展示物がいまだに多く置かれているものの、ベンテと彼女が雇っていたスタッフは、彼女のやりたいようにセンターを徐々に形作っていった。私たちは、高度なテクノロジーを導入したセンターというのはすぐに時代遅れになるのではないかと懸念していたが、心配していたよりは良い方向に向かっていった。テクニカルスタッフの多大な貢献のおかげで技術的な問題も非常に少なかった。

センターはメディアに好評であった。ニューヨーク・タイムズ紙とロンドンのサンデー・タイムズ紙は、私たちのこと、特にアジャイの貢献について好意的な形で記事にしていた。ヴェーゲー紙は私たちに最高評価の六を与えた。私にとって、それが本当のことであるとはにわかには信じ難かった。私たちは広く知れ渡ることについて気にしており、ヴェーゲー紙の評価が重要であった。政治家たちは肯定的であった。しかし、中には問題もあった。オープンの年にはおよそ一〇万人の訪問者を達成したものの、私たちが望んでいた数よりはやや少なかった。また、多くの人々が無料で展示物を見学しに来ているという状況であった。ノーベル平和センターの運営費用がいくらになるのかをはっきりと知ることは誰にもできなかった。私たちは見積もりを出したが、当然曖昧なものであった。それらの見積もりは次第に現実的な額になっていったが、依然としてあまりにも楽観的すぎるものであった。スタッフは私たちの想定よりも多くなり、その給料も想定よりも高くなり、設備の減価償却費が高額になった。私たちは文化省から毎年受けていた財政支援の増額も望んでいた。

ノーベル賞関連の施設というのは高い質を維持すべきである。私は首相のストルテンベルグと外務大臣のストゥーレの二人と話をしたことがあった。何らかの具体策について約束したわけではないが、彼らは明らかに理解を示していた。しかし、最終的に二〇〇六年一〇月に文化大臣のトロンド・ギスケが、予算管理がずさんであるとして記者会見のすぐ後に、『ダーグスレヴィエン』（夜七時のニュース番組）と個別の面談の場でベンテと私に説教をしてきた。私たちはイェンスとストゥーレからはそれ以上のことは何も聞かなかった。怒涛のような批判や議論が巻き起こっていた。ギスケは「一〇〇〇万クローネ」が「混乱」を収束させるために使われなければならないということを懸念している、と直接的な形で言ってきた。文化省ではなくノーベル財団が私をセンターの理事長に指名したということでなかったならば、私の理事長としての余命はいくばくもなかったであろう。あらゆることが極めて不快であった。私はいつも辞職することばかり考えていた。非常にそりが合わない文化大臣と協力するかどうかに左右される状態で、私は続けることが可能であったのであろうか。私は留まることにした。ノーベル賞側は、ノルウェー側がノーベル賞関連の組織のトップを実際に辞めさせることを許可することはできなかった。ノーベル委員会は私に全面的な支持を与えてくれた。

ベンテと私は、費用や人員が削減されるべきならばそのようにしようと決めた。予算は引き下げられなければならず、スタッフは削減され、営業時間も短くなった。私たちが望んでいた水準には届かなかったが、私たちは時間をかけて改善することになるであろう。その方針転換が功を奏し、臨時の支援の際には一切の金銭的援助を必要としなかった。今日、ノーベル平和センターは多くの客が訪れる施設であり、健全な財務状況にある。センターは大成功を収め、オスロの文化生活を形成する重要な部分となっている。今の私たちの唯一の懸念は、文化省が平和センターに移転するということが噂されていることである。私たちは旧オスロ西駅のあったこの施設に非常に満足しており、そのような移転を全く望んではいない。様々な閣僚が私たちに提案した現代アート美術館と国立美術館の施設は、双方ともあまり魅力的ではない。私たちは、ノーベル平和センターのようなノーベル賞関連の重要な施設が、引き続きふさわしい形で地域に根付いてほしいと思っている。

第四章　二〇〇九年～二〇一四年

絶頂と対立

二〇〇九年から二〇一四年は、平和賞の歴史の中で特に目立つものとなった。まず、アメリカの大統領が権力の座についてからわずか九ヵ月で受賞した。その後、中国で最も有名な反体制活動家に平和賞が渡り、ノルウェーに対する中国からの長期間にわたる激しい非難が始まるきっかけとなった。国際的に指導的な立場にあった三人の女性たちに賞を与えた穏やかな年を経た後に、ノーベル委員会だけでなくノルウェー国内をも分断するという理由で何十年もの間不可能であると見られていたEUに対して、ノーベル委員会は突然平和賞を与えた。化学兵器禁止を主張する組織へと賞が渡ったいつもとあまり変わらない年の後、長年優れた候補者の中に名を連ねていたカイラシュ・サティアーティに平和賞が渡った。しかし、その時は一六歳の少女であったマララ・ユサフザイとの組み合わせであった。

一般のノルウェーの人々の中には、このような形で立て続けに行われた驚くべき決定について、あるシンプルな主張を持つ者たちがいた。その主張とは、トールビョーン・ヤーグランのおかげである、というものであった。政治家としても、彼は驚くべき決定を下すことがあった。ノルウェー・ノーベル委員会の委員長として、そして非常に博識な人物として、ヤーグランは言うまでもなく、自身が委員長を務めた六年間に及んで委員会の決定に影響力を持っていた。しかし、委員会には五人の委員がいるということを再度思い出しておくことが重要である。彼らの中にヤーグランの関心事を推し進めたがる者は誰もいなかった。毎年二月から一〇月にかけての委員会の活動を通して、委員たちはなんとか共通の決定におおむね合意してきた。オバマや劉暁波、そしてEUを受賞者として集めたのは、一枚岩となった委員たちであった。重大な決定に関しては、もう少し話し合うべきであったのかもしれない。途中の議論に疑わしい部分もおそらくあったに違いないが、最終的には五人の委員全員がそれらの決定に賛成した。

ラーシュ・ヘイケンステンがストックホルムにあるノーベル財団のトップを引き継いだ際、ノーベル賞の制度の内部でノルウェー・スウェーデン間の対立が強まっていた。全員を満足させられるような妥協案を探し出すことに以前よりも時間を使わなくなっていった。ヘイケンステンは自分なりの解決策を持っており、それらは周囲の反応とはほとんど関係なく押し通されていった。いわゆる「親会社」と「子会社」のような関係で成り立っていたシステムは、それぞれ独立した委員たちによる旧来のシステムに置き換えられることとなった。そのようなやり方は問題となるに違いなく、事実そうなっていった。

ノーベル賞の制度における年金受給年齢である七〇歳を超えても私が事務局長を続けるというのは、まずあり得ないことであった。委員会の委員にはそのような年齢制限はない。二五年でも十分すぎるほどであった。私は六五歳から六七歳あたりで引退しようかと考えていたが、むしろここ数年は七〇歳まで続けたくなるような平和賞関連の仕事があったため、それに精を出していた。しかし、その時に私は当初から温めていたアイデアを実行に移すことができたため、引退するにはまさに絶好のタイミングとなった。また、私は自分がその場所で体験した多くの刺激的な出来事について書き留めておきたいとも思っていた。

トールビョーン・ヤーグラン

二〇〇五年の選挙後、労働党は再び大幅に議席数を増やしたため、ノーベル委員会に二人の委員を入れる資格があった。想定される新たな委員として、トールビョーン・ヤーグランの名前がすぐに挙がった。私がそのプロセスにおいて正式な役割を持っていないことは言うまでもなかったが、それでも私は意見を求められ、ヤーグラン自身にも相談された。私はその選択を支持した。なぜなら、他の者たちがあまりふさわしくないと考えたこともあったためである。ヤーグランはちょうど欧州評議会の事務総長に就任していたため、ストラスブールに長く滞在したがっていた。役割が混同される危険性は高かったが、それは他の候補者の一人であったヤン・エーゲランドにも言えることであった。彼はノルウェー国際問題研究所（ＮＵＰＩ）の所長に就任しており、毎日メディアに対してすぐにコメントを出さなければならなくなる可能性があった。ストーティングの元議員のオラヴ・アクセルセンも候補者の一人で、私はその件で問い合わせを受けていた。アクセルセンは外務委員会の委員長を務めたことがあり、オールラウンド型の政治家であったが、外部の仕事に集中しつつ委員会を代表するというのは必ずしも可能なことではなかった。

私たちには皆、強みと弱みというものがあり、それはトールビョーン・ヤーグランにも例外なく当てはまることである。彼が素晴らしい戦略的能力を有していることは疑いようがない。彼は主軸となる物事を追い求め、それに焦点を当てたがる。欧州評議会の事務総長としての彼の業績がそれを物語っている。そこで彼はすぐに主な三つの目標を提示した。すなわち、EUとの条約に基づく関係の構築、ロシアから欧州人権裁判所へと出されるありとあらゆる案件の清算、そして官僚的な制度の改革である。三つ目の目標の意義については常に議論を呼ぶ可能性があり、それは長い道のりとなり得ることを意味している。最初の二つの目標は明らかに重要で、これらの目標に関してヤーグランは確かな成功を収めており、実際に実施されることになっている。

トールビョーン・ヤーグラン

また、彼は二〇一四年に新たに五年の任期で事務総長に再選された。
ヤーグランは、一九九六年から九七年までのノルウェーの首相としての任期中には、同じように成功を収めたわけではなかった。ノルウェーの歴史家たちによるノルウェーの首相のランキングでは、ヤーグランはかなり下の方に来ていた。ヤーグラン政権による「ノルウェーの家」構想に関する主要なプロジェクトは失敗に終わった。その構想が何を問題としているのかを理解していた者はほとんどいなかった。新しくフレッシュな名前として見られていた閣僚たちは、その失敗を挽回するには至らなかった。一九九七年の選挙において労働党の得票率が三六・九パーセントを下回った場合に内閣総辞職をするという「最終兵器」は不発に終わり、ヤーグランは辞任しなければならなくなった。その後、激しい権力闘争の末、イェンス・ストルテンベルグが労働党党首を引き継いだ。

ヤーグランの委員長就任後、グロ・ハーレム・ブルントラントは、彼は人の扱い方が粗末であると私に話していた。それはまるで彼が「使い走り」のごとく私を扱っているかのような言い方であったが、彼はそのようなことは絶対にしなかった。私たちは長らくまずまずの形で協力してきた。ヤーグランは決して几帳面な人間ではなかったが、彼は私と一緒に重要な案件に取りかかっており、少なくとも平和賞受賞者の選考はそうであった。この点に関して私たちの間で大きな意見の食い違いはなかった。二〇一二年のEUに対する賞はヤーグランとルンデスタッドによる賞として頻繁にメディアで解説されていた。カシ・クッルマン・フィーヴェが少なくとも同じくらい重要な役割を果たしていることを除けば、上記のことは大体正しい解釈である。

ヤーグランは平和賞をより大きな視点で捉えようとしていた。委員会は中心となる問題に焦点を当てるべきであり、称賛に値する個々の人間自体にまであまり注意を向けるべきではなかった。ヤーグランの講演は普通であった。彼はその英語能力に関して多くの批判を受けていたが、中には批判されるに値しないものもあった。オーレ・ミョースはニーノシュクを使って講演をしたが、ヤーグランは世界に向けて英語で講演をしたがっており、私はそのことについては賛成であった。しかし、ノルウェー中の英語教師がヤーグランの発音やイントネーションに不満があるという批判の手紙を私たちに送ってきた。それでも、国際的な視点に立てば、彼はおおむね上手くこなしていた。ノルウェー人はかなり理解されやすい英語を話すのである。

ヤーグランは私が期待していたよりもずっと短い講演原稿しか書いてこなかった。彼は熱心な著述家ではあったものの、私が彼の授賞講演に対して長らく提案を行っていたことには喜んでいた。彼は驚くほどの知識不足をさらけ出すことがあった。例えば、彼はオバマへの賞の主な根拠として弾道弾迎撃ミサイル制限条約の件を一貫して取り上げていたが、それは単にブッシュが二〇〇二年の段階ですでにその条約から脱退していただけのことであった。ヤーグランは現在の状況について話す前に、その経緯の説明として歴史的な一般論から話すことを好んでいたが、やはりここでも知識不足を露呈することがあった。

とはいえ、ヤーグランは政治家としてはおおむね良い方向に向かっていた。彼は博識であったが、ノーベル委員会の顧問などの他の者たちから学ぼうとはあまり思っていなかった。

ヤーグランは非常に物忘れをしやすい性格であった。それに関するエピソードに事欠くことはなく、彼自身が話題に出すこともあった。例えば、彼がリーエルという町から電車で急いで帰宅することになった時の話がある。彼は後になって、その日は車で来ていたことを思い出した。しかし、車のキーが入っている服は電車の中に置きっぱなしにされていたのである。また、彼は行事に関するあらゆる詳細なことについて覚えが悪く、いつも他の者たちに頼りきっていた。ヤーグランはたまに、電話や対面での会話がぎこちなくなることがあった。彼は人の名前を忘れることもあり、長年、委員のインゲル＝マリエ・イッテルホルンをアンネ＝マリエと呼んでいた。

ヤーグランの直感は当てにならなかった。彼は授賞式期間中のバンケットでストーティングの議長として、ほとんどジョークで構成されたノルウェー式の食後の挨拶をした。そのジョークの大半が面白くなく、どれも受賞者とは関係のないものであった。参加者たちは笑っていたが、どうしようもないという雰囲気であった。そのような例は枚挙にいとまがない。ヤーグランは直接平和賞に関係する業務以外には全くと言っていいほど関心を示さなかった。とはいえ、ストックホルムにあるノーベル財団で理事長をしていたヘイケンステンとは、委員会にとっての重要な問題についてきちんとやり取りをしていた。ただし、彼らが一体どんな結論に至ったのかについて、私たちにはほとんど知らされないということが度々あった。

メディア対応に関して、ヤーグランは信じられないほどの体力を持っていた。彼は一〇月に行われる平和賞受賞者の発表の日に、様々なメディアの担当者たちに対して終日インタビューさせる機会を与えるほどであった。時にはその他の約束とすぐにかち合う可能性があったにもかかわらず、メディアとインタビューの約束をすることもあった。委員会は、彼がメディアに対して受賞者に関するヒントを与えすぎていたと感じていた。受賞者の名前は極秘となっており、どのメディアでも同じ形で扱われることになっていた。彼は受賞者の名前を直接的に漏らしはしなかったが、途中でメディアにヒントを与えていた。それが委員会内での対立につながることがあり、そこで彼は私を漏洩についてのスケープゴートにしようとしていた。

委員会の委員たちは「ヤーグラン委員会」に関する記事に非常に悩まされていた。ヤーグラン自身も何度かメディアでそのような主張に対して反論していた。彼は支配的な委員長ではなく、委員会の会合で発言回数が多かったのは委員たちの方であった。他の委員たちと同じように、彼は選考過程の途中で意見を変えることがあったが、それは悪いことではなく、むしろ良いことであった。それでも、ヤーグランがそのように委員会を率いていたことに対して、内部で不満が高まっていった。彼は外部に対して非友好的に振る舞う事があり、その他のノーベル賞の関連業務にはあまり熱心に取り組まなかったため、たまに行われるストックホルムとのやりとりでは、ヤーグランはもしかするとあまり頼りにならないのではないかという印象が広まっていた。もしカシ・クッルマン・フィーヴェがヤーグランの委員長職を引き継ぐことに同意していたら、任期の最後の年に彼が再選されることはなかったであろう。

委員長としてのポジションはヤーグランに対して、対外的には栄誉を与え、委員会内においては少し特別な影響力を与えたのかもしれなかったが、人々が思っていたほどではなかった。委員会の会合では副委員長が特に重要な役割を持っていた。定期的に行われる受賞者の選考に関する議論では、委員会の副委員長が常に最初に発言し、その後、在任期間が長い者から順に発言していき、最後に委員長が発言する。また、彼らはその順番に従って席に座る。事務局長は調査結果について説明をし、会合で発表することができるが、受賞者に関する議論には直接参加しない。委員長という立場を踏まえると、彼が最後に話すのは必ずしも好ましいことではない。序盤の会合ではこのことはあまり大きな意味を持たないが、受賞者の決定の時が近づくにつれて重要となり得る。委員長は運が良ければ状況を一変させることも可能であるが、一方で運が悪ければ委員長の話す番になる時にはすでに大方決まってしまっている可能性もある。

重要な点は、五人全ての委員がそれぞれ強固な考えを持っているということであった。当然、ヤーグランの意見が委員会内の議論を支配することはなかった。それでも、ヤーグラン体制下の六年間で委員会は、オバマや劉暁波、そしてEUを含む平和賞の決定について、最終的にはおおよそ賛成していた。二〇一一年と二〇一三年の賞には当てはまらないものの、最も重要なことは、ヤーグランが立派な経歴を持つ受賞者たちを何としてでも選びたいと思っていたことかもしれない。

次第に私は、ヤーグランがノーベル委員会に選ばれたのは間違いであったと考えるようになっていった。その理由は委員会内で委員長と事務局長との間に多くの確執があったということではなく、私たちの間にそのようなものはなかった。しかし私は、ノルウェーの元首相や元外務大臣はノルウェー・ノーベル委員会に在籍すべきではないと考えるようになった。少なくとも同じくらい重要であったのは、欧州評議会の事務総長としての役割であった。そのような仕事はノーベル委員会での評価に影響を与えてしまうと言って良いであろう。ポジティブな影響もあったのかもしれないが、すぐにネガティブな影響を及ぼすようになっていった。言うまでもなく、事務総長は主要加盟国と不仲になるべきではない。ロシアはこの文脈におけるその最たる例であった。プーチンは次第にロシア近隣の地域に継続して干渉する姿勢を見せるようになり、彼の政策に関して西側諸国からの批判が強くなっていった。ヤーグラン自身もそのような意見を持っていた可能性があったが、彼が批判する側に加わることは難しかった。国際関係の主要なアクターに縛られている立場の人間がノーベル委員会の委員、ましてや委員長にはなるべきではないのである。

二〇一四年一二月六日に、アフテンポステン紙が私の長いインタビューを公開した。私はその年の末に退くことになっており、そのインタビューではノーベル研究所の所長として二五年間過ごした私の経験のうちのいくつかがまとめられることとなっていた。そのインタビューの中で、誰がノーベル委員会に在籍すべきかについて、私なりの考え方を次のように話した。それは、外国人ではなく、元首相や元外務大臣でもなく、より高い能力を持つ元政治家が望ましい、というものであった。そのインタビューは非常に注目を浴び、問い合わせが殺到した。私はノーベル委員会に対してこれらの考え方をすでに示しており、この本の中でも繰り返し記されている。これが私の基本的な考え方ではあるものの、多くの者がそのインタビューをヤーグランに対する直接的な非難として読み取っていた。そのように捉えられるのも無理もないが、そのようなつもりではなかった。賛同も批判も多かった。私はインタビューが公開された時期に関して疑問に思っており、あたかも私がそのタイミングを誤ったかのように、またそのインタビューが平和賞の授与に水を差したように映ったことであろう。私は重苦しい時間を過ごし、ノーベル委員会に後悔の手紙を送った。しかし、その後すぐに受賞者たちがオスロに到着すると、自然と注目が彼らに移っていった。従って私は、本当はそのタイミングで正しかったと考えるようになった。もし私が退くまで待っていたら、そのインタビューに対する関心は明らかに低くなっていたであろう。

私が年金を得て退いた後の二〇一五年にヤーグランは再選されず、代わりに副委員長であったカシ・クッルマン・フィーヴェが昇格する形で委員長となった。その背景には、二〇一五年の選挙後に保守党と進歩党がノルウェー・ノーベル委員会の過半数を得ていたことがあった。ヤーグランが再選されなかったのはこうした要因によるものであろう。これは主に委員会の新たな政治的な構図によるものであったが、ヤーグランの指導力とも十分に関係があった。過去の事例を見ると、ストーティングで新たに過半数を占めた勢力がノルウェー・ノーベル委員会においても新たに過半数を得ていた可能性が示されていたが、元委員長がそのような理由で代えられたということは示されていなかった。過去のどの委員長もそのような形で追い出されたことがないのは明らかであった。委員長の座を賭けた競争がそれほど激しくはなかったということを付け足しておく必要はあるが、ヤーグランが再選されなかったこと自体は事実である。フランシス・セーイェルステッドは過去に、労働党や社会主義左翼党の出身者および関係者などで構成される委員会内の過半数の勢力によって再選されたことがあった。しかしそれは、社会主義勢力側にいた三名全員が委員長職を引き継ぐことにあまり関心がなかったといった理由であった。委員長の交代を中国に対する謝罪と見る者もいた。そのように書く雑誌や記事などの論評も一部にはあったが、これに関しては事実ではなかった。委員会は劉暁波への授賞を全会一致で決め、そのことにいまだ誇りを持っていた。

卓越した二人の委員

グンナル・ストールセットはノーベル委員会の中でも、間違いなく世界の大部分を見てきた委員であった。ルーテル世界連盟の事務局長として、彼はありとあらゆる場所に少なくとも一度は滞在したことがあった。八〇歳を過ぎた今でもその体力は衰えてはいない。彼は四〇回以上東ティモールに滞在したことがあり、そこで彼は素晴らしい貢献を行った。これが一九九六年の平和賞につながり、グンナルは賞を授与するために授賞式に出席していた。彼は長らく東ティモールの人々といくらかコンタクトを取っていた。賞の授与の後、ノーベル委員会にとって重要であったとある件で、ノルウェー側により強い関心を持たせるために、私はノルウェー外務省に働きかけた。ストールセットは東ティモールのノルウェー側大使となった。

ストールセットは宗教に精通しており、平和賞受賞者として提案されるのもまた、多くの宗教指導者たちである。彼は広い心の持ち主であるが、他の多くの者もそうであったように、ローマ教皇が受賞者となることについては懐疑的であった。ストールセットは政治にも精通しており、私たちが知っている以上により良い政治的なコネクションを持っていた。彼は自分が望みさえすればオスロで司教になることもできたと常に確信していた。グンナルは一九八五年から一九九〇年、一九九四年から二〇〇二年、そして二〇一二年から二〇一四年の三期にわたって委員会の委員を務めた。彼はその長く豊富な経験によって、高く評価される委員となっていった。グンナルは良いアイデアを持ってくると言う面では委員会における影響力は強かったが、たまに独創的になりすぎるため、そのような時には彼の影響力は抑えられていた。

カシ・クッルマン・フィーヴェは、おそらく私の二五年の在任期間の中でも最も勤勉なノーベル委員会の委員であった。彼女は全ての会合に対して徹底的に準備をして臨み、良く考え抜いて発言をしていたものであった。私は会合であれほど詳細なメモを取っていた者をいまだかつて見たことがなかった。毎回の会合で彼女は、重要であるか否かに関わりなくメモを取っていた。彼女は、自身の政治活動を通して、メモは大事であるという結論に至ったと言い張っていた。彼女のそうしたメモのコレクションは膨大な数に上るに違いない。

カシと一緒に協力し合って仕事をするのは、ほとんどの場面で苦労のないことであった。委員会の運営に関する多くの案件を扱っていたのは、実際には彼女と私であった。もちろん委員会からの同意は得ていた。彼女は委員会内に敵がいなかった。彼女とヤーグランはかなり昔から旧知の仲であったこともあり、若者政策の件では上手くやっていた。カシは二〇〇九年から毎回、副委員長としてバンケットの場で挨拶を行っていた。そこでも彼女はきちんと準備をして備え、手助けを喜んで受けていた。そこでの挨拶は受けが良かった。前にも書いたように、カシはノーベル財団の理事会におけるノルウェー側のメンバーであり、そこで膨大な仕事をこなしていた。ヘイケンステン体制下のノーベル財団の政策は、ノルウェー側にいる私たちと激しく対立するようなものであったため、彼女の仕事が必要であった。彼女は二〇一四年もその業務を続けていたが、それは乳がんの治療を受けながらであった。彼女がストックホルムに行くことはもはや無くなったが、電話で会合に参加していた。

それでもカシは、平和賞に関する仕事で先頭に立つことはなかった。彼女のお気に入りの候補者がノーベル平和賞を得ることはめったになかった。彼女は対立を好まない性格であったため、彼女よりも遠慮のない性格の委員がそれを利用するおそれがあった。委員会が外部に対して常に一枚岩となって行動すべきであるということを、彼女は強く主張していた。ストックホルムで彼女は多くの逆境に遭遇し、しばしば孤軍奮闘の状態になっていたが、理事会の他の全てのメンバーがスウェーデン人であった状況ではそれほど不自然なことではなかった。政治の場でカシと協力したことのある者の一人は、彼女には時に勝つために必要となる意志や無慈悲さが欠けていると話していた。それは間違ってはいなかったのかもしれない。それでも、結果的に彼女は二〇一五年に委員長の仕事を引き継ぐ準備をしていた。

カシ・クッルマン・フィーヴェ

受賞者

二〇〇九年
バラク・H・オバマ

二〇〇九年のバラク・オバマの受賞時ほど平和賞が大きな注目を集めたことはなかったであろう。委員長のトールビョーン・ヤーグランが彼の名前を発表した時、ノーベル研究所の大ホールに大きなどよめきが起こった。メディアの報道合戦が世界の多くの地域で起き、ノーベル賞関連のウェブサイトにはかつてないほどの関心が集まった。あらゆる目盛りが振り切れるほどであり、二〇〇九年以降そのレベルに達したことはない。

その反応の多くはネガティブなものであり、特にアメリカ国内においてはそうであった。ニューヨーク・タイムズ紙は「大変多くの人々がノーベル賞のニュースを見た時、驚きに続いて笑いがこみ上げてきたのは印象的なことである」と結論付けた。その授賞は全く話にならず、オバマは受賞すべきではないと考える者もいた。発表一週間後に出されたアメリカのギャラップ社による世論調査では、三四％がオバマは受賞に値すると答えた一方、六一％が受賞に値しないと答えていた。保守側の者たちはその賞に強く反対していたが、それほど驚くべきことではなかった。「すでにゴア、カーター、エルバラダイ、そしてアナンに賞を与えてきたようなスカンディナビア的で左寄りの集団から、一体何が期待できるというのか」。

もちろん、賞を擁護する者もいた。ニューヨーク・タイムズ紙は社説の中でジョージ・ブッシュとの関係にいまだ関心を示していた。社説には次のように書かれていた。その賞は「ブッシュ氏に対する暗示的で間接的な非難である。しかし、ブッシュ氏が世界中で受けてきたような批判と闘ってきたことは、オバマの大統領としての九ヵ月間における大きな業績の一つである。他国を尊重し、協働しようとするオバマ氏の意志は別格なものである」。二〇〇八年にオバマに大統領選挙で敗北したジョン・マケインは、「私たちの大統領が非常に名誉ある賞を得るのであれば、私たちはアメリカ人として誇りに思う」と話していた。一方で、オバマが賞に値しないと考えていたのは、彼の多くの支持者たちであった。ワシントン・ポスト紙の有名なコラムニストは次のように書いていた。「このことは馬鹿げており、恥ずべきものでさえある。私はオバマ大統領を称賛しているし、彼が好きだ。そして、私は彼に投票した。しかし、平和賞だって？　その賞は人間自体ではなく、人間の業績に対するものとなっている。大統領がまだそれほど多くのことを行っていないと述べるのは、大統領に対

バラク・H・オバマ

して無礼なことではない。そして、この賞を受けるには絶対に十分ではない」。

オバマの受賞に対する反応は、アメリカよりも世界の大多数の他地域での方がポジティブであった。国連事務総長や過去の平和賞受賞者が彼の受賞を称えた。デズモンド・ツツはオバマへの賞を「世界を全ての人々にとってより安全な場所にするためのさらなる大きな貢献に期待する」という最もふさわしい形で表現した。NATOに加盟しているヨーロッパの首脳たちがオバマの受賞を祝福するのは当然のことであった。ノルウェーで行った世論調査では、オバマへの平和賞に対する賛成が四三%、反対が三八%という結果であった。ロシアのドミートリー・メドヴェージェフ首相は、その賞はアメリカ・ロシア間のより良好な関係に貢献するであろうと述べた。彼はその賞が「世界政治におけるより良い環境」のための「さらなるインセンティブに資する」ことを願った。アフリカの多くの人々は、アフリカ系アメリカ人が受賞したことをとても誇りに思っていた。中東では賞に対して批判的な者もいれば、待ち望んでいた者もいた。本当に多くの者たちが強い意見を持っていた賞であった。

ノルウェー・ノーベル委員会では、選考の段階で異なる意見が出てくることがほとんどである。新たな情報が飛び込んできたり、議論が進むにつれて元々の好みの人物に対する支持が見られなくなったりすると、委員たちが何度か好みを変えるというのはよくあることである。実際に重要なのは、最終会合での状況のみである。その意味においては、二〇〇九年は他の年よりも難航しなかった。その熱意は委員ごとに異なっていたものの、委員全員がオバマの受賞に対して賛成であった。皆で冒険の旅に出たのであった。

もちろん委員会の委員たちはオバマへの賞がかなり議論を呼ぶのではないかと予想していたが、それでも受賞決定の根拠は強固なものであると考えていた。これらの根拠は受賞理由の最後の段落に集約されていた。「二〇〇八年の歴史を通してノルウェー・ノーベル委員会は、国際的な政策や、オバマが世界を牽引する代弁者であるという態度を刺激しようと試みてきた」。オバマはノーベル委員会が何十年にもわたって精力的に取り組んで来たあらゆる理想を体現していた。それはすなわち、国連を重視した形でより良く組織された世界や多国間外交、ほぼあらゆる状況における対話と交渉、核兵器無き世界に関するビジョン、民主主義と人権の強化、そして新たな環境政策である。無論、オバマがその高い理想を実現するには時間がかかるということを、委員会は分かっていた。それでも、彼にはあらゆる支援を得られるだけ得ることが必要であった。受賞理由の最後の一文は実際に英語で書かれた。「委員会は、『今こそ、地球規模の数々の課題に対して地球規模での対策を取るという責任を、私たち全員で分担する時である』というオバマのアピールを支持したい」。

もう一つ重要な点があった。賞は「過ぎ去った年」における活動を根拠にして与えられる、というノーベルの遺書にあるこの点をほとんどの者が忘れていた。ノーベル委員会はこの点と矛盾する方法を取った。これまで平和に自身の人生を賭けてきた多くの者たちに賞が授与されてきた。それでもなお、ノーベル賞のそもそもの基準は、前年の賞が授与された二〇〇八年一二月一〇日以降に誰が最も平和に貢献したかという点にあった。一九七八年のベギンとサダトへの賞と、一九八七年のオスカル・アリアスへの賞は、全て直近の進展によって決定された賞であった。ノミネーションの期限である二月一日時点で候補者がどれだけ行動してきたかは関係がなかった。受賞の決め手となるのは一〇月の受賞者発表前の最終会合の時点で、該当者が何を行っていたかということであった。

トールビョーン・ヤーグランはオバマへの賞の理由として、主に二〇一〇年四月に米ロ間で合意された新戦略兵器削減条約のことを頻繁に挙げていた。戦略的に使用される核兵器の運搬手段は半減され、さらには核弾頭の数がより削減されることとなった。この条約は平和賞授与の数ヵ月後に締結されたが、それらの交渉がすでに早い段階で平和賞の授与に対する肯定的な根拠を与えていた。ヤーグランはこのような形でミサイル迎撃用兵器の禁止に関する条約が守られたことを付け足す傾向にあったが、ＡＢＭ条約はジョージ・ブッシュによってすでに破棄されていたため、守るべき条約がそもそもなかった。私はヤーグランにこの悲しい事実を伝えたが、彼は同じ主張を繰り返していた。どのジャーナリストも、この明らかな矛盾を指摘していなかった。

オバマが平和賞に対して非常に驚く様子を、誰もが捉えることができた。委員会は彼には事前の電話連絡をしなかった。私たちは夜中に大統領を起こすことを望んでいなかったが、きっと彼ならばそのような事態に最善の方法で対処する準備をしているであろう、と想定していたためこのような対応をした。その後、容易に盗聴されかねない状況にはなったが、研究所のある通りの向かいにあるアメリカ大使館からは盗聴されていないという間接的な証拠を、ノーベル研究所が実際に得ていたことがわかった。私たちが盗聴されていたならば、大統領顧問たちがオバマに助言して、これから起こり得ることに対して最善を尽くして備えていたはずである。

オバマは公然と次のように告白していた。「まさか今朝こんな形で目を覚ますなんて予想していなかったよ。（中略）ノーベル委員会の決定には驚いたし、身に余る光栄だね。（中略）正直に言うと、多大な業績によって受賞にふさわしいと認められたようなたくさんの受賞者たちと並ぶ資格があるなんて思ってはいないよ」。オバマの政治コンサルタントであるデヴィッド・アクセルロッドは（オバマよりも）さらに準備しており、「祝う理由としてよりも、未知なる挑戦として一層」、平和賞に関するニュースを歓迎していた。

そうだ、オバマは確かに驚いていた。授賞式後のバンケットで行われたヤーグランのプレゼンテーションスピーチの後に、オバマが次のように述べた通りである。「彼のスピーチが素晴らしかったから、私にはその賞を受ける資格があると納得させられそうになったんだ。後で彼にそう伝えたよ」。受賞者が発表された日の朝にオバマがコメントを出した際、オスロに賞を受け取りに来なかった者がいたかどうかをスタッフがすでに調査していた、ということを私たちは聞かされた。レフ・ヴァウェンサや一九九一年のアウンサンスーチーの時のことを彷彿とさせたが、その答えは基本的にはＮｏであった。ホワイトハウス内で、彼らはオスロへ向かう準備をしなければならないことを早急に理解した。

オバマは確かに賞を嬉しく思っていた。特にマーティン・ルーサー・キングやネルソン・マンデラなど、彼にとっての英雄たちが得た賞と同じものを彼は得た。彼はノーベル研究所内に置かれているゲストブックに、次のように記していた。「私にとって、このような尊敬に値する賞を受賞することは大変な名誉である。公正な平和を促進し、抑圧から解放し、そして耳に届いていない人々にその声を届けるために委員会が長年行っている大きな仕事に対して、私は感謝する」。妻のミシェルは念のために、少し曖昧な内容を書き足していた。「オバマ家の人間として、私たちはこの大変名誉ある出来事にとても感動した。私たちはそれに応えるために努力したい」。

二〇〇九年のオバマへの賞に関する重要な声明文を、私も自分で書いた。私は人生の長い時間をアメリカ政治の研究に費やしていたため、委員会もそれを容認するであろうと思っていた。しかし、相談役的な立場にある人間の出す結論の範囲内ではあるとはいえ、私は個人的にその結論には非常に懐疑的であった。オバマが人々から抱かれている膨大な期待に応えるのは明らかに難しいことであったであろう。もし彼が成果を残さなかったら、なぜノーベル委員会は彼に平和賞を与えることをそれほどまでに急いでいたのか、と多くの者たちが問うたことであろう。一方、選考過程でオバマに対してさらなる評価を与えることを、私が単独である程度やめさせることのできる機会が何度もあったものの、そうはしなかった。彼は委員会が長年追い求めてきた理想を体現しており、また彼は自身の目標を達成するための助けを必要としていた。

今思い出してみると、オバマを支援すべきであるという意見は、部分的には正しかったと言えるに違いない。いくつかの国や地域では彼の地位が高められ、そこでは平和賞受賞者として特別な栄誉を得た。しかし、アメリカではその賞が批判と驚きにさらされていた。オバマは決して自分から平和賞のことを話題に出さなかった。彼は度々さらなる追求には関心がないことを明らかにしていた。ヤーグランは多くの国際舞台の場でオバマと会ってきたものの、彼のホワイトハウス訪問が実現することはなかった。共和党員たちはオバマに対抗するためにできる限りのことを行った。多くの共和党員にとってこの平和賞は、オバマが基本的にアメリカ的価値観に基づいているという実例ではなく、国際社会のための代弁者としてのオバマが本当に気に入らなかったという実例となった。そのためオバマを支持する者の多くは、平和賞がある意味失敗であったと考えていた。そのような見方をすれば、委員会は望んでいた結果を達成できなかったということになる。

オバマの講演は素晴らしかった。彼はオスロへのフライト中に講演内容のほとんどを自分で書いていた。彼とスピーチライターのジョン・ファヴローは、セレモニーが始まる直前までそれにかかりっきりであった。後にファヴローは、授賞式までに原稿を完成させられるかどうかが「危機一髪」の状況であったということを告白した。オバマの置かれていた状況は非常に深刻なものであった。彼は二つの戦争を主導していたが、その時まさにノーベル平和賞を受賞しようとしていた。戦争をしながらもどうして平和賞をもらえるのかという問いに対して現実的な答えが彼に求められた。オバマはアメリカの大統領が直面しているジレンマに対して、現実的な説明を与えた。彼は戦争を主導しているということを念頭に置いていたに違いない。彼はアフガニスタンとイラクの両方で戦争を主導した。彼はイラクでの戦争には反対していたが、アフガニスタンでの戦争は支持していた。そして今彼は、アフガニスタンにおけるアメリカ軍の兵力の大幅な拡大と向き合っている。受賞講演の前半部分は、平和賞を受賞してもなお彼にはアメリカの国益を守る意志がある、という彼の発言を期待していた多くのアメリカ人の聴衆に対して向けられていた。彼は確かにそのような内容を話していた。彼はガンディーとキングを称賛していたが、「私は国家指導者として自分の国を守ることを誓い、そして彼らの前例のみに従うことはできない。私は現実の世界に立ち向かっており、アメリカ国民に対する脅威を見過ごすことはできない。世界に悪は存在しないと考えるという誤りをしないでほしい。非暴力運動ではヒトラーの軍隊を止めることはできなかったであろう。交渉では兵器の明け渡しに関してアル・カイーダの指導者たちを説得することはできない。時には力というものが必要となり得ると主張することは、皮肉の呼びかけではない。それは歴史を受け入れることであり、人間の不完全さと理性の限界を受け入れることである」。ストレートで誠実な講演であった。

その後、オバマは講演の後半部分で、より平和な世界を作るためには何が求められるかという話につなげてきた。効果的な非暴力のメカニズムが整えられなければならず、また平和というのが人権に基づいた上で社会的・経済的な状況が含められなければならない、と彼は述べた。講演の終盤には強いメッセージが込められていた。「戦争が起こり得ることを理解しながらも平和のために努力することは、私たちには理解可能なことである。私たちにはそれができる。それは人間の進歩に関することであり、全世界の希望であり、そしてこの困難な時代に地球上に住む私たちの課題であるに違いないからだ」。

この年の平和賞を批判する多くの者たちでさえも感動するような講演であった。私はバンケットでオバマのスピーチライターたちと一緒に、その講演について議論した。彼らと会うのはとても楽しみなことであった。リーダーのジョン・ファヴローはわずか二八歳であった。受賞講演はおそらく二〇〇九年の六月にオバマがカイロで行った演説に次いで最高のものであった、ということで私たちの意見が一致した。また、二〇〇九年一月の大統領就任演説がどういうわけか期待通りでなかったことについても、私たちの意見が一致した。オバマが授賞式の直後に妻のミシェルに会った際、彼女は次のように言った。「このテーマをあんな風に扱わなきゃいけなかったの」。ミシェルはおそらく、彼が主導した戦争に対する考え方を擁護するという点に関して、その講演があまりにも直接的すぎていたと考えていたのであろう。しかしオバマは、だからこそ自分が難しい問題に対して誠実な答えを出さなければならなかったと感じていた。授賞式中、オバマが講演直後に委員会の委員と挨拶したところを写した有名な写真の中で、私は人差し指を立てている。無論、これは批判ではなく私の関心の現れである。私は、誠実で興味深い受賞講演に対して彼を祝福したのであるが、私には何かに引き込まれる時によく人差し指を出すという悪い癖がある。

オバマと握手を交わして祝福するルンデスタッド（著者、右）（写真提供：AFP ＝時事）

現職のアメリカ大統領の訪問を受けるのはとんでもないことである。彼は大量の荷物を抱えてやって来る。大勢の代表団をはじめ、複数の航空機、ヘリコプター、さらには自分の車まで。それらは厳密な配置図に完全に従っている。この規則は三人の護衛官にまで及んでおり、彼らは使うことが想定されるありとあらゆる場所を調査し、いろいろなことについて聞いてきた。しかし、彼らは私たちの質問には答えなかった。賞状に記される名前の表記に関してのごく簡単な質問に対する回答すらも私たちは得られなかった。問題であったのはフセインというミドルネームのことであった。最終的にはバラク・H・オバマということになった。

私たちが大統領の到着時間や行事の規模、彼の同行者のことなどについて知りたがっていたのは当然のことであった。オバマが訪れる予定日の数日前であった一二月七日まで、何一つ確認されなかった。それはめったにない状況であった。非常に多くの記者たちが、行事に関する新たな情報を得るために、連日立て続けに私宛てに電話をしてきたが、提供できる情報は何一つない、と毎日のように答えなければならなかった。私たちは来る日も来る日もそれを繰り返していた。護衛官たちは、基本的には尊敬の念をもって振る舞っていた。私が護衛官の一人について苦情を訴えた際、その後私たちが彼を見ることはなかった。彼らの中に非常に不用心な者がいたのである。シークレットサービスは元アメリカ大統領が行くところにはどこにでも付いて行く。そのため、時にビル・クリントンの女性問題にまつわる多くの話題のもととなった。

平和賞受賞者は通常、丸三日間オスロに滞在するが、オバマの滞在はわずか二六時間であった。それが主催者に対して無礼であると言う者もいたが、委員会は彼が全ての行事に参加することが不可能であることを良く分かっていた。私たちがようやく大統領と会えた時には、彼と気軽に話をすることができた。アメリカの現職の大統領に会うことは、私のかねてからの夢であった。私には彼と議論をしたいことがたくさんあった。彼は十分な説明を受けており、ノルウェー側で誰が中心人物であったかを知っていた。彼は話す時に相手を真っすぐ見て、質問に正直に答えていた。私は自分の体をつねらなければならなかった。私たちがそのように話すことができたのは、本当にアメリカの大統領であったのか。話によると、彼は上の空であったらしいが、私たちにはそのような風には見えなかった。同じことはミシェルにも言えた。彼女は私の妻のオーセと仲良くなった。彼女らは政治のことからシカゴのこと、さらには子どもたちのしつけのことに至るまで、たくさんの話題を持っていた。オーセと私は二人ともシカゴのことを良く知っていた。というのは、私たちの息子のエリックが休暇の時に家族で滞在していたことがあり、私たちも彼らを訪ねたことがあったからである。

ジョディ・カンターの著書『The Obamas』の中で、オバマ夫妻がオスロ訪問を実際にどのように感じていたかが伝えられている。彼らは多くの者がその年の賞を批判していたことをよく知っていたので、どのように受け取られるかを明らかに心配していた。その著書の中で、彼らは確かに良い意味で驚いていたと記されている。その結論は明らかであった。「その旅は驚きに満ちており、大統領にとって束の間の幸せなファンタジーのようなものであった。そこには配慮の精神があって啓蒙された市民がいる北欧というもう一つの世界があり、そこでの議論は思慮に溢れており、そして皆がオバマのファンであった」。一万五〇〇〇人もの人々が参加したたいまつ行進は強い印象を与えた。「就任してからオバマ家があれほどまでの感謝を受けたことはほぼなかった」。

この年の平和賞受賞者のバンケットで行ったスピーチの様子は初めてテレビ放送され、それ以降は放送されていない。オバマが話すことを世界の人々が聞かずに彼がバンケットでスピーチをすることは間違いなくできなかったことであろう。スピーチが続いている間、部屋の壁際まで人でびっしりと埋まっており、ほぼ全てが世界中に向けて発信された。しかし、オバマはワシントンD．C．にあるホワイトハウスとやり取りをする時間を少し取る必要があった。彼は内部協議やワシントンとのやり取りをするために、ノーベル研究所の私の部屋を会議室として利用した。約四〇分間、私の素晴らしい事務所がこの機能を果たした。

バンケットへの参加に関してはいつも多くの関心が寄せられ、招待されないことに対して抗議する者も多く、さらには食事の席の場所に対して文句を言う者もいる。二〇〇九年は誰もが参加したがっていた。オバマへの賞に対して批判的な者が多かったが、彼らもバンケットには参加することになっていた。通常は政府の閣僚の三～四人が招待される。ノーベル委員会の委員はストーティングによって指名され、ストーティングと明らかなつながりを持っている。しかし、委員会は政府とある程度の距離を取る必要がある。政府に在籍する各党の党首たちが、少なくとも自分たちが招待されるべきであると考えていたことが明らかとなったが、委員会は譲らなかった。招待されたゲストたちは、それぞれ自分たちがその場にいる理由を説明しなければならないような状況になった。なぜ、ヴァルゲルド・スヴァールスタッド・ハウグランドがバンケットにいたのか。彼女は政界の外にいたはずである。彼女はノーベル平和センターの理事会の活動的なメンバーであった、というのがその答えであった。

バンケットで私は、グロ・ハーレム・ブルントラントとデヴィッド・アクセルロッドと席を共にし、私も同じ席に座っていた。楽しいひと時となったが、グロがデヴィッドから自分のことを知らなかったと言われた時、彼女にとってはそれがマイナスとなった。デヴィッドはアメリカの選挙キャンペーンに関してはあらゆることを知っていたが、国際的な政治家に関しては必ずしもそれほど多くを知っているわけではなかった。グロはショックのあまり私の方を向いて「彼は私のことを知らない」と言っていた。デヴィッドは自分が馬鹿なことをしでかしたとわかり、彼は携帯電話を巧みに使いこなしてすぐさまグロの経歴を探し出したが、その名誉は傷つけられることとなった。

オバマには参加する時間がなかったものの、二〇〇九年のこの年も平和賞コンサートは開催された。しかし彼は個別にアーティストたちに会い、コメントとインタビューという形で貢献しようとしていた。毎年、受賞者はその年の授賞式とコンサートに、私たちが招待するアーティストについての希望を出すことができる。私たちは当然大統領がどんなアーティストを希望しているのかを聞いたが、これは私たちが決して答えを得られなかった多くの質問のうちの一つであった。それでも、私たちはコンサート運営に際して、エスペランサ・スポルディングがホワイトハウスで演奏して成功を収めていたというビデオを見ており、彼女が大統領の希望であろうと結論付けた。エスペランサは当時ほとんど無名であったが、好感の持てる謙虚な女性で才能溢れる音楽家であったため、少し支援してあげるのが良さそうであった。また彼女はジャズに触発されており、その後、私たちは授賞式で「私好みの」音楽を何曲か聴けた。当時、大統領の指名として彼女の名前が発表されたことは、彼女のキャリアに弾みをつけることとなった。それはあたかもオバマ夫妻が彼女の演奏を素晴らしいと思ってくれていたかのようであった。

ある意味ではノルウェー中がオバマの訪問に関わったといえる。メディアの関心は途方もなく大きかった。全ての行事が終わった後に、私は多くの人々から全てが成功裏に終わったことに対して祝福を受け、オスロ北部にあるノールマルカにある森にいた時でさえも、出会った人々は私を称賛しようとしていた。それはまるで、ノルウェーという国が非常に重要な試験を受けて合格したかのようであった。

オバマの代表団は著名な人物ばかりであった。中には機内で夜間の睡眠をほとんど取れずに、非常に疲れ切っている者もいた。私がその中で最も親しくなったアドバイザーは、デニス・マクドノーであった。デニスは二〇〇七年の選挙キャンペーンにおいて最初の段階から加わっており、継続的に選挙キャンペーンを推し進め、オスロ訪問後、国家安全保障問題担当大統領補佐官となった。彼はミネソタ州スティルウォーターの出身で、私は交換留学生としてミネソタを数え切れないほど訪問したことがあったため、ミネソタのことは良く知っていた。二〇一三年に彼はオバマ大統領の首席補佐官となった。他のアメリカ人にとっては、デニスが日頃幾度となく大統領とコンタクトを取っていた人物であったことは周知のことであった。二〇一〇年にオーセと私は、ホワイトハウスでデニスと朝食を共にした。それは滅多にない経験であった。私たちは朝食部屋の唯一の招待客であり、アメリカ海軍によって案内された。デニスを訪問した後、私はオバマの法律顧問の一人であるノーム・アイズナーに会った。私たちはオバマが賞金を多くの人道団体や非営利団体のために使ったことに関して、様々なことを議論した。ノームは形式にとらわれないタイプの人物で、彼は訪問が終わったら私たちを見送ることになっていたはずであったが、見送りに来なかった。オーセと私が廊下をうろついて、エスコートされることなく玄関で護衛の者に遭遇した際、非常に驚かれた。ノームはあの後、釈明に追われたことであろう。

今日、オバマはどのように位置づけられているのであろうか。二〇〇八年の選挙後に直面した膨大な期待に彼が応えることは不可能であった。黒人がアメリカの大統領に選ばれたということは、ほとんど理解不能なことであった。過去にはわずか三人のアフリカ系アメリカ人が上院議員に選出されただけであり、オバマはその中の一人であった。アフリカ系アメリカ人たちは全五〇州の中では明らかな少数勢力の中にいた。それが今となっては、彼らの中に一人の大統領が生まれるまでになった。オバマは就任初日から、再選を阻止するためにあらゆる手段を講じる共和党員によって、大規模な抵抗に見舞われた。彼はまた、一九三〇年以降最大の経済危機も引き継いでいた。それでも彼は二〇一二年に再選を果たしたのであった。

大きな困難にもかかわらず、オバマの経済政策は驚くべき成功を示した。アメリカは金融危機後、ヨーロッパよりも早い回復を見せ、近年は堅調な成長を見せている。それでも、経済政策の結果が大部分の国民に届くまでには長い時間を要した。オバマは他の先進国と同様に、アメリカにより多くのものをもたらす医療保険制度改革を可決させ、国内の政治状況から期待できた以上に良い形で環境政策を実施していった。では、平和賞との関連においてメインとなる外交政策はどうであったのか。オバマはイラク戦争からは撤退を決めた。また、アフガニスタンでも長らくその途上にあったが、完全には達成されなかった。最高の計画を台無しにしかねない出来事は常に起こり得る。特に彼がアメリカの大統領であればなおさらである。イスラム国との戦闘においては航空部隊が投入されたものの、オバマはリビアにおける西側諸国の介入ではアメリカを前線に立たせず、シリアではさんざん躊躇したのちに陸上部隊を用いなかった。彼はブッシュが行ったよりもはるかに大規模な形でドローンを使用し、彼の最初の公約の一つであったグアンタナモの閉鎖が不可能であることを証明することとなった。彼はキューバとイランへの接近を成し遂げた。オバマは全ての期待には応えられなかったが、それでも私は、彼がこの世界を少しでも暮らしやすいものにした、と思い続けたい。後から考えれば、もしかするとその事実はこの年の平和賞さえも擁護することができるのではないであろうか。

二〇一〇年
劉暁波

ノルウェー・ノーベル委員会がノーベル平和賞を中国の反体制活動家に与えられるようにする前に、はっきりとさせなければならなかった問題が三つあった。一つ目の問題として、本当に中国人に賞を与えるかどうかを問わなければならなかった。中国の発展は様々な点において正しい方向へと向かっていた。平和賞は中国における人権に関する状況を悪化させるのであろうか、あるいは改善させるのであろうか。二つ目の問題は、中国の反体制活動家を取り巻く環境が様々な要因によって構成されており、それらが互いに緊張関係にあったことである。反体制活動家への賞が他の反対者によって激しく非難される危険性を、委員会は覚悟できないでいた。三つ目の問題は、この賞を与えようと考えることで、道義的に深い問題を浮かび上がらせたということであった。授賞による短期的な効果が、受賞者や他の反体制活動家をさらに悪い状況へと陥らせることになる可能性がある。委員会はそれを知っていながら、本当に彼に賞を与えてもよかったのであろうか。

ノルウェー・ノーベル委員会は、民主主義と人権のための闘争においてある種の名誉ある「記録」を打ち立てていた。委員会はカール・フォン・オシエツキーの賞を通してヒトラーに対して反抗し、アンドレイ・サハロフ（一九七五）とレフ・ヴァウェンサ（一九八三）への賞を通して旧ソ連に対して異議を唱えた。この三人のうち賞を受け取るためにオスロに来ることができた者はいなかったが、この三人に対する賞ほど大きな敬意を呼び起こした賞はほとんどない。特にオシエツキーへの賞は、ノルウェー国内でも論争の的となった。外務大臣のハルヴダン・コートをはじめとして委員会の委員のうち二人が脱退し、ノルウェー国王が授賞式を欠席した。

劉暁波（写真提供：共同通信社）

次第に平和賞の多くが人権に関する賞となっていき、一九九〇年以降の私の在任期間だけを見ても、アウンサンスーチー、リゴベルタ・メンチュウ、ネルソン・マンデラとF・W・デクラーク、金大中、そしてシーリーン・エバーディーへの賞がそのようなものになっていった。キューバやベトナム、ラテンアメリカやアラブ諸国出身の人権活動家に関する提案が、毎年のように届いていた。しかし、次のような質問がさらに頻出するようになった。委員会は中国に対してどのように対処することになるのか。委員会は大国を批判することを恐れていながらも、それでもなお小国の反体制活動家を支持するのか。委員会における不安は二〇〇〇年代を通じてますます大きくなっていった。

中国は一九七八年以来、奇跡的な経済発展を遂げており、GDPは毎年一〇パーセントずつ上昇していた。GDPに関して中国はドイツを抜いた後、日本を抜き去り、二〇一〇年には中国の上にアメリカしかいない状況であった。一九七八年に改革開放が始まって以来、中国ほど非常に長い期間にわたって急速に成長した国はなかった。二〇一〇年の平和賞の発表の中で、委員会は次のようなことも述べていた。「ここ数十年で中国はその歴史において類い稀なる経済成長を遂げている。中国は現在、世界最大規模の経済力を有し、数億人もの人々が貧困から抜け出した」。

委員会はさらに「政治参加への機会も増えた」と述べた。いくつかの点で、表現の自由が以前よりも幾分かは認められるようになり、特に一九六六年から七六年までの厳しい文化大革命の時期と比較するとそうであった。中国が世界と接触する機会は劇的に増えていったが、中国が独裁国家であることは言うまでもなかった。中国は共産党による一党独裁国家であり、中国の政治の方針と経済発展については党が決定していた。党の指導力を尊重しない者たちは刑務所に入る運命にあった。一九八九年に天安門広場で発生して全国に拡大した学生蜂起は、激しく弾圧された。共産党はそのような弾圧について、発展をコントロールするのに必要な手段を講じるための備えであるということを度々説明してきた。旧ソ連と東欧で起きたことが中国で起こることは決してなかった。経済的な近代化はすさまじい速さで進んでいったが、政治的な近代化が起こることは決してなかった。人権活動家や政党内の反対者に対する政策をはじめ、南シナ海などの一般的な外交政策に関しては、平和賞授与の前の段階からすでに、より明らかに強硬的なものになる兆候が見えていた。中国は次第に、国際的な場において自らの振る舞いを意識しながら行動するようになっていった。

委員会は中国に関する国際的な専門家に意見を求め、彼らの多くが委員会の意図に共感していたが、懐疑的でもあった。中国の反体制活動家に賞を与えることは、統治者に対する直接的な挑戦として認識される可能性があった。彼らは反乱を事あるごとに鎮圧していた。短期的な効果は当然ネガティブなものになる可能性があり、長期的な効果については誰も確信を持つことができなかった。それでも、ノーベル委員会内においてその不安は高まっていった。一体なぜ、中国に対しては特別扱いをするのか。他の独裁国家は批判され、ノーベル賞が授与されているにもかかわらず、中国に対して委員会は何も行っていなかった。確かに、委員会は一九八九年にダライ・ラマに賞を与えた。中国当局が党による権力の独占を守る意志を容赦ない形で示した、一九八九年という年にこの受賞が行われたというのは偶然ではなかった。しかしながら、チベットは特殊な地域であり、ダライ・ラマの賞はいくつかの異なる側面を持っていた。中国自体の状況を取り上げることになる場合、その賞は中国国民の大多数を占める漢民族を代表する人物に与えられなければならなかった。

平和賞は中国の人権活動家に与えられるべきである、という一つ目の問題に関して委員会は肯定的な結論を出したが、二つの問題がさらに残っていた。誰がそれにふさわしかったのであろうか。一九九九年にダーグブラーデ紙の中で、二人の中国人反体制活動家がこの年に平和賞を得るであろう、ということを私が不幸にも漏らしてしまった、という記事が掲載された。王丹と魏京生がその人物であると言われていた。王丹は一九八九年から最も有名であった学生指導者の一人である。魏京生は一九七八年に北京で起きたいわゆる「民主の壁」運動の代表的人物であり、鄧小平と論争を繰り広げていた。ダーグブラーデ紙の記事は単なる捏造であったが、それでも支持を得ていた。中国外務省はノルウェー外務省に対して、そのようなことが起きたと言われていることについて抗議してきた。すなわち、根拠のない噂が公式の抗議につながってしまったのである。その後、世界中の多くの中国人反体制活動家から抗議が殺到した。委員会は間違った反体制活動家を選んでしまった、というのである。特に王丹に関しては、多くの奇妙な声明が発表されて物議を醸すこととなった。平和賞を中国の反体制活動家に与えることになる場合、少なくとも反体制活動家コミュニティの大部分からの支持を得ていなければならなかった。あらゆることが根拠のない噂に基づいていて、一九九九年の平和賞は結果的に国境無き医師団に渡ったが、この出来事から学ぶことは多かった。

劉暁波は多くの中国人反体制活動家の一人であったが、彼に対して否定的な考え方を持っている者は多く、彼は西洋的な考え方に影響を受けすぎていると考えられていた。彼は中国で文学者になるための教育を受けていたが、オスロやハワイ、さらにはニューヨークにあるコロンビア大学に在籍した経験もあった。一九八九年に民主化運動が拡大した際に、彼は中国へと戻った。彼と数人の友人たちは戒厳令に対するハンガー・ストライキを開始し、劉が発行人となって独裁への反対と民主主義への支持を六項目で示した政治的な声明を出した。非暴力がその主なメッセージであったが、結果としてこれは成功しなかった。劉はその後、「風説流布と誹謗中傷」を理由に強制労働の刑に処された。彼は独立中国ペンクラブの会長となり、驚くほど精力的に活動していた。その間、彼は約八〇〇ものエッセイを執筆し、そのうちの四九九は二〇〇五年以降に執筆されたものであった。彼は二〇〇八年一二月一〇日に発表された零八憲章を起草した中心的なメンバーの一人であった。その憲章の内容は、次のような文章で始まる。「今年は中国の最初の憲法制定一〇〇周年、世界人権宣言六〇周年、『民主の壁』誕生三〇周年、そして中国の市民的・政治的権利に関する国際規約への署名一〇周年にあたる年である」。次第に零八憲章は中国内外で数千人もの人々によって署名されていった。

二〇〇九年一二月二五日、判決文に示された通り「国家政権と社会主義制度、そして人民による民主独裁の転覆扇動」という理由で、劉は一一年の懲役刑と二年の政治的権利の剥奪を宣告された。劉は事あるごとに、その判決が中国憲法と人権の主たる考え方の両方に反しているということを主張していた。しかし、その判決を通して劉は、反体制活動家の中心的メンバーの一人から、まさに中国における人権闘争のシンボルとなっていった。反対勢力たちの中で彼は最も明確な候補者として目立っていた。

委員会が考えていた三つ目の問題は、平和賞が授与されることにより、対象となる人物と反体制側のコミュニティ全体にとってネガティブな結果を及ぼす可能性が非常に高いことを知っていながらも、反体制活動家に対して平和賞を与えることを道義的に正当化できるのか、ということであった。しかし、反体制活動家たちは平和賞にノミネートされていたことを確かに知っており、彼ら以上にその後起こり得る結果を知っている者はいなかった。起こり得ることに関する懸念から反体制活動家が平和賞を望まなかったというケースも、少なくとも一つは存在していた。しかし幸いにも、ほとんどの反対勢力が平和賞を望んでいたことを委員会が報告できた程度には、やり取りが可能な状況にあった。劉暁波が平和賞を欲していたことと彼がその後確実に起こることを覚悟していたことに、委員会は決して疑問を抱いてはいなかった。

彼ら中国人たちは、長らくノーベル賞に関心があった。科学の分野においてノーベル賞のような賞をできるだけ多く得ることが目標であった。それは、中国という国の成功と発展の証明であった。多くの中国系アメリカ人たちがそのような賞を受賞しており、彼らは中国に招待され、英雄として祝福されていた。彼らとその他の西側出身の受賞者に、中国国内の大学と緊密な関係を持たせることが重要であった。しかし、中国はこれまでに得たノーベル賞をどれも「良くない」ものとしてみなしていた。特に、一九八九年のダライ・ラマに対する平和賞や、二〇〇〇年の高行健に対する文学賞は激しい批判につながった。

私は妻と一緒に一九九七年に一週間ほど中国を訪問したことがあり、中国の国際問題研究院にも招待されたことがあった。私たちは国王待遇に限りなく近い形でもてなされ、私たちが北京市内や上海市内を急いで移動する時には交通がストップした。私たちは大臣や公使、著名な知識人、そして外交政策の専門家たちに会った。私たちの周りについてきていた彼らは興味深い話し相手であった。加えて、私たちが不適切な接触を持たないように見張る者たちもいた。私の妻が私たちの滞在するホテルのそばにあるスーパーマーケットで服を数着見たがっていた際、彼女は常に、随行者の一団である四人の見張りの男たちと共に行動しなければならなかった。私は二つの講義を行い、一つは若い中国の外交官向けに、もう一つは上海にある復旦大学で行った。上海で講義を行った時は、学生たちがダライ・ラマに対する賞に関して興味深い質問をし始めたため、時間が来る前に学長によって中断されなければならなかった。学長は、このような形で暴走することは避けなければならなかった、と私に対して正直に話してくれた。それでも、私たちの訪問に関する中国側の意図について、私たちは確信を持っていた。当局側は私たちを非常に良い形でもてなしたのであるから、ノーベル委員会は反体制活動家を利することによって全てを台無しにするような真似は決してしないであろう、というものである。オスロにある中国大使館はやはりノーベル研究所と密にコンタクトを取ることに長らくこだわっていた。

これらのことが二〇一〇年に全てひっくり返った。トールビョーン・ヤーグランと私は、中国外交部の欧州担当副部長である付瑩《ふえい》の訪問を受けた。彼女はイギリス大使を務めていたこともあって、上手に英語を話し、西側諸国出身の相手と親しくなることに慣れていた。オスロにある中国大使館でのある日の朝食の席で彼女は、もしノーベル平和賞が中国の反体制活動家に与えられることになった場合、それは非友好的な行動となるであろう、ということを明確に示していた。具体的な名前は述べられなかった。彼女はこの態度に二つの理由を与えていた。一つは、これらの反体制活動家のことについて知っている中国人はほとんどいないため、中国の人々は彼らのうちの一人がそのような賞を受賞したとしてもわからないであろう、というものであった。もう一つは、反体制活動家の思想は中国の「調和と安定」に関する基本的な考え方に反している、というものであった。誰も知らない人物に対する賞がどれほど劇的な影響力を持ち得るかというのは、容易に理解されるようなことではなかった。それ以外のことに関しては、その場の雰囲気は比較的穏やかなものであった。私たちは中国当局が完全な国家主権を主張する中で、どのようにして多くの全世界的な課題に対峙していくかについて話をした。私は、中国はすでにWTOでの紛争解決メカニズムを通した超国家的な解決策の必要性をすでに認めている、と言った。彼女は、私がいかに正しいかを自分で疑っていないようだ、と答えた。その理由は、まさにこのメカニズムが承認される前からすでに高い政治レベルで激しい議論をもたらしていたためであった。

ヤーグランと私がこの時のことを外部に話したという事実が中国側で「警告灯」が点灯し始めるきっかけとなった、ということは明らかであった。それは単に中国側だけでのことではなく、ノルウェーの外務省でも同様であった。私は在中国ノルウェー大使のスヴェイン・セーテルのことをよく知っていた。中国の反体制活動家への賞がノルウェーと中国との間で大きな問題となり得るということを、彼は何度もはっきりと私に説明していた。さらに注目すべきことは、外務大臣のヨーナス・ガール・

ストゥーレが、私が知る限りでは二度、トールビョーン・ヤーグランに対して同じことを説明していた、ということであった。一度目はニューヨークにある国連本部ビルの外でのことであった。ヤーグランの理解していたところによると、ノルウェー・中国間の自由貿易協定（ＦＴＡ）に関する交渉がストップして人権対話が停滞するであろう、とストゥーレが言っていたという。中国に強い関心のあった企業が悪い影響を受ける可能性があった。ヤーグランはこのやり取りを委員会に報告したが、これが反体制活動家への授賞を妨げようとするものであったということを誰も疑っていなかった。ヤーグランはその後、メディアの中でそのような主張をトーンダウンさせていったものの、委員会はそれを適切ではないと考えていた。二度目はオスロ市庁舎で行われたあるレセプションの場で起きた。ストゥーレはヤーグランに対して同じことを繰り返し述べていた。私もそのレセプションの場におり、ヤーグランはストゥーレが言ったことを私に伝えてきた。ノルウェー外務省と企業側がそのような考えを持っていたことは誰でも予想できるが、私の在任期間中に内閣のメンバーが委員会に対してそうした考えを直接言ってきたようなことは一度もなかった。中国側の大使がアーナ・ソルベルグやボード・ヴェガード・ソールイェルといった有力な政治家を呼びつけてきた。多くの企業幹部と政治家が、そうした賞に対して警告するために委員会の委員たちに電話をしてきたが、彼らの望む結果とは逆のものになったことは言うまでもなかった。委員会はたとえ初めのうちには迷いを持っていたとしても、最後にははっきり決断した。もし委員会が中国とノルウェー当局からの圧力によって方針転換していたら、とんでもないことになっていたであろう。

劉暁波への授賞を発表した後、中国側は激怒し、ノルウェー・ノーベル委員会によるメッセージ性を弱めるために数多くの対策を講じてきた。その一つとして彼らは、劉の平和賞受賞についての中国メディアによる報道を妨害するために、できる限りのことを行った。彼らが同時に平和賞を非難するのはそう簡単なことではなかった。彼らは孔子平和賞という新たな賞を創設した。この賞は当初、台湾の元副総統のもとへ渡ることになっていたが、彼が受賞を望んでいなかったことから、七歳の少女が賞を受け取った。このことは、オシエツキーへの平和賞の後にドイツ国民の平和賞受賞を妨げるため、ヒトラー率いるドイツが新たに賞を創設したことを思い起こさせた。ノーベル研究所のデータベースに侵入しようとする試みが何度かなされたが、幸いにもそれらは失敗に終わった。私たちは侵入者を突き止めるためにノルウェー当局の支援を得たが、明確な結論は出なかった。中国を疑う強い根拠があったことは言うまでもない。

中国はオスロに大使館を置く全ての国に対して、この年の平和賞授賞式に出席しないよう強い圧力をかけていた。通常、大使はこのセレモニーに出席するのが慣例であった。彼らの多くは、私たちから送られてくる二〇一〇年の授賞式への招待状にもすぐに出席の返事をしていた。その後、中国側はそれを国のトップが決定しなければならないような案件にしてしまったのである。中国当局は、この年の平和賞が「数名の道化師」による中国内政への介入である、と委員会をたとえた。この難しい問題に関して、中国側を支持するのか否かというこのジレンマを解消するための情報を得ようと、多くの大使が私に連絡をしてきた。各国が新たな決定を行うごとに、その状況は日々変化していた。私には出欠の最新状況を集計して報告書を送ることしかできなかった。最終的には、四七ヵ国が授賞式に出席し、一九ヵ国が欠席するという結果となった。欠席の返事をした一九ヵ国は様々な理由を挙げていた。確かに、毎年何らかの事情で出席しなかった大使はいたものの、この年はロシア、カザフスタン、サウジアラビア、キューバやベトナムをはじめ、パキスタン、スリランカ、そしてスーダンのように、西側の内政干渉を好ましく思っていなかった国がほとんどであった。これらの国々の多くの大使たちは、このような厄介な状況において、中国側がそのようなことを引き起こしていたことに対して非常に不満に思っていた、と私に直接説明していた。これらの国々の中には、平和賞を得ることが望まれていた著名な候補者を抱えていた国もあれば、平和賞を受賞させてはいけないような反体制活動家を抱えていた国もあった。EUはセルビアとウクライナに対して出席するよう圧力をかけた。もし彼らがEUと良好な関係を持ちたいのであれば、その方法はただ出席することだけであった。フィリピンは欠席を伝えてきた。彼らは、麻薬密輸を理由に中国で死刑判決を受けて中国からの移送を望んでいた五人のフィリピン人たちのことを考慮しなければならない状況にあった。これは外交などの重要な国際問題に非常に近いものであった。

中国当局が手を回した結果、受賞者あるいは受賞者の代表者たちがその場にいなかったため、この年の授賞式は極めて特別なものとなった。ヤーグランはいつも通りの形で授賞講演を行ったが、いつも通り行われたのはこれだけであった。もちろん音楽演奏は行われたが、ここでもまたアーティストたちは中国との関係を断つか否かの選択を迫られていた。もし演奏をしたら、中国に行くことができなくなる可能性があった。多くの国際的な著名人が、私たちからの招待状に対して欠席の返事を返してきた。受賞者の講演の代わりに、リヴ・ウルマンが二〇〇九年に行われた裁判の最終弁論を読み上げた。「私には敵はいない」。力強い講演であった。劉の大きな写真が市庁舎のホールの壁に掲げられた。

劉が来られないことが明らかになった際、委員会はその対応について議論した。委員会は、最初のうちは空席にすることで解決させることに同意していなかった。あまりにも芝居じみていたからである。しかし、東アジアのメディアの代表者たちとの幾度にもわたるやり取りの中で、劉の欠席がはっきりと注目されなければならないということが一層明確になった。非常に多くの人々が空席のことを話題に取り上げていた。授賞式の前日に私が委員会に対して、空席を用意してそこにメダルと賞状を置くことを強く勧めた結果、そのようになった。その空席は衝撃的な光景であり、世界中に広まった。中国では突如、ネット上で「空席の椅子」と検索することが不可能となった。

全体としては、ノーベル委員会は難しい状況を円滑に処理していたと感じていた。熾烈なまでの中国の反応は、かえってこの年の平和賞を支持する根拠を強めていった。多くの者たちにとって、中国におけるそのような状況が決して思っているほどポジティブなものではないということが明らかになった。逆説的なのは、中国の憲法が基本的人権を保護しているということである。憲法の第三五条には次のように記されている。「中華人民共和国公民は、言論、出版、集会、結社、行進および示威の自由を有する」。第四一条は次のような形で始まっている。「中華人民共和国公民は、いかなる国家機関又は国家公務員に対しても、批判および提案を行う権利を有する」。党指導者の習近平が、最近になって中国における「立憲主義」に対して警告を行ったことは不思議なことではない。すなわち、中国共産党の安全に対する利益がいつ何時も憲法を超越しているということである。

中国はノーベル委員会が行ったことを理由に、ノルウェーに制裁を加えたがっていた。力を一層高めている中国に対して同じような行動を取ることは、誰にも許されることではなかった。政治レベルでの接触が長期間にわたって中断され、二〇一五年現在も続いている。中国におけるサーモンの輸入量が急激に落ち込んだ。その他の接触も同様に制限されたものの、輸出と輸入は次第に大幅に増えていった。学術的な接触は問題なさそうであった。中国からの旅客交通はかなり増加した。メディアは長らくそれらの問題にほとんど関心がなかったが、最終的には全体的な概要を報じるようになった。

授賞式の壇上の空席に置かれた、劉暁波の賞状とメダル
（写真提供：AFP＝時事）

中国との間に問題が生じ、それがしばらく続くであろうということに、委員会は当然気づいていた。しかし、どのような反応が想定され、またどのくらい続くかについて、委員会で細かい議論がなされることはなかった。このことに関して確かな情報を得ることができた者は誰もいなかった。私は個人的にそれらの制裁が非常に長く続いたことに驚いている。

ノルウェー政府にとって、中国と政治レベルでの接触がないことが深刻な事態であるのは言うまでもない。サーモンの輸出制限は続いているが、ノルウェー産のサーモンを買いたがっている者は多く、例えば香港を経由するといった中国への裏ルートも存在する。ノルウェーの産業界では長らくこのテーマに関する議論が低調であった。劉への賞に反対することは、顰蹙《ひんしゅく》を買うようなことであった。賞に反対していた魚介類の輸出業者はむしろ笑い者になっていた。賞に対する批判は徐々に高まっていったが、二〇一〇年の平和賞がなければノルウェーの全ての輸出業者が契約を得られたというわけではもちろんない。

ノーベル賞側は平和センターと平和賞コンサートを通した形で様々なスポンサーからの収入に頼っている。私たちのスポンサーの中に、劉への賞に対してほんのわずかでも喜びを表明していた者は誰もいなかった。彼らの多くはこの年に限り、例年続いていたノーベル賞側との関係を制限していた。しかし、彼らは契約を遵守していた。そのことは称賛に値する。しかし、二〇一〇年の平和賞が従来よりもスポンサー活動を困難にしたことは疑いようもない。誰も中国と事を構えたくはないのである。

しかし、ノルウェー・ノーベル委員会にも守るべき利益というものはある。委員会は、独裁体制に対して公然と反対を示した賞のリストに劉への賞が加えられると感じているようである。ノルウェー・ノーベル委員会は他の者たちが沈黙を貫いているところで口を開くべきである。もし委員会がノルウェー政府やノルウェー企業の利益に従うことになっていたならば、委員会がその使命を果たすことはなかったであろう。

委員会という独立した組織が行ったことに対して、中国政府がノルウェーとノルウェー政府に制裁を与えることは不当である、と委員会は中国に対して強調した。ヤーグランに対するストゥーレの説明は、ノルウェー政府が委員会の下した決定に反対していたことを明らかにしていた。ノルウェー政府はノーベル委員会が下す決定に関していつも上手くコメントを出しているが、二〇一〇年のこの年も同様であった。当時首相であったイェンス・ストルテンベルグは当たり障りのない形で声明を出したが、明らかに劉の賞には賛同していた。そのことがかえって、独立した委員会の決定を理由として中国側がノルウェーに制裁を加えることを容易にしてしまった。しかし、「独立している」委員会というのは、とかく中国やその他の人々にとっては理解されにくいものである、ということを付け足しておかなければならない。

未来が中国に何をもたらすかについては誰も確証は持てない。私は歴史家として過去のことについて話すのが常であるが、それははるかに容易なことである。しかし、人権闘争が長期的な視点で見て大きな成功を得ている、ということについては少し疑問が残る。ロシア、ナイジェリア、ベネズエラ、そしてタイでは厄介な問題が起こる可能性が示唆されているものの、多くの国々が次第に民主化を遂げている。繁栄が民主主義の可能性を高めるのは当然であるが、繁栄から民主主義へ至る道のりは平坦ではない。この民主主義の波に多少なりとも逆らってきた大きな地域が二つある。トルコ、インドネシア、マレーシア、そしてチュニジアで成し遂げられてきた進展は過小評価されるべきではないものの、イスラム世界がその一つである。中国もまた、その地域の一つである。それでも、長期的な視点に立ったとき、一党制が中国で存続し得るかどうかを見定めることは難しい。中国は騒々しい国である。そのほとんどは地域的なものに過ぎないものの、当局に対して抵抗するような「大事件」の数は劇的に増えてきている。中国共産党は経済的には極めてポジティブな成果を達成し、また達成された成果に対する国家の威信を築き上げることができた。しかし共産党は、およそ四〇〇〇万人が命を落としたと考えられている大躍進政策の大失敗と、中国人が恐怖や不安を抱えながら振り返る文化大革命に対して責任を負っている。経済成長が鈍り、体制を誇示できる手段が少なくなってくる時、西洋の伝統的な形式には沿わずとも、最終的に政治的な改革の時代が訪れるということを想像するのは不可能ではない。しかし、それは近い将来のことではなさそうである。アウンサンスーチーが受賞講演を行うためにノルウェーに来るまでには二一年かかったのである。五〇年後、私たちは今日とは政治的にも全く異なる中国を見ることになるのではないか、と私は思う。

二〇一一年
エレン・ジョンソン・サーリーフ
リーマ・ボウイー
タワックル・カルマン

二〇一一年、ノーベル平和賞はエレン・ジョンソン・サーリーフ、リーマ・ボウイー、タワックル・カルマンに授与された。その結果、一五人の女性がノーベル平和賞を得たことになった。一方で、これまでに八六人の男性と二三の団体に平和賞が授与されてきた。他のノーベル賞と比べて、平和賞は女性受賞者の数が多い。女性の受賞者数に関しては文学賞がその次に多くて一二人、続いて医学賞で一〇人である。しかし、現代的な視点に立って見れば、平和賞における女性の受賞者の数も少ないと言う者は多いであろう。女性の受賞者が少ないという主な理由が、ノミネートされる女性が比較的少ないからであるということは言うまでもなく、世界のほぼ全ての社会において指導的な役割を果たしているのが男性であるという事実も反映している。ノミネートされた数少ない女性の中で、実際に受賞した女性の数は、ノミネートされた男性のそれと比べて多い。女性は一旦ノミネートされれば、受賞する可能性はそれほど低くないということである。それはイングン・ノーデルバールの著書『一九〇一年から一九六〇年におけるノーベル委員会と女性たち』の中で、次のように説明されている通りである。「一九〇一年から一九六〇年までの間に三六人の女性がノミネートされ、中には複数回ノミネートされた者もいたが、そのうちノーベル委員会の作成するショートリストに載った者は、全体の四〇パーセント以上に相当する一六名に上った。つまり、男性よりもはるかに高い割合を示しているといえる。さらに、一六人のうち三人、すなわちショートリストに載った女性のおよそ五分の一が受賞者となった。また、この数は男性のその数と比較しても多い」。

ノーベル平和賞を初めて受賞した女性は、一九〇五年のベルタ・フォン・ズットナーであった。フォン・ズットナーはアルフレッド・ノーベルに対して、ノーベルが創設した賞に平和賞を含めるよう、明らかに働きかけていた。これは確かに平和賞初期の出来事ではあったが、委員のビョルンスティエルネ・ビョルンソンをはじめとする者たちは、彼女が一九〇一年に女性として初めて受賞されるべきであり、これでも遅いと考えていた。その後、一九三一年に女性平和活動家のジェーン・アダムスが、一九四六年にエミリー・グリーン・ボルチが平和賞を受賞するまでには長い時間を要した。その後、一九七六年にベティ・ウィリアムズ、マイレッド・コリガン・マグワイアという二人の北アイルランド出身の女性が受賞し、一九七九年にはマザー・テレサ、一九八二年にアルバ・ミュルダールが受賞した。私がノルウェー・ノーベル委員会の事務局長を務めていた時代に、委員会は一九九一年にはアウンサンスーチー、一九九二年にはリゴベルタ・メンチュウ、そして一九九七年にはジョディ・ウィリアムズに平和賞を与えた。二〇〇〇年代には、二〇〇三年にシーリーン・エバーディー、二〇〇四年にワンガリ・マータイがそれに続いた。最も注目すべきことは、一九四六年から一九七六年までの長期間、女性が平和賞を受賞しなかったことであろう。

エレン・ジョンソン・サーリーフ

一九四九年まではノーベル委員会には男性しか在籍していなかったが、オーセ・リオネスが委員になるこ

タワックル・カルマン

リーマ・ボウイー

とで変化が起きた。彼女は一九四九年から一九七八年まで委員を務め、一九六八年から一九七八年まで委員長を務めた。二〇〇〇年から委員会の過半数は女性となり、数年間は五人中四人が女性であったこともあった。ストーティングは委員会が性別枠に関する規則に縛られることを認めなかったが、それはきっと、さらに多くの男性を委員会に在籍させるという意味であったのであろう。大きな年となった二〇一一年以前、二〇〇〇年代には二人の女性受賞者が誕生していた。女性の受賞者がそれほど増えなかった理由は非常に単純である。もちろん委員会の女性の委員たちだけが女性の候補者を支持していたというわけでは当然ない。地理や人種、宗教、さらには性別などよりも重要なのは、選ばれた候補者自身の資質である。

それでも、二〇一一年には、女性の受賞者の数を増やすために何かが行われなければならないという圧力が高まっていた。しかし、単に女性であるという理由だけで賞を与えることはできなかった。その女性たちは平和と関連のある共通の見方や考え方を持っていなければならなかった。このような流れを受けて、「女性の安全と女性が平和構築活動へと全面的に参加する権利のための非暴力闘争」というのが三人の女性が受賞した二〇一一年の平和賞の授賞理由となった。その後、委員会はより一般的な理由を付け足した。「男性と同じように女性が社会のあらゆるレベルで発展に影響を与える機会を得られなければ、私たちは民主主義と持続的な平和を達成することはできない」。

男性と女性は常に異なる形で戦争を体験してきた。女性もまた何世紀にもわたって戦争で戦い、現代においてはテロ行為をも行っているのは確かであるが、最終的にそうした実際の戦闘行為の責任を担っていたのが男性であったことは明らかである。現代の多くの戦争において、犠牲者の過半数は一般市民であり、その多くが女性や子どもである。レイプは常に戦争の悲惨な日常の一部となっている。近年の多くの戦争では、レイプが敵のモラルを徐々に破壊し、戦争終結後にも敵を痛めつけるための戦争戦術の一部となってきている。そのため、レイプは旧ユーゴスラビア国際戦犯法廷で人道に対する罪や戦争犯罪として定義され、国際刑事裁判所（ICC）でも同様に定義された。

二〇〇〇年一〇月、国連安全保障理事会は決議一三二五を採択した。その決議は戦争における女性への暴力を国際的な安全保障上の懸念とする初めてのものとなった。この決議では、女性は男性と同じように和平プロセスや平和活動における当事者とならなければならないということが強調されていた。女性は犠牲者としての役回りから逃れ、むしろ平和に貢献する当事者とならなければならなかった。

その後、これらの目標は国連安保理決議一八二〇、一八八八、一八八九、そして一九六〇の四つにも取り入れられていった。女性はその時まで平和条約における交渉者としてその場に立つことがほとんどなく、平和条約における女性の署名者の割合は三パーセントにも満たなかった。国連によって主導されるいくつかの平和交渉において、交渉者のトップに女性が名を連ねたことはかつてなかった。

長い議論の末に委員会が出した結論は、犠牲者としての役回りから逃れ、戦争や紛争の終結および社会における女性の地位向上のために幅広く役割を果たしていた三人の女性に平和賞を与える、というものであった。ノーベル委員会の女性委員の多くは草の根運動というものを最も好んでいたが、アフリカで初めて国民による選挙で選ばれた女性大統領（二人目の女性大統領としてではなく）であるエレン・ジョンソン・サーリーフを外すことは難しかった。彼女は一九八〇年に祖国リベリアの絶望的な状況を理由に亡命し、様々な卓越した国際的地位を得ていた。一九八九年にリベリアで内戦が起きた際、ジョンソン・サーリーフは当初、チャールズ・テーラーが解決に導くと見込んで彼を支援していた。しかし、その後彼とは距離を置いていった。サーリーフは一九九七年の大統領選挙でそのテーラーと争って敗北したものの、二〇〇五年の選挙で彼女は圧勝し、二〇一一年に再選を果たした。リベリアでの選挙が行われるわずか数日前に委員会が彼女に平和賞を与えたことは注目に値した。

当時反政府勢力の指導者であったテーラーがサミュエル・ドウを打ち倒した時期に、リベリアの真実和解委員会は、サーリーフがテーラーを支援していたことを理由に、一九八九年から二〇〇三年に起きた内戦における共謀者として彼女を評価していた。彼女はリベリアで公務や政務に就くべきではない五〇人のうちの一人としてリストアップされていた。しかし、真実和解委員会が刑事訴追の可能性を視野に入れたさらなる調査を望んでいた人物の中に、彼女は入っていなかった。彼女が地位を得られるかどうかは実際のところ、リベリア国内の有権者次第であるということで、その件は収束していった。

ジョンソン・サーリーフの下でもリベリアは重大な問題を抱えていたが、彼女のおかげもあって内戦は終結を迎えた。敗北者にとっては満足のいく結果ではなかったかもしれないが、民主的な選挙が行われることになった。非常に低い経済水準からのものであったが、その経済成長は目覚ましかった。いくつかの社会的な改革が実行され、リベリア社会における女性の地位向上に重点が置かれていたが、実際には汚職とレイプが依然として蔓延していた。

リーマ・ボウイーはリベリア出身のもう一人の受賞者であった。彼女は戦争犠牲者の治療から平和活動までを行う心的外傷の専門家であった。アビゲイル・ディズニーは二〇〇八年に、彼女の活動に関する映画『悪魔よ地獄に帰れ』を制作していた。ボウイーの名前は活動家サークルの間で評判となっており、私はミネアポリスでのノーベル平和賞フォーラムで彼女に会って話をしたことがあった。最良の形でノーベル平和賞についてインタビューできたのはその時が初めてであった。ボウイーはかなりエネルギッシュな人物で、民衆に対する強い訴求力を持っていた。彼女はリベリアでの平和闘争において、異なる宗教や民族的背景を持つ女性と共に幅広いネットワークを構築していた。彼らは白い服を着て、リベリアの首都であるモンロビアの魚市場で結集した。男性の和平交渉人たちは、合意するまで交渉が行われている一室に閉じ込められた。結婚している女性たちは自分たちの裸をさらけ出すと脅し、それは彼女らの夫たちにとって大きな恥であった。その後、彼女らは、リベリアが平和になるまで男性に対するセックスストライキを行っていた。タブロイド紙の中で彼女は、平和になるまでセックスを拒否した女性として国際的に知られるようになった。リーマはネットワークの構築者としてよく知られており、次第に彼女はその視野をリベリアだけではなく西アフリカの他の地域にも拡げていった。ある国で起きた戦争はしばしば近隣諸国にも波及していたのである。

三人の女性受賞者たちの中で明らかに最も個性的であったのは、イエメン出身のタワックル・カルマンであった。彼女はあるイスラム政党のメンバーで、イスラムというのはイエメンで人々が必ずやたどり着くであろう解決策の一部でなければならないと考えていた。しかし、女性の圧倒的多数がニカーブをまとっている国で、彼女はヒジャブに変えていた。彼女の家には、彼女にとっての英雄であったマハトマ・ガンディーやマーティン・ルーサー・キング、ネルソン・マンデラ、そしてヒラリー・クリントンの写真があった。彼女はジャーナリストになり、Women Journalists Without Chains を設立した。二〇一一年に彼女は、首都サナアにある「変化の広場」で行われたデモの指導者の一人となった。デモの目的は、サーレハ大統領を退陣させ、民主主義と女性の権利を含む人権の考え方を広めることであった。シーア派とスンナ派の間、またはイスラム教と他宗教の間での相互理解を促す活動に身を投じていた。活動の結果、彼女は投獄され深刻な脅威にさらされたが、誰も彼女を止めることはできなかったようであった。

委員会が二〇一一年に「アラブの春」と関わりのある候補者を評価したことは言うまでもなかったが、本当にふさわしい候補者を見つけ出すことは難しかった。刻一刻と変化するそれら国々の状況に合わせて、様々な名前が出たり消えたりしていた。そして、カルマンが「アラブの春」に関する委員会の答えとなった。アラブ世界で最も保守的な国の一つであるイエメンにおいて、彼女は改革における強力かつ重要な代表者となった。

行事としては、二〇一一年はとても上手くいった。しかし、そこにも多くの課題があった。第一に、三人の異なる受賞者を迎えることは決して簡単なことではなかった。第二に、彼女ら三人は非常に個性豊かであった。ジョンソン・サーリーフは大統領であり、他の二人に比べて高齢であった。彼女は、博識で弁が立ち、理性的な人物でもあった。また、彼女は他の二人と地位が違うと考えており、実際に彼女はそのように振る舞っていたが、委員会は基本的に三人を同等に扱った。ボウイーは自分らしく振る舞って自分の考えを上手く伝えながらも、同時にリベリアの大統領に尊敬を示そうとしていた。彼女は重々しい時間を過ごしながらも、活力に溢れていたため、公式行事に加えて多くの非公式の行事にも参加したがっていた。彼女には六人の子どもがいたため、長い間彼女の両親に預けておかなければならなかった。彼女は完全に飲酒を止めるまでのしばらくの間、アルコールに関する深刻な問題を抱えていた。回顧録の中で彼女は、男性との関係が驚くほどオープンであることを打ち明けていた。オスロ滞在時は、同棲者のジャイとは適切な距離が保たれていた。

カルマンは様々な方法でメディアを独占していった。彼女はほとんど無名であったが、三人の中で最も目立つ存在であり、かつ特殊な背景を持つ人物であった。彼女は英語に苦労していたとは言え、彼女が新たな言葉を拾い上げ、瞬時に自分の話の中に取り入れていく様子に気づけたのはとても良かった。彼女はカリスマ的であり、聴衆たちにスローガンを連呼させたり喝采を引き起こさせたりすることをとても好んでいた。彼女の夫は英語がほとんどできなかったため、私たちが彼と話をしようとした時には、彼女が彼のために通訳をしなければならなかった。夫は妻のカルマンのことを非常に誇りに思っており、彼女がそのことを通訳しなければならなかった時には、まるで彼が彼女に与えた全ての称賛が二人の結婚生活を一層豊かにしていたかのように思えた。平和センターで催された三人の展覧会のオープニングセレモニーの最中、カルマンは自分の子どもが映っている写真を見た。その時の彼女は非常に疲れ切っており、公式の行事の最中に休憩を余儀なくされたが、その後は再び全速力であった。

彼女は信じられないほど楽観主義的な考え方を持っていた。彼女は、いずれイエメンの大統領に選ばれるであろうと確信していた。私にとってはその楽観主義的な考え方は明らかに非現実的なものであったが、特にシッセル・レンベックが非常に興奮しており、カルマンは彼女の個人的なお気に入りとなっていた。三二歳であった彼女は当時史上最年少の受賞者であったため、彼女には長い将来が待っていた。イエメンでのカルマンの評価は、平和賞を受賞した後も比較的低かった。サーレハ大統領は二〇一一年に爆撃によって負傷し、最終的に二〇一二年に辞任しなければならなかったが、それでもカルマンも懐疑的に捉えていた親イラン勢力が優勢であった。イエメンは政治的な混乱に陥り、外国からの干渉や激しい政治的緊張、地域紛争を抱えていた。二〇一四年から一五年にかけてのイエメン内戦の下で、カルマンが発していたような穏健派の声が届くのは困難なことであった。彼女はトルコに滞在先を求めることを余儀なくされた。

毎年恒例のCNNによるインタビューの最中に、番組司会者のジョナサン・マンが三人の女性たちを少し見下すように扱っていた。しかし、そこで彼は誤算していた。彼女らは躊躇なく「間違いを犯しているわ、ジョナサン」と答えたのである。また、ノルウェー政府も受賞者たちを軽んじていたかのように思われた可能性があった。ストルテンベルグ首相はロアルド・アムンセンの遠征一〇〇周年行事で南極にいた。外務大臣のストゥーレはバンケットでは確かに彼女らと会っていたものの、受賞者たちとは会話を交わしていなかった。これは非常に珍しいことであった。援助大臣のソールハイムは受賞者たちと一緒に特別な行事を行うことを強く望んでいた。これらのことは部分的に許可されていたが、彼は行事の全面的な変更について私たちに知らせることなく、ダーバンでの気候変動会議に急いで向かってしまった。しかし、彼女ら三人はノルウェー国外から肯定的な反応を得ていた。

二〇一二年
欧州連合（EU）

一〇月一二日、ノルウェー・ノーベル委員会は二〇一二年の平和賞をヨーロッパ連合（ＥＵ）に与えることを発表した。その授賞理由は「ＥＵとその前身の組織は六〇年以上にわたって、欧州における平和と和解、民主主義と人権の促進に貢献してきた」というものであった。その決定は非常に驚くべきものであった。ＥＵが平和賞を受賞すべきであると考えていた委員が長い間存在していた、ということは確かによく知られていた。しかし、委員の中にそのような決定に対して反対する者が常に存在していたことも知られていた。ＥＵについては委員会の中で何度も議論されてきたが、そのような決定に対して抗議をする委員が少なくとも一人は常に存在し、時には二人、あるいは過半数の委員たちが反対したこともあった。ＥＵの受賞に賛成したのが過半数であった場合は、その過半数はもしかしたら決定を通して圧力をかけることができたのかもしれない。委員たちは拒否権を持っていないものの、その過半数はそのようなことを行う準備が全くできていなかった。一人または複数の委員が委員会を離れることになったとすれば、あまりにも悲惨なことになったであろう。委員であるノルウェー人が賛成と反対に分かれたため、委員会が分断される状況となった。もっと正確に言えば、ノルウェー国民は一九七二年のＥＣおよび一九九四年のＥＵへのノルウェーの加盟に対して、二度とも反対票を投じた経験があった、ということである。

しかし、二〇一二年の平和賞をＥＵに与えることに対して、委員会全体は準備を整えていた。ノルウェーのＥＵ加盟に反対していた委員が、この時も少なくとも一人はいた。それは中央党元党首のグンナル・ストールセットのことであったが、ここでのテーマはＥＵへの平和賞授与であり、決してノルウェーのEU加盟ではなかった。あの問題はほどなくしてけりがついた。平和賞の授与の件においては、EUがそれ自体でヨーロッパの平和と和解の促進に貢献してきたかどうかが重要であった。オーゴット・ヴァッレは二〇一一年の終わりに病気を理由に休職しており、ストールセットは彼女の代理を務めていた。ヴァッレはEUへの賞については決して賛成していなかったであろう。それについて彼女はその後、メディアでも明らかにしていた。しかし、ストールセットは違う結論に達していた。戦時中、ノーベル委員会は、ヨーロッパの平和と和解のための活動に対して多くの賞を与えてきた。例えば、当時フランスとドイツの外務大臣であったアリスティード・ブリアンとグスタフ・シュトレーゼマンが一九二六年に平和賞を受賞した時のように、公職にある者に対する賞がその例であろう。あるいは、政治家であったフェルディナン・ビュイソンと歴史家であったルートヴィッヒ・クヴィデが一九二七年に平和賞を受賞した時のように、より大衆的な立場の者に対する賞もそうであろう。フランスとドイツとの間の和解が彼ら四人にとっての中心的なテーマであった。私たちは皆、その後の経過を知っている。楽観主義的な雰囲気に満ちていた一九二〇年代の後、一九三〇年代に全てが崩れ去り、第二次世界大戦に突入していった。

一九五〇年から五一年にかけてヨーロッパ石炭鉄鋼共同体が設立され、一九五七年にはヨーロッパ経済共同体が設立された。この時、ドイツ・フランス間の和解は現実のものとなった。この活動において中心的な立場にあった者たち、特にジャン・モネやコンラート・アデナウアーがノーベル平和賞にノミネートされ、それに対する専門家たちからの意見は肯定的なものであった。しかし、彼らのうちの何人かに平和賞を実際に与えるということは全く議論されなかった。一九五〇年代、ノルウェーでは政府も国民もヨーロッパ統合に関してあまり関心がなかった。一九六〇年代以降のノルウェーのEEC加盟に関する対立が、その新たな組織の功績についての議論を遠ざけていた。

私たちはヨーロッパ統合についての様々な見解に関して研究や執筆活動を行ってきたが、ヨーロッパを戦争大陸から平和大陸へと大転換させることが平和賞という結果につながることは決してないという逆説的な考えが多かった。一九七一年のヴィリー・ブラントに対する賞は平和賞に十分値するものであったが、これはヨーロッパ統合の促進とはあまり関連がなかった。私は世界各地で膨大な数のノーベル平和賞に関する講演を行ってきたが、その中で、EUが平和賞をいまだ受賞していないことは平和賞の歴史における怠慢の罪である、という主張を頻繁に行うようになった。マハトマ・ガンディーが平和賞を受賞しなかったことと比較することはできなかったが、EUが平和賞を受賞していないのはそれと同じくらいのことであった。私はこれらの主張を付け足した際には、少しではあったが委員会の事務局長としての権限を拡大させていた。しかし私は、その要点が非常にはっきりとしていたため、批判されることなく受け入れられると考えていた。私は実際にこの点に関して、委員会の委員たちからも、また有名なEU反対論者からさえも批判を受けることはなかった。

二〇〇七年に合同外交委員会が次のような表明を行った時のように、ストーティングの政党がEUに関する肯定的な評価に焦点を当てる可能性があった。「EUは二〇世紀後半を通して、ヨーロッパにおいて重要かつ安定的な役割を果たし、また経済発展と国際的な接触にも貢献してきた、と委員会は考えている。ＥＵは多くの旧独裁国家において民主主義の考え方に影響を与え、その考え方を促し、その拡大を通して多くの国々における民主主義的な発展に対してポジティブな影響力を持ち続けている」。

公平に見て、ＥＵは一つどころか複数の平和賞に十分値するであろう。ヨーロッパ大陸において非常にポジティブな影響力を持っていた人物や組織は、いくつか存在していたがそれほど多くなかった。しかし、ノルウェーのＥＵ加盟がノルウェー国内で問題になっていた間は、当時議論されていた国内の政策を背景にして、そのような重要な評価がなされた。

ヨーロッパを戦争大陸から平和大陸へと変換させることに貢献したドイツ・フランス間の和解を理由として、ＥＵは平和賞を受賞すべきであったが、これまでに受賞することはなかった。七〇年を通して両国は互いに三つの戦争を行い、そのうち二つは世界大戦であった。その後、両国は協力していくことを決めた。フランスとドイツは国内の軍備の基盤となる石炭と鉄鋼の分野から着手した。両国は驚くほど短い期間で石炭と鉄鋼から経済全般へとその基盤を拡大していった。ドイツ・フランス間の和解に貢献した要因が様々であったことは言うまでもなかった。例えば、アメリカやＮＡＴＯの中心的な役割は重要であった。また、冷戦や経済発展、そして比較的安定した国内の政治状況も重要な要因であった。ヨーロッパの統合はそのような状況を一部反映したものであったが、統合それ自体も重要であった。それは欧州理事会議長のファン・ロンパウが受賞講演で述べた通りである。「もちろん、ＥＵがなくとも平和はヨーロッパに訪れたのかもしれない。もしかしたらである。私たちはそのことを決して知ることはできない。しかし、決して同じような平和ではないだろう。今あるのは持続的な平和であり、凍結状態にある休戦ではない」。

また、委員会は二〇一二年の授賞理由について、次のように発表している。「今日、ドイツとフランスとの間での戦争は考えられないことである。このことは、歴史的に敵同士であった両者が、目的志向的な活動と相互信頼の構築を通して、より緊密な協調のパートナーとなり得ることを示している」。ドイツとフランスとの間の和解に関しては、かなり楽観的な意見があった。歴史的に敵同士であった両国が和解できるのであれば、他の全ての国々が同じことを行うことも原理上は可能であるべきである。ファン・ロンパウは授賞式の講演の中でこのことに関して少し述べていた。「ヨーロッパの創始者たちにとって、私たちがこの暴力の循環を断ち切り、復讐の論理を止め、より良い未来を共に築き上げることができると述べることは大胆な賭けであった。なんという想像力だろうか」。

ヘルマン・ファン・ロンパウ

EUは、南欧における民主主義の広がりに対する貢献を理由に平和賞を受賞することも可能であったはずである。程度の差はあったものの、ギリシャのほか、スペインとポルトガルはさらに大規模な形で、何十年もの間独裁政権を抱えていた。一九七〇年代の民主主義の導入は明らかに内部的な要因から発生したものであったが、民主主義の導入というのがそれらの国々の

ＥＵ加盟を可能にするための条件であった。加盟国であるという身分が、今度は民主主義的な組織を強くしていった。一九八一年にギリシャがＥＵに加盟し、その後、スペインとポルトガルが一九八六年に相次いで加盟した。

ＥＵに中央・東ヨーロッパを取り込むこともまた非常に重要であった。それは委員会が授賞理由の中で述べた通りである。「ベルリンの壁の崩壊が多くの中央・東ヨーロッパ諸国のＥＵ加盟を可能にし、その結果、ヨーロッパの歴史における新たな時代を切り開いた」。冷戦の終結後、ヨーロッパの豊かな西側と貧しい東側との間に新たな壁が築かれる可能性があったはずである。ＥＵの加盟国同士という立場によって、そのような格差はかなり縮められた。もしその立場がなければ、格差は拡大していたであろう。ＥＵは新たな加盟国に対して民主主義国家であることを求め、民主主義的な考え方が元からそれほど浸透していなかった地域において、そうした統治形態を強めていった。地域紛争についても、こうした国々がＥＵで取り上げられるようになる前に沈静化していなければならなかった。欧州委員会のバローゾ委員長は授賞式の講演の中で、後の教皇ヨハネ・パウロ二世であるカロル・ヴォイティワの言葉を引用していた。「ヨーロッパは両方の肺で呼吸することが可能となった」。

ＥＵはトルコに対してかなりの変化を強いていた。一九六〇年代以来、トルコとＥＵは関係をより緊密にするために接触を続けていた。二〇〇五年一〇月、トルコはＥＵ加盟に関しての公式交渉を開始した。交渉という言葉はあまり正しい言葉ではない。なぜならトルコはＥＵがこれまで拡大してきたように、ＥＵからの要求を基本的に受け入れなければならなかったからである。トルコでは人権が強化され、クルド人はある程度自由な地位を得、軍部は弱体化した。しかし、この本を書いている二〇一五年夏の時点では、さらに不透明な状況になっている。平和賞にノミネートされたトルコのいくつかの人権擁護団体が成し遂げたことよりも大きな変化をEUは成し遂げた。現在、EUへの加盟の可能性がより低くなっている状況を鑑み、私たちはトルコの政治改革が中断したと推測している。

もちろん、旧ユーゴスラビアの地域内にあった国々も、EU加盟の可能性を高めたいと考えて基本的な改革を実行していた。スロベニアはそれほど問題なく、クロアチアは国内の戦争犯罪者たちの国際法廷への移送を支援した後、二〇一三年にEUに加盟した。セルビアはコソボ問題という非常に困難な問題がいまだ解決していないものの、改革を実行している。マケドニアとモンテネグロもまた加盟候補国である。

言うまでもなく、EUは完璧には程遠かった。内部的なノルウェー側からの評価も含めて、EUへの平和賞に対する明確な抗議があった。経済は非常に困難な状況にあり、ギリシャ、イタリア、そしてスペインでは特にそうであった。これら三つの国々では緊縮政策に対する大規模なデモが起きており、二〇〇八年の景気後退後の困難な時期にあった。この状況においてEUへの賞は、挑発のようなものとして認識される可能性があった。これについて、ヤーグランの答えは明らかであった。「非常に多くの罪のない人々を襲っている金融危機を考慮すれば、EUが根ざしている政治的な枠組がこれまで以上に重要になると私たちは見ている。私たちは共に立ち上がらなければならない。私たちは共に責任を担っている。ヨーロッパの協調がなければ、勝者が敗者となる危険性をはらむ新たな保護主義や新たなナショナリズムへの道を、容易に突き進むこととなっていたであろう」。平和と和解に関して、より広い視野を持ち続けることが重要であった。当然、EUが抱えている複雑な領土問題は全て解決したわけではない。しかし、それは未解決のキプロスにおける状況を指摘しているだけであった。EUには、超国家的な特徴と民主的に選ばれた組織からのコントロールとをどのようにして組み合わせるかという問題が残っていた。

そして、二〇一二年という年に平和賞がEUに渡った理由を提示するのはそれほど容易ではなかった。EUはおおむねどの年に受賞してもおかしくはなかったが、なぜ二〇一二年という年であったのか。実際の説明は内部的な側面にあり、そうした問題を起点として二〇一二年という年を選ぶことができた。EUはコフィー・アナンが私との会話の中で話していた「カンフル剤」というものを必要としていた。最近のEUにおける、旧ユーゴスラビア地域の国々との関係の進展に焦点を当てることも可能であった。また、この年の受賞者の発表では、次のように述べられていた。「クロアチアが翌年に加盟し、モンテネグロとの加盟交渉が開始され、セルビアに加盟候補の資格が与えられれば、バルカン半島における和解のプロセスは一層進展する」。それでも、ヨーロッパの転換に関する長きにわたる歴史的な見方の方が支配的であった。

二〇一二年のEUへの賞に関連して、ノーベル委員会は、委員長のトールビョーン・ヤーグランがこの件にふさわしくないのではないか、という議論をしていた。その主な論拠は、欧州評議会の事務総長としての彼がEUに縛られている可能性があるというものであった。委員会の委員であり、極めて優秀な弁護士でもあったベリット・レイス＝アンデルセンの手助けによって、委員会でそのことは問題にならないということがすぐにわかった。欧州評議会は四七の加盟国を有しており、一方でEUは二七であった。彼らはまた、様々な財源から収入を得ていた。欧州評議会とEUが、例えばコソボやウクライナにおいて、いくつかの分野で具体的なプロジェクトに協力していたが、それを理由にヤーグランがふさわしくないと言うのは十分とはいえなかった。

一二月一〇日の授賞式には多くのEU加盟国から一九名の政府首脳たちが参加していた。ドイツ首相のアンゲラ・メルケルは平和賞をEUの歴史において重要なものとして見ており、政府関係者ができる限り出席することを重要視していた。彼らの多くが忠実に対応していた。ヤーグランの講演の中でドイツのメルケル首相とフランスのオランド大統領のことが述べられた時、それは象徴的で重要な瞬間となり、そこにいたヤーグランは着席していた聴衆から予想以上の拍手を受けた。ヤーグランはさらに、これまでに自身が行った中で最も印象的な授賞講演を行った。彼のその歴史的な講演の中で、中央・東ヨーロッパの解放のための基礎となったミハイル・ゴルバチョフとレフ・ヴァウェンサの名前を述べ、また、東西ドイツの合併がもたらした莫大な費用の責任を取ったヘルムート・コールの名前も述べていた。前述の通り、コールはドイツ統一とヨーロッパ統合の両方に対する貢献が理由となり、平和賞の真剣な候補者であった。

ノーベル委員会はオスロでの様々な行事におけるEU内での役割決めをEU自身に委ねた。EUは当然、自分たちの組織が最も効率的であると思われることを望んでいた。しかし、ほぼ全ての詳細なことまでを権力のトップが承認しなければならなかった状況で効率よく進めるのは困難であった。半年の間ＥＵ議長国として指導する立場にあったキプロスは全く役割を果たすことができず、授賞式を欠席していた。非常に陽気なドイツ人であるマーティン・シュルツが議長を務めていた欧州議会には、よりこまごまとした任務が与えられていた。主な任務は欧州理事会理事長のヘルマン・ファン・ロンパウと、欧州委員会委員長のホセ・マヌエル・バローゾによってなされることになっていた。彼らは半分ずつ受賞講演を行い、ヨーロッパ的な効率性において建設的な貢献をした。ファン・ロンパウはいささかつまらなそうであったが、少し注意深く耳を傾けると、興味深い話題を数多く持っていた。それに比べて、バローゾはかなり生き生きとしており、ひたすら活動的な人物であった。彼は平和賞関連行事だけでは飽き足らず、オペラハウスや美術館にも訪れたがっていた。

恒例のＣＮＮの番組では、ジョナサン・マンがＥＵを集中攻撃していたことが特徴的であった。彼はＥＵがいかに効率的でなく、いかに多くの問題を抱えていたかを述べていた。彼はＥＵが平和賞を受賞した理由についてはほとんど何も言っていなかった。しかし彼はここでも、ＥＵからの三人の参加者から批判に対する回答を得ていた（ここにはシュルツも参加していた）。

この年、二つのたいまつ行進が行われた。一つはＥＵ賛成派によるものであり、もう一つは反対派によるものであった。賛成派側には、反対派側に大きく負けていたのではないかという不安があった。いずれにせよ参加者はあまり多くなかったが、驚いたことに、実際には逆のことが起きていたと分かった。ノーベル委員会はそのことを次のように解釈した。すなわち、ＥＵの受賞は、ノルウェーのＥＵとの関係についてではなく、ヨーロッパが戦争大陸から平和大陸へと歴史的転換を遂げたことについて評価したものであるということが、ごく一部のノルウェー人にようやく理解された、ということである。

二〇一三年　化学兵器禁止機関（OPCW）

化学兵器にまつわるその歴史は悲観主義にも楽観主義にも満ちていた。悲観主義に満ちていたというのは、化学兵器がはるか昔から使われており、大きな苦悩をもたらしてきたためである。楽観主義に満ちていたというのは、二〇一三年に世界がとうとう化学兵器の禁止に近づくと思われたためである。OPCWは「化学兵器削減のための幅広い取り組み」を理由に平和賞を受賞した。

化学兵器使用の歴史は、人類の歴史と同じくらい古いものである。その初期においては、殺傷力を高めるために矢や槍に毒物が塗り込まれていた。ホメロスは『イリアス』と『オデュッセイア』の中で、そのような武器がトロイア戦争で用いられたと伝えている。中国では多くの武器に対して頻繁に火が用いられたと孫武が記している。ヒンドゥー教ではマヌ法典が毒矢と火矢を禁止していたようであったが、代わりに食料と水を毒で汚染させることを容認していた。従って、歴史を紐解いていくと、化学兵器の使用に関する多くの文献が存在し、次第にそのような兵器使用の禁止というのが問題となっていったことがわかる。一八九九年と一九〇七年にハーグで開かれた万国平和会議では、戦争時における毒物や毒物兵器の使用の禁止が支持された。

第一次世界大戦は、化学兵器の禁止における進展のなさを示した。化学兵器が初めて大規模な形で使用されたのである。戦争末期には一二万四〇〇〇トンもの毒ガスが生産され、そのような化学兵器の使用によって八万五〇〇〇人の命が失われ、一二〇万人もの人々が負傷したと推定されていた。そういった悲劇が、禁止に向けた取り組みを加速させていった。一九二五年のジュネーヴ議定書では化学兵器の使用が禁止されたが、生産と貯蔵は禁止されなかった。そのような兵器は使用が容易であるとみなされる限り、使用される危険性が常に大きかった。ヒトラーは第二次世界大戦中に化学物質を使用して何百万人もの命を奪った。しかし、彼は戦闘行為において直接的には化学兵器を使用しなかった。おそらくドイツ側は、連合国からどのような報復を受けるのかを恐れていたのである。また、化学兵器は予測できない形で使用されることもあり、風向きが変われば自身の軍隊が被害を受ける可能性があった。

第二次世界大戦後、化学兵器は国家やテロリストによって何度も使用されている。イラクでは一九八〇年代に、サダム・フセインがイランと自国のクルド人に対する戦争で使用した。

化学兵器に反対する闘争において、より強力な手段が明らかに必要とされていた。その結果として、一九九二年から九三年にかけて生産と貯蔵についても禁止する条約が起草され、一九九七年に発効した。ＯＰＣＷはこの条約の遵守を確かなものとするために設立され、それは検査と解体を通して行われることとなった。

ＯＰＣＷの目的は極めて野心的であった。ＯＰＣＷは「全人類を代表する恒久的で固有のものであり、あらゆる化学兵器の使用を完全に排除するため」の組織であった。従ってその目的は、兵器に関する条約においてしばしば議題となる使用の制限ではなく、完全な廃絶であった。国家の外交政策や軍事的な目標設定に直接的な形で入り込んできた兵器を、地球上から完全に廃絶するという目的で禁止するというのは、前代未聞のことであった。その条約は、化学兵器を国際法の下においてタブーにしたのである。世界は核拡散防止条約（ＮＰＴ）や核に関するその他の条約に費やしてきたよりもはるかに長い時間を、化学兵器の分野に費やしてきた。地雷条約は廃絶という同じ目標を持っていたが、地雷の膨大な数を考慮すると、長らくその廃絶は実践的なものというよりあくまで原則的なものであったと主張され得る。両者における重要な違いは、化学兵器に反対する闘争が国連の制度内で行われたのに対して、地雷に反対する取り組みはその大部分が国連の制度の外で行われたというところである。その意味において、ＯＰＣＷに対する賞はまさに国連という組織に対する賞となった。

二〇一三年に世界は廃絶に関する目標に限りなく近づいたが、その大部分はＯＰＣＷの功績であった。一九〇ヵ国がＯＰＣＷの加盟国であり、地球上の人口の九八パーセントを占め、化学産業の八〇パーセントを占めていた。ＯＰＣＷは世界の八〇パーセント以上の化学兵器とその生産能力の九〇パーセントが廃棄されたことを確認し、それらの兵器が再び生産されたり使用されたりするのを防ぐことに、多大なる時間や労力を費やしてきた。ＯＰＣＷは科学界や産業界との緊密な協力をよりどころにしていた。それが成功のための条件であった。ＯＰＣＷは七六時間前に出される通告に基づいて、条約に署名した国の土地に建設されているあらゆる生産施設を検査することが可能であった。ある特定の施設の検査を行うことに関する決定は、ＯＰＣＷ自身のイニシアティブでなされるか、もしくは第三者、すなわち他の署名国による検査の要求をもとに下されるようになっていた。ＯＰＣＷはこれまでに様々な形での検査を、八〇ヵ国以上で二五〇〇回以上行ってきた。このようにして、一九九七年の条約に基づく超国家的な監視機関としてのＯＰＣＷにより、完全なる透明性が確保された。

ＯＰＣＷは次第に新たな困難に直面し始めた。ＯＰＣＷは申告された化学兵器の廃棄のために設定された二〇一二年四月までという期限を守ることができなかった。二〇パーセントがいまだ廃棄されておらず、その大部分はアメリカとロシアのものであった。ロシアは二〇一五年までに、アメリカは二〇二三年までに廃棄するという目標を設定していた。両国がその義務を果たさなかったというのはもちろん好ましくないことである。遅れた原因の一つとして、膨大な数の化学兵器の廃棄には時間がかかるということがあった。それらの兵器がどういう形であれ徐々にその力を失っていくと見られたことは助けとなったが、超大国による不十分な遵守が他国による不履行の道を開いていったことは言うまでもなかった。

一九九七年の条約から外れていた国が六ヵ国あった。イスラエルとミャンマー（ビルマ）は条約に署名したが、批准しなかった。アンゴラ、北朝鮮、エジプト、南スーダンは署名も批准もしなかった。シリアもまたこの条約から外れていたが、内戦の最中、おそらく政権側によるものと思われる化学兵器の使用が確認されたため、これはＯＰＣＷにとって大きな敗北となった。オバマ大統領は化学兵器の使用に関して越えてはならないラインを設定していたが、彼が軍事行動に踏み切ることはなかった。その代わり、シリアから化学兵器を無くすことを試みることとなった。一〇月一一日の受賞者の発表直後にシリアがＯＰＣＷに加わったことは、ＯＰＣＷにとっての大きな勝利であった。内戦という状況下で極めて短期間の通告をもとに、すでに貯蔵されている兵器を廃棄することは、ＯＰＣＷにとって膨大な作業であった。ＯＰＣＷは比較的納得のいくやり方でそれに対処したが、民生用にも軍事用にも用いることが可能な塩素を少量貯蔵することについては除外するということが後に明らかとなった。委員会はこのことが明らかとなる前に決定を下していたものの、シリアにおけるその進展は二〇一三年の平和賞を最新の状況と結びつけるという意味でも非常に重要であった。それでもあらゆることが正しい方向に向かうと考えられていた。

条約が遵守されていない可能性のある出来事も過去には存在しており、ＯＰＣＷはその状況を早急に解明することができずにいた。リビア内戦下の混乱で、化学兵器はあまりにも長きにわたって監視の届かない状態で放置されており、以前に申告されていなかった膨大な数の兵器も発見された。旧ソ連では、当時使用されていた探知機でも発見することができなかった化学兵器についての開発に関する報告書が出回っていた。現在のウズベキスタンにあった実験場はソ連崩壊時に解体されたと言われていた。しかし、これはあくまで過去の話であった。ＯＰＣＷにとってさらに都合の悪い出来事が起こった。二〇〇二年にモスクワで、チェチェン分離独立派勢力から人質を解放するために当局が新型の化学兵器を用い、一二九名が殺害されたのである。ロシア側は合法的な物質のみが使用されたと主張したが、ＯＰＣＷはさらなる調査を実施することができなかった。

問題となっていたのは、いわゆる「二重用途性」に関連することで、化学薬品や農薬、医薬・医療品を生産する多くの施設が合法的にも非合法的にも軍事目的で使用可能であるという事実であった。また、隠蔽も起きていた。リビアにあるマスタードガス製造工場は薬品工場として報告されていた。さらに、現在結ばれている合意によっては制限されずに軍事的な利用が可能になる、新たなタイプの兵器が開発される可能性がある。このことはＯＰＣＷにとって、将来的な問題として迫り来るおそれがある。

人が大量破壊兵器によって殺されるか従来の手段で殺されるかはあまり問題にならないという主張が唱えられる可能性があった。シリアなどでは実際にそうした手段があまり問題にならなかった。犠牲者の一人一人が味わう苦痛は軽視されるべきではないが、犠牲者にとってはあまり問題ではないというのがその答えなのかもしれない。しかし、国際政治の舞台では、小さな一撃であっても一つ一つ勝利していかなければならない。大量破壊兵器はその特徴からして最も壊滅的な影響を及ぼす兵器である。生物兵器はすでに禁止されている。世界はＯＰＣＷの取り組みを通じて、化学兵器の廃絶にかなり近づいた。一方、核兵器に関しては、多くの平和賞が生まれているにもかかわらず、いまだ道半ばである。

ノルウェー・ノーベル委員会が組織のみに平和賞を授与した少し前の例といえば、一九九九年に国境なき医師団が受賞したことであった。それと同じことが、二〇一二年と二〇一三年に再び起きたということである。二〇一三年は、周囲からの圧力が以前の年よりも著しく小さかった。私の二五年間の在任期間を通しても、この年ほどメディアや一般の人々が殺到しない年はおそらくなかった。しかし、委員会を常に批判する側に回っていたフレドリック・ヘッフェルメールは、この年の賞にも何らかの間違いがあると考えていた。それは、人類は化学兵器だけではなく全ての大量破壊兵器を廃絶すべきであった、というものであった。しかし、彼が名誉会長を務めていたノルウェー平和評議会はこの年の平和賞に満足しており、二〇一三年のたいまつ行進を企画していた。この年、トールビョーン・ヤーグランが授賞講演からメダルと賞状の授与に移ることを忘れ、私が彼に演壇に戻るよう合図をした。その模様がYouTubeで人気を博したが、そのような年は今までにほとんどなかった。

ＯＰＣＷにはこれまでに三名の事務局長がいた。ブラジル出身のジョゼ・バスターニ（一九九七〜二〇〇二）はブッシュ政権と折り合いが悪かった。アルゼンチン出身のロヘリオ・フィルテル（二〇〇二〜二〇一〇）はそれまで重要な役割を果たしてきており、ノーベル平和賞にもノミネートされていた。トルコ出身のアフメト・ウズムジュは二〇一〇年に事務局長を引き継いだ。彼は職業外交官で、就任する前にトルコ外務省職員と国際外交官として働いていた経験があった。二〇一三年の授賞式の期間中、最初は非常に慎重であった彼が徐々に自信をつけていく様子がうかがえたのは良かった。彼は次第に思い通りに振舞っていったが、決してカリスマ的存在になることは

アフメト・ウズムジュ

なかった。彼はいつも原稿に頼りっきりで、トルコの政治について話すことは全くなかった。

組織が平和賞を受賞する時に常に起こることではあるが、授賞式の期間中に誰が何をするかというのがその組織の内部で議論となっていた。ＯＰＣＷはＥＵが賞を受け取っていた様子や、ＥＵと同じように関連行事に二～三名の人間を参加させられるようにする方法を調べていた。彼らは評議会と理事会の両方を有しており、国際的に脚光を浴びたがっていた者たちばかりであった。私はスタッフチーフであるボブ・フェアウェザーと共に、ウズムジュに対して、彼が中心的な役割を担うことでＯＰＣＷにより力強い印象を与えられるではないのかと納得させようと試み、実際に彼はそのことに対して納得していた。ＯＰＣＷは、一九九七年の条約を広めるのに多大な貢献を果たした者たちに対して、賞金を分配することを決めた。こうして、一つの賞から新たに多くの賞が生まれていった。

二〇一四年
カイラシュ・サティアーティ
マララ・ユサフザイ

委員会の委員たちは度々、候補者のリストの厚みが薄いと考えていたが、そのリストには多くの名前が記されており、二〇一四年にも過去最多となる二七八の名前が記されていた。もしかしたら今回

マララ・ユサフザイ

カイラシュ・サティアーティ

は委員会が賞を授与しないのではないか、ということがほぼ毎年のようにささやかれている。しかし、その後毎回同じことが起きている。すなわち、当然ながら賞は授与されており、委員長が世界各国の記者に向けてその年の受賞者がいないことを伝えるといった選択肢はないようである。もし委員会が二七八の候補の中からふさわしい候補を見つけられず、全ての候補者がふさわしくないと判断する場合、その時委員会はその翌年に何を行うか。平和賞の歴史において、賞が授与されなかったことは二九回起きている。規定によって可能となっているように、その年に対する賞とその前の年に対する賞の二つが同時に授与されたことは一二回あった。過去を振り返ってみると、全く賞が授与されなかったのは一七の年に及び、一九七二年はその中で最も新しい年である。

委員会はふさわしい名前以外を欲しておらず、ここ数十年のところ委員会は毎年受賞者にたどり着き、ほとんどの年で受賞者に十分満足してきた。二〇一四年は間違いなくそのケースであった。委員会は一見すると曖昧であった出発点から、自分たちが満足するだけではなくノルウェー国内外で明らかな称賛を引き起こすような決定にたどり着いた。カイラシュ・サティアーティとマララ・ユサフザイへの賞はノーベルメディアへの訪問者数に関して、全てのノーベル賞の中で一貫していまだトップであるマーティン・ルーサー・キングに次いで多い記録を誇っている。

二〇一四年、ノーベル委員会は「子供や若者たちへの抑圧に反対し、全ての子どもたちが教育を受ける権利を得るための闘い」を理由に、カイラシュ・サティアーティとマララ・ユサフザイに平和賞を与える選択をした。委員会は数十年もの間、民主主義と人権のための闘争に関心を示していたが、それが子どもや若者を含む視点にまで広げられることはめったになく（一九六五年のユニセフへの賞というごくわずかな例外はあったが）、今まさにそれが行われたのである。一〇月一〇日の受賞者発表の中で述べたように、子どもや若者は当然の権利を持つべきである。「子どもたちは学校に行くべきであり、経済的な目的のために搾取されてはならない。今日、世界の貧困国の人口の六〇パーセントが二五歳未満である。子どもや若者の権利が尊重されることは、地球規模での平和的な発展のための条件である。特に紛争地域では、子どもたちに対する権利の侵害は、世代を通じた紛争の連鎖につながる」。もしノーベルが遺書の中で述べているような人類に対する友愛の対象に、子どもや若者、人類の未来が含まれていなかったら、私たちがそのようなものを持つことはできなかったであろう。子どもや若者の権利を尊重することは、地球規模で広がりを見せている良心の表現であった。そうした良心の表現について、サティアーティとマララへの賞を通したもの以上に良いものなどほとんどないであろう。

サティアーティは電気工学を学んだが、一九八〇年にこのキャリアを諦め、児童労働の廃止に人生を捧げていった。彼はまさに地域レベルから地球規模に至るまで、幅広い形で活動をしていた。地域レベルでは、極めて劣悪な状況下に置かれていたおよそ八万人の子どもたちを過酷な経済的搾取から解放したこともあった。彼は身体的な虐待を受けた経験があった。サティアーティと彼の同僚たちが子どもたちを解放するために工場や鉱山の中に入った時、彼らが思いもよらぬ反応を目の当たりにしたのは想像に難くない。子どもたちはしばしば誘拐され、両親の借金のかたにされていた。児童労働から利益を得ていた者たちはそれらに対して強い関心を持っており、その利益を失うことを望まなかった。多くの行動が訴訟という形で終結していた。サティアーティは自分の活動が非暴力に基づいていなければならないということを自覚しており、彼はガンディーの教えを強く引き継ぐ形で活動していた。

サティアーティは、単に行動を起こすことによって子どもたちを解放するだけではなく、子どもたちを社会復帰させて学校へ行かせるためのモデルを発展させた。彼はインドだけでなく南アジアの他の地域でも、この目的に向けて活動を行う様々な組織を立ち上げた。これらの中で最も有名なのはBachpan Bachao Andolan である。サティアーティは自身の活動の中で大きな構想を示してきた。彼は一九九四年に、児童労働を用いずに絨毯が織られていることを証明するための組織であるRugmark（現在のGoodWeave）を立ち上げた。全てがその条件のもとで行われていることを検査官によって確かめられるシステムがあり、輸出入業者はわずかな手数料を支払うことでそれを利用できる。今ではそのシステムは、サッカーボールの製造においても使われている。

一九九八年一月一七日にサティアーティは、彼にとっておそらく最大規模のプロジェクトとなる地球規模で児童労働に反対するデモ行進を開始し、世界各地を渡り歩くこのプロジェクトに七〇〇万人が参加していった。その終着点はジュネーヴにある、一九六九年に平和賞を受賞した国際労働機関（ＩＬＯ）本部であった。翌一九九九年には、最悪の形態の児童労働の禁止等に関する条約がＩＬＯにて全会一致で採択され、今日までに一七二ヵ国が批准している。ＩＬＯの条約がこれほどまでに早く批准されたことはかつてなかった。ＩＬＯ条約の第一三八号と第一八二号、そして国連の児童の権利に関する条約は今日、児童労働に反対し教育を受ける権利を支持する世界規模でのキャンペーンの基礎となっている。委員会が示した受賞理由の中でサティアーティの名前がマララよりも先に示されたことは、偶然ではなかったのである。彼はマララよりもかなり年長であり、何年も活動を続け、大きな結果を達成したのである。

児童労働反対のキャンペーンは近年、大きな実を結んで来ている。ＩＬＯによると、現在、世界には一億六八〇〇万人の児童労働者がいると推定されている。二〇〇〇年時点ではその数よりも七八〇〇万人多かった。世界はとても速い速度で前進しており、サティアーティは自身が生きている間に児童労働のない世界が見られることを望んでいる。彼はこの時、六一歳である。

マララ・ユサフザイは史上最年少の受賞者であり、それまでの記録を大幅に塗り替えた。彼女の注目されるべき生い立ちは、短期間のうちに世界各地でよく知られるようになった。彼女は一一歳から一二歳の時にペンネームを使ってＢＢＣのウェブサイトでブログを書き始め、タリバンからの圧力の下にありパキスタン当局からの支援が限られている状況の中、パキスタン北西部に位置するスワート渓谷でどのように暮らしていたか、ということを記していた。学校、特に女学校は頻繁に休校を余儀なくされていた。それでもマララの願いはいつもはっきりとしていた。彼女は教育を望んでいたのである。

マララの勇敢さは信じられないほどのものである。彼女が当時一五歳であった二〇一二年一〇月九日に起きた出来事を、私たちは皆知っている。銃を持った男がスクールバスに乗り込んできてマララを要求し、彼女に三発の銃弾を浴びせて重傷を負わせたが、彼女は生き延び、その後、ほとんど何事もなかったかのように生活していった。最も重要なことは教育を受け続けることであった。タリバンは再びマララの命を奪う意志を明らかにした。

パキスタンの憲法は全ての子どもたちに無償で教育を受ける権利を保障しているが、学校に通っているのは五二〇〇万人の学齢期の子どものうち、半分強程度に過ぎない。学校に通っていない子どもたちの多くは女子である。タリバンだけでなく国家当局もまた、非常に効率的な形で彼らを学校教育から引き離している。学校が建設される際、壁や水道、トイレが設けられないことが多い。数年前に私はとあるマドラサを訪れたが、そこは正統派イスラム教徒によって運営されており、ペシャワール郊外にあってマララの出身地から非常に近い。そこでは国内の何千もの優秀な男子が学校に通っていた。男子だけである。私は校長であったイマームに、学校で地理と歴史を教えているかどうかを尋ねた。

すると、もちろん教えていると答えが返ってきた。授業ではどんな教科書を使っているのかと尋ねたところ、その答えは簡単なものであった。彼らはただ一冊の教科書だけを使っていた。コーランである。

マララは狂信主義と過激主義に対する闘争において世界的なシンボルの一人となっていき、彼女もそのことを十分に認識していた。オスロでのノーベル賞授賞式の期間中、彼女のアシスタントたちはナイジェリアとシリア出身の少女と、スクールバスで同じく襲撃を受けたスワート渓谷出身の二人の女友達を呼び寄せていた。ナイジェリア北部出身の「姉妹」は、ボコ・ハラムからの脅威の下で生活を送っていた。この組織の者たちは女子が学校へ行くのを妨げようとできる限りのことも行っている（ボコ・ハラムとは「西洋の教育は罪である」という意味である）。シリア出身の少女は、シリアにおける内戦が、程度の差こそあれいかに市民社会の崩壊をもたらしたかということを証言していた。マララが依然として脅威にさらされていることもまた明らかであった。私たちは彼女がバーミンガムに移って以降、脅迫の数が劇的に増えたということを彼女のアシスタントから聞き、それらの脅迫はほとんど例外なくパキスタンで使われている言葉で行われていた。タリバンはその考えや意図を隠すことはなかった。従って、二〇一四年の平和賞は狂信主義と過激主義に対する闘いも示していたのである。

マララは二〇一三年も強力な平和賞候補者であった。彼女を候補者に推すための国際的なキャンペーンが大規模な形で行われていた。ＣＮＮのクリスティアーヌ・アマンプールはマララに賛同する個人的なキャンペーンを行った。平和賞がＯＰＣＷに渡った際、アマンプールはあるインタビューの中で、このキャンペーンについて触れなかったという理由でトールビョーン・ヤーグランを批判していた。

メディアがニュースを最初に報道せず、そうした批判を作り上げることをいかに望んでいたかがわかり、私は驚いた。彼女は二〇一四年にCNNの番組を仕切るためにオスロに姿を現し、リベンジを果たした。一九九五年から全ての番組を仕切っていたジョナサン・マンは出演を見合わせることとなった。

マララに賞を与えることは、タブロイド的なものでありポピュリズム的なものであると認識されたであろう。二〇一三年にマララに賞を与えなかったことで実際に委員会を祝福したのは、記者団たちであった。そのことが、この年の賞をより確実なものにしたと言われていた。しかし、委員会にとってのマララのイメージは、二〇一四年を通じて変わっていった。この一七歳の少女は、思いもよらぬことを行った。彼女は国連で演説し、世界のありとあらゆる指導的な政治家たちと会った。これら全てのことを彼女は信じられないほど成熟した態度でこなしたのである。委員会にとって彼女はシンボル的な存在から、委員会の活動の中心に存在すべき価値観を体現する人物へとなっていった。それは例えば、過激主義に対する闘争や子どもの権利、特に女子が教育を受ける権利のための闘争を支持するといった価値観である。

サティアーティは長年、委員会のショートリストに載っていた。彼が三〇年以上にわたるキャンペーンを通して成し遂げたことについて、委員たちはほとんどのことを知っていた。委員会は再びガンディーの「弟子」の一人に賞を与えることができた。委員会は、グンナル・ストールセットによる働きかけで、サティアーティとマララに共通点を見出したため、正しい理解が落ち着くべきところに落ち着いた。彼らは同じ所に焦点を当てていた。子どもたちの権利である。その組み合わせは両者を押し上げ、二〇一四年のノーベル平和賞の大きな成功に貢献した。

授賞式の期間中に二人の受賞者と知り合ったことは大きな経験であった。サティアーティは明るく気さくな人物で、雄弁さも兼ね備えた人物のようであった。彼はきちんとした講演を行うことができたが、バンケットでの彼は非常に面白かった。彼は自分の行っていることに集中していたものの、彼はまさに純粋なコメディアンであった。その一方で、彼はオスロ市庁舎での授賞式で講演をした際に、原稿の半分だけしか持ってきていなかったようであった。私は誰かが原稿を忘れてくるという恐ろしいシナリオを想像していたが、その通りになった。しかし、サティアーティの息子のブバンがそれに備えてあった。講演の最中に私が演壇の上にいるサティアーティに渡した予備の原稿は彼が持っていたのである。サティアーティはそのような事態も華麗な態度で対処していた。

マララもまた非常に良い講演者であった。彼女は慎重で控えめな性格であったが、ひとたびマイクを取るとすぐに何の躊躇もすることなく、よく練られた文章を述べていた。彼女は受賞講演の練習を何度もこなしており、彼女が通っていたバーミンガムの学校ではリハーサルを行っていた。加えて、彼女はあまりフォーマルでない場面でも上手く振る舞っていた。その場の状況を示す短いキーワードがいくつか与えられただけで、彼女は最善の形でその状況についていくことができた。講演が終わると、彼女は一層遠慮がちな性格に戻っていた。彼女は称賛に対して感謝していたが、彼女の性格には影響しなかったようである。彼女のユーモアのスタイルは、二人の弟たちと冗談を言い合うところから垣間見えた。私たちはその弟たちがどれほど手に負えないかという話をたくさん聞いた。受賞講演の中で彼女は「これまでのノーベル平和賞受賞者に、私のようにいまだに姉弟喧嘩をしている人はいないと確信しています。私はあらゆる場所が平和であることを願っていますが、私の弟たちと私はいまだにこの問題に取り組んでいます」と述べていた。次第に私は二人の弟のことを少し不憫に思うようになった。というのは、彼らは姉のマララがユーモラスなことを言う度に、ほぼ毎回叱られていたからである。

マララの父に会った誰もが、彼が娘に対して大きな野心を持っていたことを疑わなかった。彼はマララが通っていたスワート渓谷にある学校の校長を務めていたことがあり、娘に強い影響を与えていた人物であることは明らかであった。マララは「私の翼を折らずに飛び立たせてくれた」ことをいつも彼に感謝していた。娘はパキスタンで政治家になるべきであると彼が考えていたことや、ゆくゆくは祖国で首相になってもらうことがその最終的な夢であったことはよく知られていた。マララ自身は自分が将来についてはっきりとしたイメージを持っていないことを明かしていた。マララの母親は文字の読み書きができず、ほとんどの場面においてあまり役割を果たしていなかった。彼女が時々行事に遅れすぎた時は、あたかもそのことを証明しているようであった。もちろん、その時私たちは彼女を待たなければならなかった。

マララは家族以外にも重要な組織に属していた。ジョージ・イーソンとメイガン・ストーンの二人のアメリカ人がそのかじ取りのほとんどを担っており、マララが様々な活動をどのようにして行うべきかについていろいろなアドバイスをしていた。彼らは精力的に行動し、外部と定期的にコンタクトを取っていた。代表団たちはプライベートジェットでオスロへやって来た。その組織は様々なイベントに際して、希望すればいつでも追加支援のための費用を与えることができた。彼らは私たちがすでに招待した以外のアーティストたちも呼ぶことを望んでいた。それはマララの地元にゆかりのあるアーティストたちであった。「マララ作戦」が財政的に潤っていたことは明らかであった。彼女は多くの賞を受賞していたが、彼女のノーベル賞の賞金である八〇〇万スウェーデンクローナの半分は、女子への教育支援を目的としたマララ基金の設立に使われることとなった。「この財団からのお金は、私の心のよりどころとなっているパキスタン、特に私の故郷であるスワートとシャングラへ最初に贈られ、学校を建設するために使われます」。

マララと最も近しいアドバイザーたちは、彼女を懸命に後押ししていた。ノーベル賞関連行事では多くのポスターが展示されていた。これまでの受賞者には行事に疲れ切ってしまう者も多かったが、マララは彼女に感謝や敬意を示すために会いに来る人々と共に、ごく小さな追加の行事さえもこなしていた。その様子を見て私は彼女のことを少し気の毒に思った。さらに、彼女は学校で優等生として振る舞わなければいけなかったことを非常に気にしていた。それほど容易なことではなかったはずであるが、彼女は、オスロへの渡航とその他の欠席を埋め合わせるために追加で行わなければならないことに対して、しっかりと準備していた。私は彼女に自由な時間がたくさんあったとは思っていない。サティアーティはマララよりも行事についていけていた。私が彼に疲れたかどうかを尋ねた際、彼はただ寝ても覚めても働くことには慣れているとだけ答えていた。彼は明らかに数十年の間まともに休暇を得ていなかったため、このことは全く問題ではなかった。

発表の中でノーベル委員会は、「ヒンドゥー教徒とイスラム教徒、インド人とパキスタン人が教育の観点を支持し、過激主義に反対する共同の取り組みに加わるという意味で重要なものである」とみなしたことを強調していた。委員会はこの文言に非常に満足しており、それが賞をさらに特別なものにしたと考えていた。受賞者たちもまたそのことを好ましく思っており、各自がそれぞれ印パ関係の強化を試みていた。しかし、オスロでの印パ首脳会談には至らないという見込みがすぐに明らかとなった。会談がセッティングされるような状況には至っていなかった。

授賞式でメキシコ国旗を掲げて乱入した学生（中央）
（写真提供：NTB Scanpix/ 時事通信フォト）

それ以外のこととして、二〇一四年のセレモニーは少々スキャンダルに見舞われたが、それは決して小さなものではなかった。授賞式の中盤、一人のメキシコ人学生が壇上にいたヤーグランや受賞者たちに近づき、メキシコ国旗を掲げた。彼は母国における暴力的な状況の高まりに抗議したかったのであろう。動機自体は良かったのかもしれないが、時と場所がふさわしくなかった。聴衆はひどく驚くと共に、警察が彼を退去させるまでに大変長い時間がかかったと感じたであろう。しかし、彼はすぐに国外退去となった。直接的な危険が及ぶ状況ではなかったが、警察のセキュリティ対策における明らかなミスであった。私は警察署長から電話で謝罪を受けたが、事件はすでに起きてしまった。警察署長は、授賞式の残りの関連行事ではセキュリティレベルを極めて高いものにすると答えた。受賞者たちと接触をすることがいかに容易であったかを全世界に知らしめてしまった。私はマララのスタッフから事前に警告を受けていたことを思い出したが、それがこのような脅威とは関係のないことであるとすぐに理解した。思い返してみると、一九九一年六月のゴルバチョフの受賞講演の時には、花束を持ったアフガニスタン人女性が市庁舎内の演壇に上がろうとしていたことがあった。すなわち、私にとっての最初の受賞者であったゴルバチョフと、私にとって最後の受賞者となったサティアーティとマララと共に私たちはスキャンダルに見舞われたということである。しかし、それ以外の年は事なきを得ていた。つまり、私の在任期間の授賞式はスキャンダルに始まりスキャンダルに終わったということになる。

事務局長としての私の役割

ノルウェー・ノーベル委員会の事務局長は受賞者の選択においてどのくらい大きな影響力を持っているか、という質問に対しては、人々が考えるよりは小さいと答える。委員会の委員たちは大部分の案件を事務局長に喜んで任せるものの、受賞者の選択という最も中心的な仕事になると彼らは皆、確固たる考えを持っている。

委員会にはできる限り最善の専門的なアドバイスが必要であるということを私は気にしていた。私たちにはノルウェー人の優秀な常任の顧問がおり、ヘルゲ・ファロとオイビン・オステルードは私が来る前からそうであった。私たちにはアフリカの専門家が必要であり、ヤーレ・シーメンセンがそれを担っていた。ノーベル研究所の研究長であったオッド・アーネ・ウェスタッドや、その次のオラヴ・ニョールスタッドも顧問を務めていたことがあった。ウェスタッドは中国と東アジアの専門家であり、ニョールスタッドは軍拡競争の専門家であったことから、私たちが行っていたことを上手く補っていた。二〇〇四年に私たちはついに女性顧問を得ることとなった。彼女の名前はアストリ・スールケで、アジアや国際援助に関する幅広い知識を持っていた。その後、アンネ・ユリエ・セムが加わった。私たちはまた、個々の事例調査のためにその他のノルウェー人専門家も用いていた。

少なくとも私たちはそう考えていたことであるが、私たちは最も基本的な部分に関しては豊富な専門知識を有していた。私の在任以前からすでに外国人顧問が用いられていた。今日では、外国人顧問を用いることの重要性が増している。外国人に相談をした場合の漏洩や、外部から影響力が加わりかねないということについて多くの者が心配をしていたが、そのようなことはほとんど起きていなかった。私たちが相談した何名かのアメリカ人を除いては、ほとんどの者たちは相談料の多寡を気にしていなかった。彼らは、そのようなプロセスに加われることを非常に光栄に思っていた。私は彼らの貢献がいかに重要であったかを控えめに示そうとした。その結果、彼らは自分たちの影響力を過大評価したり乱用したりすることはなかった。外国人専門家の中には、極めて高い能力を持つ人物が非常に多かった。ほとんどの者たちは世界各地の主要な大学出身の非常に優秀な研究者たちであった。ともすればノルウェー人にほとんど独占されていたプロセスにおいて、彼ら外国人専門家たちの手助けは非常に有益なものであった。

委員会の委員たちは外国の研究環境についてあまり知らなかったため、最もふさわしい名前を見つけ出すために他の者に相談しなければならなかったが、実際にはこれらの専門家を選んでいたのは私であった。どのような結論を下すべきかについて、私がノルウェー人もしくは外国人顧問に対して指示することは決してなかった。どのようなものになるかは彼ら次第であったが、少なくとも彼らが結論を出すことにはなっておらず、それは委員会の仕事であった。顧問たちは候補者に関するプレゼンを行い、賛成か反対かについて議論することになっていた。彼らによる調査は常に私宛てに提出されてきちんと届いていた。私はそこによく自分のコメントと評価を付け足していたが、これは委員たちから質問されたり、様々な候補者を比較する必要があったりした時のためであった。

委員たちからの信頼を得ている事務局長であれば影響力を持てるかもしれないが、もし委員たちから信頼を得ていなければその影響力は急速に小さくなることであろう。そのような場合、その事務局長は辞任を考えるべきである。コーレ・クリスチャンセンのように私を疑っていたと思われる者も含めて、私は全ての委員たちと良好な関係を保つことを特に重視していた。

委員会での議論は自由闊達に行われていた。委員たちはお互いの意見に耳を傾け、候補者に関する多くの調査書類にくまなく目を通していた。事務局長は委員会で行われる受賞者についての基本的な議論には参加しないが、顧問たちから出された報告書について、特定の箇所に関する情報が明らかに必要と思われた場合にはそれを発表し、議論に加わることが可能である。言うまでもなく特に重要なことは、事務局長が委員長と上手く協力をすることである。委員長や委員たちは頻繁に、私の結論が何なのかを内々に聞いてきた。その際に私は率直に答えたが、選考過程の早い段階では決して答えなかった。その過程は進められるところまでは進めておく必要があった。選考過程の最終段階で私は何度か、彼らが議論の中で何らかの重要な点を取り上げ忘れていると感じた時に、そのことを要約して強調したメモを書き記していた。それが事務局長の役割の範囲を超えているのではないかと考える者も中にはいたが、委員たちはこの役に立つメモに大いに感謝していた。これらのメモは、誰が受賞すべきかを指摘するものというよりは、何人かの委員たちが考えていたようにそれほど強力ではない候補者を外すために書かれたものであった。しかし、委員会の結論には確実に影響を与えていた。

委員たちのほとんどは非常に影響力のある地位にあったことから、彼らは受賞者に関して質問する相手を他の委員たちや事務局長に限定していた。各政党の中枢を担う者たちと一緒になって受賞者を直接選んだ委員はほとんどいなかったが、実際にそれを行った者たちもいた。私は考え方というのは突然変わり得るものであるということを念頭に置いており、そうなった際には彼らは何かしらの助言を喜んで受け取っていた。シッセル・レンベックは実際に委員会の席で、ただ単に自身の考えを述べられずにいただけであるということを強調していた。委員全員がそのような状態であったら、委員会での作業は困難なものとなっていたことであろう。

ラーシュ・ヘイケンステン体制下のノーベル財団

ラーシュ・ヘイケンステンは非常に優秀なスウェーデン人経済学者である。彼は二〇〇三年から二〇〇六年までの間スウェーデン中央銀行の総裁を務め、二〇〇六年からは欧州会計監査院のスウェーデン側代表を務めた。その後、彼は二〇一一年にノーベル財団のトップに就任した。就任初日から彼はノーベル財団の経営基盤について気にかけていた。二〇〇八年から〇九年の世界金融危機が財団を困難に陥れ、今日においてもなお、その財源の額は危機以前の水準に戻っていない。財団の収入が毎年一～二パーセントずつ増加すると考えられていた一方で、財団の支出が三～四パーセント増えていたことも、ヘイケンステンは特に懸念していた。

ヘイケンステンはスポンサーをより緩い基準で募ることで新たに大きな収入を得ようとしていた。彼がスポンサーを獲得しようとしていた対象には、中核事業の一部を含めてほぼ制限が無かった。これでは仮に最大限上手く行ったとしても時間がかかったであろう。結果として、口座に残高が残るよう節約をする必要があった。賞金は一〇〇〇万スウェーデンクローナから八〇〇万スウェーデンクローナに減額された。賞金の減額は残念なことと思われたかもしれないが、ノーベル平和賞の栄誉が賞金額の多さによって決まると考えた者はほとんどいなかった。授賞式関連行事や委員会、そして管理部門などへの他のありとあらゆる支出も同様に減額されることとなった。これによってノーベル賞の制度が困難な状況に置かれることとなった。ノルウェー側では私たちがその兆候を捉えており、二〜三名のスタッフの人員削減を含む大幅な削減をすでに行っていた。そのため、その削減の規模は大きかったものの、ノルウェー・ノーベル委員会とノーベル研究所は上手く対処していた。

ラーシュ・ヘイケンステン

しかし、ヘイケンステンは大規模な削減と同時に、大規模なノーベルセンターをストックホルムに建設する計画にも着手した。建物内にはノーベル財団の事務所やノーベル博物館、そしてスウェーデンで授与されるノーベル賞の式典のための大ホールもおそらく含まれる計画となっていた。建築費用はおよそ一二億〜一四億クローナであり、スポンサーを通して賄われることになっていた。ワレンバーグ財団とペーション財団から、それぞれ四億クローナがすぐに送られてきた。センター建設の計画には、次第により多くの資金や人材が必要となっていった。それぞれのノーベル賞の中に新たな部署が多く作られた。これらの費用を賄うためにノーベルメディア、ノーベルセンター、ノーベル博物館に加えて、オスロのノーベル平和センターやコンサート運営会社などを含む「複合施設」が、それらの新たな部署に対する費用を出すこととなった。しかし、これはノルウェー側からの強い抗議を招いた。ノーベル賞の制度において、費用が確保されるまで新たな活動を始めることができないという状況には私たちは慣れていた。ストックホルム市内のブラシエホルメンに建設予定のノーベルセンターの地面を重機が掘り始めるまでは、計画と収入を再検討し調整することは可能であったものの、計画は進められていった。ヘイケンステンの行く末はノーベルセンターの完成にかかっていた。従ってその後、ノーベル平和センターや、ストックホルムでの新たな活動を金銭的に援助するコンサート運営会社には、非常に限られた資金しか使われないこととなった。このプロセスの最中には両者から厳しい言葉が飛び交った。ノルウェー側の会社は自身の執行部を有する独立した団体であり、ノルウェーの法律に基づいて、他の組織に資金を送ることが認められていなかった。その執行部はこの制度自体に反対しており、激しい圧力の影響で新たな組織にはごくわずかな予算しか与えられなかった。

ノーベル賞の制度内における権限が長い時間をかけて、委員会からストックホルムにあるノーベル財団へと移っていった。しかし、ソールマン体制の下では、現実的な解決策を最終的にどこへ見出すかについて慎重かつ長い議論が行われていた。それが今となっては、適切な調査や事前の相談なしに非常に速いスピードで進んでおり、事案に応じて会議の席で承認されることになった。これはノルウェー側にいる私たちにとって特に辛いものであった。というのは、二〇一四年の大半はカシ・クッルマン・フィーヴェが病気を患っており、会議への参加が電話でのみ可能であったためである。私たちの法律顧問と監査役は共に、これら全ての権限が委譲されることの根拠に対して非常に懐疑的であった。しかし、私たちはスウェーデン側の理事会のメンバーたちから大した支持は得られず、彼らはトップの人間に対して信じられないほどに忠実であるという結論に達した。

特にヘイケンステンがいわゆる「親会社・子会社」的な組織モデルを発展させようと本当に目論んでいたことが次第に判明していった。それぞれの委員会が非常に大きな権限を持つようになれば面倒なことになると企業関係者たちは考えていた。そのような考えは以前から存在していたが、それが実際に行われることとなったのである。重要な点は、誰がそれぞれのノーベル委員会の「常任の事務局長」を雇用するかであった。従来からそれは常に委員会の仕事であったため、私はノルウェー・ノーベル委員会によって採用されたのであったが、そのような形を取るということは委員会の規則にはっきりと記されていた。しかし、二〇一四年末に私が辞任することとなり私のポジションに募集がかけられた時には、このプロセスに重要な役割を果たすことを望んでいたというシグナルが、ヘイケンステンからはっきりと出されていた。彼は、私のように口論や議論を好む人物が私の後継者となることを避けたかったのであろう。彼のそのような望みは、ノルウェー側からはっきりとした形で拒否された。結果として、ノルウェー・ノーベル委員会は自分たちで私の後継者を雇った。それがオラヴ・ニョールスタッドである。

もし事務局長を雇用するのがノーベル財団であったら、それが受賞者の指名にも影響する可能性があったであろう。そうなると、たしかに関係者はノーベル財団に報告を返すものと考えられる。満足しなかった場合は無論、事務局長がその件を委員会に報告するというのも可能ではあった。これはあまりにも突飛なことであり、他のいくつかのノーベル委員会がそのようなことに同意する見込みはなかった。しかし、この問題は結果としてノルウェー・ノーベル委員会で取り上げられた。

スウェーデンではさらに、一九九六年に新たに制定された財団に関する法律によって、ノーベル財団を含む全ての財団がこの法律を遵守することに対する責任を、スウェーデンにある「県執行委員会」が持つこととなった。法律家のヘニング・イソズは、この新たな法律に関して中心的に動いていた。彼の考えでは、ノーベル財団の理事会には、アルフレッド・ノーベルの遺書に示されている基準に沿ってそれぞれのノーベル賞の受賞者の指名を管理する義務があるという。従って、もし委員会が受賞者の選考において、スウェーデン国内の財団に関する法律の項目に従わない場合は、スウェーデン側の官僚的な組織がノーベル財団にノルウェー・ノーベル委員会への干渉を強制させられるようになると考えられた。ノルウェーの法律家であるフレドリック・ヘッフェルメールは、ノルウェー・ノーベル委員会がアルフレッド・ノーベルの遺書の解釈に従っていないとして、スウェーデンの県執行委員会に苦情を訴えていた。その苦情は毎回退けられてはいたものの、このことはノルウェー・ノーベル委員会にとって耐えがたい状況であった。委員会の決定が、県執行委員会によって問題がないと確認されるまでの暫定的なものとなるようなことはあり得なかった。ノーベル財団は賞に関するいくつかの規則も決めたこともあった。例えば、賞を授与できる人数を各賞最大三人までとすることや、受賞者は発表時点で生存していなければならないということを定めた規則である。ノーベル財団は、県執行委員会からの提案をその他の状況に介入するために用いることも可能となった。

これらの点に関しては全てのノーベル委員会で完全に意見が一致していた。彼らは県執行委員会からの介入も、ノーベル財団が何らかの方法で委員会の意見に影響を与えられるようになることも望んでいなかった。文学賞においては「理想的な方向性」という言葉の意味に関する考え方をめぐる対立が以前からあり、物理学賞においては「発見や発明」という言葉をめぐる対立があった。実際にどのようにして介入が行われることになるのかを想像するのは容易ではなかった。ノーベル賞の制度は、五〇年間その情報を漏らさないようにするという機密性に基づいていた。関連文書へのアクセスが不可能となれば、関連する案件の調査を行うことは、県執行委員会とノーベル財団の双方にとって極めて困難になったことであろう。しかし、ノーベル財団をスウェーデンの財団に関する法律の例外にしようとする試みには至らなかった。それに続いて、政治的な手段による例外、すなわち世界的に重要な意義を持つ組織を保護して、ノーベル委員会の完全な独立性を確保するための法律である「レックス・ノーベル」を要求することとなった。しかし、ノーベル財団はこの点に関して判断に迷っており、いまだ棚上げの状態である。ノルウェー・ノーベル委員会にとって、スウェーデン側の組織の思うがままにコントロールされるというのは特に神経を使うことであった。

次第に新たな取り組みに関する動きが出てくるようになった。中でも、ヘイケンステンはオスロ市内のヘンリック・イプセン通りにあるノルウェー・ノーベル委員会の素晴らしい建物について、価格があまりにも高すぎると考えていた。選択肢は二つあり、売却してより安い場所を借りるか、もしくは特別収入を得るために積極的にリースを行うかというものであったが、どちらも魅力的なものではなかった。委員会の歴史は一九〇四年からこの素晴らしい建物と共に刻まれてきた。もちろん賃貸収入をいくらか増やすことも可能ではあったが、委員会と研究所には確実に莫大な資金が必要であった。ノーベル財団が所有する建物の処分権を委員会が持つということを決定した文書が保管場所で見つかった時は、非常に安堵した。そこには、委員会の承認なしに建物を売却することはできない、ということがはっきりと記されていた。ただ、この議論はストックホルムにノーベル財団のための壮大な建物を建設する計画と同時に進行していたため、実に馬鹿げたものであった。

ノーベル研究所の所長とノーベル委員会の事務局長を務めるのは楽しいことであった。近年においては、ストックホルム側との確執が徐々に深まり、それが新たな分野にも広がっていたため、楽しさが少し抑えられてしまった。平和賞は次第により高い地位を得るようになったため、ノルウェー側の活動は成功を収めていった。しかし、スウェーデン側の友人たちがさらなる成功を阻む最大の障害となっていたことを認めるのはそう簡単なことではなかった。

ヘッフェルメールとノーベル平和賞

ノルウェーにあるノーベル委員会に対する最大の批判者は、間違いなくフレドリック・ヘッフェルメールである。彼は長年、ノルウェーの様々な新聞記事の中でノルウェー・ノーベル委員会に対する批判を展開していた。二〇〇八年の秋に彼の著書『ノーベルの意志』と多くの新たな新聞記事の中で、その強い批判が最高潮に達した。「市民によって選ばれ、防衛政策に対して肯定的な意見を持っている者が、安全保障対策の観点で対極に位置する賞を授与するというのは、節操のない恥ずべき行動であり、罪でさえもある」。その問題の法的な側面は「単純明快」である。ノーベル委員会によるノーベルの遺書の解釈において権限を持つノルウェーおよびスウェーデン側の一連の組織に対して、ヘッフェルメールは苦情を申し立てていたが、それらの苦情は退けられていた。ヘッフェルメールはその後、様々な言葉を駆使して自身の訴えを発表していった。ノーベル平和賞のような非常に尊い賞に対する批判というのは、注目を引き起こすものである。しかし、人々が考えているよりも彼の訴えている内容は薄いものであった。

ノーベルの遺書には多くの不明瞭な点があるが、ヘッフェルメールの批判は「誰が平和賞を受賞すべきか」というただ一点に集中している。ノーベルの遺書やノーベルおよび彼と同時代を生きた関係者に関する簡単な分析に基づいて、ヘッフェルメールは「ノーベルが好んでいたと思われるのは、間違いなくその当時の平和運動であった」と述べている。アルフレッド・ノーベルに関して書き記したことのある者はほとんど皆、緊張と矛盾に満ちていた彼の複雑な人間性を強調していた。一方で、ヘッフェルメールの思い描くノーベルとは、もっぱら平和運動に従事する男であった。そのイメージは仲裁や調停、軍縮に関してのノーベルの意見の揺れ動きや、彼の集団安全保障に関する信念とはかけ離れている。平和運動のプログラムにおける現実主義的な考え方に疑念を示したり、自身の所有するダイナマイト工場が平和会議よりも早く戦争を終結させることができると主張したりしていたあのノーベルとは程遠い。彼はその有名な遺書を書いていた頃に、兵器メーカーのボフォースまで購入していた。従って、ノーベルは非常に複雑な人間であり、ヘッフェルメールの著書の中で出会うような人間ではない。

しかし、ヘッフェルメールは著書『ノーベルの意志』の中で、平和賞においてよく知られている三つの基準を同時に満たすことはあまりに困難であると記している。そのため彼は、その三つの基準は「総合的に」読んで理解されるべきであると考えている。全くと言っていいほどそのようにはなっていないのであるが、たとえそうであったとしても、私たちは裁量的になることを避けられないのである。

ヘッフェルメールは、全ての平和賞受賞者がノーベルの遺書に関する彼の解釈の範囲内にあるかどうかを評価したリストを公表している。そのリストには驚くべき内容が多い。ここで私にいくつかの例を示させていただきたい。マンデラとデクラークは幸いにも彼の解釈の範囲内にあるが、ツツとルトゥーリはその範囲外である。生涯を平和運動に捧げたマイレッド・コリガンとベティ・ウィリアムズはその範囲外である。彼は平和調停者の中でアナンとカーターを認めているが、アハティサーリは認めていない。彼は国際法のための活動を行っている者たちには賛成しているが、実際にその分野において中心的な人物であったルネ・カサンには反対している。人権活動家の中ではマーティン・ルーサー・キング、サハロフ、そしてエスキベルが遺書の内容の範囲内であると解釈されている一方、アムネスティ、ヴァウェンサ、金大中、そしてエバーディーはその範囲外である。これらを理解するのは、少なくとも論理的には容易なことではない。

平和賞に関して執筆したことのある多くの作家の中で、ノーベルの遺書に関するヘッフェルメールの解釈に賛成する者は誰一人としていない。委員会は一九〇一年以来、一貫して別の解釈に従っている。ヘッフェルメールは特に最近のノーベル委員会に対して批判的であるが、彼はデュナン（一九〇一年）やルーズヴェルト（一九〇六年）、そしてルート（一九一二年）への賞にも反対している。

一九〇一年の第一回の平和賞の授与は特に興味深いものである。当時指導的な平和活動家であったフレデリック・パシーへの賞をほとんどの者が認めていたが、彼は赤十字創設者であるアンリ・デュナンと賞を分け合わなければならなかったことから、「戦争を回避するために赤十字が何を行ったというのか」、とその平和運動を批判していた。しかし委員会は、赤十字がまさに戦争時の活動を通して、ノーベルが言及している「人類の友愛」を示していたと考えていた。つまり、初代の委員会の時からすでに、一〇〇年以上経った後にヘッフェルメールが新たに示したあのような見方を否定していたのである。

ヘッフェルメールの批判は特にヤーグランと私に対して厳しかった。彼はノーベル平和センターとノーベルコンサートを通して、ノーベル賞の制度の中にスポンサーたちを入れたことを理由に私を非難した。それ自体は真っ当な意見であった。しかし彼はさらに踏み込み、しまいには「誰が平和賞を受賞するかを決めるのはそのスポンサーたちである」と批判した。彼はこうした非難を、劉暁波が受賞した二〇一〇年にも行っていた。そのスポンサーたちは契約を守ってはいたものの、あの時の賞に好意的であった者を私は誰一人として思い出すことができない。さらに、そのスポンサーたちが受賞者に関する意見を表明することは極めてまれであった。私はヘッフェルメールが人を中傷する力を持っているとは考えていなかったため、この件に関しては何も行わなかった。ヘッフェルメールは次第に、ノーベル委員会から回答がないことに対して苦情を訴えるようになっていった。彼は新聞やその他のメディアで多くの回答を得ていたが、彼が望んでいた答えを得ることは決してなかった。ある時に彼は「妥協」に至ることを試みた。もし委員会が今後、ノーベルの遺書に関する彼の解釈を認めるのであれば、彼は過去のことを批判するのを止めるつもりであったのであろう。無論、委員会がそのようなことに同意するなど全くあり得なかった。

軍縮はノーベルの遺書の根幹をなす、とほとんどの者が考えているであろう。しかし、軍縮に対して与えられた化学兵器禁止機関（ＯＰＣＷ）への賞さえも、ヘッフェルメールは二〇一三年に批判していた。彼は、ノーベルは完全なる軍縮に同意したのであって、ＯＰＣＷは単に化学兵器について扱っているに過ぎないと非難していた。ヘッフェルメールが名誉会長を務めているノルウェー平和評議会は、前にも書いた通り、彼が近年厳しい言葉で批判していた賞の多くを支持しており、さらには受賞者の栄誉を称えるために行われる多くのたいまつ行進も主導してきた。二〇一四年のカイラシュ・サティアーティとマララ・ユサフザイの賞に対しても同様であった。

第五章

ノルウェー・ノーベル委員会に関する私見

要約

アルフレッド・ノーベルは遺書の中で、平和賞は「ノルウェー議会のストーティングから選出された五人の委員で構成される委員会によって授与される」ということをすでに決めていた。ストーティングが全く自由に委員を選出するということである。委員会のほとんどを占めていたのは、ノルウェーの政治家や政党関係者たちである。一九四八年以降、政治家たちはストーティングに在籍する政党の勢力に応じて委員に任命されている。すなわち、純粋に数学的な原理に基づいているということである。政党の勢力が大きくなるほど、ノーベル委員会により多くの代表者を送り出せるということである。

一九三六年までは内閣の閣僚が委員会に在籍していた。一九〇五年に、委員長であり外務大臣でもあったヨルゲン・ローヴランドは、ノーベル研究所を自分の事務所のように使っていた。ヨハン・ルードヴィグ・モヴィンケルは一九二五年から一九三六年まで委員会の委員であり、彼はその期間に三度ノルウェーの首相を務めた。一九三六年に平和賞がカール・フォン・オシエツキーに授与されることとなった際、外務大臣のハルヴダン・コート（とモヴィンケル）は次第にその議論から抜けていった。彼らは、再軍備とナチズムに反対するシンボルとなった人物への授与に対してヒトラーが激怒するであろうと考えており、実際にヒトラーは激怒した。コートは委員会における自身のさらなる役割については曖昧にしていたが、一九三七年六月にストーティングはコートと委員会の意見を無視する形で、内閣の閣僚がノーベル委員会の臨時の委員を務めることができないようにすると決めた。まもなく辞職する議員であれば短期間在籍することが可能であったものの、一九七七年からは基本的に現職の議員もノーベル委員会に在籍することができなくなった。同時に、委員会は「ノルウェー・ストーティング・ノーベル委員会」から、設立当初からの名前であった「ノルウェー・ノーベル委員会」に改名した。

ノーベル委員会に外国人が在籍することについて

ノルウェー人が他の国籍の人間よりも賢くて優れているということではもちろんない。従って、純粋に原理的に言えば、ノーベル委員会が外国人の委員を持つべきであったという意見に賛成しないのは、非常に困難なことであろう。世界中にあるノーベル平和賞以外の平和に関する賞を与える団体の多くが、外国人の委員を採用している。しかし、純粋に現実的な話をすると、委員会がノルウェー人によって構成されることが長所にもなるというのは事実である。委員たちは何度も会合に出席する。しかし、これはより国際的な他の委員会でも当てはまるわけではなく、たった一回の会合に業務を限定する場合もある。つまり、これは短所ということになる。九ヵ月にもわたる定期的な会合というプロセスを経ることで、最終的な決定がより良いものとなるのである。

では、国際的なノーベル委員会はどのように構成されるべきであったのであろうか。冷戦下では東西両側からの代表者や中立的な代表者を持てば良かったのであろうか。もしそうなっていたら、ノーベル委員会はすぐに紛争のための委員会となり、平和のための委員会とはなっていなかったであろう。一つの代替案としては、国連の安全保障理事会のモデルに倣うことが考えられた。安保理の常任理事国の五ヵ国が委員会に代表者を送るというような方法である。しかし、これは全く良い解決策ではないとすぐに理解できるはずである。もし委員たちが拒否権を持つことになったらどうなるであろうか。全体として合意に達するために、最大公約数的に妥協へと至ることになる危険性が高くなるであろう。もしそうなっていたら、平和賞は全く物議を醸さないどころか、全く関心を集めないものになっていたであろう。

それならば、多くの者たちはむしろ、とても尊敬されていて国際的なネームバリューを持つ者を委員会の委員に選びたがるであろう。例えば、コフィー・アナンならどうであろうか。アナンは称賛に値する人物であり、私はこの数年彼と良い関係にあったことを嬉しく思っている。しかし、問題なのは、アナンや他の者たちがいまだ国際政治の舞台で活躍しているということである。彼らは頻繁に調停者として動いている。すなわち彼らは、世界で指導的な立場にある国々との関係を大事にしたがっており、同時にあまり力を持たない多くの国々との関係も大事にしたがっているのかもしれない。そのような背景を持つ者たちが、オシエツキーやサハロフ、ヴァウェンサ、ダライ・ラマあるいは劉暁波のように物議を醸すような平和賞受賞者の選考に加われるとは思えない。ノーベル平和賞について記してきた多くの者たちは、彼らを名誉ある者たちとして見ている。委員会が単に無難な選択を行うことになれば、それは明らかな敗北となるであろう。アナン自身はこの点を理解しており、委員会は引き続きノルウェー人の委員を採用すべきである、という意見を述べたことがある。

ノーベル委員会に外国人の委員が在籍することについて議論した際、そこで挙がった名前には想定内の人物も想定外の人物もいた。二〇一四年の終わり頃の議論では、元スウェーデン外務大臣のカール・ビルトと、アメリカの元国務長官のヒラリー・クリントンの名前が挙がっていた。現職のノルウェーの外務大臣がノーベル委員会に在籍することができない状況で、なぜスウェーデンの外務大臣が在籍することになるのか。また、ヒラリー・クリントンのその当時のもっぱらの関心事はアメリカの次期大統領になることであり、そのような時に彼女がノルウェー・ノーベル委員会に在籍すべきではなかったことは言うまでもない。

ノーベル委員会に価値ある能力をもたらし得る国際的な著名人を探し出すことは当然可能ではあるものの、実際には想像以上に難しいことである。もし元平和賞受賞者を採用することになればその選択肢は多岐にわたるが、彼らは皆、かなりの「荷物」を抱えてやって来ることであろう。かなり左寄りの者もいれば、かなり右寄りの者もいる。彼らは平和賞を受賞する理由となった多大なる貢献を通して、自分たちが依拠する考え方を強めたがっている、というのは間違いないであろう。彼らの多くは候補者の推薦書をほぼ毎年提出している。受賞者たちは新たな受賞者に対して、非常に様々な考え方を持っている。ノーベル委員会は、平和には様々な道のりが存在すると考えており、その多様性が賞を強固なものにしている。そのような多様性が損なわれた状況というのは、平和賞の名誉をさらに高めることにはならないのである。

学者や研究者によって委員会が構成されることについて

ノーベル研究所所長として働き始めた直後の一九九〇年に、ストックホルムで「常任の事務局長」と呼ばれていたスウェーデンの同僚たちと会った。その時、そのうちの一人は、私がノルウェー・ノーベル委員会をコントロールしていた政治家たちを追い出そうとすべきであると言っていた。私はむしろ、スウェーデン側のノーベル委員会がそうであるように、むしろ学者たちを委員に入れるべきであった。ノーベル委員会に雇われていた身としては、自分の上司を解雇する方法というのがよくわからなかった。しかし、私がノールランド地方独特の言い方で「私たちはノーベル委員会に政治家が在籍し、教授が在籍していないことを神に感謝している」と答えた時、スウェーデン側の「常任の事務局長」たちは大変驚いていた。私は当時からそのように考えており、今でもまだ大体そのように考えている。平和とは政治である。従って、平和賞受賞者を指名することは政治的な選択である。政治家たちが何かの専門家であるならば、それは政治的な選択をするという分野に違いない。平和賞に関する業務に確かな学術的な能力が求められることは言うまでもないが、これは委員会の事務局長や顧問などを通した形であるべきである。この点については後でも述べるが、それでも学者たちには様々な人間がおり、また政治家たちにも無論同じことが言えるということを付け足しておかなければならない。全ての人間がノーベル委員会に適しているということは絶対にない。そして、学者の中にも委員会の委員として貢献し得るような者たちがいることは言うまでもない。私の在任期間中、私たちの委員会にはフランシス・セーイェルステッドとベルゲ・フッレという二人の卓越した研究者が委員として在籍していた。後者のフッレは主に社会主義左翼党（ＳＶ）の政治家としてよく知られていたかもしれないが、彼は歴史学の教授でもあった。

首相や外務大臣が委員会に在籍することについて

ノーベル委員会は徐々にノルウェーの国益に左右されなくなってきている。現職の閣僚やストーティングの議員が委員会の委員を務めることはできない。次の段階としては、元首相や元外務大臣も委員会に在籍すべきではない、というのが私の考え方である。

それに関しては主な理由が二つある。一つ目の理由は、委員会は政治当局から独立していなければならないためである。もし元首相や元外務大臣が委員会に在籍していたら、委員会が完全に独立していることを外部に対して説明することが一層困難となるであろう。もし首相経験者であるグロ・ハーレム・ブルントラントやコーレ・ウィロック、イェンス・ストルテンベルグが委員として指名されれば、政府と委員会を区別することが一層困難となり、彼らの所属政党が政権に就いている時には特にそうなるであろう。

そうなれば、壊滅的な状況をもたらすおそれがある。二〇一四年に元外務大臣のヤン・ペテルセンがノーベル委員会に加わることについて議論がなされた。彼が委員長になるべきであると考えていた者さえもいた。もしその時の政権が同じ党のメンバーや元外務大臣を指名し、その人物が後に委員会から委員長に選ばれることになっていたら、その政権が委員会をコントロールすることになったと誰もが考えたであろう。しかし、そうはならなかった。保守党は哲学者のヘンリック・シセを支持していたが、それは素晴らしい選択であった。

二つ目の理由は、元首相や元外務大臣は委員会の業務に国益を持ち込む傾向がより強いということである。彼らは長きにわたってこれらの国益を守り続けてきたため、そのことから解放されるのは難しいであろう。人によってその程度が異なるのは言うまでもないが、より個人的な評価を避けるためには、そのようなことが起きるのを防ぐために規則を導入するのがおそらく最も簡単である。二〇一〇年に劉暁波が平和賞受賞者に指名される場に、かつて首相と外務大臣を務めた経験のあるトールビョーン・ヤーグランがいたことや、その当時のノルウェー政府がその選択を好ましく思っていなかったことについては、今思えば反発を買うようなことであろう。ヤーグランの名誉のために言っておくと、他の候補者であれば彼の評価は明らかに異なっていたであろう。無論、彼がいまだ欧州評議会の事務総長を務めているような現役の政治家であることからそのような見方が強まっている。

ストーティングは誰を指名すべきか

委員会の委員は二つの資質を有しているべきである、と私は考えている。まず、彼らは委員会の委員になる前から、国際問題に関してすでに関心を持っているべきである。無知であることが高く評価される理由が私には全くわからない。もし誰かが文化政策や農業政策あるいは喫緊の課題に関わって取り組むことになるのであれば、自分たちが取り組もうとしている分野のことを知っているのは当然である。同じ考え方がノーベル委員会には当てはまらないというのは、私にとっては不可解なことである。もし、ある委員に国際関係に関する背景的知識や経験が不足しているのであれば、選考過程全体においてその委員の貢献が期待より小さくなることはほぼ避けられないであろう。委員会内の誰とは具体的に言わないが、背景的知識や経験を持たない者たちによる意見が、それらを持つ者たちのものよりも根拠が不十分であるというのは当然のことである。そうでなければおかしい。自分の前に話した者の意見にいつも大体そのまま賛成する者がたまにいる。そのことには何らかの理由があるのかもしれ

ノルウェー国会議事堂

ないが、毎回そういうわけにはいかない。多くの場合は、ある激務で埋め合わせることになる。それは、委員会に提出される多くの調査資料を徹底的に読むという仕事である。しかし、良くてもその仕事はかなりきついものとなり、最悪の場合はそうした努力の結果があまりに低レベルなものとなり得る。残念ながら、そのようなことが起きたことがある。委員会の検討する候補者が住んでいる世界各地の政治状況を把握するのは、容易な仕事ではないのである。

もう一つの資質について私が主張するのは、委員会の委員たちが、ほとんどの場面で共通言語として用いられている国際言語、特に英語を話すべきである、ということである。委員たちは様々な受賞者だけでなく、その他の国際的な人物、さらには世界各国のメディア関係者に会うこともある。英語が使えなければ、これらの仕事をこなすことはほとんど不可能である。受賞者全員が英語を話すわけではないため、無論、通訳が必要となる場面もあり得る。それにしても、英語を話せなければならないことをはっきりさせておくべきであった。若者たちは徐々に英語を使えるようになっていることから、この問題は次第に縮小していくと思われるが、残念ながら完全に問題とならなくなるまでには長い時間を要すると思われる。ノルウェーに長年住んでいる優秀なイギリス人は次のように話していた。「国際的に見れば、ノルウェー人は非常に英語が流暢である。しかし、彼らが考えている水準の半分程度に過ぎない」。

無論、ノーベル委員会では政治的に大まかなバランスが保たれるべきではあるが、委員会の国際的地位と意義を今日以上に良い形で反映するような方法も取れるであろう。すなわち、今日、純粋に数学的な原理が政党間に働いているのはそういうことである。もちろん、個人個人が持つ資質や資格はより考慮されるべきである。ノルウェー側は委員会の委員に指名される者たちを誇りに思うべきであり、彼らはそれがどのような分野であれ、私たちにとっての最高の専門家であるべきである。委員になることは名誉なことに違いないが、それは長年にわたる忠実な勤労の見返りとされるべきではない。これはいくつかのケースに言えることである。ストーティングは最も良い候補者を探すべきであり、私たちはノルウェー国内に良い候補者を十分に持ち合わせている。政治的なつながりは全く問題ないが、大人になってから人生の全てを政党政治の中で過ごしてきた人間というのをもう少し避けることはできるかもしれない。委員会の委員としてベリット・レイス＝アンデルセンとヘンリック・シセを指名したことは、私たちがより明るい時代を迎えている兆候であろう。

政府や外務省とノーベル委員会との関係について

平和賞に対するノルウェー側の公式的な態度は、次のような考え方に基づいている。その基本的な考え方は非常に表面的なもので、その判断基準や観点は絶えず変化する。そして、その考え方の出発点にあるのは、常に「委員会は政府から独立している」というものである。政府は原則として、業務を行う委員会とは関係がない。しかし、実際の状況はより複雑である。

ノルウェー外務省が受賞者を本当に好んでいた時には、彼らはその賞を非常に高く評価したため、ノーベル委員会の独立性が犠牲になるおそれがあった。受賞者の選択が他国との問題を招き、実際に問題が起きた時には、ノーベル委員会は間違いなく国側から完全に独立していた。しかし、受賞者の選択に関する外部に対してのコメントは、常に同じものであった。それは、政府は委員会が行った賢明な選択を称賛する、というものであり、そのコメントは例外なく出されていた。これは混乱を招くような表現であったかもしれない。

受賞者の多くは、国際政治の舞台で最も著名といえるくらいの人物であった。彼らは、特別な機会を除けばノルウェー政府であってもノルウェーに招くことができないような者たちであった。例えば、ゴルバチョフやマンデラ、デクラーク、アラファト、ペレスとラビン、アナン、オバマ、ＥＵの指導者たちである。彼らはノーベル賞を携えて突如ノルウェーに滞在してくれることになったのである。その時にその訪問を公的な目的に利用したいという誘惑は、当然ながら大きいものであった。また、授賞式期間中の公式行事においてもその可能性があった。受賞者が賞を受け取るためにオスロを訪問する際、彼らはたいてい一二月九日から一二日まで滞在していた。その日程の中で、一二月一一日の午前中には受賞者とノルウェーの要人たちとの会談の時間が設けられるのが通常であった。従って、毎年ノルウェーの首相や外務大臣との会談が、通常は個別に行われた。受賞者の業績と関係がある場合には、国際開発大臣もその中に入ることができた。ストーティングの議長や議会内に設置されている外務委員会との会談もあった。これらの会談は人気があり、問題なく機能していた。この午前中の行事を設定していたのは、ノルウェー外務省の国際儀礼を担当する部門であった。私はノーベル委員会の事務局長としてこれらの会談に参加することができたが、それは受賞者の側から見て全てが滞りなく終わるよう取り計らうためであった。しかし、その指揮権はノルウェー外務省にあった。唯一の問題は、一二月一一日の午前中という枠の中で、様々な会談の当事者たちを補佐しなければならないことであった。

これが実際のやり方であったが、この時点ですでに委員会と政府との区別がなくなるおそれがあった。ノルウェー政府関係者は授賞式の一部の行事に携わっていたが、関わっているのは彼らだけではなかった。受賞者が発表される時に受賞者に祝辞を送り、ノルウェーがこの賞をとても喜んでいることを強調するという仕事を真っ先に行うのは、受賞者の住む現地に駐在しているノルウェー大使であった。大使にとって、受賞者が現地での行事に参加してくれることほど嬉しいことはなかった。世界各地にあるノルウェー大使館は、ノーベル賞のための昼食会や夕食会を、これまでにたくさん開催してきた。そこでは、必ずしもノルウェーの要人たちと委員会が明確に区別されていたわけではなかった。地元での行事は非常に人気があったため、スウェーデン大使までもが平和賞受賞者に祝辞を送り、受賞者と特別な接触を試みるほどであった。ノーベル賞の多くはスウェーデンのものであり、ノーベル財団はストックホルムに本部を置いているから、というのがその口実であった。コフィー・アナンと国連が二〇〇一年に受賞した際、私たちはこれらの仕組みが最大限機能していたことがわかった。

大まかに計画されていた一二月の授賞式期間中の行事は、外務省にとって満足いくものではなかった。ノルウェー側と外務省側はより大きな役割を果たすことを望んでいた。最初に両者で争ったのは、受賞者が到着した時に誰が迎えるか、またその時に誰がどのタイミングで受賞者に挨拶するかであった。形式的であまり必要のない争いに思えるかもしれないが、これはノルウェー国内の制度における委員会の地位にも同様に関わってくることである。すでに述べたように、こうした対立は一九九〇年一二月に予定されていたゴルバチョフの訪問時にも起きており、その後もオバマやEUの受賞時などに何度も同じようなことが起こった。この点に関して、ノーベル委員会は望み通りの役割を得ていた。

一九九〇年以前は、受賞者が参加する行事の計画に外務省が積極的に関わることがあった。ノーベル研究所の名前の下、外務省で会談が行われていた。一九九〇年からは、私たちは安定した体制を新たに整えていった。ノーベル研究所は、受賞者の訪問に関する調整を行う会合に、協力している外務省などの関係組織を招集していった。私たちは毎年一一月に二度、そのような会合を開いていた。しかし、いくつかの機会では、受賞者の訪問に関するノーベル委員会の行事を計画するための同様の会合を外務省が招集するようなことが起きており、特にオバマの訪問時にそのようなことがあった。人気のあるアメリカ大統領の訪問を受け入れるのは素晴らしいことであるため、外務省は全てが最善の形で行われることを確実にその目で確かめたかったのであろう。それでも、外務省がノーベル委員会の行事の権限を引き継ぐことになるのは当然あり得ないことであった。その会合が私の指揮の下、ノーベル研究所で行われたということを、私は外務省に対してはっきりと説明した。ノーベル研究所は受賞者の参加する行事を計画することに関して豊富な経験を持っており、ノーベル研究所がオバマの受賞に関する問題に対処できないと外務省が信じる根拠などなかった。

　受賞者が人気の人物であった時、ノルウェーの首相や外務大臣は彼らとの特別な会談を望んでいたため、一二月一一日に設定されている会談だけでは足りなかった。委員会はそれに対してあまり価値を見出していなかった。もしそうなると、受賞者が受賞者としてではなく国賓としてノルウェーを訪問して滞在しているという印象を再び与える可能性があった。それでも、そのような会談が行事のメインにならない限り、私たちは柔軟な姿勢で対応するよう努めた。その他にも、明らかに好ましくないと思われる出来事があった。ヒェル・マグネ・ボンデヴィークはビルマ訪問中にアウンサンスーチーを、彼女が一九九一年に行うことができなかった受賞講演に招待した。このことは好意的に捉えられていたが、言うまでもなく、受賞講演に受賞者を招待するのは首相の仕事ではなかった。彼は少なくともノーベル委員会からの招待状を持って行くことはできたはずである。

　毎年、ノルウェーの主要な政治家たちが、ノーベル委員会による受賞者の選択についてコメントを出している。特に首相は毎年、委員会の選択に支持を表明していた。ノルウェーの他の多くの政治家たちも同様であった。これはそれほど不思議なことではなかった。EUと中東を除いて、ノルウェー外交の基本方針は幅広く支持されている。無論、ノルウェーの政治家たちは委員会の選択を擁護することが認められている。それでも、私個人としては、政治指導者たちが時に委員会の決定に反対したとしても大したことではない、と考えている。それは単に委員会の独立した地位を強調するだけであろう。ノルウェーの要人があまり興奮していないと知ることもあったが、それが公になることはめったになかった。そしてそれは、一九九六年のベロ司教とジョゼ・ラモス＝ホルタの賞に当てはまるかもしれない。東ティモールは強大で敵対的なインドネシアに囲まれた狭い地域であった。ノルウェー政府とノルウェーの産業界はインドネシアに対する関心を強めていたが、一九九六年の平和賞に関するコメントの中では東ティモールに関する内容が強調されていた。

平和賞とのつながりが非常に強かったため、明らかに問題のある賞であってもノルウェー側からは公式的に快く受け止められていた。ダライ・ラマは一九八九年の受賞決定よりも前にノルウェーを訪問していた。多くの指導的な立場にある政治家が彼に会うと返事をしていたが、結局、彼は官僚たちと会うこととなった。その理由は明らかであった。中国当局はダライ・ラマの訪問に対して非常にネガティブな考えを持っており、公式会談がネガティブな結果を招くおそれがあるという見解を明らかにしていたのである。ダライ・ラマが一九八九年に平和賞を受賞した際、彼はそのような状況であってもノルウェーの王宮での謁見や首相との会談、ストーティングでの会談など、期間中の全ての行事をこなしていた。ダライ・ラマはノルウェー国民の間で非常に人気があった。この行事は一般的な慣例となっており、この時もそれに倣っていた。

ダライ・ラマに対する平和賞は、ノルウェーと中国との公的な関係にとっての緊張の種であった。平和賞が一〇〇周年を迎えた二〇〇一年に、外務省は平和賞のための博覧会を計画した。ダライ・ラマの展示はこの博覧会において目立つ場所に設置されていた。その博覧会がニューヨークの国連ビルで行われた際に、中国側が抗議してきた。外務省の解決方法は簡単なもので、ただダライ・ラマの展示を撤去するだけであった。

ダライ・ラマは何度もノルウェーを訪問したことがある。受賞者たちが受賞した年にどのように扱われるかについては、それまでに定着した慣例が存在する。一方で、その後の訪問に関しては、国家指導者の公式訪問でない限りはそのような慣例はない。劉暁波が二〇一〇年に平和賞を受賞した後、中国との公式的な関係が凍結した。このような状況においては、ダライ・ラマの訪問は特にデリケートな問題となったことであろう。

ノルウェーには仏教を信仰できる環境があり、二〇一四年五月のダライ・ラマの訪問でイニシアティブを取っていたチベット委員会も存在していたが、当然ながらノーベル委員会もその訪問を支援していた。ダライ・ラマは集会を開いて多くの聴衆を集めていた。新しいことはあまり述べていなかったが、それでも多くの人々が彼のメッセージを聞きたがっていた。彼はまた、多くの人々が考えているよりもユーモアに溢れており、彼の話していたこと全てが真面目な話というわけではなかった。委員会は、昼食会とメディアが参加する懇談会を準備するという形で貢献し、それは両方ともノーベル研究所で行われた。委員長のヤーグランはそのような催しに対して静観する態度を取っていたが、選択の余地はなかった。無論、委員会は指名した受賞者たちを支援しなければならない。ストーティングに在籍するどの議員がどの部屋でダライ・ラマに会うかについては議論に値しないと私は考えていた。

外務大臣のヨーナス・ガール・ストゥーレは劉暁波にノーベル平和賞を与えないよう、トールビョーン・ヤーグランと委員会に働きかけることを試みた。これは、ノルウェー政府の閣僚が委員会に対して直接的に影響を与えようとした最も顕著な例である。私は二五年の在任期間の中で、これと比較できそうな出来事を思い出すことができない。

しかし、興味深いことに、ノルウェー政府もまた表向きにではあったが二〇一〇年に委員会が下した決定を支持していた。当時のイェンス・ストルテンベルグ首相はノーベル委員会に祝辞を述べ、その賞は民主主義と人権の擁護を表していると述べていた。彼は実際に委員会の声明文と同じ表現を多く用いていた。ストルテンベルグが委員会と連携を取ったことが、中国の反応に影響を与えたのは疑いようもなかった。ストルテンベルグは、政府が委員会の決定に対して実際には懐疑的であったという態度を取ることもできたはずである。そうすれば、もしかすると中国の反応を和らげられたかもしれない。ノルウェー政府は確かに、劉暁波の受賞の決定を妨げようとしていた。しかし、そのように反応すれば、間違いなくストーティングの野党やノルウェー国内のメディアからの厳しい批判にさらされ、この年の平和賞を称賛した多くの西側諸国の政府による公式の反応とは全く違う立場になったであろう。

批判というものは筋が通っていないことがよくある。私たちはそれをダライ・ラマの件だけでなく劉暁波の件でも実感した。劉暁波を推薦したヤン・トーレ・サンネルが公の場に登場し、劉が受賞したことに対する名誉の一部を得ていた。劉暁波への賞は保守党に所属する多くの者たちに評判であった。ここで政治家たちは決断を下さなければならない。彼らが平和賞への推薦を行いたいのならば、彼らには必ず行わなければならないことがある。彼らは推薦が実現されるように準備するだけでなく、彼ら自身がいつかは閣僚になるという可能性も考慮しておかなければならない。もしある人物が閣僚のポジションでその推薦を擁護することができないのであれば、たとえ野党側にいたとしてもそれを推し進めるべきではないであろう。

ダライ・ラマの訪問を取り巻く全ての騒動について、首相のアーナ・ソルベルグがコメントを出した際、政府は平和賞受賞者の選択に関する反応を考慮すべきであったと述べていた。彼女は必ずしも首相として全ての受賞者を祝福して面会する必要はなかった。しかし、その後彼女は、もし劉暁波がオスロに来ていたら彼に会いたかったということを付け足していた。この発言は、こうした騒動がいかに困難なものであるかを示している。言葉を慎重に選ばなければならないが、政府が祝辞を拒否することは難しい。これは仕方のないことである。加えて、いくつかの実際の制度が関わってくる。一九九〇年以前、政府と外務省は誰がその年の受賞者になるかについて、事前の予告を早い段階で受けていたが、その情報が事前に漏れてしまう事態が立て続けに起きていた。一九九〇年以降は、政府と外務省は当日の発表二時間前に通知を受けていた。彼らによると、発表後のリアクションの準備をするためにそれくらいの時間が必要となる、ということであった。さらに、彼らは長い時間をかけて様々な候補者に関する知識を得ていた。それでも情報の漏洩は続いていた。そのため、外務省はわずか一時間前に通知されることになり、それでも改善されない場合はこの方式が取り止めになる可能性があると知らされた。

つまり、ノーベル委員会は基本的に政府や外務省から独立しているものの、現状では自分たちだけで完全に行事を執り行うことができない状態である。ノーベル研究所には六〜七人の非常に謙虚なスタッフが在籍している。研究所の通常業務にはそれくらいの数で十分である。一二月に行われる行事の際にはより多くのスタッフが必要になるということは言うまでもない。しかし、私たちは、一一月から一二月という過酷を極める一ヵ月の間に必要になるスタッフの数を具体的にはじき出すことはできない。ＥＵが一二月一〇日の授賞式に一九名の各国の指導者たちを引き連れて来た際、非常に多くの著名な来賓をもてなすために明らかに援助が必要となった。オスロ滞在期間中の各国の指導者たちをもてなす仕事は、その大部分が外務省の担当となった。そのことは原則として好ましくはないかもしれないが、外務省とノーベル委員会との区別に配慮するこの問題に対して、現実的な解決策を見つけ出すのは容易なことではない。ノルウェー外務省は、一二月一〇日に行われる授賞式で海外からの外交官たちが座る席の位置に関しても協力していた。ノーベル研究所はこれらのことに関して十分に理解しているが、全てと言うには程遠い。

何百人ものジャーナリストたちが授賞式の関連行事の件で殺到してくる時には、ノーベル研究所がＩＤチェックで全員の詳細を確認するのは困難である。私たちにはそこまでのことをする余裕がない。それでも、その目的ははっきりとしている。ノーベル委員会はこうした実務にまできちんと配慮すべきであり、一一月から一二月にかけて業務に専念できる固定のアシスタントスタッフの確保を試みておくべきである。原理原則と実務の両方を考慮する必要のある制度にうまく対処することを念頭に置いて、業務ごとに検討がなされるべきであるが、それは決して簡単なことではない。

おわりに

これまでの平和賞を振り返って

全体として見れば、ノルウェー・ノーベル委員会は、私が委員会の事務局長を務めた二五年間については確かな実績を持っていると私は考えている。議論の余地がある決定が存在することは言うまでもないが、在任期間中に明らかなタブーとはならなかったと思いたい。そういう状況は常に存在するものであり、完璧な決定ができる人間や組織など存在しない。受賞者に対する批判が起こる限り、委員会の事務局長はその批判を受け止めなければならないのが当然である。

この件に関しては、二〇〇四年のワンガリ・マータイへの賞が他の多くの賞よりも一層議論を呼んだことが思い出される。マータイは人権と環境保護を結びつけた。その組み合わせは強みとしてみなせるものの、これまでの経験上、賞の成功のためには焦点がはっきりと定まっていることが重要である。これに関しては、互いに異なる二つの立場があった。マータイはもちろん人権活動家であったが、ケニアにおける政治的な支持は減らしていた。次第に彼女は、植樹という比較的狭い分野に焦点を当てた環境活動家として最もよく知られるようになり、環境が彼女の活動における最も重要なテーマとして残った。初めて環境に焦点を当てた賞が授与されることが最終的に決定した際、マータイがそれに最もふさわしい候補者であるとはとても言えなかった。環境に焦点を当てた賞にするのであれば、その当時、受賞の可能性がある候補者は他にもたくさんいた。

過去に二人のノルウェー人がノーベル平和賞を受賞したことがあった。一九二一年のクリスチャン・ランゲと、一九二二年のフリチョフ・ナンセンである。二年続けてノルウェー人に賞を与えた委員会は勇敢であった。以来、多くのノルウェー人が平和賞に提案されているが、検討されたのはわずか数名に過ぎなかった。私の二五年の在任期間中、受賞に近づいたノルウェー人はいなかった。それはグロ・ハーレム・ブルントラントにも当てはまることであった。環境というテーマを取り上げることになる場合、グロを支持するための非常に強い根拠はあった。彼女はおそらく、世界で最も指導的な環境政治家として多くの人々に認識されていた。ノーベル委員会の労働党側代表であったシッセル・レンベックはグロの熱烈な支持者というわけではなかった。グロもまたシッセルの熱烈な支持者というわけではなかった。これがグロを候補者として扱わないきっかけとなったのであるが、いささか不可解に思われた。委員会は平和賞をノルウェー人に与えること、すなわち、地方気質の傾向を持つことに対して明らかに懸念を抱いていたが、グロは国際的にも十分通用するレベルであった。

今となって考えると、一九九六年の賞でシャナナ・グスマンも評価すべきであったと言わざるを得ない。グスマンはインドネシアの刑務所に入れられていたが、委員会は過去にもそれ以降にも服役中の人物に賞を与えたことが何度もあったため、それは特に障害ではなかった。彼は紛れもなく、東ティモールにおける解放闘争の指導者であった。委員会がベロへの賞を通して、この事例における道徳的側面だけではなく政治的側面に最初に触れた時、グスマンは全く別の評価を得るべきであったであろう。こうした出来事はその後、東ティモールにおける指導者としてのグスマンの確固たる地位を強調していった。ラモス＝ホルタへの賞については戦術的な評価があったのであろう。彼は受刑者ではないため、世界中を渡り歩きながら政治闘争を継続することができたが、その先頭に立っていたのは他でもないグスマンであった。

暗に示してきたように、委員会は地雷に関する一九九七年の賞を、カナダの外務大臣であったロイド・アックスワージーにも与えるべきであったのではないか。私はそれを非常に気にしていた。地雷に反対するキャンペーン全体の特徴は、複数の政府と、ＩＣＢＬと、地雷禁止を支援する多くの組織との間の緊密な協力にあった。そこでの役割を理由に赤十字国際委員会へ四度目の平和賞を与えるという選択肢はなかったが、精力的に動いていた政府の存在なくして地雷条約の締結はなかったであろう。カナダは長らくその中心的な役割を果たしていた。条約締結に伴う手続きの最終段階で、アックスワージーがアメリカとの妥協に対する不満を述べたことが、彼の受賞を妨げることになったのであるが、この結論が正しかったかどうかはわからない。委員会は受賞者を三人まで選ぶことができたため、都合をつけることはそれほど難しくなかったはずである。

未来が何をもたらすかを知ることは誰にもできない。委員会が賞を与える時には様々な未来の出来事を考えているが、それらを予測するのは難しい。受賞者は受賞した後、当然ながら委員会のコントロールからは離れていく。特に若い受賞者はこうした点において想像がつかない。私たちはタワックル・カルマンとマララ・ユサフザイの両者に対して、彼女らの未来が最高のものをもたらすことを願っている。

私の二五年の中で最も論争を巻き起こした賞は、間違いなくバラク・オバマに対する賞であった。劉暁波への賞は中国で強く批判されたものの、委員会は世界の多くの地域で称賛を得ていた。オバマへの賞に関しては、世界の大部分では共感の方が大きかった一方で、アメリカの右翼陣営による批判は耳をつんざくほど大きいものであった。オバマはアメリカよりも他の多くの国々で人気であった。平和賞の歴史において非常に重要な多くのテーマの代弁者となっていった大統領に対して委員会が支持を表明することは、もしかするとそれほど驚くべきことではなかったのかもしれない。しかしそれは、非常に声高なアメリカの右翼陣営だけがオバマへの賞に対する批判をしていたのではない、ということを確実にするだけである。他の多くの人々、特に彼自身の支持者もまた、賞が時期尚早であったと考えていた。平和賞がオバマの今後の活動における励みになるという委員会の期待はほとんど外れてしまった。オバマ自身と彼の支持者は賞に対してほとんど言及していないということが、平和賞が彼に政治的な強みを与えてこなかったという証左である。とはいえ、そうした事実と、オバマが賞を得るべきでなかったかどうかは別問題である。

平和賞の未来

平和賞において、ここ数十年でおそらく最大ともいえる優位な点とは、賞が非常に世界的なものになったということである。平和賞が新たな地域や国へ渡ることで、賞に対する新たな関心がどのようにして引き起こされるかを見るのは、印象深いことである。科学関連のノーベル賞は主に、レベルの高い大学や費用のかかる研究室に資金を調達することができるような豊かな国々に渡るが、こうしたことに問題の本質がある。平和賞や文学賞の一部においてはその状況が異なる。平和や文学は多くの者が貢献できる分野であり、経済インフラや科学インフラとは独立したものである。私たちは二〇一四年のカイラシュ・サティアーティとマララ・ユサフザイへの授賞の中で、その好例を目の当たりにした。世界で最も人口密度の高い国になろうとしているインドに突然平和賞が渡ったのである。より複雑で度々論争の的になるパキスタンにおいて、平和賞に対する注目が高まった。ここ数十年で平和賞はオーストラリア大陸を除く世界の全ての大陸に渡ったが、平和賞受賞者がごく少数、あるいは全くいない地域もいまだ多い。もちろん賞が世界で均等に分配されるべきというわけではないが、平和賞の名誉を確かなものとするためには絶えず新たな地域や国々が平和賞に関わる活動に参加していくことが大変重要である。平和賞のこのような比較優位性は強められ、さらに拡大されていくに違いない。

ノルウェー・ノーベル委員会は常に、平和への道のりは様々であると考えている。その考えが当然、ヤーセル・アラファトとマザー・テレサが同じ賞を受賞するという規則性のなさを引き起こすこともある。それでも、平和には様々な道のりがあり、世の中の人々は旧来の様々な考え方が尊重されることを認識しているはずである、と私は思っている。単にそうした旧来の考え方の中の一つのみを平和賞と関連付けようとすれば、平和賞の範囲を狭め、賞の地位を低めることになるであろう。また、非常に限られた状況での考え方に基づいて平和活動を行っている者に対し、平和賞を半ば限定的に与えることになれば、アルフレッド・ノーベルの遺書の内容を狭い形で解釈することになるだけでなく、平和賞の持つ独自の役割をすぐに失いかねない。こうした考え方のもとで活動してきた者たちは、世界的に見ればあまり知られていないことが多い。時には平和賞をほとんど無名の人物に与えても何の問題もないが、もしこれが恒例のものとなれば、賞に対する注目はすぐに失われていくであろう。またある時には、ジョセフ・ロートブラットとムハマド・ユヌスに対する賞のように、多くの者たちに良い意味で驚きを与えたこともあったが、やはりそれが通常になっていけば、賞は問題を抱えることになるであろう。

そのような平和への様々な道のりは、平和賞が最初に与えられた年から非常に安定したものである。国際的な組織を作り上げていくことはおそらく、賞の歴史におけるあらゆるテーマの中でも最重要となるテーマである。特に、比較的小さな国々においてだけでなく、アメリカやイギリスのような大国の自由主義陣営においても、より良くより平和な世界に向かって組織を作ることは可能である、という揺るぎない信念が存在している。政治的現実主義者たちの主張によれば、国際協力というのは国益を足し合わせたもの以外の何物でもなく、そこには他者に自身の安全保障を定義させる国はない、という。しかし、そうした主張が世界的な規模での共同安全保障に関する夢をくじいたことは一度たりともない。

第一次世界大戦が起きるまでの年には、ほぼ全ての平和賞が、列国議会同盟や国際平和ビューロー、あるいは国際法を強化する活動に関連する人物や組織に渡っていた（最も重要な二つの例外は、一九〇一年のアンリ・デュナンの人道主義的な賞と、一九〇六年のセオドア・ルーズヴェルトの現実主義的な賞であった）。これは後に新たに設立された国連の組織およびその指導者、国際裁判所あるいは非政府間国際組織（ＩＮＧＯ）に対して言えることであるが、より良く組織された世界が平和賞を受賞し続けることは想像に難くない。もし平和賞が成功に貢献するならば、それが常に役に立つ。それでも多くの課題が残っている。そう遠くない未来に、国家が自らの安全保障を、自身が少数派になりそうな組織に委ねられるかどうかは全くわからない。それでも、平和賞が始まった一九〇一年からこれまでに多くのことが成し遂げられてきた。

平和賞の歴史における第二のテーマは、民主主義と人権のための闘いである。このテーマにおいてもその進展は目覚ましいものがあったが、それは平和賞が理由ではなく、むしろその進展が賞を強固なものにしたのである。最初の近代民主主義は一八〇〇年代に起こり、民主主義の第一の波は第一次世界大戦末期に頂点に達した。戦間期にはその歴史は逆方向に向かって行き、一九四二年には世界の民主主義国家がわずか一二ヵ国のみとなった。第二次世界大戦後、民主化の第二の波が押し寄せ、インドは貧困世界における大きなブレイクスルーであった。第三の波が押し寄せたのは、南ヨーロッパ、ラテンアメリカ、そして東ヨーロッパにある三〇以上の国が民主化した一九七四年から一九九〇年の間であった。以来、民主化の波は断続的に少しずつ訪れてきている。程度に差があるとはいえ、今や地球の人口の半分以上が民主主義的な統治の下で生きているというのが最近の状況である。トルコ、インドネシア、さらにはマレーシアやチュニジアで進展があるものの、イスラム世界ではそれに関する困難は大きいものであり、無論、中国でもそうである。

長期的に見れば、民主主義と人権を楽観視できるような根拠は存在する。物事には時間がかかるものであり、一〇年という時間はすぐに過ぎるが、自らの未来を決めたいという望みは地球上に住む多くの人々の心の奥底にあるものである。ノルウェー・ノーベル委員会は引き続き、これらの問題における中心的なアクターとなるであろう。

ノルウェー・ノーベル委員会は結果として、一九〇一年以来一貫して、人道主義的な賞を与えてきた。このアプローチは前述の二つのテーマと比較するとあまり目立ってはいなかったが、人道主義的な賞は今後も出てくるであろう。ここでもその成功は印象的である。世界における貧困者の数は劇的に減ってきており、主に中国でそれが顕著であるが、それだけにはとどまらない。国連はミレニアム開発目標を設定した。最も重要な点の一つは、世界の貧困を半減させることであった。今ではその結果は明らかである。人間の寿命は明らかに長くなり、教育の状況は改善され、女性の権利はより拡大しつつある。ここにもまた、ノーベル委員会が引き続き取り組めることはたくさんある。

ノーベル委員会が最も目を向けてきていない分野は、アルフレッド・ノーベルの遺書にある「常備軍の削減・廃止」である。核保有国の数の増加は、一九六〇年代に想像していたよりも緩やかなものではあったが、イスラエル・インド・パキスタン・北朝鮮が核兵器を所有し始めた。イランで何が起きるかはいまだ不透明である。ノーベル委員会は核兵器廃止のために闘っている人物や組織に対して、平和賞を幾度となく与えてきた。それでも、課題はいまだ山積している。地雷反対（一九九七年）と化学兵器反対（二〇一三年）に対する賞は、より大きな成功を得たと言える。これは実際に世界からなくすことのできる兵器である。

ここ数年、平和賞はそのアプローチの中に、環境という考え方を含めてきた。環境が平和と結びつくことを主張するのはそれほど難しくはなく、間違いなく将来的には環境に焦点を当てた新たな賞が生まれるであろう。平和賞の原理や原則に沿って考えると、ノーベル委員会が今後取り上げそうな全く新しい分野を思い浮かべることは難しい。むしろ、より限られた分野を扱うことになるであろう。ジャーナリストたちが自身の活動を理由に賞を得る可能性も当然考えられる。その時には正確な報道とセンセーショナルな報道とを区別することが重要である。二人の作家（ベルタ・フォン・ズットナーとエリ・ヴィーゼル）と二人のジャーナリスト（アルフレート・フリートとノーマン・エンジェル）はすでに平和賞を受賞している。しかし、その理由は彼らの行った仕事よりも、むしろ彼らが発していたメッセージにあった。

様々な分野の研究者が数多くの平和賞を受賞した。医学の分野からはシュヴァイツァーとＩＰＰＮＷ（核戦争防止国際医師会議）、ＭＳＦ（国境なき医師団）が受賞し、物理学の分野からはサハロフとロートブラット、政治学の分野からはキッシンジャー、そして歴史学の分野からはクウィデが受賞した。平和研究者も、その分野は今日において極めて複雑なものとなっているが、誰かしらが遅かれ早かれ間違いなく平和賞を受賞することであろう。同じことを哲学の分野にも言うことができる。カントがもし現在生きていたら強力な候補者になっていたであろう。今日のメディア世界においては音楽家も除外されることはないであろう。ポップスターの中にはボノ、ボブ・ゲルドフ、スティングのように、国際政治の分野においても高い注目を集めている者たちがいる。二〇〇〇年代にそのような多くの名前が実際に検討されたが、これらのアーティストはノーベル賞よりもグラミー賞を受賞する方がふさわしいという結論であった。平和賞はあまり大衆的すぎてもいけないのである。

平和へのこうした様々な道のりは時間を超えても不動のものであることを示しており、一〇年後や一〇〇年後もそうなっていることであろう。当然、時には驚きを呼ぶこともある。地理的な多様性もさらに拡大すると思われるが、それは正しいことであり、かつ重要なことであろう。

平和賞のさらなる成功のために最も重要なことは、もちろん、受賞者に関して良い選択をすることである。何が良い選択であるかを示した簡潔な公式や法則などは存在しない。しかし、物議を醸す賞と成功に満ちた賞が双方ともポジティブな結果をもたらしたということは、歴史を見ればわかることである。物議を醸すような賞が非常に成功したことは、これまでに示してきたとおりである。しかし、全てがそうというわけではない（例えば、私は一九七三年のヘンリー・キッシンジャーとレ・ドゥク・トの賞のことを思い浮かべる。彼らに対する賞は間違いなく物議を醸したが、特に成功したわけではなかった)。単に論争を巻き起こすだけの賞でも、成功にはつながらなかったであろう。全体として見れば、ノーベル委員会は一九〇一年以来、人々が期待してきた以上に良い形で機能してきた。これまでにいろいろなことがあり、非常に多くの異なるアプローチ方法があったが、全体的には驚くほど上手く機能してきたということである。

ノルウェー・ノーベル研究所の会議室

制度的な課題は間違いなく存在している。私はノーベル委員会の自由な立場をわずかでも強めることができるように、いくつかの考え方を提示したことがある。スウェーデンの組織である県執行委員会が、直接的もしくはノーベル財団を通して間接的に、ノルウェー・ノーベル委員会によってなされた決定を却下できるようにすることは、委員会の独立性に対する最も明確な脅威である。委員会の決定を、これらの二つの機関や組織によって確認されるのを待つまでの暫定的なものにすることはできない。ノルウェー・ノーベル委員会によってなされた決定が却下されるようなことになれば、その時初めてそのスキャンダルは間違いなく完全なものとなることであろう。ノルウェー・ノーベル委員会の決定は最終的なものでなければならない。「機密性」に関する厳重な取り決めは、委員会の決定の確かな検証も妨げる。関連資料にアクセスできないのであれば、検証することは全く不可能である。これについての最善の解決策は、スウェーデン議会であるリクスダーゲンが、ノーベル委員会の完全な独立性を確保する「レックス・ノーベル」を可決することであると思われる。

使用画像一覧

【章扉】P.23, P.43, P.229, P.343, P.445 ノーベル平和賞のメダル：©Awalin, 2016, CC BY-SA 4.0, Adapted.【第1章】P.45 ノルウェー・ノーベル研究所：©Vidariv, 2012, CC BY-SA 3.0, Adapted. / P.51 エギール・オーヴィック：©Teigens Fotoatelier, CC BY 3.0 no, Adapted. / P.55 ギスケ・アンデルソン：©Rigmor Dahl Delphin, 1964, CC BY-SA 4.0, Adapted. / P.59 フランシス・セーイェルステッド：©Alejandro Decap, 2009, CC BY-SA 3.0, Adapted. / P.79 ライサ夫人とゴルバチョフ："Mikhail Gorbachev and Raisa Gorbachev seeing off US President Ronald Reagan" ©Yuryi Abramochkin, 1988, CC BY-SA 3.0, Adapted. / P.87 アウンサンスーチー：©Claude Truong-Ngoc, 2013, CC BY-SA 3.0, Adapted. / P.101 リゴベルタ・メンチュウ・トゥム："RIGOBERTA MENCHU" ©John Mathew Smith, 2001, CC BY-SA 2.0, Adapted. / P.119 ネルソン・マンデラ："NELSON MANDELA" ©John Mathew Smith, 2001, CC BY-SA 2.0, Adapted. / P.133 ヤーセル・アラファト、シモン・ペレス、イツハク・ラビン："The Nobel Peace Prize Laureates" ©Saar Yaacov, GPO, 1994, CC BY-SA 3.0, Adapted. / P.149 ジョセフ・ロートブラット："Sir Joseph Rotblat" ©National Portrait Gallery, London, 1995, Adapted. / P.159 カルロス・ベロ："Dom Filipe Ximenes Belo" ©José Fernando Real, 2016, CC BY-SA 4.0, Adapted. / P.159 ジョゼ・ラモス＝ホルタ：©Jeffrey Kingston, 2006 Adapted. / P.167 ジョディ・ウィリアムズ："Jody Williams Best" ©John Mathew Smith & www.celebrity-photos.com, 2001, CC BY-SA 2.0, Adapted. / P.177 ジョン・ヒューム："Nobel Peace prize winner John Hume 1998 from Wash. DC." ©John Mathew Smith & www.celebrity-photos.com, 2020, CC BY-SA 2.0, Adapted. / P.177 デヴィッド・トリンブル：©altogetherfool, 2009, CC BY-SA 2.0, Adapted. / P.217 ノーベル財団の施設：©I99pema, 2012, CC BY-SA 3.0, Adapted. / P.225 ミカエル・ソールマン：©Prolineserver, 2008, CC BY-SA 3.0, Adapted. 【第三章】P.231 グンナル・ベルゲ：©Tore Sætre, 2016, CC BY-SA 4.0, Adapted. / P.233 オーレ・ダンボルト・ミョース：©Kirkens informasjonstjeneste, 2004, CC BY 2.5, Adapted. / P.237 金大中：©Presidential Press and Information Office - www.kremlin.ru, 2001, CC BY 4.0, Adapted. / P.249 コフィー・アナン ©Sebastian Zwez, 2005, CC BY 3.0 DE, Adapted. / P.259 ジミー・カーター："JIMMY CARTER Best" ©Kingkongphoto & www.celebrity-photos.com, 2018, CC BY-SA 2.0, Adapted. / P.273 シーリーン・エバーディー："Shirin Ebadi - Fronteiras do Pensamento São Paulo 2011" ©Fronteiras do Pensamento, 2011, CC BY-SA 2.0, Adapted. / P.283 ワンガリ・マータイ："Wangari Maathai 2004 Nobel Peace prize winner" ©John Mathew Smith & www.celebrity-photos.com, 2018, CC BY-SA 2.0, Adapted. / P.293 モハメド・エルバラダイ："Mohamed ElBaradei (01410018)" ©IAEA, 2009, CC BY-SA 2.0, Adapted. / P.299 モハメド・エルバラダイと天野之弥："Mohamed ElBaradei & Yukiya Amano (01310176)" ©Dean Calma/IAEA, 2005, CC BY-SA 2.0, Adapted. / P.301 ムハマド・ユヌス："Muhammad Yunus" ©Kingkongphoto & www.celebrity-photos.com, 2018, CC BY-SA 2.0, Adapted. / P.313 アル・ゴア："Al Gore 0107" ©World Resources Institute Staff, 2007, CC BY 2.0, Adapted. / P.323 マルッティ・アハティサーリ：©Johannes Jansson, 2012, CC BY 2.5 dk, Adapted. / P.331 ノーベル平和センター："Nobel Peace Center" ©jaғar sнамеем, 2008, CC BY 2.0, Adapted. 【第四章】P.347 トールビョーン・ヤーグラン："Eesti välisminister Jürgen

Ligi ja Euroopa Nõukogu peasekretär Thorbjørn Jagland"©Estonian Foreign Ministry, 2016, CC BY 2.0, Adapted. / P.357 カシ・クッルマン・フィーヴェ：©Astrid Carlsen (WMNO), 2016, CC BY-SA 4.0, Adapted. / P.359 バラク・H・オバマ：©Pete Souza, The Obama-Biden Transition Project, 2009, CC BY 3.0, Adapted. / P.367 オバマとルンデスタッド：写真提供：AFP＝時事、Adapted. / P.375 劉暁波：Photo：Kyodo News, Adapted. / P.387 空席に置かれた賞状とメダル：写真提供：AFP＝時事、Adapted. / P.392 エレン・ジョンソン・サーリーフ：©Antonio Cruz/ABr, 2010, CC BY 3.0 BR, Adapted. / P.393 タワックル・カルマン："Nobel Peace Prize winner Tawakkol Karman" ©University of Salford Press Office, 2012, CC BY 2.0, Adapted. / P.405 ヘルマン・ファン・ロンパウ：©Michiel Hendryckx, 2012, CC BY-SA 3.0, Adapted. / P.417 アフメト・ウズムジュ："Ahmet Üzümcü, Director-General, Organisation for the Prohibition of Chemical Weapons (OPCW)" ©Chatham House, 2018, CC BY 2.0, Adapted. / P.419 カイラシュ・サティアーティ：©Wilson Dias/Agência Brasil, 2016, CC BY 3.0 br, Adapted. / P.419 マララ・ユサフザイ："Malala Yousafzai: Education for girls" ©DFID - UK Department for International Development, 2015, CC BY 2.0, Adapted. / P.429 メキシコ国旗を掲げて乱入した学生：写真提供：NTB Scanpix/時事通信フォト、Adapted. / P.435 ラーシュ・ヘイケンステン：©Vogler, 2013, CC BY-SA 4.0, Adapted.【第五章】P.453 ノルウェー国会議事堂：©Andreas Haldorsen, 2014, CC BY-SA 4.0, Adapted. / P.475 ノルウェー・ノーベル研究所の会議室：©Hans A. Rosbach, 2008, CC BY-SA 3.0, Adapted.

【カバー】©Ken Opprann　二次利用許諾済み

【著者紹介】
ゲイル・ルンデスタッド（Geir Lundestad）
ノルウェー・ノーベル研究所の所長およびノルウェー・ノーベル委員会の事務局長として、1990年から2014年までの25年間在任。歴史学の教授として、主に冷戦期のアメリカと西ヨーロッパの関係に焦点を当てた研究を行っている。著書に『ヨーロッパの統合とアメリカの戦略—統合による「帝国」への道』（河田潤一訳、NTT出版）など。

【訳者紹介】
李 敬史（リ・キョンサ）
在日朝鮮人３世。福岡県出身。情報学修士（2007年、静岡大学）。横浜で教員を務めた後、2011年よりノルウェーに留学。2015年、オスロ大学社会科学部政治学科を卒業（在籍中、2014年に交換留学生として韓国のソウル大学へ留学）。現在、トロムソ大学（ノルウェー北極大学）大学院修士課程在籍（専攻：政治学）。

ノーベル平和賞の裏側で何が行われているのか？

2020年11月19日第一刷

著　者　ゲイル・ルンデスタッド

訳　者　李敬史

発行人　山田有司

発行所　株式会社　彩図社
東京都豊島区南大塚 3-24-4
MTビル　〒170-0005
TEL：03-5985-8213　FAX：03-5985-8224

印刷所　シナノ印刷株式会社

URL　https://www.saiz.co.jp
https://twitter.com/saiz_sha

ISBN978-4-8013-0486-4 C0031